SmartPLS 3.3에 의한 조절효과, 매개효과 및 조절된 매개효과분석

배병렬

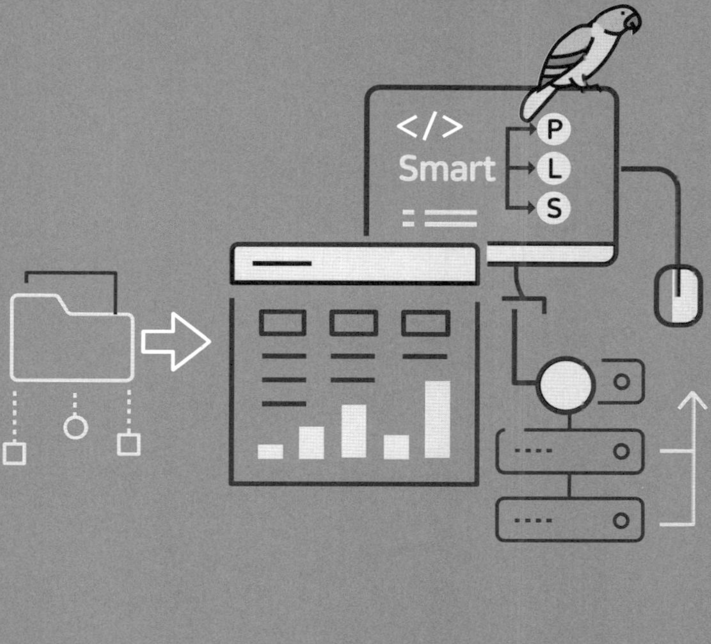

도서출판
청람

| 머리말 |

안녕하십니까? 배병렬입니다.

SmartPLS는 PLS-SEM 패키지 중에서 사용하기가 편하고 많은 정보를 얻을 수 있으므로 연구자로부터 호평을 받고 있습니다. 이 책은 SmartPLS 3.3.3에 의해 조절효과, 매개효과 및 조절된 매개효과를 분석하는 것과 관련된 내용을 기술한 것입니다. 이 책은 독자들이 SmartPLS에 대해 기본적인 지식을 갖추고 있다고 가정하고 기술하였습니다. 즉 경로도를 그릴 줄 알고 기본적인 모델을 분석할 수 있는 수준의 독자들을 대상으로 기술되었습니다.

이 책의 가장 큰 특징은 최근에 연구자들로부터 많은 관심을 끌고 있는 조절된 매개효과분석(moderated mediation analysis)을 SmartPLS 3.3.3에 의해 분석하는 것에 대해 기술하였다는 점입니다.

SmartPLS로 조절효과, 매개효과, 조절된 매개효과를 분석하고자 할 대 연구자가 부딪히게 되는 상황에 대해 상세히 기술하였습니다. SmartPLS에는 많은 옵션이 있는데, 그들을 제대로 선택해야 올바른 모수를 추정할 수 있습니다. 이 책에는 그러한 내용이 기술되어 있습니다.

최선을 다해 책을 저술하고자 했습니다. 책의 내용 중에 잘못된 부분이 있으면 일깨워주기를 바랍니다. 독자 여러분의 건강과 행복을 기원하며 머리말을 맺고자 합니다. 감사합니다!

2022년 5월

저자 씀

★ 궁금한 점이 있으면 http://www.esem.co.kr의 [자료실] → [질문과 답변]에 글을 올려주시기 바랍니다.

| 차례 |

01장 PLS-SEM: 개요

02장 조절효과분석: 개요

03장 조절효과분석: 범주형 조절변수

04장 조절효과분석: 연속형 조절변수

05장 매개효과분석: 개요

06장 매개효과분석: 단일매개모델

07장 매개효과분석: 다중매개모델

08장 조절된 매개효과분석(I)

09장 조절된 매개효과분석(II)

Smart PLS

Chapter

1 PLS-SEM: 개요

1. PLS-SEM의 의의
2. SmartPLS 3.3의 옵션

Chapter 1 PLS-SEM: 개요

1 PLS-SEM의 의의

1 PLS(partial least squares)는 부분최소자승법(partial least squares)으로 불리는 모수추정법을 이용한 일종의 회귀분석이다. 즉 회귀분석에서 사용되는 OLS(ordinary least squares) 추정법을 응용한 방법론이다. PLS에 기초한 구조방정식모델링(structural equation modeling: SEM)을 PLS-SEM(partial least squares structural equation modeling)이라 한다.

2 SEM은 크게 공분산에 기초한 구조방정식모델링(covariance-based SEM: CB-SEM)과 PLS에 기초한 구조방정식모델링(PLS-SEM)으로 나눌 수 있다. SEM에 관한 아이디어는 스웨덴 웁살라 대학교(Uppsala University)의 계량경제학자이자 통계학자이었던 Herman Wold에 의해 착안되었다. Wold 교수의 박사과정 학생이었던 Karl Jöreskog이 나중에 LISREL 패키지를 만들게 되고, 또 다른 박사과정 학생이었던 Jan-Bernd Lohmöller가 LVPLS(latent variable partial least squares) 패키지를 만들게 된다. 이 LVPLS가 PLS 패키지들의 기반이 된다.

3 CB-SEM을 위한 대표적인 패키지로는 Amos, LISREL, Mplus 등이 있고, PLS-SEM을 위한 대표적인 패키지로는 ADANCO, SmartPLS, WarpPLS 등이 있다. PLS-SEM 패키지 가운데 SmartPLS가 사용하기가 쉽고 많은 정보를 제공하므로 가장 많이 이용되고 있다. 본서는 이 가운데 SmartPLS 3.3.3을 토대로 기술되었다. SmartPLS는 독일 함부르크 공과대학 교수인 Ringle 등(2015)이 중심이 되어 만들어진 패키지이다.

1.1 CB-SEM과 PLS-SEM의 특징 비교

1 이하에서 CB-SEM과 PLS-SEM의 특징에 대해 살펴보기로 한다. 연구자는 이러한 특징을 고려하여 어떤 접근법으로 SEM을 분석할 것인가를 결정해야 한다.

2 첫째, 연구의 성격 면에서 보면 PLS-SEM은 탐색적(exploratory) 성격을 갖는다. 반면, CB-SEM은 확인적(confirmatory) 성격을 갖는다. 즉 CB-SEM은 이론과 논리적 정당성을 근거로 개념들 간의 관계를 모델로 설정한 다음, 이 모델이 적합한지를 확인하고자 하는 성격을 갖는다. 그러한 면에서 모델과 자료 간의 적합도를 산출하게 되고 이 적합도를 토대로 모델의 수용 가능성을 확인한다. 그러므로 CB-SEM은 이론검정(theory testing)의 성격을 갖는다.

3 이에 비해 PLS-SEM은 이론과 논리적 정당성 등을 토대로 모델을 구축하는 면에서 약간 부족한 면이 있는 모델을 대상으로 탐색적으로 이론을 구축하고자 하는 성격을 갖는다. 그러한 면에서 PLS-SEM은 이론구축(theory building) 또는 이론개발(theory development)의 성격을 갖는다.

4 PLS-SEM은 모수치를 추정하는 과정에서 구조모델과 관련된 모수치는 과소추정(under-estimate)하고, 측정모델과 관련된 모수치는 과대추정(over-estimate)하는 편의(bias)가 있다. 이는 동일한 모델과 자료를 대상으로 CB-SEM으로 추정하느냐 또는 PLS-SEM으로 추정하느냐에 따라 구조모델과 관련된 모수치가 CB-SEM에서는 유의적으로 나타났다 하더라도, PLS-SEM에서는 비유의적으로 나타날 수 있음을 의미한다. 따라서 연구모델이 확실한 이론적 근거를 토대로 설정이 되었다면 CB-SEM에 의해 분석하는 것이 올바른 접근법이고, 그렇지 않다면 PLS-SEM에 의해 분석하는 것이 올바른 접근법이다.

5 둘째, 자료분포에 관한 측면에서 보면 CB-SEM은 자료의 다변량정규분포를 가정한다. 그러한 면에서 CB-SEM은 모수적 접근법(parametric approach)의 성격을 갖는다. 따라서 모수에 관한 검정을 $\alpha = .05$ 수준에서 검정통계량의 절대값이 1.96보다 크면 유의적이라고 결정한다. 그러나 PLS-SEM은 자료의 분포에 관한 가정을 하지 않는 비모수적 접근법(non-parametric approach)의 성격을 갖는다. 따라서 모수의 유의성 검정을 위해 붓스트래핑(bootstrapping)을 하게 되고 여기에서 얻어진 t-value 통계량을 기초로 결정한다.

6 셋째, CB-SEM은 표본크기가 커야 안정적인 모수를 추정할 수 있다. 일반적으로 CB-SEM에서 요구되는 최소한의 표본크기는 적어도 200 이상이 되어야 한다. 반면 PLS-SEM은 표본크기가 그리 크지 않아도 된다. 물론 PLS-SEM에서도 표본크기가 크면 클수록 좋기는 하다. 따라서 연구자가 수집한 자료의 표본크기가 작다면 PLS-SEM으로 접근하는 것이 바람직하다.

7 넷째, CB-SEM은 최우추정법(maximum likelihood estimation: MLE)으로 모수를 추정한다. 즉 모델설정을 토대로 모델예측행렬($\hat{\Sigma}$)과 표본행렬(S) 간의 차이를 최소화하는 모수치를 추정하여 보고한다. 그리하여 모델예측행렬($\hat{\Sigma}$)과 표본행렬(S) 간에 어느 정도 차이가 나는가를 여러 가지 지수를 이용하여 보고한다. 이에 비해 PLS-SEM은 PLS algorithm 또는 일관 PLS algorithm(consistent PLS: PLSc)을 이용하여 모수를 추정한다. PLS algorithm은 특정 내생변수의 분산(R^2)을 최대화하는 관점에서 모수를 추정한다.

8 [그림 1-1]의 연구모델을 통해 이에 대해 살펴보기로 한다. 이 모델을 보면 갈등, 분배공정성 및 절차공정성 등이 신뢰에 영향을 주는 것으로 가설화되었다. 또한 신뢰는 재계약의도에 영향을 주는 것으로 가설화되었다. PLS-SEM은 PLS algorithm 또는 PLSc algorithm에 의해 신뢰 및 재계약의도를 가장 많이 설명하는 모수를 추정한다. 즉 신뢰를 종속변수로 갈등, 분배공정성 및 절차공정성을 독립변수로 해서 회귀분석을 하여 종속변수인 신뢰의 R^2을 최대화하는 계수를 구한다. PLS-SEM에서 보고되는 R^2은 예측력(predictive power)의 의미가 있다.

9 마찬가지로, 신뢰를 독립변수로, 재계약의도를 종속변수로 하여 재계약의도의 R^2을 최대화하는 계수를 구한다. 즉 각각의 관계에서 종속변수와 독립변수 간의 관계를 개별적으로 추정한다. 이러한 의미에서 부분(partial)이라는 용어가 붙는다. 따라서 PLS-SEM은 제한된 정보기법(limited-information technique)에 기반을 둔다. 이에 비해 CB-SEM은 완전정보기법(full information technique)에 의해 자료와 가장 근사한 모수를 추정하는 접근법을 취한다. 즉 모델에 포함된 모든 관계를 따로 따로 분리해서 추정하지 않고 동시에 추정한다. 그리고 자료와 모델 간의 적합도를 계산하여 보고한다.

그림 1-1 | 연구모델

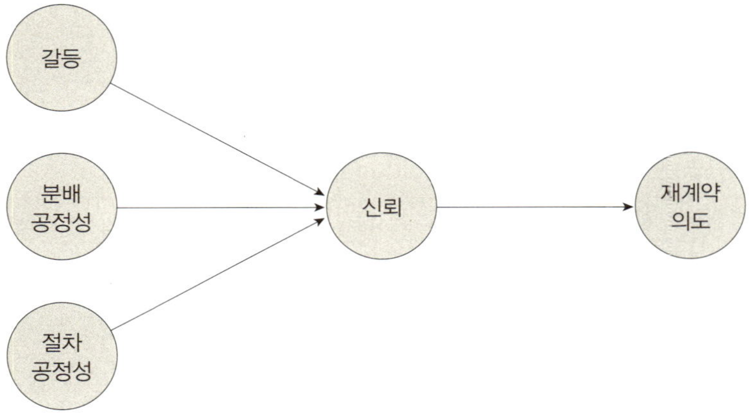

10 다섯째, 지표는 잠재변수와 측정변수 간의 관계가 어떤 방향성을 갖느냐에 따라 **반영지표**(reflective indicator)와 **조형지표**(formative indicator)로 나눌 수 있는데, PLS-SEM은 반영지표와 조형지표가 포함된 모델을 추정하는 데 문제가 되지 않지만, CB-SEM은 조형지표가 포함된 모델을 추정하는 데 문제가 있을 수 있다.

11 여섯째, CB-SEM은 복잡한 모델을 추정하는 경우 식별문제에 처하게 된다. **식별문제**(identification problem)란 모수를 추정하는 데 문제가 있음을 의미한다. PLS-SEM은 복잡한 모델이라 하더라도 이러한 식별문제에 처하지 않고 모수를 추정할 수 있다.

12 일곱째, CB-SEM은 내생잠재변수 간에 서로 영향을 주고받는 비재귀모델(non-recursive model)의 추정이 가능하지만, PLS-SEM은 비재귀모델의 추정이 불가능하다. 예컨대, 위 모델에서 신뢰와 재계약의도 간에 서로 영향을 주고받는 비재귀모델의 설정이 CB-SEM에서는 가능하지만, PLS-SEM에서는 불가능하다. [표 1-1]은 CB-SEM과 PLS-SEM의 특징을 비교하여 제시한 것이다.

표 1-1 CB-SEM과 PLS-SEM의 특징 비교

구분	CB-SEM	PLS-SEM
연구의 성격	확인적	탐색적
이론적 근거	강한 이론적 근거	이론적 근거가 약함
척도의 유형	등간 또는 비율척도	등간 또는 비율척도 (명목척도, 서열척도는 안 됨)
부적해	부적해가 발생	항상 식별이 됨
추정	구조모델과 측정모델을 각각 추정할 수 있음	구조모델과 측정모델을 동시에 추정
자료분포	다변량정규성 가정, 모수적 접근	다변량정규성을 가정하지 않음, 비모수적 접근
표본크기	대표본을 요구함(최소 200 이상)	소표본도 가능(30~100도 가능)
모수추정	최우도추정(MLE)	PLS algorithm 또는 PLSc algorithm
지표의 방향성	반영지표	조형지표와 반영지표
잠재변수 간 상관	잠재변수 간 상관설정이 가능	잠재변수 간 상관설정이 불가능
오차 간 상관	오차 간 상관설정이 가능	오차 간 상관설정이 불가능
모델의 복잡성	복잡한 모델의 추정이 어려움(지표가 100개 이상인 경우 문제가 발생), 재귀모델 및 비재귀모델 추정 가능	복잡한 모델의 추정이 가능, 재귀모델만 추정 가능

출처: 저자가 정리함.

13 [표 1-1]에서 PLS-SEM은 명목척도나 서열척도를 분석에서 이용하지 못한다는 점을 기억하기 바란다. 이의 근거는 SmartPLS 홈페이지의 포럼에 있는 SmartPLS 개발자인 Christian M. Ringle 교수의 글을 통해 확인할 수 있다.

> by **cringle** » Mon Nov 06, 2006 7:30 pm
>
> You do not use nominal or ordinal scales in PLS path modeling.
>
> Best regards
> Christian

1.2 CB-SEM과 PLS-SEM의 모수치 비교

[그림 1-2] 모델을 통해 PLS-SEM으로 추정한 모수와 CB-SEM으로 추정한 모수가 어떠한 차이가 있는가 살펴보기로 한다.

그림 1-2 | 연구모델

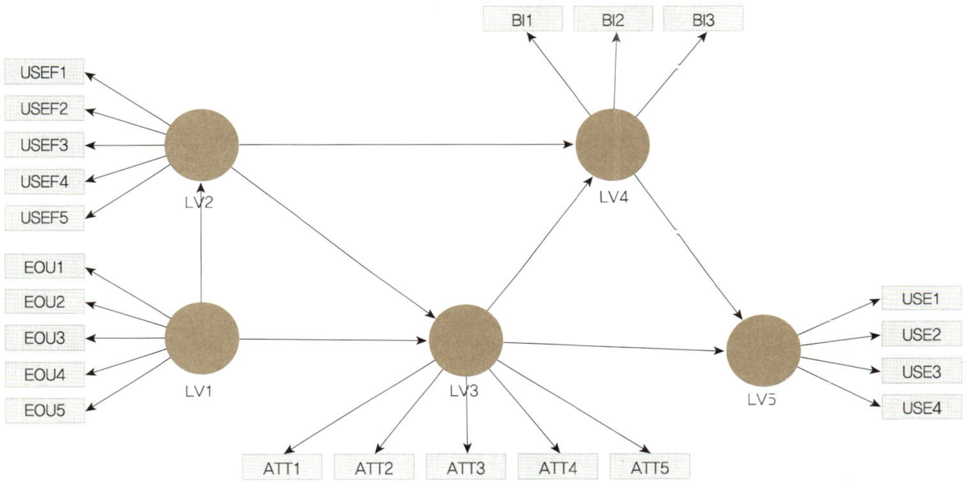

1) PLS로 추정한 결과

1 PLS로 추정한 결과는 [그림 1-3]과 같다.

그림 1-3 | PLS로 추정한 결과

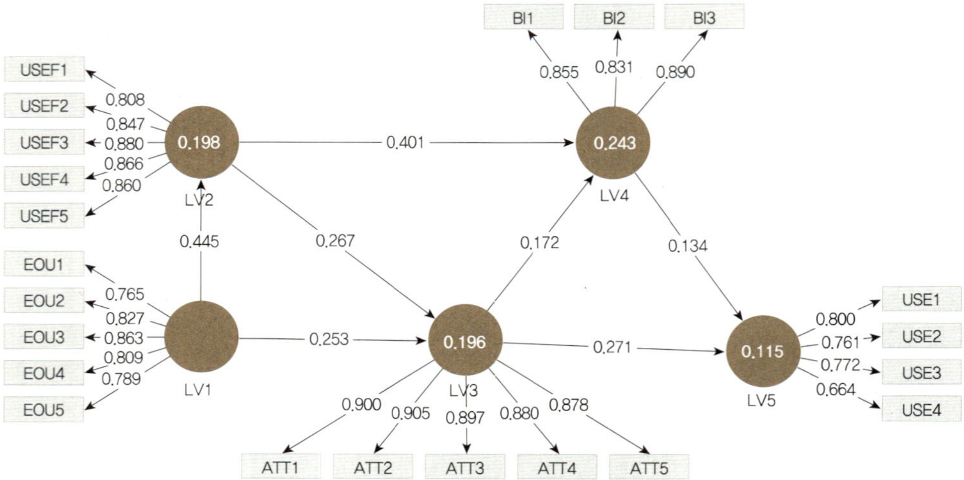

2) PLSc로 추정한 결과

1 PLSc(consistent PLS)는 요인모델과 일치하는 결과를 얻도록 반영지표로 측정된 개념의 상관을 수정하는 algorithm으로 추정한다. Dijkstra & Henseler(2015)는 PLSc로 추정할 때 잠재변수점수의 추정을 위해 모든 잠재변수들 간에 연결(connection)하도록 권유하고 있다. SmartPLS 3.3에서 이를 위해 [Connect all LVs for Initial Calculation]을 체크한다.

대화상자 1-1 PLSc 세팅

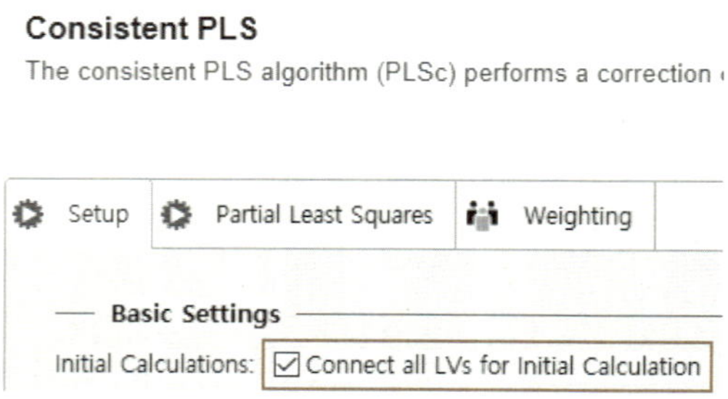

2 PLSc로 추정한 결과는 [그림 1-4]와 같다.

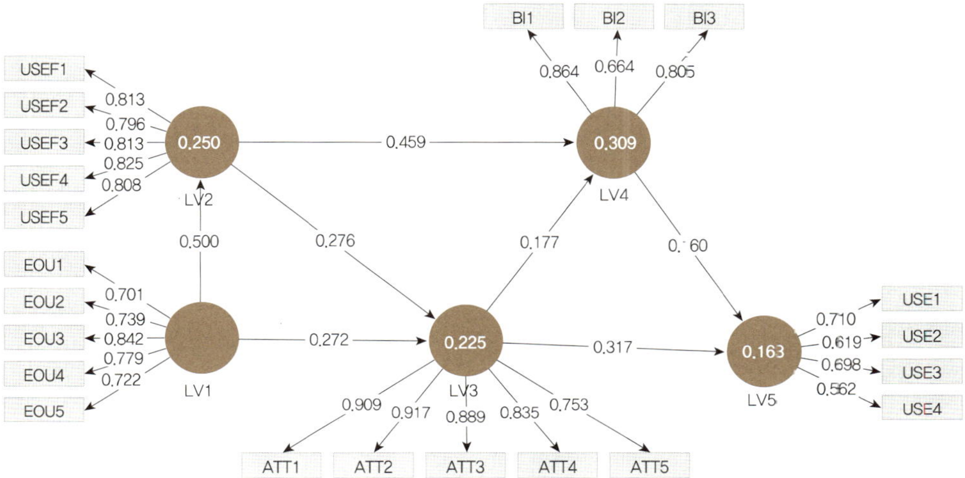

그림 1-4 | PLSc로 추정한 결과

3 PLSc로 추정한 결과와 PLS로 추정한 결과를 비교해보면 R^2값과 경로계수 등이 PLS에 비해 조금 크게 나오는 것을 알 수 있다.

3) Amos로 추정한 결과

1 Amos로 ML(maximum likelihood)법으로 추정한 결과는 [그림 1-5]와 같다. 모수치는 표준화계수를 제시한 것이다.

그림 1-5 | Amos의 ML에 의한 추정 결과

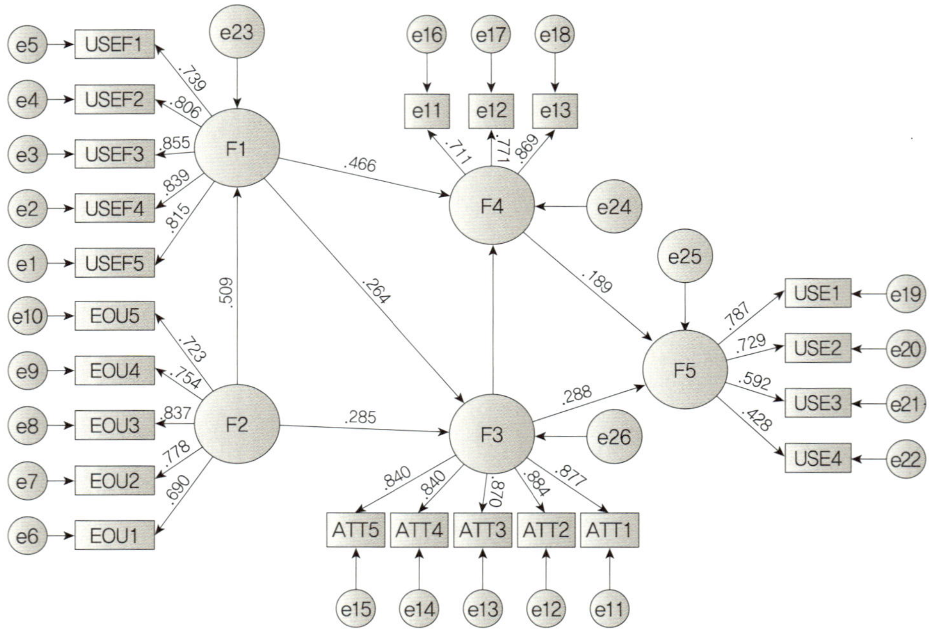

2 Amos로 추정한 결과를 PLSc로 추정한 결과와 비교해보면 값이 거의 비슷한 것을 알 수 있다. 그러나 PLS로 추정한 것과는 조금 차이가 있다.

4) SPSS로 회귀분석을 한 결과

1 각각의 변수에 맞게 회귀분석을 해보기로 한다.

(1) LV2를 종속변수로 LV1을 독립변수로 회귀분석한 결과

출력 1-1 회귀분석 결과

Model Summary

Model	R	R Square	Adjusted R Square	Std. Error of the Estimate
1	.443[a]	.196	.195	3.56125

a. Predictors: (Constant), EOU_SUM

Coefficients[a]

Model		Unstandardized Coefficients B	Std. Error	Standardized Coefficients Beta	t	Sig.
1	(Constant)	22.513	.599		37.564	.000
	EOU_SUM	.343	.020	.443	17.009	.000

a. Dependent Variable: USEF_SUM

(2) LV3을 종속변수로 LV1과 LV2를 독립변수로 회귀분석한 결과

출력 1-2 회귀분석 결과

Model Summary

Model	R	R Square	Adjusted R Square	Std. Error of the Estimate
1	.441[a]	.195	.193	4.18866

a. Predictors: (Constant), USEF_SUM, EOU_SUM

Coefficients[a]

Model		Unstandardized Coefficients B	Std. Error	Standardized Coefficients Beta	t	Sig.
1	(Constant)	13.912	1.043		13.343	.000
	EOU_SUM	.229	.026	.251	8.643	.000
	USEF_SUM	.315	.034	.268	9.232	.000

a. Dependent Variable: ATT_SUM

(3) LV4를 종속변수로 LV2와 LV3을 독립변수로 회귀분석한 결과

출력 1-3 회귀분석 결과

Model Summary

Model	R	R Square	Adjusted R Square	Std. Error of the Estimate
1	.472[a]	.223	.221	3.02296

a. Predictors: (Constant), ATT_SUM, USEF_SUM

Coefficients[a]

Model		Unstandardized Coefficients B	Std. Error	Standardized Coefficients Beta	t	Sig.
1	(Constant)	3.236	.797		4.061	.000
	USEF_SUM	.329	.024	.381	13.785	.000
	ATT_SUM	.124	.020	.169	6.112	.000

a. Dependent Variable: BI_SUM

(4) LV5를 종속변수로 LV3과 LV4를 독립변수로 회귀분석한 결과

출력 1-4 회귀분석 결과

Model Summary

Model	R	R Square	Adjusted R Square	Std. Error of the Estimate
1	.329[a]	.108	.106	4.40202

a. Predictors: (Constant), BI_SUM, ATT_SUM

Coefficients[a]

Model		Unstandardized Coefficients B	Std. Error	Standardized Coefficients Beta	t	Sig.
1	(Constant)	6.429	.951		6.757	.000
	ATT_SUM	.277	.029	.277	9.596	.000
	BI_SUM	.149	.039	.110	3.805	.000

a. Dependent Variable: USE_SUM

2 회귀분석과 PLS로 추정한 결과([그림 1-3] 참조)를 비교해보면 값이 거의 비슷한 것을 알 수 있다.

5) 회귀분석과 PLS의 차이

1 위에서 살펴본 바와 같이, 회귀분석으로 분석한 결과와 PLS로 분석한 결과가 약간의 차이가 있을 뿐 큰 차이는 없는 것을 알 수 있다. 그렇다면 회귀분석과 PLS의 차이점은 무엇일까? 그 답은 두 가지 정도일 것으로 생각된다.

2 첫째, 회귀분석은 실제치와 예측치와의 차이를 최소화하는 모수를 구하는 데 반해, PLS는 예측을 최대화하는, 즉 내생변수의 설명력(R^2)을 가장 많이 설명하는 모수를 구한다는 것이다.

3 둘째, 회귀분석은 모든 변수를 합쳐서 하나의 변수로 만들어 분석을 하나, PLS는 각각의 잠재변수를 측정하기 위해 이용된 측정변수의 가중치(weight)를 고려하여 잠재변수점수(latent variable score)를 계산하고 이 잠재변수점수가 종속변수 또는 독립변수가 되어 계수를 추정한다는 점이다.

1.3 PLS-SEM 모델의 구성요소

1) 내부모델과 외부모델

1 PLS-SEM 모델은 2개의 부분으로 구성되어 있다. 이를 [그림 1-6]의 경로도를 통해 이해하기로 한다. 첫째는 구조모델(structural model)이다. 이는 내부모델(inner model)이라고도 한다. 내부모델은 개념들 간의 관계를 나타낸다. 둘째는 측정모델(measurement model)이다. 이는 외부모델(outer model)이라고도 한다.

그림 1-6 | PLS 모델의 구성요소

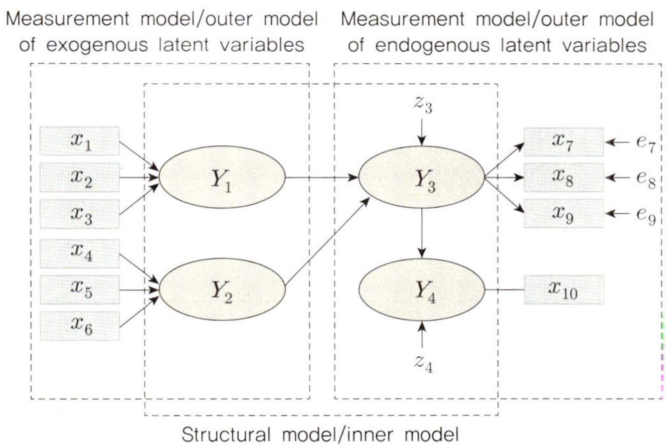

2) 반영지표와 조형지표

1 측정모델은 지표가 어떻게 측정되었는가에 따라 반영지표(reflective indicator)와 조형지표(formative indicator)로 나눌 수 있다. 이를 [그림 1-7]을 통해 이해하기로 한다.

그림 1-7 | 반영지표와 조형지표

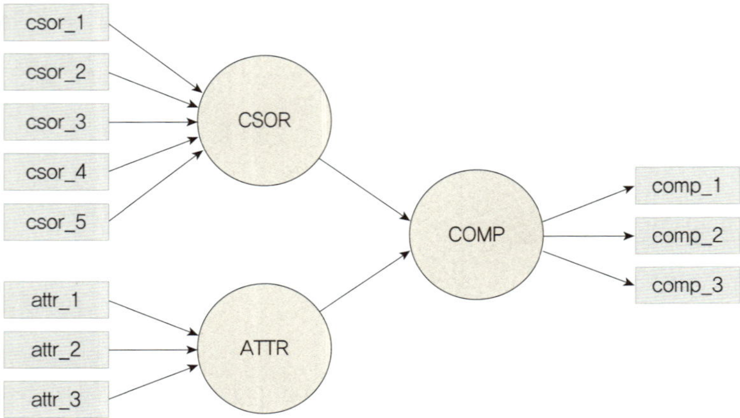

2 [그림 1-7]에서 COMP가 반영지표로 측정된 것이다. 이를 보면 화살표가 개념으로부터 측정변수로 향하고 있음을 알 수 있다.

3 이에 비해, CSOR과 ATTR은 조형지표로 측정된 것이다. 화살표의 방향이 반영지표와 달리 측정변수에서 개념으로 향하고 있음을 알 수 있다.

4 PLS-SEM에서 지표가 반영지표로 측정되었는지 아니면 조형지표로 측정되어 있는지에 따라 PLS algorithm으로 추정해야 하는지 아니면 PLSc algorithm으로 추정해야 하는지가 결정된다. 지표의 방향성을 고려하는 기준을 [표 1-2]와 같이 정리할 수 있다.

표 1-2 | 반영지표와 조형지표의 결정 기준

기준	결정
지표와 개념 간 인과관계	개념으로부터 지표: 반영지표 지표로부터 개념: 조형지표
개념이 지표를 설명하는 특성인가?, 아니면 지표의 선형결합인가?	특성: 반영지표 선형결합: 조형지표
지표가 개념의 원인인가 결과인가?	결과: 반영지표 원인: 조형지표
항목이 서로 교환할 수 있나?	예: 반영지표 아니오: 조형지표

2 SmartPLS 3.3의 옵션

SmartPLS 3.3에는 다양한 옵션이 제공된다. 이러한 옵션 가운데 연구목적 및 연구상황에 적합한 옵션을 선택하여 모수를 추정해야 한다.

2.1 가중치방법

1 SmartPLS 3.3은 모델을 추정하는 데 있어 세 가지 **가중치방법(weighting scheme)**을 제공하고 있다: ① **중심가중치방법(centroid weighting scheme)**, ② **요인가중치방법(factor weighting scheme)**, ③ **경로가중치방법(path weighting scheme)**.

2 요인가중치방법은 잠재변수(latent variable)의 추정을 상관계수를 이용하여 추정하고, 경로가중치방법은 잠재변수의 추정을 화살표에 의존한 회귀계수와 상관계수를 이용하여 추정한다. [대화상자 1-2]는 가중치방법을 제시한 것이다.

대화상자 1-2 가중치방법

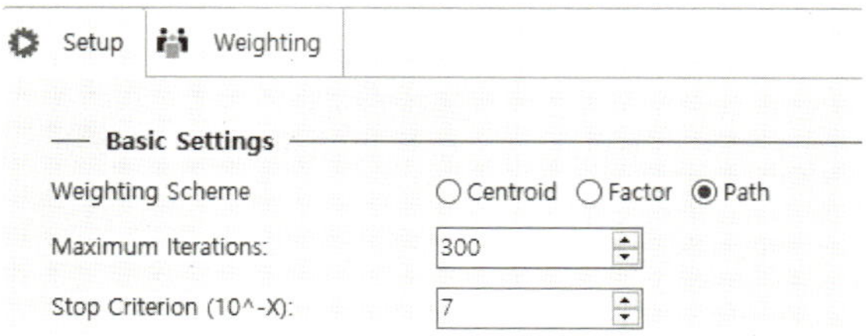

3 세 가지 방법에 따라 모수치가 약간 다르게 추정된다. 이 가운데 경로가중치방법이 추천되고 있다. 경로가중치방법은 잠재내생변수의 R^2을 최대화하는 관점에서 추정을 하고, 일반적으로 모든 모델에 적용할 수 있다. 모델이 고차요인(higher-order)을 포함하는 경우에는 중심가중치방법으로 추정해서는 안 된다.

4 2022년 5월에 출시된 SmartPLS 4 베타버전에서는 세 가지 방법 가운데 중심가중치방법(centroid weighting scheme)은 포함하지 않고, 요인가중치방법과 경로가중치방법만 제공하는 것으로 바뀌었다.

2.2 PLSc algorithm과 PLS algorithm의 선택

1 반영지표로 측정된 모델인 경우, PLSc(consistent PLS) algorithm과 PLS algorithm으로 추정할 수 있다. 이 경우 포화모델(saturated model)의 적합도를 평가하여 다음의 기준을 충족하면 PLSc로 추정한다. 조형지표인 경우에는 PLS로 추정하는 것이 바람직하다. [그림 1-8]은 PLSc algorithm과 PLS algorithm의 선택 기준을 제시한 것이다.

그림 1-8 | PLSc algorithm과 PLS algorithm의 선택 기준

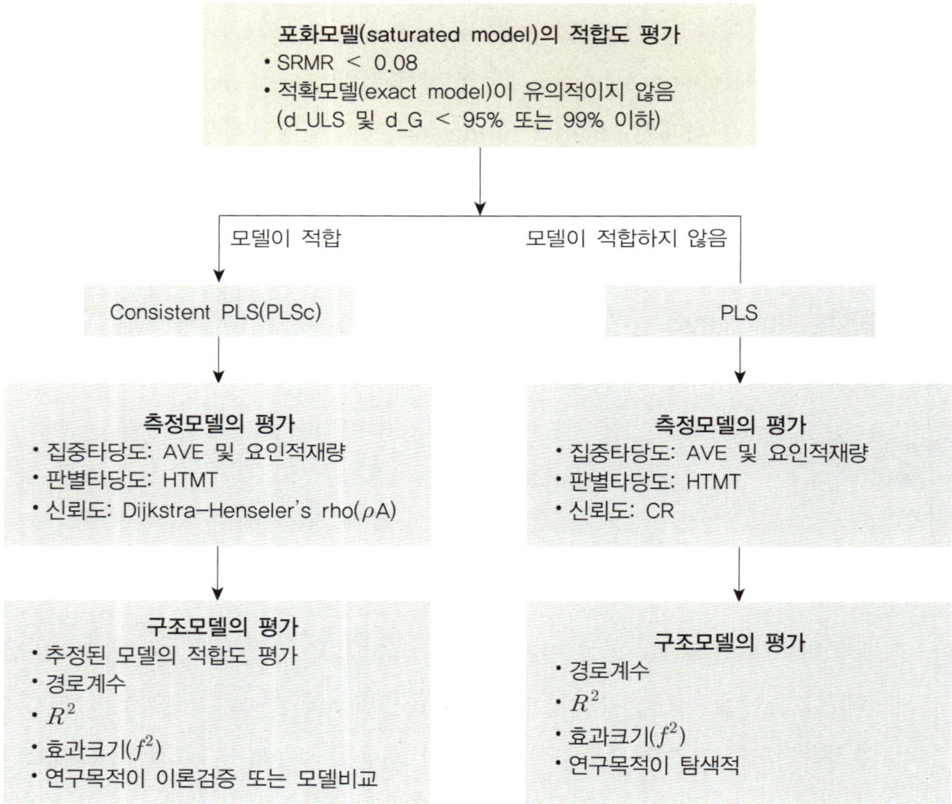

출처: Cheah et al. (2018), p. 155.

2 [그림 1-2] 모델을 PLS로 추정할 것인가, PLSc로 추정할 것인가를 결정할 때 모델적합도에 보고되는 SRMR을 기준으로 하는 것에 관해 살펴보기로 한다.

3 PLS로 추정하면 다음과 같은 적합도를 얻는다.

출력 1-5 PLS에 의한 모델적합도

Model_Fit

Fit Summary | rms Theta

	Saturated Mo...	Estimated Mo...
SRMR	0.050	0.080
d_ULS	0.623	1.615
d_G	0.264	0.312
Chi-Square	1948.045	2188.932
NFI	0.878	0.862

4 PLSc로 추정하면 다음과 같은 적합도를 얻는다.

출력 1-6 PLSc에 의한 모델적합도

Model_Fit

Fit Summary

	Saturated Mo...	Estimated Mo...
SRMR	0.035	0.069
d_ULS	0.308	1.203
d_G	0.248	0.292
Chi-Square	1471.363	1714.798
NFI	0.907	0.892

5 위에서 볼 수 있듯, 두 가지 방법에 따라 SRMR 값이 다름을 알 수 있다. 일반적으로 PLSc의 SRMR 값이 PLS의 SRMR 값보다 더 크게 나타난다.

6 모델적합도 가운데 포화모델의 SRMR이 .08보다 작으면 PLS 또는 PLSc를 이용하여 모수를 추정할 수 있다. 이 값이 .08보다 크면 PLS를 이용하여 추정한다. SRMR이 .08보다 큰 모델을 PLSc로 추정하면 추정에 실패한다. PLSc와 이의 붓스트래핑은 신뢰도가 낮은 개념에 대해 모수를 추정하는 데 실패하는 경우가 있다. 그러면 PLS algorithm으로 추정한 결과를 보고한다.

7 지표가 어떻게 측정되었는가에 따라 다음과 같은 결정을 할 수 있다.

- 모든 개념이 반영지표로 측정된 모델이면 PLSc algorithm과 PLSc 붓스트래핑을 이용한다.
- 모든 개념이 조형지표로 측정된 모델이면 PLS algorithm과 PLS 붓스트래핑을 이용한다.
- 반영지표와 조형지표가 혼합되어 측정된 모델이면 PLS algorithm과 PLS 붓스트래핑을 이용한다.

8 [그림 1-9] 연구모델을 대상으로 PLSc와 PLS로 추정하는 경우 값이 어떠한 차이가 있는지 살펴보기로 한다.

그림 1-9 | **연구모델**

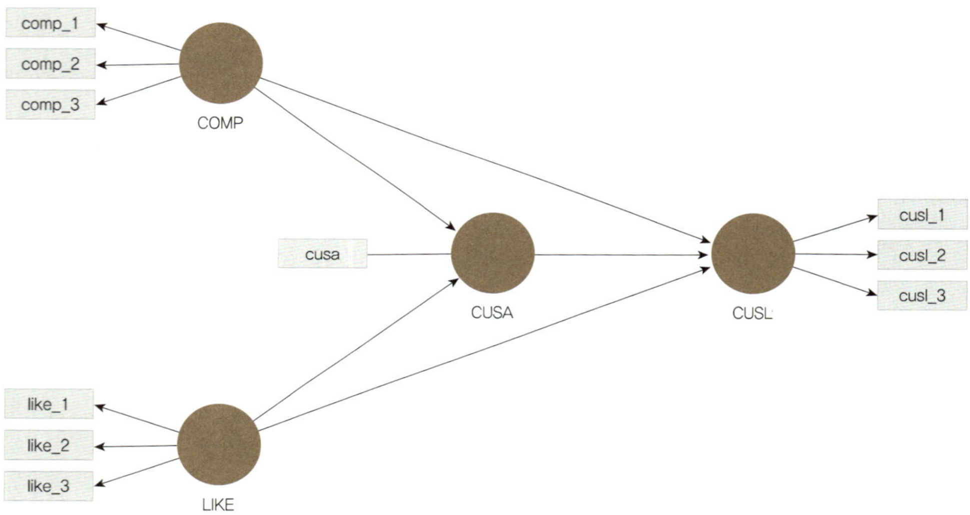

9 PLSc algorithm으로 추정하여 모델적합도를 평가한다. SmartPLS 3.3에서 모델적합도는 [Quality Criteria] → [Model Fit]에 정보가 제공된다. [출력 1-7]은 모델적합도를 제시한 것이다.

출력 1-7 모델적합도

Model_Fit

Fit Summary | rms Theta

	Saturated Model	Estimated Model
SRMR	0.060	0.060
d_ULS	0.845	0.845
d_G	0.939	0.939
Chi-Square	554.093	554.093
NFI	0.789	0.789

10 PLS로 추정한 결과는 다음과 같다.

출력 1-8 PLS algorithm으로 추정한 경로계수

Path Coefficients

Matrix | Path Coefficients

	COMP	CUSA	CUSL	LIKE
COMP		0.162	0.009	
CUSA			0.504	
CUSL				
LIKE		0.424	0.342	

그림 1-10 | PLS algorithm으로 추정한 결과

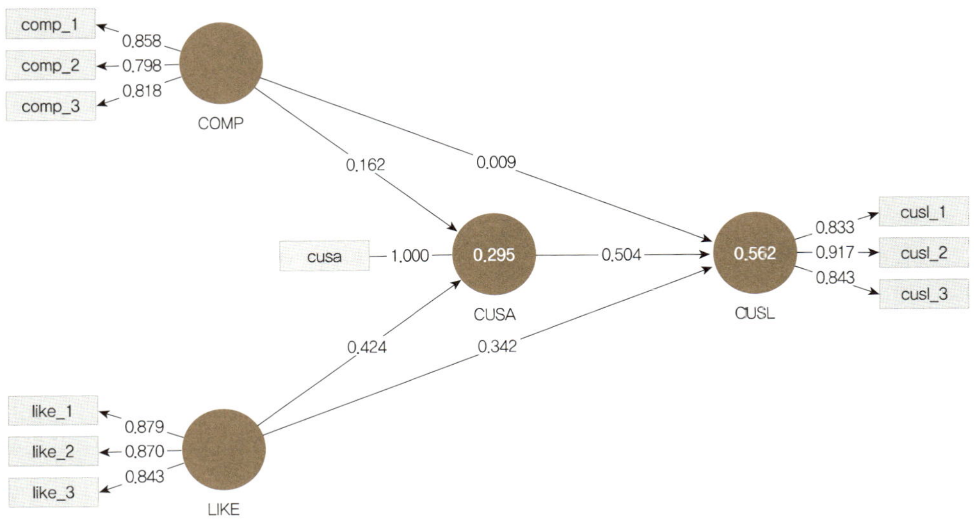

11 PLSc로 추정하여 얻는 모델적합도는 [출력 1-9]와 같다. 포화모델(saturated model)의 SRMR 값이 .08보다 작으므로 PLSc에 의해 추정한다.

출력 1-9 모델적합도

Model_Fit

Fit Summary

	Saturated Mo...	Estimated Mo...
SRMR	0.056	0.056
d_ULS	0.173	0.173
d_G	0.103	0.103
Chi-Square	191.588	191.588
NFI	0.891	0.891

12 PLSc로 추정하면 다음과 같은 결과를 얻는다.

출력 1-10 PLSc algorithm으로 추정한 경로계수

Path Coefficients

Matrix | Path Coefficients

	COMP	CUSA	CUSL	LIKE
COMP		0.076	-0.111	
CUSA			0.498	
CUSL				
LIKE		0.519	0.532	

그림 1-11 | PLSc algorithm으로 추정한 결과

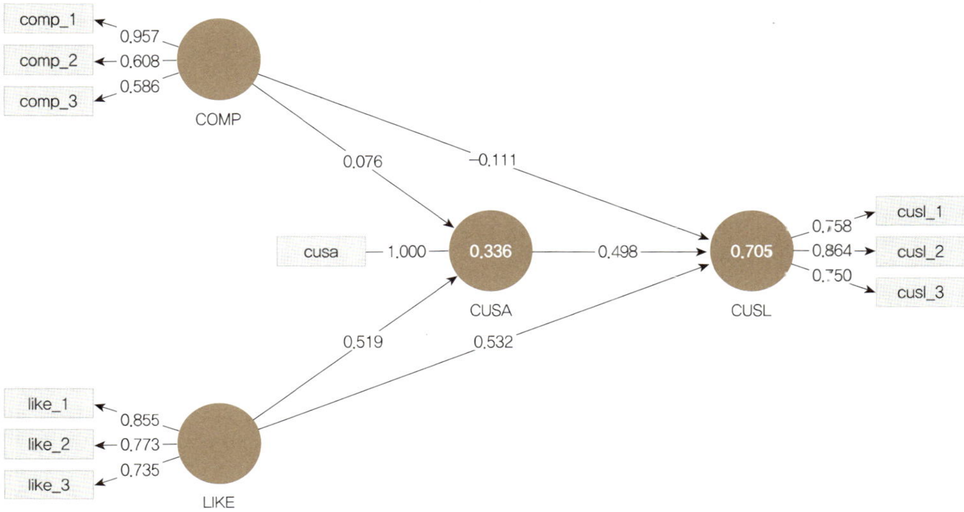

13 위의 결과를 통해 알 수 있듯, PLS로 추정하면 PLSc로 추정한 것에 비해 외부가중치(outer weight) 값이 더 크게 나타나고, 잠재변수 간의 내부가중치(inner weight)는 작게 나타난다. 그리고 내생변수의 R^2값도 작게 나타난다. PLSc는 이러한 단점을 극복하기 위해 만든 추정법이다. PLSc는 잠재변수점수(latent variable score)를 신뢰도계수를 고려하여 수정하고, 이 점수를 잠재변수 간의 계수를 추정하는 데 이용한다. PLSc로 추정한 값은 CB-SEM에 의해 추정한 값과 거의 비슷한 값을 산출한다.

기억 하세요

1 일반적인 모델은 경로가중치방법(path weighting scheme)으로 추정하는 것이 추천된다. 그러나 모델이 고차요인(higher-order)을 포함하는 경우에는 중심가중치방법(centroid weighting scheme)으로 추정해서는 안 된다.

2 SmartPLS 3.3에서는 비표준화계수가 아닌 표준화계수를 보고한다.

3 측정모델이 반영지표로 되어 있고, 포화모델의 SRMR이 .08보다 작으면 PLSc로 추정해야 한다.

4 포화모델의 SRMR이 .08보다 큰 모델을 PLSc로 추정하면 추정에 실패한다.

5 PLS-SEM은 명목척도나 서열척도를 분석에서 이용하지 못한다.

6 PLSc로 추정한 값은 CB-SEM에 의해 추정한 값과 거의 비슷한 값을 산출한다.

참고문헌

Becker, J. M., Ringle, C. M., & Sarstedt, M. (2018). Estimating moderating effects in PLS-SEM and PLSc-SEM: Interaction term generation x data treatment. *Journal of Applied Structural Equation Modeling, 2*(2), 1-21.

Cheah, J. H., Memon, M. A., Chuah, F., Ting, H., & Ramayah, T. (2018). Assessing reflective models in marketing research: A comparison between PLS and PLSc estimates. *International Journal of Business and Society, 19*(1), 139-160.

Cheah, J. H., Thurasamy, R., Memon, M. A., Chuah, F., & Ting, H. (2020). Multigroup analysis using SmartPLS: Step-by-step guidelines for business research. *Asian Journal of Business Research, 10*(3), 1-19.

Dash, G., & Paul, J. (2021). CB-SEM vs PLS-SEM methods for research in social sciences and technology forecasting. *Technological Forecasting & Social Change, 173*, 121092.

Dijkstra, T. K., & Henseler, J. (2015). Consistent partial least squares path modeling. *MIS Quarterly, 39*(2), 297-316.

Hair, J. F., Hult, G. T. M., Ringle, C. M., & Sarstedt, M. (2017). *A primer on partial least squares structural equation modeling(PLS-SEM)* (2nd ed.). Sage Publications.

Hair, J. F., Hult, G. T. M., Ringle, C. M., & Sarstedt, M. (2021). *A primer on partial least squares structural equation modeling(PLS-SEM)* (3rd ed.). Sage Publications.

Hair, J. F., Risher, J. J., Sarstedt, M., & Ringle, C. M. (2019). When to use and how to report the results of PLS-SEM. *European Business Review, 31*(1), 2-24.

Henseler, J. (2021). *Composite-based structural equation modeling: Analyzing latent and emergent variables.* Guilford Press.

Henseler, J., Ringle, C. M., & Sinkovics, R. R. (2009). The use of partial least squares path modeling in international marketing. *Advances in International Marketing, 20*, 277-320.

Latan, H., & Noonan, R. (2017). *Partial least squares path modeling: Basic concepts, methodological issues and applications.* Springer.

Rigdon, E. E., Sarstedt, M., & Ringle, C. M. (2017). On comparing results from CB-SEM and PLS-SEM: Five perspectives and five recommendations. *Marketing ZFP, 39*(3), 4-16.

Ringle, C. M., Wende, S., & Becker, J.-M. (2015). SmartPLS 3. Boenningstedt:

SmartPLS. retrieved from https://www.smartpls.com.

Sarstedt, M., Hair, J. F., Ringle, C. M., Thiele, K. O., & Gudergan, S. P. (2016). Estimation issues with PLS and CBSEM: Where the bias lies! *Journal of Business Research, 69*(10), 3998-4010.

Wong, K.W.K (2019). *Mastering partial least squares structural equation modeling (PLS-SEM) with SmartPLS in 38 hours*. iUniverse.

[YouTube]

Cheah, J. H. (2020, August 9). *Consistent partial least squares (PLSc)* [Video]. YouTube. https://www.youtube.com/watch?v=F3kRnAHdMCM&t=1403s

Chapter

2 조절효과분석: 개요

1. 조절효과의 의의
2. 조절효과의 통계적 모델
3. 조절효과분석의 의의
4. 조절효과의 이론적 가정
5. 조절효과분석 절차

Chapter

2 조절효과분석: 개요

1 조절효과의 의의

1 사회과학 및 행동과학을 연구하는 연구자는 독립변수와 종속변수 간의 관계에 대해 관심을 갖는다. 예를 들어, 학력(독립변수)과 소득(종속변수) 간에는 어떤 관계가 있을까?, 스트레스(독립변수)와 우울증(종속변수) 간에는 어떤 관계가 있을까? 그들은 그들의 관심 학문영역에서 수많은 변수들 간의 관계를 확인하고자 연구를 한다. 이처럼 두 변수 간의 관계에서 원인(예 학력, 스트레스)과 결과(예 소득, 우울)로 가정되는 관계를 **인과관계(causal relationship)**라 한다. 두 변수 간의 인과관계를 분석하여 얻는 효과를 **직접효과(direct effect)**라 한다. 연구결과, 학력과 소득 간에는 일반적으로 정적(+)인 관계가 있는 것으로 나타난다. 즉 학력이 높을수록 소득이 높다. 마찬가지로, 스트레스와 우울증 간에도 정적(+)인 관계가 있다. 즉 스트레스를 많이 받을수록 우울증이 심해진다.

2 사회과학자 및 행동과학자들은 독립변수와 종속변수 간의 관계에 제3의 변수를 추가하여 연구를 시도한다. 제3의 변수는 조절변수와 매개변수로 나뉜다. 독립변수와 종속변수 간 관계의 크기와(또는) 방향에 영향을 주는 제3의 독립변수를 **조절변수(moderator, moderating variable)**라 한다. **조절효과(moderating effect)란 종속변수와 독립변수 간의 관계가 조절변수의 수준에 따라 크기(strength)와(또는) 방향(direction)이 달라지는 것을 의미한다. 여기에서, 와(또는)을 쓴 이유는 크기가 달라질 수 있고, 방향이 달라질 수 있고, 크기와 방향이 모두 달라질 수 있기 때문이다.** 조절효과 및 매개효과분석에서 가장 많이 인용되는 논문인 Baron & Kenny(1986)

의 조절변수에 관한 정의를 원문 그대로 소개한다(p. 1174). 조절변수의 정의에서 볼 수 있듯, 'and/or'로 기술되어 있는 것을 알 수 있다.

> moderator is a qualitative (e.g., sex, race, class) or quantitative (e.g., level of reward) variable that affects the direction and/or strength of the relation between an independent or predictor variable and a dependent or criterion variable.

3 조절변수로서 적절한 변수로는 일반적으로 시간의 경과에 따라 속성이 크게 변하지 않는 성격을 갖는 변수들이 여기에 속한다. 이처럼 시간이 경과하더라도 속성이 크게 변하지 않는 성격을 갖는 변수들을 심리학에서 특성변수(trait variable) 또는 기질변수라 한다. 예를 들면, 인구통계학적 변수, 성격 등이 여기에 해당한다. 종속변수와 독립변수 간의 관계가 조절변수에 따라 크기와(또는) 방향이 달라지는가를 분석하는 것을 조절효과분석(moderating effect analysis)이라 한다. 통계적 모델의 관점에서 보면 조절변수도 일종의 독립변수이기 때문에 조절변수와 독립변수를 구분하기 위해 독립변수를 초점예측변수(focal predictor)로 부르기도 한다.

4 조절효과분석은 종속변수와 독립변수 간의 관계를 설명하는 데 있어 언제(when), 어떤 조건에서(under what conditions), 그리고 누구에게서(for whom) 보다 약하거나, 강하거나 또는 효과가 없는가를 연구하고자 하는 데 목적이 있다.

5 학력이 높으면 소득이 높다는 이론을 구축하는 데 있어 모든 조건에서 그런 것이 아니고 '상황에 따라', '대상에 따라' 달라지는 조건을 조절효과분석을 통해 규명할 수 있다. 예를 들어, 학력이 높으면 소득이 높은데, 이러한 관계가 성별에 따라 차이가 있다면 성별은 조절효과가 있다고 할 수 있다. 마찬가지로, 스트레스를 많이 받으면 우울증이 심해지는 관계에서 '상황에 따라', '대상에 따라' 달라질 수 있는 조건을 규명할 수 있다. 예컨대, 스트레스와 우울증 간의 관계에서 사회적 지원이 조절효과가 있는가를 검정할 수 있다.

6 이처럼 독립변수와 종속변수 간의 관계가 '상황에 따라', '대상에 따라' 달라지는 조건을 규명하는 데 조절효과분석의 이론적 의의가 있다. 연구를 통해 그러한 조건들을 규명함으로써 조절변수는 이론을 구축하는 데 있어 경계조건(boundary condition)을

제시해 주는 역할을 한다.

7 조절변수는 성별과 같이 비메트릭변수(범주형 변수)가 될 수 있고, 사회적 지원과 같이 메트릭변수(연속형 변수)가 될 수 있다. [그림 2-1]을 보면 남자에 비해 여자가 스트레스를 많이 받을수록 우울증이 심해지고, [그림 2-2]를 보면 사회적 지원이 크면 스트레스를 많이 받더라도 우울증이 약해지는 것을 알 수 있다. 스트레스(독립변수)와 우울증(종속변수) 간의 관계가 성별(조절변수)에 따라 크기가 다를 수 있고, 사회적 지원(조절변수)의 정도에 따라 이들 간의 관계가 달라질 수 있다.

그림 2-1 | 스트레스가 우울증에 미치는 성별의 조절효과

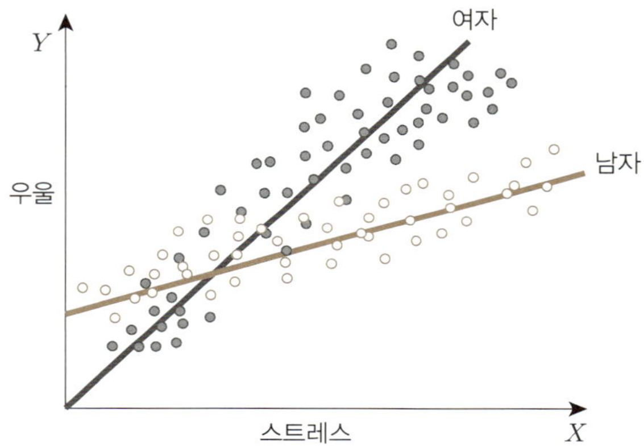

그림 2-2 | 스트레스가 우울증에 미치는 사회적 지원의 조절효과

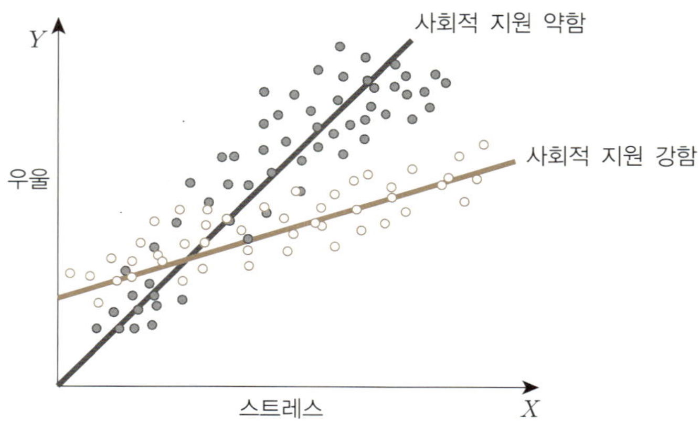

2 조절효과의 통계적 모델

1 스트레스와 우울증 간의 관계에서 성별 및 사회적 지원의 조절효과를 개념적 모델로 나타내면 [그림 2-3]과 같다. 개념적 모델은 두 변수 간의 관계에 성별 또는 사회적 지원이 영향을 미친다고 가정한다. 논문에서 [그림 2-3]처럼 그려진 그림이 있다면 조절효과를 가정한 것으로 이해하면 된다.

»그림 2-3 | **조절효과의 개념적 모델**

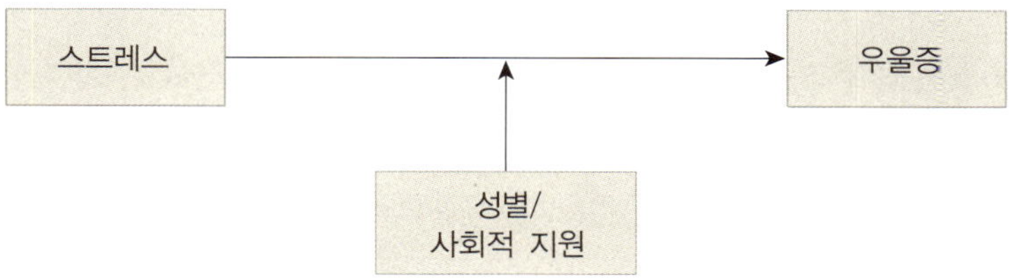

2 성별과 사회적 지원의 조절효과분석을 위한 통계적 모델은 각각 [그림 2-5], [그림 2-6]과 같이 나타낼 수 있다.

3 [그림 2-4]에서 스트레스가 우울에 미치는 효과를 남자와 여자로 구분하지 않고 추정한 결과, $b=0.5$의 회귀계수를 얻었다고 가정한다. 이는 스트레스를 1단위 받게 되면 0.5만큼 우울증이 증가한다는 것을 의미한다.

»그림 2-4 | **스트레스가 우울에 미치는 효과**

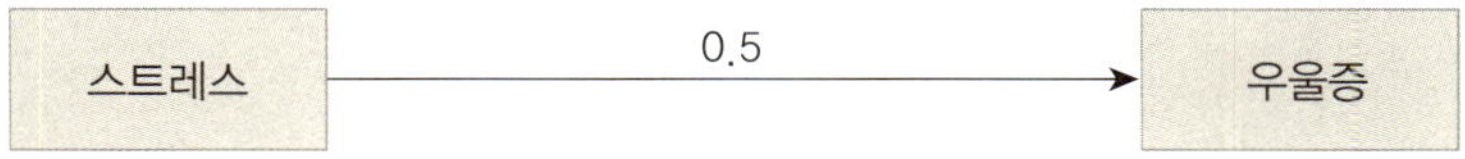

4 이제 이들 간의 관계를 남자와 여자로 구분하여 추정한 결과, 여자집단은 $b=0.7$의 회귀계수를, 남자집단은 $b=0.2$의 회귀계수를 얻었다고 가정한다.

그림 2-5 | 스트레스와 우울증 간의 관계: 남자와 여자로 구분한 경우

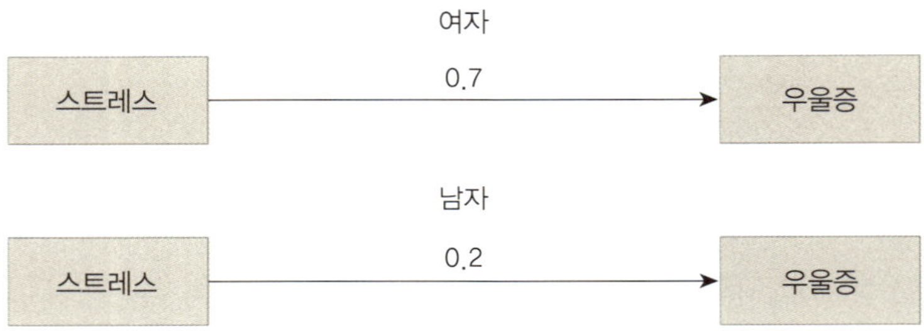

5 이 두 집단 간의 계수 차이는 $b = 0.5$이다. 이 차이가 통계적으로 유의적이면 스트레스와 우울증 간의 관계는 성별에 따라 조절효과가 있다고 해석한다. SmartPLS에서 조절변수가 범주형 변수(예 성별)인 경우에는 집단을 나누어 다중집단분석(multiple-group analysis)을 하고 집단 간에 경로계수가 유의적인 차이가 있는가를 검정한다. 유의적인 차이가 있으면 조절효과가 있고, 유의적인 차이가 없으면 조절효과가 없다고 해석한다.

6 이제 조절변수가 연속형 변수인 사회적 지원의 조절효과 모델인 [그림 2-6]에 대해 살펴보기로 한다.

그림 2-6 | 사회적 지원의 조절효과의 통계적 모델

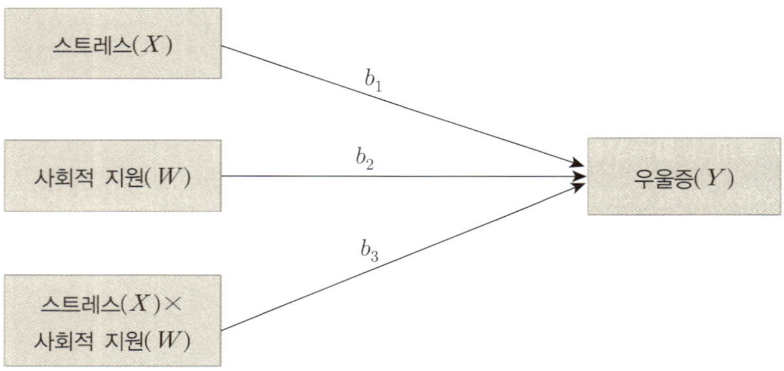

7 SmartPLS에서 조절변수가 연속형 변수(예 사회적 지원)인 경우에는 조절효과분석을 위해 독립변수와 조절변수의 상호작용항(interaction term)을 만들어 이 상호작용항의 계수(b_3)가 종속변수에 어떤 영향을 주는가를 검정한다. 이처럼 조절변

수가 연속형 변수인 경우에는 상호작용효과분석(interaction effect analysis)을 통해 상호작용항 계수(b_3)의 유의도를 검정하여 유의적이면 조절효과가 있고, 유의적이지 않으면 조절효과가 없다고 해석한다.

8 SPSS에 의해 [그림 2-6] 모델을 회귀분석으로 추정하여 [출력 2-1]을 얻었다고 가정한다. 이 결과를 토대로 조절효과분석에 대해 좀 더 자세히 살펴보기로 한다.

출력 2-1 SPSS 회귀분석 결과

Model		Unstandardized Coefficients		Standardized Coefficients	t	Sig.
		B	Std. Error	Beta		
1	(Constant)	12.754	2.521		5.060	.000
	stress	.134	.027	.368	4.874	.000
	social support	-.432	.116	-.280	-3.708	.000
2	(Constant) (b_0)	1.811	4.774		.379	.705
	stress (b_1)	.483	.133	1.328	3.626	.000
	social support (b_2)	.111	.232	.072	.476	.635
	strs_socs (b_3)	-.017	.006	-1.040	-2.677	.008

a. Dependent Variable: depression

9 회귀분석으로 조절효과를 검정하기 위한 회귀식은 다음과 같이 세울 수 있다.

$$\hat{Y} = b_0 + b_1 X + b_2 W + b_3 XW + e \qquad (1)$$

10 식(1)을 다음과 같이 정리할 수 있다.

$$\hat{Y} = [b_0 + b_2 W] + [(b_1 + b_3 W)]X + e \qquad (2)$$

11 식(2)에서 $[b_0 + b_2 W]$을 단순절편(simple intercept), $[(b_1 + b_3 W)]$을 단순기울기(simple slope)라 한다. [출력 2-1]의 값을 식(1)에 대입하면 다음과 같은 회귀식을 세울 수 있다.

$$\text{우울} = 1.811 + .483 \times (\text{스트레스}) + .111 \times (\text{사회적 지원}) - .017 \times (\text{스트레스} \times \text{사회적 지원}) \qquad (3)$$

12 [출력 2-1]을 보면, 상호작용항의 계수(b_3 =− .017)가 유의적이므로(p = .008) 조절효과가 있다고 해석한다. 조절효과를 보다 구체적으로 살펴보기 위해 종속변수와 독립변수 간의 관계가 조절변수의 수준에 따라 어떻게 나타나는지를 살펴본다.

13 사회적 지원에 따라 우울과 스트레스 간의 관계가 어떻게 변하는지 알아보기 위해 임의의 조절변수값을 회귀식(2)에 대입한다. 이때 임의의 값으로 가장 많이 쓰이는 것이 조절변수의 ① 평균(M)보다 1표준편차(SD) 작은 값, ② 평균값, ③ 평균보다 1표준편차 큰 값이다. 사회적 지원(조절변수)의 평균과 표준편차를 구하면 M=19.688, SD=4.445이다. 따라서 19.688−4.445=15.243, 19.688, 19.688+4.445=24.133의 값을 얻는다. 이 값을 식(3)에 대입하면 다음과 같은 값을 얻는다.

- 사회적 지원(W)의 값이 15.243인 경우:

  우울 = 1.811+(.483− .017 × 15.243)스트레스+ .111 × 15.243

  = 3.503+ .224× 스트레스

- 사회적 지원(W)의 값이 19.688인 경우:

  우울 = 1.811+(.483− .017 × 19.688)스트레스+ .111 × 19.688

  = 3.996+ .148× 스트레스

- 사회적 지원(W)의 값이 24.133인 경우:

  우울 = 1.811+(.483− .017 × 24.133)스트레스+ .111 × 24.133

  = 4.490+ .073× 스트레스

14 사회적 지원이 15.243, 19.688, 24.133으로 증가함에 따라 스트레스 1단위의 증가가 우울증에 미치는 효과는 .224, .148, .073으로 감소한다. 이처럼 조절변수(W)의 값에 따라 독립변수(X)가 종속변수(Y)에 미치는 효과를 단순효과(simple effect)라 한다. 식(1)에서 b_3 계수는 조절변수(W)가 1단위 증가할 때 독립변수(X)와 종속변수(Y)의 관계를 나타내는 직선의 기울기의 변화를 의미한다.

15 [출력 2-1]에서 b_3계수값이 −.017인데 이는 조절변수인 사회적 지원이 1단위 증가할 때 스트레스가 우울에 미치는 효과가 그만큼 감소한다는 의미를 갖는다. 이 변화율이 통계적으로 유의적이면 조절효과가 있고, 그렇지 않으면 조절효과가 없다고 해석한다. 이러한 단순효과를 그래프로 제시하면 [그림 2-7]과 같다.

그림 2-7 | 사회적 지원의 조절효과

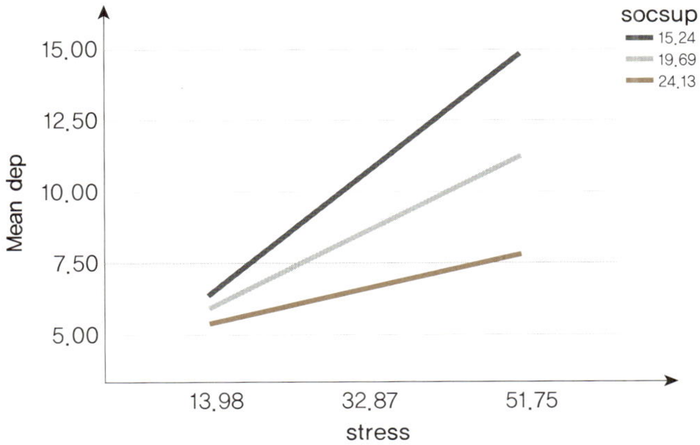

16 [그림 2-7]에서 3개의 직선을 단순기울기(simple slope)라 한다. 이 기울기가 통계적으로 유의적인가를 검토하여 스트레스가 우울증에 미치는 사회적 지원의 조절효과를 해석한다. 즉 조절변수의 수준에 따라 독립변수가 종속변수에 미치는 효과가 어떻게 나타나는지를 확인할 수 있다. 이를 단순기울기 검정(simple slope test)이라 한다. [그림 2-7]을 보면 조절변수인 'socsup'가 증가할 때(검정색→회색→금색), 'stress'가 'dep'에 미치는 효과는 줄어드는 것을 알 수 있고, 조절변수의 세 수준에 따라 조절효과가 유의적인 것으로 나타난다.

3 조절효과분석의 의의

1 스트레스를 많이 받을수록 우울증이 심해진다. 따라서 스트레스와 우울증 간의 관계를 완화(감소)시킬 수 있는 대책을 만드는 것이 중요하다. 이러한 대책 가운데 사회적 지원(social support)은 그 역할을 할 것으로 기대된다. 즉 사회적으로 여러 가지 프로그램을 만들어 지원해줌으로써 우울증을 완화(약화, 감소)시킬 수 있다. 이처럼 독립변수와 종속변수 간의 관계를 완화시키는 조절역할을 완화효과(buffering effect)라 한다.

2 반면, 우울증을 더 악화시키는 변수가 있을 수 있다. 그러한 경우 우울증에 안 좋은 영향을 주는 요인이 무엇이 있는가를 확인하기 위해 연구할 수 있다(예 사회적 고립감 또는 심리적 고립감). 이 경우 독립변수와 종속변수 간의 관계를 더 강하게(크게) 하는 효과를 강화효과(synergistic effect)라 한다.

3 우울증 연구에서, 우울증을 악화시키는 요인을 위험요인(risk factor)이라 하고, 완화시키는 요인을 보호요인(protective factor)이라 한다. [표 2-1]은 기존에 연구된 우울증과 관련된 위험요인과 보호요인을 저자가 정리한 것이다.

표 2-1 우울증의 위험요인 및 보호요인

위험요인	보호요인
나이가 듦, 여성, 미혼, 신체장애, 최근의 사별, 건강이 안 좋음, 수면장애, 혼자 삶, 새로운 질병 …	충분한 수면, 호의적인 가족관계, 감사의 마음, 절주, 운동, 친구와의 좋은 관계 …

4 우울증을 연구하는 연구자들이 스트레스와 우울증 간의 관계를 조절하는 변수를 위험요인과 보호요인으로 밝혀내는 것은 학술적(이론적)으로 또는 실무적으로도 의의가 있다. 이처럼 독립변수(스트레스)와 종속변수(우울증) 간의 관계를 강화시키거나 완화시키는 변수가 무엇인가를 확인하기 위해 조절효과분석을 한다.

4 조절효과의 이론적 가정

연구자는 조절효과의 이론적 가정을 고려해야 한다. 즉 조절변수가 독립변수와 종속변수 간의 관계에서 어떤 역할을 할 것인가를 이론적으로 가정하고 가설을 수립해야 한다. 조절효과의 이론적 가정에는 다음과 같은 유형이 있다.

4.1 조절효과의 유형: 연속형 조절변수인 경우

1 연속형 조절변수에는 다음과 같은 조절효과의 유형이 있다.

1) Cohen 등(2003)의 분류

① 강화효과(enhancing effect): 이는 시너지효과(synergistic effect) 또는 상승효과(amplifying effect) 등으로도 불린다. 강화효과는 독립변수와 조절변수가 종속변수에 같은 방향으로 영향을 미치고, 상호작용효과가 가법효과(additive effect)보다 더 큰 영향을 미친다. 강화효과는 조절변수의 크기가 증가할수록 독립변수가 종속변수에 미치는 효과가 더 커지는 것을 의미한다. 이는 $b_1 > 0$, $b_2 > 0$, $b_3 > 0$ 또는 $b_1 < 0$, $b_2 < 0$, $b_3 < 0$의 부호를 갖는다.

② 완화효과(buffering effect): 이는 조절변수가 독립변수와 종속변수 간의 관계를 약화(또는 감소)시키는 효과를 갖는다. 조절변수의 크기가 증가할수록 독립변수가 종속변수에 미치는 영향은 가법효과에 비해 감소한다. 즉 독립변수와 조절변수가 종속변수에 미치는 가법효과에 비해 독립변수와 조절변수의 상호작용항이 포함된 경우 독립변수가 종속변수에 미치는 효과가 줄어드는 것을 의미한다. 이는 $b_1 > 0$, $b_3 < 0$ 또는 $b_1 < 0$, $b_3 > 0$의 부호를 갖는다.

③ 방해효과(interference effect): 이는 반대효과(antagonistic effect)로도 불린다. 이는 독립변수와 조절변수는 종속변수에 동일한 방향으로 영향을 디치나($b_1 > 0$, $b_2 > 0$), 상호작용효과는 반대방향($b_3 < 0$)으로 영향을 미친다. 조절변수의 크기가 증가할수록 독립변수가 종속변수에 미치는 효과는 반대로 나타난다. 지금까지 설명한 내용을 정리하면 [표 2-2]와 같다.

표 2-2 조절효과의 이론적 가정

조절효과의 종류	$X \rightarrow Y$: b_1	$W \rightarrow Y$: b_2	$X \times W \rightarrow Y$: b_3
강화효과	정적(+) 부적(−)	정적(+) 부적(−)	정적(+) 부적(−)
완화효과	정적(+) 부적(−)	부적(−) 정적(+)	부적(−) 정적(+)
방해효과	정적(+) 부적(−)	정적(+) 부적(−)	부적(−) 정적(+)

출처: 저자가 정리함.

2 Cohen 등(2003)은 조절효과분석을 할 때 평균중심화(mean-centering)를 하고

분석할 것을 주장한다. 위의 부호도 평균중심화를 토대로 얻어진 부호를 기준으로 해석한 것이다. 평균중심화를 했느냐 안했느냐에 따라 b_1과 b_3의 부호는 같지만 b_2의 부호는 달라진다.

2) Gardner 등(2017)의 분류

1 Gardner 등(2017)은 Cohen 등(2003)의 유형을 보다 세분화하여 ① 가속효과, ② 배반효과, ③ 감소효과, ④ 대체효과, ⑤ 역전효과 등으로 분류한다.

① **강화효과(strengthening effect)**: 강화효과는 Cohen 등의 강화효과(enhancing effect)에 해당한다. 이 효과는 조절변수값이 커질수록 독립변수와 종속변수 간의 단순기울기는 더 가파르게(steeper) 된다. 이 효과는 b_1과 b_3이 같은 부호를 갖고 있고, b_2와 b_3의 부호의 방향에 따라 **가속효과(accentuating effect)**와 **배반효과(violating effect)**로 나뉜다. b_2와 b_3의 부호가 같으면 가속효과이고, 다르면 배반효과이다. 강화효과 가설은 다음과 같이 기술할 수 있다.

> 조절변수는 독립변수와 종속변수 간의 관계를 정적(부적)으로 조절할 것이다. 즉 조절변수가 증가(increase)할수록 그들의 관계는 강해질(stronger) 것이다.

㉮ 가속효과: 가속효과의 회귀식은 다음과 같다.

$$Y = b_0 + b_1 X + b_2 W + b_3 XW \text{ 또는 } Y = b_0 - b_1 X - b_2 W - b_3 XW$$

㉯ 배반효과: 배반효과의 회귀식은 다음과 같다.

$$Y = b_0 + b_1 X - b_2 W + b_3 XW \text{ 또는 } Y = b_0 - b_1 X + b_2 W - b_3 XW$$

2 강화효과에 해당하는 가속효과와 배반효과를 제시하면 [그림 2-8]과 같다. 그래프에서 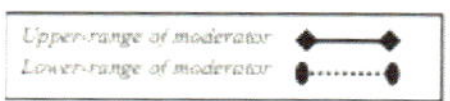

을 의미한다.

그림 2-8 | 강화효과

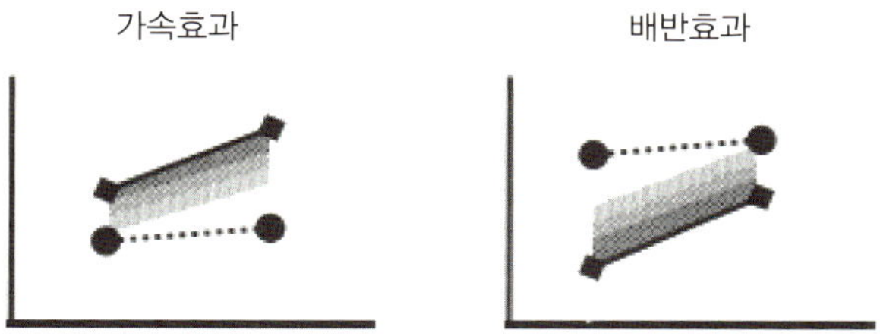

② 약화효과(weakening effect): 약화효과는 조절변수의 값이 증가할수록 독립변수와 종속변수 간의 조건적 관계는 약해진다. 약화효과는 감소효과(mitigating effect)와 대체효과(substituting effect)로 나뉜다. 약화효과와 관련된 가설은 다음과 같다.

조절변수는 독립변수와 종속변수 간의 관계를 정적(부적)으로 조절할 것이다. 즉 조절변수가 증가(increase)할수록 그들의 관계는 약해질(weaker) 것이다.

㉰ 감소효과: 감소효과의 회귀식은 다음과 같다.

$$Y = b_0 - b_1 X + b_2 W + b_3 XW \quad \text{또는} \quad Y = b_0 + b_1 X - b_2 W - b_3 XW$$

㉱ 대체효과: 대체효과에 해당하는 회귀식은 다음과 같다.

$$Y = b_0 + b_1 X + b_2 W - b_3 XW \quad \text{또는} \quad Y = b_0 - b_1 X - b_2 W + b_3 XW$$

3 회귀식에서 b_1과 b_2가 같은 부호를 갖고, b_3은 정적(+)일 수 있고 부적(−)일 수 있다. 대체효과는 Cohen 등의 방해효과(interference effect)에 해당한다. 감소효과와 대체효과를 제시하면 [그림 2-9]와 같다.

그림 2-9 | 약화효과

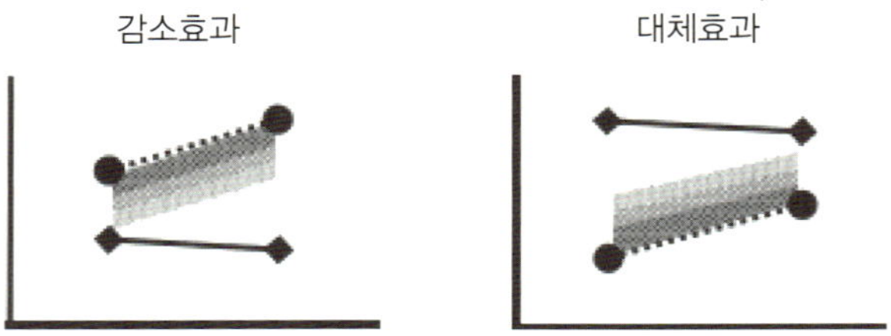

③ 역전효과(reversing effect): 조절변수값에 따라 독립변수와 조절변수의 조건적 관계가 정적에서 부적으로 또는 반대로 부적에서 정적으로 변한다. 역전효과와 관련된 가설은 다음과 같이 설정할 수 있다.

> 조절변수는 독립변수와 종속변수 간의 관계를 정적(+)에서 부적(−)으로 또는 부적에서 정적으로 변화시킬 것이다.

1 역전효과를 제시하면 [그림 2-10]과 같다.

그림 2-10 | 역전효과

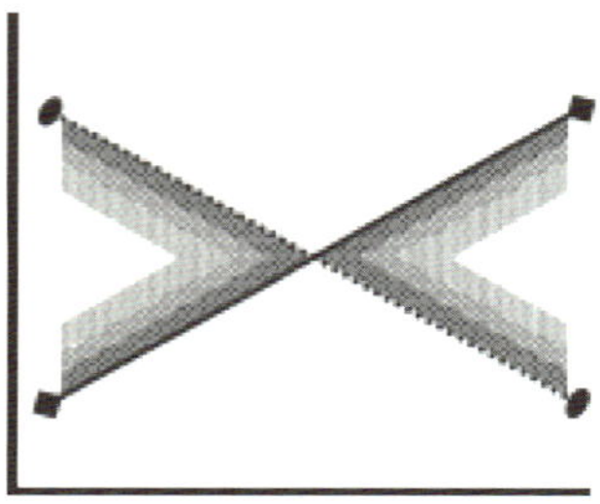

2 조절변수가 어떤 효과를 갖는가는 b_3의 부호만을 토대로 결정할 것은 아니고, b_1, b_2, b_3의 부호를 종합적으로 고려하여 결정한다.

4.2 조절효과의 유형: 범주형 조절변수인 경우

1 범주형 조절변수인 경우에는 다음과 같은 이론적 가정이 있다.

① 존재효과(existence effect): 독립변수가 종속변수에 미치는 효과가 조절변수인 어떤 범주에서는 효과가 있고, 어떤 범주에서는 효과가 없는 경우이다.

② 경쟁효과(competing effect): 독립변수가 종속변수에 어떤 집단에서는 정적(+)으로 영향을 미치는데, 어떤 집단에서는 부적(−)으로 영향을 미치는 경우이다.

5 조절효과분석 절차

1 저자는 SmartPLS에 의한 조절효과분석 절차를 [표 2-3]과 같이 제시하고자 한다.

표 2-3 SmartPLS에 의한 조절효과분석 절차

절차	세부적 내용
변수 선정 및 가설설정	• 이론적 배경을 토대로 조절변수 선정 • 문헌검토를 통한 조절변수 선정 • 방향성 가설설정
⇩	
분석 및 검정 (analyzing & testing)	• 범주형 변수: 다중집단분석(MGA) • 연속형 변수: product indicator, two stage, orthogonalization
⇩	
심층탐구(probing)	• 단순기울기 분석(simple slope analysis) • 특정값 선택법(pick-a-point): M+1SD, M, M−1SD
⇩	
시각화(visualizing)	• 엑셀시트에 의한 그래프 그리기 • SmartPLS에 의한 그래프 그리기
⇩	
해석 및 보고 (interpreting & reporting)	• 이론적·실무적인 면에서 해석 및 보고

5.1 조절변수의 선정

1 조절변수의 선정이 조절효과분석에서 가장 중요하다. 이는 조절변수가 이론적 · 실무적인 면에서 의미가 있어야 하기 때문이다. 이론적 · 실무적인 면에서 아무런 의미도 없는 조절효과분석은 안하는 것이 낫다.

2 조절변수를 선정하기 위해 심층적인 문헌 검토(literature review)가 필요하다. 문헌 검토를 통해 연구자가 관심을 갖는 두 변수 간에 어떤 변수를 조절변수로 설정하여 연구할 것인가를 결정한다. 올바른 연구 자세는 자료지향적(data-driven)이 아닌 이론지향적(theory-driven)이어야 한다.

3 조절효과분석은 독립변수와 종속변수 간에 관계의 크기와 방향을 변화시킬 수 있는 제3의 변수를 찾는 데 목적이 있다. 이러한 변수에 해당하는 것으로는 일반적으로 선천적 속성(예 성별), 비교적 안정적인 특성(예 퍼스낼러티 유형, 기질), 비교적 변하지 않는 배경변수(background variable), 환경변수(environmental variable) 또는 맥락변수(contextual variable) 등이 있다. 전략경영 및 조직 분야에서 연구된 대표적인 조절변수를 [표 2-4]와 같이 정리한다.

| 표 2-4 | 전략경영 및 조직 분야에서 연구된 조절변수

조절변수	독립변수와 종속변수
시장변동성	시장지향성과 기업성과
기술변동성	시장지향성과 기업성과, 시장지향성과 조직의 이노베이션
경쟁강도	시장지향성과 기업성과
전략유형	시장지향성과 기업성과
기업가지향성	시장지향성과 기업성과, 가족관여와 기업실패위험
기업연령	학습지향성과 혁신성, 고객관리성과와 재무성과
기업규모	혁신성과 재무성과, 정보기술역량과 시장성과
산업유형	기업성과와 기능의 중요성, 수익성과 레버리지
기업가정신	지식경영과 창의성
직무자율성	선제적 개성과 직무성과, 감정적 역량과 직무성과
조직문화	조직몰입과 직무만족, 조직정의(justice)와 OCB
조직구조	혁신성과 기업성과, 지식경영능력과 직무성과
지각된 조직지원	조직의 스트레스요인과 OCB
환경의 역동성	거래적 리더십과 벤처성과

5.2 조절효과의 가설설정

1 조절효과 가설을 다음과 같이 비방향성 가설(non-directional hypothesis)로 설정하는 것은 좋은 것이 아니다.

가설: 조절변수는 독립변수와 종속변수 사이에 조절역할을 할 것이다.

2 위와 같이 가설을 설정하지 말고, 기존의 이론과 연구를 충분히 검토하여 조절변수가 독립변수와 종속변수 사이에 관계를 정적(+)으로 변화시키는지 또는 부적(−)으로 변화시키는지 등의 방향성 가설(directional hypothesis)로 설정하는 것이 바람직하다. 즉 다음과 같이 가설을 설정하는 것이 바람직하다.

가설 1: 독립변수와 종속변수 간의 관계는 조절변수가 줄어들수록 커질 것이다.
가설 2: 독립변수와 종속변수 간의 관계는 조절변수가 커질수록 줄어들 것이다.

3 조절변수에 따라 독립변수와 종속변수 간의 관계가 어떻게 변하는지를 기존의 이론을 충분히 검토하여 가설을 설정한다. 조절효과의 이론적 가정은 가설을 설정하는 데 고려해야 할 사항이다. 사회적 지원의 조절효과의 경우, 연구자는 다음과 같이 가설을 설정할 수 있다.

가설 3: 스트레스와 우울 간의 관계에서 사회적 지원은 조절효과를 할 것이다.
가설 4: 스트레스와 우울 간의 관계에서 사회적 지원은 완화효과를 할 것이다.

4 가설 3은 비방향성 가설(non-directional hypothesis)이므로 양측검정을 한다. 따라서 $\alpha = .05$ 수준에서 검정통계량의 절대값이 1.96보다 크면 유의적이라 결정한다. 이에 비해, 가설 4는 방향성 가설(directional hypothesis)이므로 단측검정을 한다. 따라서 $\alpha = .05$ 수준에서 검정통계량의 절대값이 1.65보다 크면 유의적이라 결정한다.

5 연구자는 조절변수의 효과에 관해 이론적 배경을 충분히 검토하여 방향성 가설의 관점에서 가설을 기술하는 것이 바람직하다. 결과를 보고 가설의 이론적 가정을 세우는 접근법(HARKing)은 바람직하지 않다는 것도 기억하기 바란다(Kerr, 1998).

5.3 조절효과 분석법의 선택

1 SmartPLS에 의한 조절효과분석은 조절변수가 범주형 변수인 경우에는 다중집단분석(multiple group analysis: MGA)으로 할 수 있고, 연속형 변수인 경우에는 ① 적지표 접근법(product indicator approach), ② 2단계 접근법(two stage approach), ③ 직교화 접근법(orthgonalization approach)으로 할 수 있다.

2 PLS-SEM에 의한 조절효과분석은 개념이 여러 개의 관측변수로 측정된 경우에 할 수 있다. 회귀분석에 의해 분석하는 경우 측정오차를 반영할 수 없어 통계적 검정력(statistical power)이 낮은 문제가 있다. 따라서 여러 개의 문항으로 측정한 경우에 이를 하나의 변수로 만들어 회귀분석(예 SPSS 또는 PROCESS macro)을 하기보다는 PLS-SEM으로 분석하는 것이 바람직하다.

5.4 상호작용항 계수의 사후심층탐구

1 상호작용항의 계수가 유의적이면 이를 보다 자세히 살펴보기 위해 심층적으로 탐구할 수 있다. 이를 사후심층탐구(*post hoc* probing) 또는 상호작용탐구(probing an interaction)라 한다. 이를 위한 접근법에는 ① 특정값 선택법(pick-a-point approach)과 ② 유의영역 접근법(region of significance approach)이 있다. SmartPLS에서는 특정값 선택법을 통해 사후심층탐구를 할 수 있다.

2 특정값 선택법은 조절변수의 특정값을 선택한 후 이 값을 기준으로 조절효과를 심층적으로 분석한다. 이 접근법을 스포트라이트 분석(spotlight analysis) 또는 단순기울기 분석(simple slope analysis)이라 한다. 일반적으로 많이 쓰이는 특정값으로는 ① 조절변수의 값 가운데 16번째, 50번째, 84번째에 해당하는 백분위(percentile)를 기준으로 보는 방법과, ② 평균보다 −1SD 작은 값(M−1SD), 평균값(M), 평균보다 +1SD 큰 값(M+1SD)을 기준으로 보는 방법이 있다.

5.5 시각화

1 조절효과를 심층적으로 살펴본 다음, 이를 그래프로 제시하면 조절효과를 이해하는 데 도움이 된다. 그래프를 그리는 것에 관해서는 해당 장에서 살펴보기로 한다.

5.6 결과보고 및 기술

1 조절효과분석의 결과를 보고하고 기술하는 것과 관련된 몇 가지 사항에 대해 살펴보기로 한다.

2 첫째, 조절효과를 분석한 결과 조절효과가 있는지 또는 없는지에 대해서만 기술해서는 안 된다. 연구자들이 조절효과를 검정하고 결과를 '조절효과가 있는 것으로 나타났다' 또는 '조절효과가 없는 것으로 나타났다' 등으로 기술하는데 이는 바람직하지 않다. **가설검정을 하는 목적은 가설이 지지되는지(supported) 또는 지지되지 않는지(not supported)를 알고자 하는 것이 아니다. 가설검정을 통해 가설이 지지되는 경우 그 의미를 기술해야 한다.** 예를 들어, 스트레스와 우울증 간의 관계에서 사회적 지원의 조절효과를 검정한 결과 상호작용항의 계수가 $b=-.017$로 유의적인 결과가 나왔다면 사회적 지원이 증가할수록 스트레스와 우울증 간의 관계는 감소한다고 기술해야 한다.

3 **한편 가설이 채택(accept)되었다는 표현은 정확한 기술이 아니다. 채택되었다면 '지지되었다(supported)'고 기술하고, 채택되지 않으면 '지지되지 않았다(not supported)'고 기술하는 것이 올바르다.**

4 둘째, 계수가 비표준화계수인지 또는 표준화계수인지를 명확히 기술한다. 일반적으로 비표준화계수는 B 또는 b로 표기하고, 표준화계수는 β(베타)로 표기한다. **비표준화계수인지 또는 표준화계수인지에 대한 명확한 기술 없이 그냥 $B(b)$ 또는 β로만 표기해서는 안 된다.** 이러한 표기에 익숙하지 않은 독자들을 위해 비표준화계수인지 표준화계수인지를 명확히 기술해야 한다. SmartPLS는 비표준화계수는 보고하지 않고 표준화계수를 보고한다.

참고 문헌

Aguinis, H. (1995). Statistical power problems and moderated multiple regression in management research. *Journal of Management, 21*(6), 1141–1158.

Aguinis, H. (2002). Estimation of interaction effects in organization studies. *Organizational Research Methods, 5*, 207–211.

Aguinis, H., & Gottfredson, R. (2010). Best-practice recommendations for estimating interaction effects using moderated multiple regression. *Journal of Organizational Behavior, 31*(6), 776–786.

Aguinis, H., Beaty, J. C., Boik, R. J., & Pierce, C. A. (2005). Effect size and power in assessing moderating effects of categorical variables using multiple regression: A 30-year review. *Journal of Applied Psychology, 90*(1), 94–107.

Aguinis, H., Edwards, J. R., & Bradley, K. J. (2017). Improving our understanding of moderation and mediation in strategic management research. *Organizational Research Methods, 20*(4), 665–685.

Aiken, L. S., & West, S. G. (1991). *Multiple regression: Testing and interpreting interactions*. Sage Publications.

Andersson, U., Cuervo-Cazurra, A., & Nielsen, B. B. (2014). From the editors: Explaining interaction effects within and across levels of analysis. *Journal of International Business Studies, 45*, 1063–1071.

Baker, W. E., & Sinkula, J. M. (1999). The synergistic effect of market orientation and learning orientation on organizational performance. *Journal of the Academy of Marketing Science, 27*(4), 411–427.

Baron, R. M., & Kenny, D. A. (1986). The moderator-mediator variable distinction in social psychological research: Conceptual, strategic, and statistical considerations. *Journal of Personality and Social Psychology, 51*(6), 1173-1182.

Becker, J.-M., Ringle, C. M., & Sarstedt, M. (2018). Estimating moderating effects in PLS-SEM and PLSc-SEM: Interaction term generation x data treatment. *Journal of Applied Structural Equation Modeling, 2*(2), 1–21.

Breitborde, N. J. K., Srihari, V. H., Pollard, J. M., Addington, D. N., & Woods, S. W. (2010). Mediators and moderators in early intervention research. *Early Intervention Research, 4*(2), 143–152.

Cohen, J. (1992). A power primer. *Psychological Bulletin, 112*(1), 155–159.

Cohen, J., Cohen, P., West, S. G., & Aiken, L. S. (2003). *Applied multiple regression/correlation analysis for the behavioral sciences* (3rd ed.). Lawrence Erlbaum Associates.

Dawson, J. F. (2014). Moderation in management research: What, why, when, and how. *Journal of Business & Psychology, 29*(1), 1–19.

Dijkstra, M. T. M., van Dierendonck, D., Evers, A., & De Dreu, C. K. W. (2005). Conflict and well-being at work: The moderating role of personality. *Journal of Managerial Psychology, 20*(2), 87–104.

Frazier, P. A., Tix, A. P., & Barron, K. E. (2004). Testing moderator and mediator effects in counseling psychology research. *Journal of Counseling Psychology, 51*(1), 115–134.

Gardner, R. G., Harris, T. B., Li, N., Kirkman, B. L., & Mathieu, J. E. (2017). Understanding "it depends" in organizational research: A theory-based taxonomy, review, and future research agenda concerning interactive and quadratic relationships. *Organizational Research Methods, 20*(4), 610–638.

Hair, J. F., Hult, G. T. M., Ringle, C. M., & Sarstedt, M. (2021). *A primer on partial least squares structural equation modeling (PLS-SEM)* (3rd ed.). Sage Publications.

Hollenbeck, J. R., & Wright, P. M. (2017). Harking, sharking, and tharking: Making the case *for* post hoc analysis of scientific data. *Journal of Management, 43*(1), 5–18.

Holmbeck, G. N. (1997). Toward terminological, conceptual, and statistical clarity in the study of mediators and moderators: Examples from the child-clinical and pediatric psychology literatures. *Journal of Consulting and Clinical Psychology, 65*(4), 599–610.

Kerr, N. L. (1998). HARKing: Hypothesizing after the results are known. *Personality and Social Psychology Review, 3*(3), 196–217.

Ramayah, T., Cheah, J., Chuah, F., Ting, H., & Memon, M. A. (2018). *Partial least squares structural equation modeling (PLS-SEM) using SmartPLS 3.0: An updated guide and practical guide to statistical analysis* (2nd ed.). Kuala Lumpur, Malaysia: Pearson.

Rigdon, E. E., Ringle, C. M., & Sarstedt, M. (2010). Structural modeling of heterogeneous data with partial least squares. In N. K. Malhotra (Ed.), *Review of Marketing Research* (pp. 255–296). Armonk.

Rose, B. M., Holmbeck, G. N., Coakley, R. M., & Franks, E. A. (2004). Mediator and moderator effects in developmental and behavioral pediatric research. *Developmental and Behavioral Pediatrics, 25*(1), 58–67.

Shieh, G. (2009). Detecting interaction effects in moderated multiple regression with continuous variables: Power and sample size considerations. *Organizational Research Methods, 12*(3), 510–528.

Spiller, S. A., Fitzsimons, G. J., Lynch, J. G., & McClelland, G. H. (2013). Spotlights, floodlights, and the magic number zero: Simple effects tests in moderated regression. *Journal of Marketing Research, 50*(2), 277–288.

Van Leeuwen, K. G., Mervielde, I., Braet, C., & Bosmans, G. (2004). Child personality and parental behavior as moderators of problem behavior: Variable–and person–centered approaches. *Developmental Psychology, 40*(6), 1028–1046.

Whisman, M. A., & McClelland, G. H. (2005). Designing, testing, and interpreting interactions and moderator effects in family research. *Journal of Family Psychology, 19*, 111–120.

Wu, A. D., & Zumbo, B. D. (2008). Understanding and using mediators and moderators. *Social Indicators Research, 87*(3), 367–392.

Smart PLS

Chapter 3 조절효과분석: 범주형 조절변수

Smart PLS

Chapter

3 조절효과분석: 범주형 조절변수

1 범주형 조절변수의 조절효과분석: 두 집단인 경우

1 조절변수가 범주형 변수(예 성별)인 경우, 다중집단분석(multi-group analysis: MGA)에 의한 집단비교 접근법(group comparison approach)으로 분석하거나, 또는 적지표 접근법(product indicator approach)으로 조절효과를 분석할 수 있다.

1.1 다중집단분석

2 다른 표본으로부터 얻어진 경로계수는 일반적으로 서로 다른 값을 갖는다. 이 경우 연구자는 경로계수의 차이(difference)가 통계적으로 유의적인가에 대해 관심을 가진다. 이러한 질문에 답하기 위해 다중집단분석(multi-group analysis)을 하게 된다. 두 집단인 경우, 다중집단분석은 집단 1의 경로계수 ($p^{(1)}$)와 집단 2의 경로계수 ($p^{(2)}$)는 같다(즉, $p^{(1)}=p^{(2)}$)는 귀무가설(H_0)을 검정한다.

3 다중집단분석에서 귀무가설은 다음과 같다.

$$H_0 : \mid p^{(1)} - p^{(2)} \mid = 0$$

4 대립가설(H_a 또는 H_1)은 다음과 같다.

$$H_a : p^{(1)} \neq p^{(2)} \text{ 또는 } H_1 : \mid p^{(1)} - p^{(2)} \mid > 0$$

5 [그림 3-1]은 PLS-SEM에 의한 다중집단분석을 위한 접근법을 제시한 것이다.

그림 3-1 | 다중집단분석을 위한 접근법

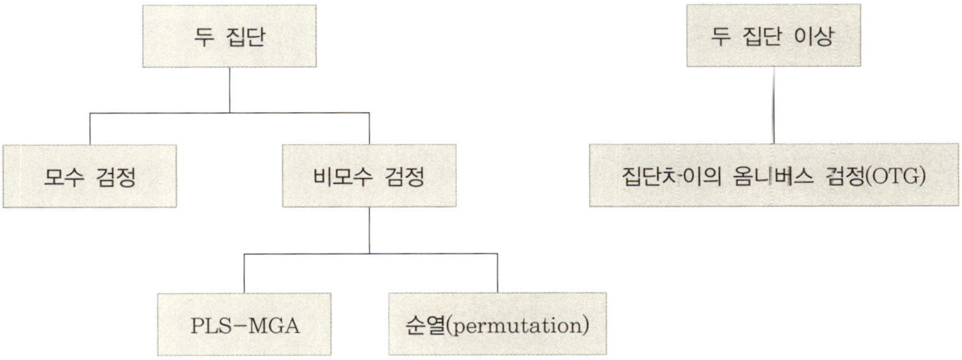

출처: Hair et al. (2017), p. 176.

6 집단차이의 옴니버스 검정(omnibus test of group difference: OTG)은 아직 SmartPLS에 포함되지 않았다. 그러나 SmartPLS에서 두 집단 이상인 경우에 순열검정(permutation test)을 이용하여 쌍대비교(pairwise comparison)로 경로계수의 차이를 검정할 수 있다. 예를 들어, 5개 집단에 대해 특정 경로계수를 비교하고자 한다면 10개의 계수를 비교해야 한다. 4개 집단인 경우에는 6개의 계수를 비교해야 한다. 이를 표로 제시하면 [표 3-1]과 같다.

표 3-1 | 5개 집단의 경로계수 비교

	집단 1	집단 2	집단 3	집단 4	집단 5
집단 1					
집단 2	$p^{(1)}-p^{(2)}$				
집단 3	$p^{(1)}-p^{(3)}$	$p^{(2)}-p^{(3)}$			
집단 4	$p^{(1)}-p^{(4)}$	$p^{(2)}-p^{(4)}$	$p^{(3)}-p^{(4)}$		
집단 5	$p^{(1)}-p^{(5)}$	$p^{(2)}-p^{(5)}$	$p^{(3)}-p^{(5)}$	$p^{(4)}-p^{(5)}$	

1) 양측검정

1 [그림 3-2]의 연구모델에서 신뢰와 재계약의도 간의 관계가 남자, 여자에 따라 유의적인 차이가 있는가를 알아보기 위해 조절효과를 분석한다고 가정한다. 이를 위해 연구자가 다음과 같은 가설을 수립하였다고 가정한다.

가설: 신뢰가 재계약의도에 미치는 효과는 성별에 따라 다를 것이다.

2 위 가설은 비방향성 가설(non-directional hypothesis)이다. 즉 성별인 남자 또는 여자 가운데 어느 성이 더 큰(또는 작은) 영향을 미치는가에 대한 정보가 제시되어 있지 않다. 이 경우 양측검정(two-tailed test)을 해야 한다.

그림 3-2 | 신뢰와 재계약의도 간 성별의 조절효과

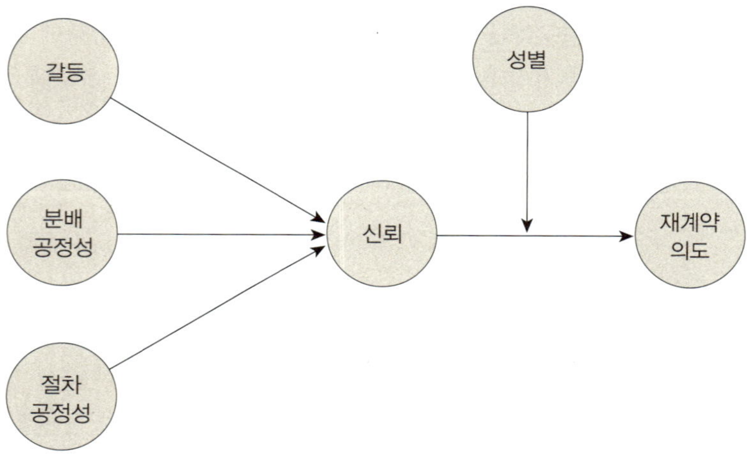

3 다중집단분석에 의한 범주형 조절변수의 조절효과는 $d = p^{(1)} - p^{(2)}$가 유의적인지 비유의적인지를 검정하는 것이다. 유의적인 차이가 있다면 두 변수 간의 관계는 성별에 따라 차이가 있고, 성별이 조절변수로 작용한다고 해석한다. 이를 그림으로 나타내면 [그림 3-3]과 같다.

그림 3-3 | 성별의 조절효과

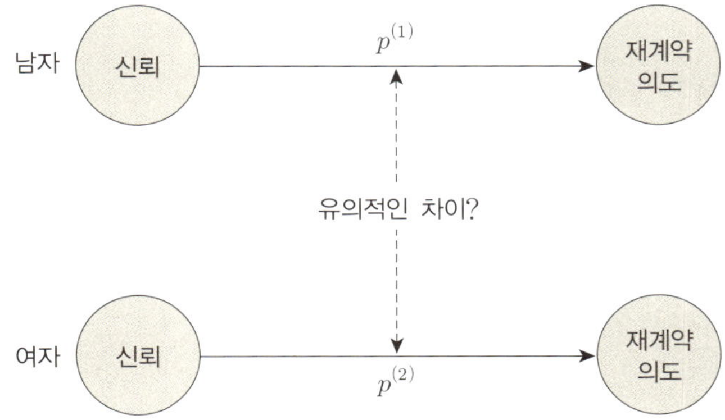

4 [그림 3-2]에서 신뢰와 재계약의도 간의 관계가 성별에 의해 조절효과가 있는지를 검정하기 위해 SmartPLS에 의해 분석하는 것에 대해 살펴보기로 한다.

5 이를 위해 SmartPLS에 의해 [그림 3-4] 모델을 작성하였다고 가정한다. [프로젝트 이름]은 [재계약의도모델_범주조절]로 저장되었다. 이를 분석하기 위한 Data는 [moderation_2.csv]라고 가정한다.

그림 3-4 | 연구모델

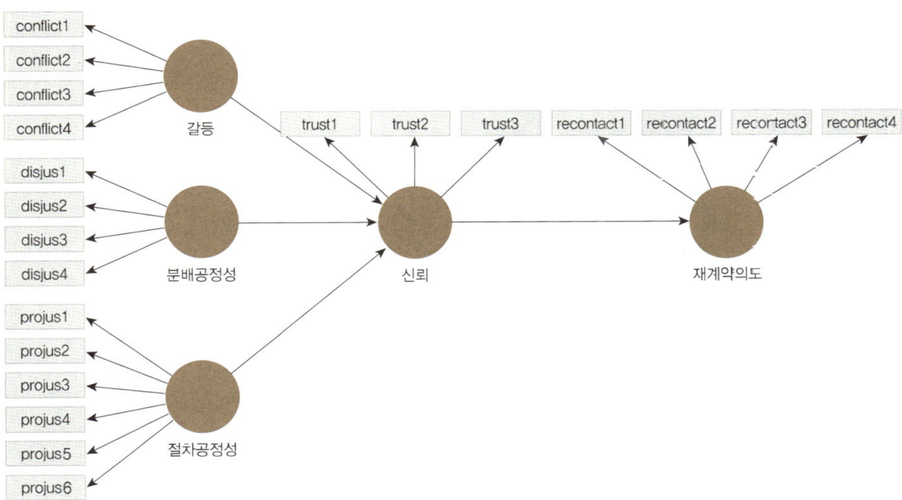

6 Data 이름 [moderation_2]을 더블클릭한다.

>> 그림 3-5 | Data 이름

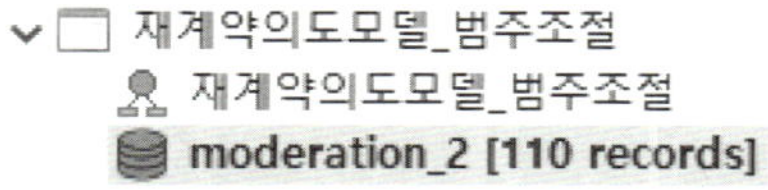

7 그러면 [그림 3-6]과 같은 화면이 나타난다. [Generate Data Groups]를 클릭한다.

>> 그림 3-6 | Data Group의 화면

8 [Generate Data Groups] 화면에서 [Name prefix]가 [GROUP_]이 디폴트로 되어 있다. 이 이름을 바꿀 수 있다. [Group Columns]에서 [Group column 0]에서 범주형 조절변수인 [SEX]를 지정하고 [OK] 버튼을 클릭한다.

대화상자 3-1 범주형 변수의 지정

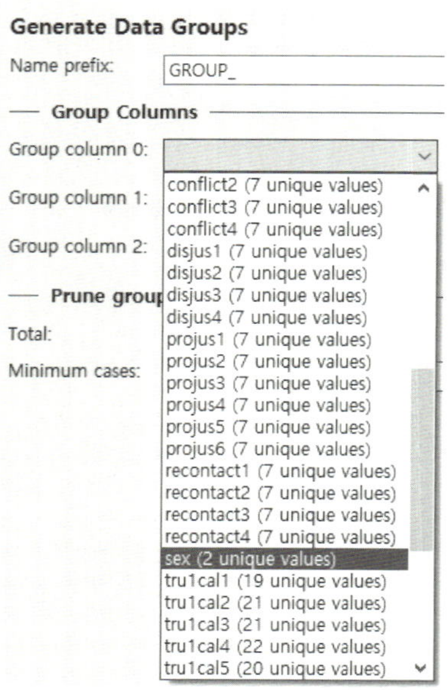

9 그러면 [대화상자 3-2]와 같이 [0=54], [1=56]의 사례가 있음을 알려준다.

대화상자 3-2 사례 확인

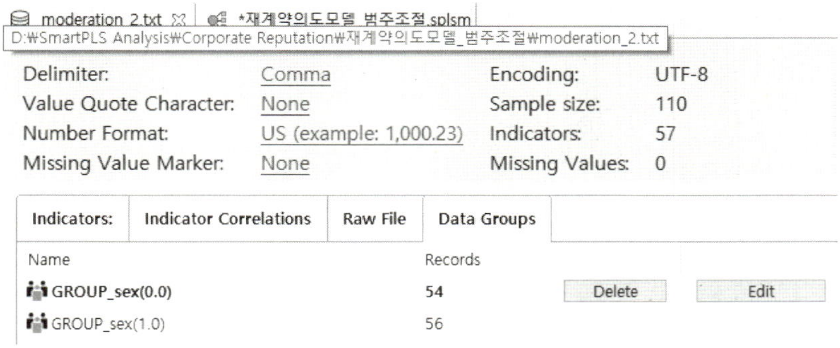

10 [Edit] 버튼을 클릭한다.

11 [Configure Data Group]에서 [Group Name]에 [GROUP_SEX(0,0)]으로 되어 있는 이름을 바꾸고 [OK] 버튼을 클릭한다. 나머지도 동일하게 해준다.

대화상자 3-3 집단이름 변경

12 프로젝트 이름[재계약의도모델_범주조절]을 더블클릭한다.

13 [Calculate] → [PLS algorithm]을 클릭한다.

14 [Data Groups] 탭을 클릭하고 [Select All]을 체크한다. [Start Calculation] 버튼을 클릭한다.

대화상자 3-4 집단 선정

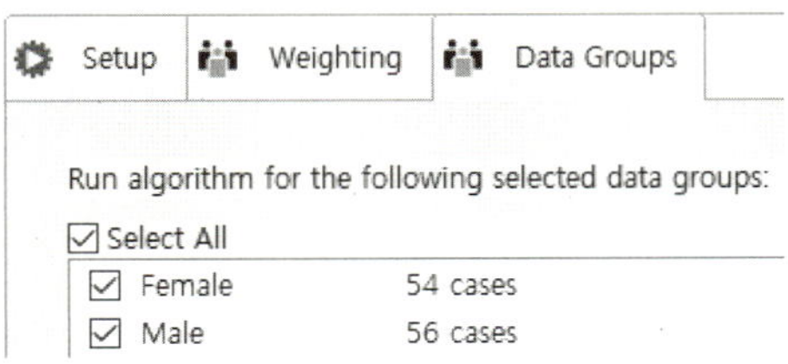

15 [Calculate] → [Multi-Group Analysis (MGA)]를 클릭한다.

대화상자 3-5 MGA 클릭

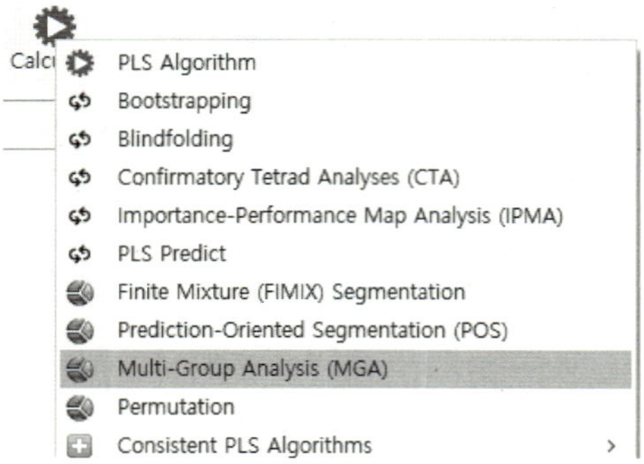

16 [Multi-Group Analysis (MGA)] 화면의 [Setup] 탭에서 [Select All]을 체크하거나, 또는 각각 해당하는 것을 체크해도 된다.

대화상자 3-6 Setup 탭

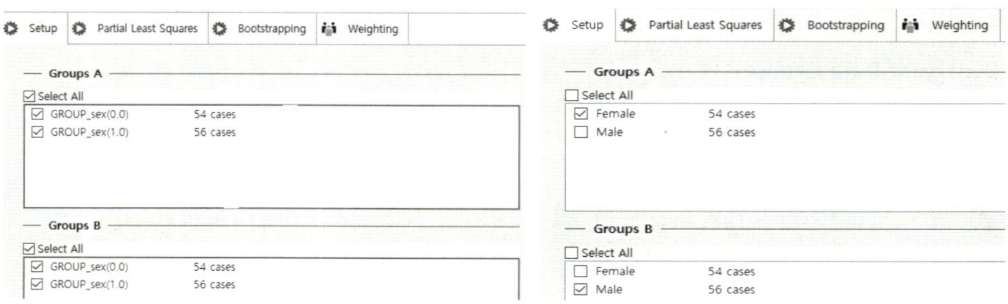

17 [Bootstrapping] 탭을 클릭하고 [Basic Settings]에서 [Subsamples]를 현재 [500]으로 되어 있는 것을 [5000]으로 바꾸어주고 [Start Calculation] 버튼을 클릭한다.

18 출력창에서 [Bootstrapping Results] 탭을 먼저 클릭한다.

출력 3-1 MGA 분석 결과: Bootstrapping Results 탭

Path Coefficients

PLS-MGA | Parametric Test | Welch-Satterthwait Test | Confidence Intervals (Bias Corrected) | Bootstrapping Results

	Path Coefficients Original (GROUP_sex(0.0))	Path Coefficients Orginal (GROUP_sex(1.0))	Path Coefficie...
갈등_ -> 신뢰	0.043	-0.034	0.085
분배공정성 -> 신뢰	0.505	0.356	0.493
신뢰 -> 재계약의도_	0.849	0.763	0.852
절차공정성 -> 신뢰	0.435	0.468	0.452

19 이 정보는 신뢰에서 재계약의도로 가는 경로계수가 0인 집단은 $\beta=.849$이고, 1인 집단은 경로계수가 $\beta=.763$임을 알려준다.

20 [출력 3-2]는 결과를 제시한 것이다. [PLS-MGA] 탭을 클릭한다.

출력 3-2 MGA 분석 결과: PLS-MGA

Path Coefficients

PLS-MGA | Parametric Test | Welch-Satterthwait Test | Confidence Intervals (Bias Corrected)

	Path Coefficie...	p-Value origin...	p-Value new (...
갈등_ -> 신뢰	0.076	0.227	0.455
분배공정성 -> 신뢰	0.149	0.288	0.576
신뢰 -> 재계약의도_	0.086	0.152	0.304
절차공정성 -> 신뢰	-0.032	0.546	0.908

21 PLS-MGA를 통해 얻는 정보에 대해 살펴보기로 한다.

| 표 3-2 | 통계량의 의미

기준	설명
PLS-MGA	특정 집단의 차이에 대한 비모수 유의성 검정. p값이 .05보다 작거나 .95보다 크면 5% 유의수준에서 유의적임. 단측검정만을 위한 p값을 계산함
Parametric Test	집단 간에 동일분산(equal variance)을 가정한 모수적 유의성 검정
Welch-Satterthwait	집단 간에 동일분산이 아님(unequal variance)을 가정한 모수적 유의성 검정
Confidence Interval (Bias-Corrected)	편의수정신뢰구간
Bootstrapping Results	붓스트래핑 결과

22 [출력 3-2]에서 두 집단의 경로계수의 차이는 0.086(.849-.763)이고 이 값은 유의적인 차이가 없다는 것을 의미한다($p = .304$). 나머지 경로도 두 집단 간에 모두 유의적인 차이가 없다는 것을 알 수 있다. PLS-MGA는 단측검정만을 위한 p값을 계산한다.

23 [Parametric Test] 탭을 클릭한다.

출력 3-3 Parametric Test

Path Coefficients

PLS-MGA | Parametric Test | Welch-Satterthwait Test

	Path Coefficie...	t-Value(|GROU...	p-Value (GRO...
갈등_ -> 신뢰	0.076	0.599	0.551
분배공정성 -> ...	0.149	0.573	0.568
신뢰 -> 재계약...	0.086	1.036	0.303
절차공정성 -> ...	-0.032	0.130	0.897

24 PLS-MGA와 경로계수 차이는 같으나, p값이 약간 다른 결과를 보여준다. 이 가운데 PLS-MGA는 비모수 검정(non-parametric test)에 의한 결과이고, Parametric Test는 모수 검정에 의한 결과이다. 이들 가운데 PLS-MGA가 더 정확하다. PLS-MGA는 단측검정만을 위한 p값을 보고한다.

2) 단측검정

1 [그림 3-2] 모델에서 연구자가 이론적 배경과 논리적 근거를 토대로 다음과 같은 가설을 세웠다고 가정한다.

가설: 신뢰가 재계약의도에 미치는 효과는 여자보다 남자가 더 클 것이다.

2 이 가설은 방향성 가설(directional hypothesis)이다. 따라서 단측검정(one-tailed test)을 한다.

3 이 가설을 검정하기 위해 앞서 기술한 내용과 같게 하고, [Multi-Group Analysis]에서 [Bootstrapping] 탭에서 [Test Type]을 [One Tailed]로 지정한다.

대화상자 3-7 붓스트래핑 설정

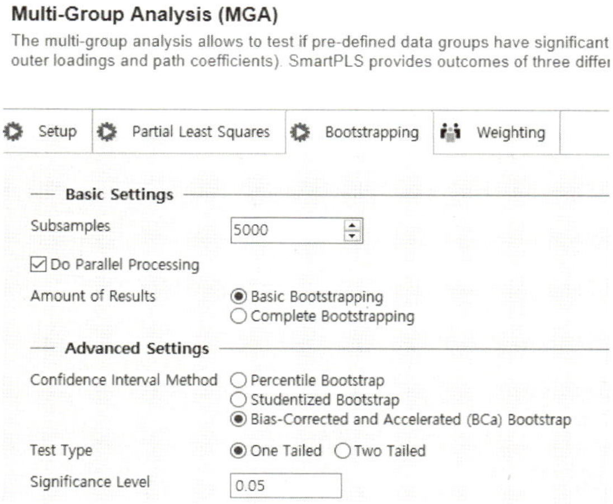

4 결과는 [출력 3-4]와 같다. 이 결과를 [출력 3-3]과 비교해보면 p값이 반절로 줄어드는 것을 알 수 있다.

출력 3-4 경로계수

Path Coefficients

PLS-MGA | Parametric Test | Welch-Satterthwait Test | Confidence Intervals

	Path Coefficie...	p-Value origin...	p-Value new (...
갈등_ -> 신뢰	0.076	0.225	0.225
분배공정성 -> 신뢰	0.149	0.286	0.286
신뢰 -> 재계약의도_	0.086	0.152	0.152
절차공정성 -> 신뢰	-0.032	0.547	0.453

5 [표 3-3]은 가설검정 시 $t-$value 유의수준을 제시한 것이다. 단측검정 시 $\alpha = .05$ 수준에서 $t-$value는 1.645이고, $\alpha = .01$ 수준에서 $t-$value는 2.33이다.

표 3-3 가설검정 시 $t-$value 유의수준

양측검정	단측검정	$t-$value의 절대치
$\alpha =.01$에서 유의적	$\alpha =.005$에서 유의적	$\|t-\text{value}\| > 2.58$
$\alpha =.02$에서 유의적	$\alpha =.01$에서 유의적	$\|t-\text{value}\| > 2.33$
$\alpha =.05$에서 유의적	$\alpha =.025$에서 유의적	$\|t-\text{value}\| > 1.96$
$\alpha =.10$에서 유의적	$\alpha =.05$에서 유의적	$\|t-\text{value}\| > 1.645$

6 SmartPLS에서 PLS-MGA는 항상 $p^{(1)}$이 $p^{(2)}$보다 큰가를 검정한다. 즉 첫 번째 집단의 경로계수가 두 번째 집단의 경로계수보다 큰가를 검정한다. 반대의 가설(즉 $p^{(2)} > p^{(1)}$)을 검정하고자 하는 경우 붓스트래핑 결과 얻어진 p값에서 1을 빼야 한다(1−p값). 따라서 본 예에서 가설이 집단 1보다 집단 2가 클 것으로 설정되었으므로 $p = 1 - .152 = .848$이다. 따라서 가설이 지지되지 않는다.

1.2 적지표 접근법

1 [그림 3-2] 모델을 적지표 접근법(product indicator approach)에 의해 조절효과를 분석하기로 한다. 조절변수가 범주형 변수인 경우, SmartPLS에서 제공되는 3가지 조절효과 접근법(즉, 적지표 접근법, 2단계 접근법, 직교화 접근법) 가운데 적지표 접근법만을 이용할 수 있다. 이 경우 범주형 변수를 더미변수(dummy variable)로 만든 다음 더미코딩(dummy coding)해서 분석해야 한다.

2 조절변수인 성별을 종속변수인 재계약의도로 가는 경로를 추가한 모델을 만든다.

그림 3-5 | 성별을 추가한 모델

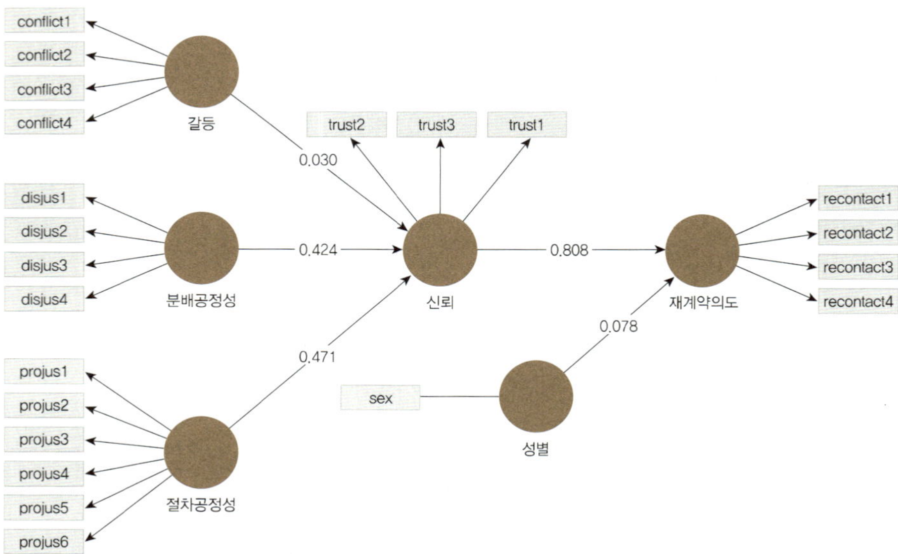

3 이 모델을 실행하여 재계약의도의 R^2값을 구한다. R^2값은 .656으로 나타났다.

≫그림 3-6 | R^2값

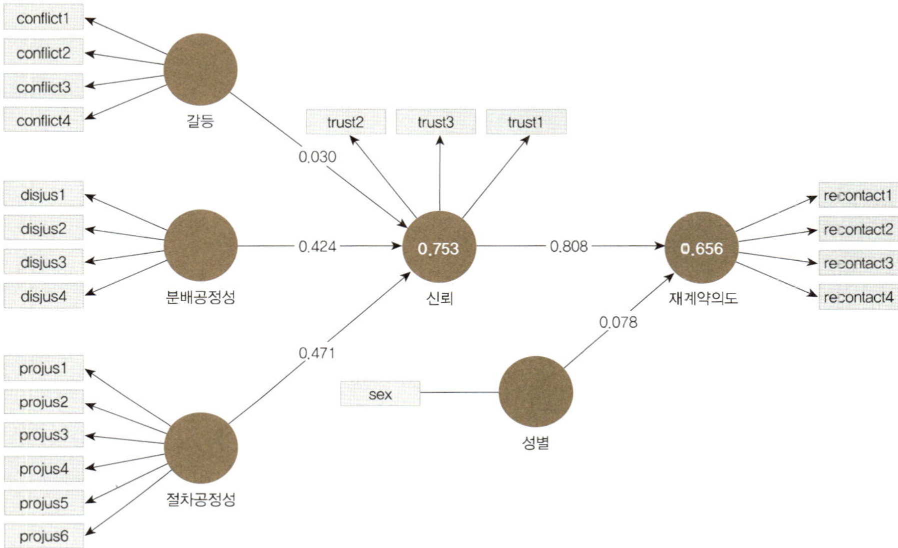

4 재계약의도 위에 마우스 포인터를 놓고 마우스 오른쪽 버튼을 클릭한다. 나타나는 화면에서 [Add Moderating Effect]를 클릭한다.

대화상자 3-8 조절효과 검정

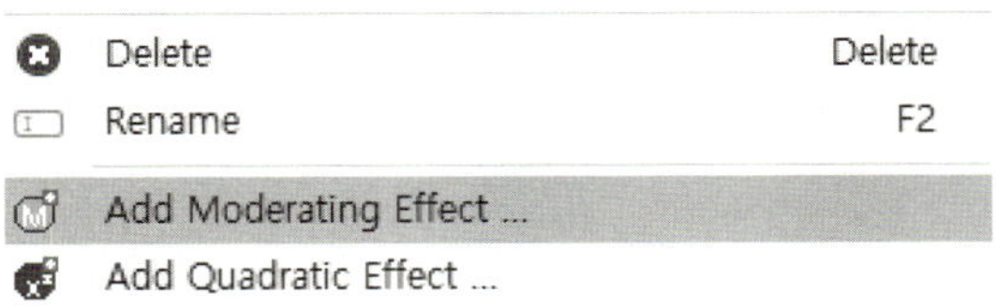

5 [Basic Settings]에서 [Moderator Variable]에 [성별], [Independent Variable]에 [신뢰]를 지정하고, [Calculation Method]를 [Product Indicator]로 지정한다. [Advanced Settings]에서 [Product Term Generation]은 [Unstandardized]로 지정한다는 점에 유의한다. [OK] 버튼을 클릭한다.

대화상자 3-9 조절효과 세팅

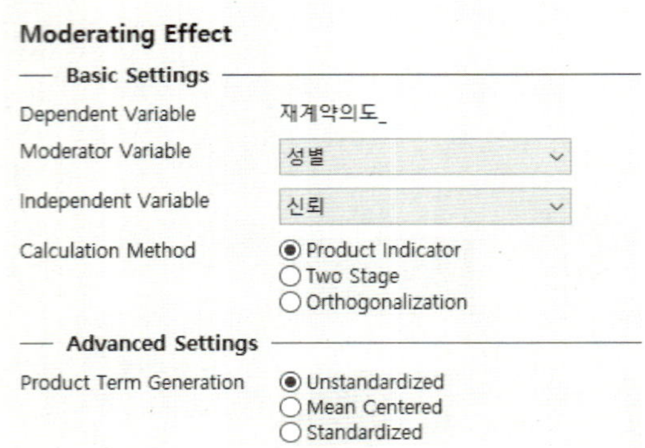

6 [Calculate] → [PLS algorithm]을 클릭하여 실행한다. R^2값을 구한다. R^2값은 0.664로 나타났다.

그림 3-7 | R^2값

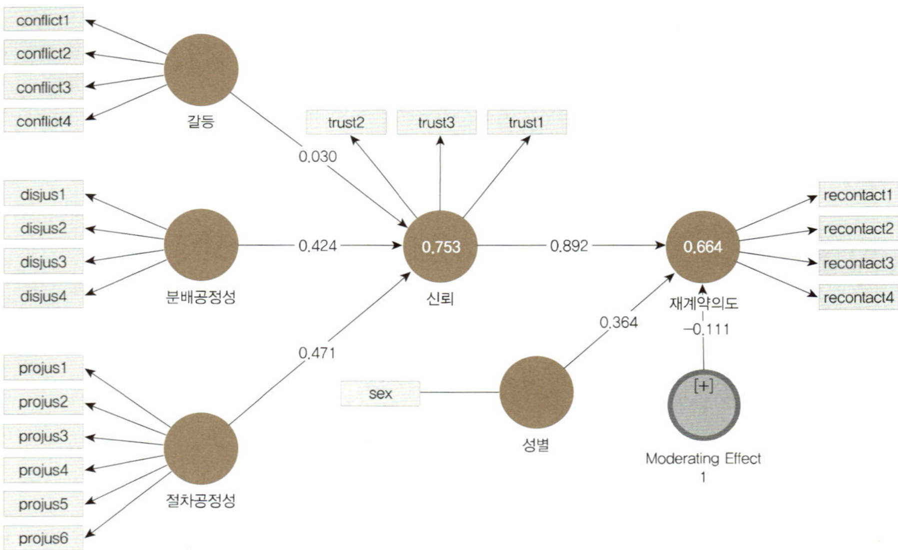

7 조절효과의 크기를 알기 위해 효과크기(effect size: f^2)를 계산한다. 이를 위해 상호작용항이 없는 모델에서 얻은 재계약의도의 R^2값과 상호작용항을 포함한 모델에서 얻은 재계약의도의 R^2값을 이용하여 계산한다.

$$f^2 = \frac{R^2_{상호작용항\ 있는\ 모델} - R^2_{상호작용항\ 없는\ 모델}}{1 - R^2_{상호작용항\ 있는\ 모델}}$$

8 상호작용항이 없는 모델의 재계약의도의 $R^2 = 0.656$, 상호작용항이 있는 모델의 재계약의도의 $R^2 = 0.664$로 나타났다. 이 값을 이용해 f^2을 계산하면 다음과 같다.

$$f^2 = \frac{0.664 - 0.656}{1 - 0.664} = \frac{0.008}{0.336} = 0.024$$

9 Cohen(1988)은 f^2값이 0.02보다 작으면 효과크기가 작고, 0.15이면 중간, 0.35 이상이면 크다고 하였다. 따라서 이 경우는 0.02보다 크기 때문에 효과크기는 중간이라고 할 수 있다. 이 주장을 반론하는 연구(Aguinis et al., 2005; Kenny, 2018)에 의하면 $f^2 = .005$, $f^2 = .01$, $f^2 = .025$가 각각 작은 수준, 중간수준, 큰 수준이라고 주장한다.

10 상호작용항의 계수 $\beta = -0.111$의 유의도를 확인하기 위해 [Bootstrapping]을 실행한다. 상호작용항의 계수는 유의적이지 않다($p = .200$). 따라서 성별은 조절효과가 없다고 해석한다. 이 결과는 다중집단분석을 통해 얻은 결론과 동일하다.

출력 3-5 경로계수

Path Coefficients

Mean, STDEV, T-Values, P-Values | Confidence Intervals | Confidence Intervals Bias Corrected | Samples

	Original Samp...	Sample Mean ...	Standard Devi...	T Statistics (|O...	P Values
Moderating Effect 1 -> 재계약의도_	-0.111	-0.107	0.087	1.283	0.200
갈등_ -> 신뢰	0.030	0.026	0.075	0.403	0.687
분배공정성 -> 신뢰	0.424	0.413	0.138	3.072	0.002
성별 -> 재계약의도_	0.364	0.351	0.246	1.481	0.139
신뢰 -> 재계약의도_	0.892	0.894	0.070	12.769	0.000
절차공정성 -> 신뢰	0.471	0.481	0.131	3.605	0.000

11 상호작용항의 계수 $\beta = -.111$은 0으로 코딩된 집단에 비해 1로 코딩된 집단이 재계약의도에 미치는 효과가 이만큼 적다는 것을 의미한다. 이 결과는 다중집단분석에서 얻은 차이(0.086)보다 조금 크게 나왔다.

2 범주형 조절변수의 조절효과분석: 세 집단인 경우

1 [그림 3-8] 모델을 대상으로 세 집단인 범주형 변수의 조절효과 분석에 대해 살펴보기로 한다.

그림 3-8 | 연구모델: 세 집단

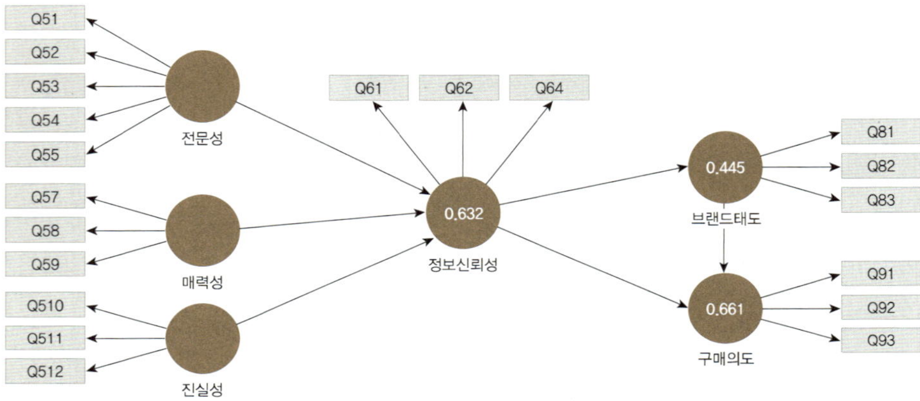

2 위와 같은 연구모델에서 정보신뢰성에서 소비자 반응으로 가는 경로가 세 집단에 따라 차이가 있는가를 검정하기로 한다. 예를 들어 이들 경로가 한국, 중국, 카자흐스탄에 따라 차이가 있는가를 검정한다고 가정한다. 나라별 표본크기는 한국 103명(KOR), 중국 114명(CHINA), 카자흐스탄 109명(KAZ)이다.

3 구체적으로 연구자가 이론을 토대로 다음과 같은 가설을 세웠다고 가정한다.

> **가설:** 정보신뢰성이 소비자 반응에 미치는 영향은 한국, 중국, 카자흐스탄에 따라 다를 것이다.

2.1 다중집단분석에 의한 검정

1 왼쪽에 있는 자료 이름 [인플루언서(나라별)]을 더블클릭한다.

2 메뉴에서 [Generate Data Group]을 클릭한다.

3 [Generate Data Groups]에서 [Name prefix]에 [Country]라고 입력한다.

4 [Group Columns] 0에 Q15(country)가 나라별로 코딩되어 있고, 3개의 고유값을 가지고 있다. [OK]를 클릭하여 데이터 그룹 생성을 마친다.

대화상자 3-10 데이터 집단의 생성

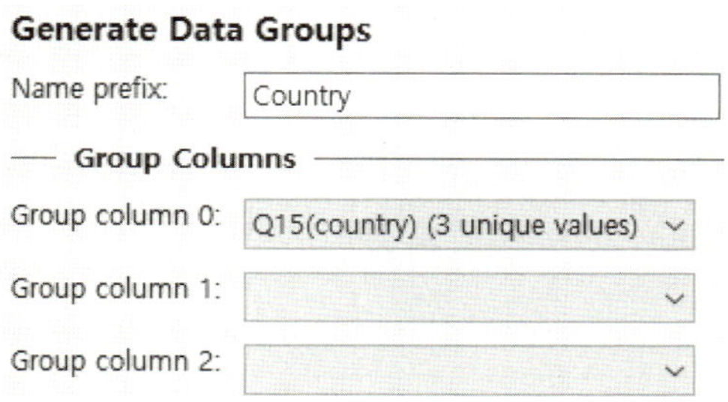

5 자료이름을 더블클릭하여 나타나는 [Data Groups] 탭에서 고우값의 이름을 다음과 같이 바꾸어준다.

대화상자 3-11 데이터 집단 편집

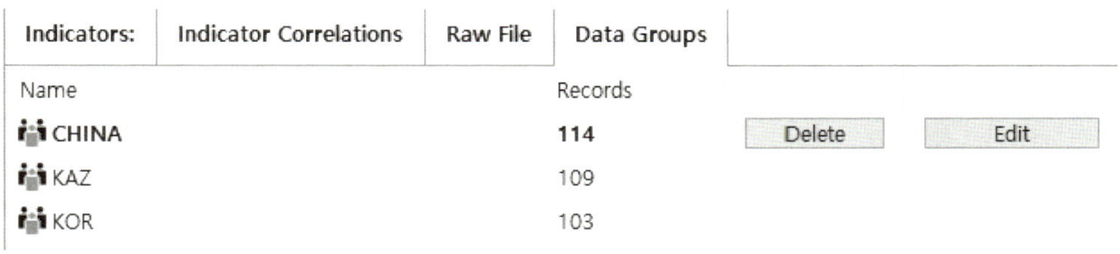

6 각 집단별 경로계수를 추정하기 위해 [Calculate] → [PLS algorithm]을 클릭한다. [Data Groups] 탭에서 다음과 같이 체크한다. [Select All]를 치크해도 된다. [Start Calculation] 버튼을 클릭한다.

대화상자 3-12 데이터 집단

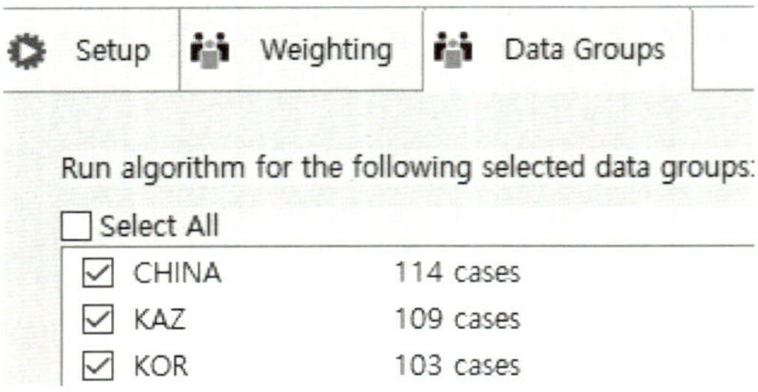

7 각 나라별 경로계수를 보기 위해 나라 이름을 지정한다.

대화상자 3-13 나라 이름 지정

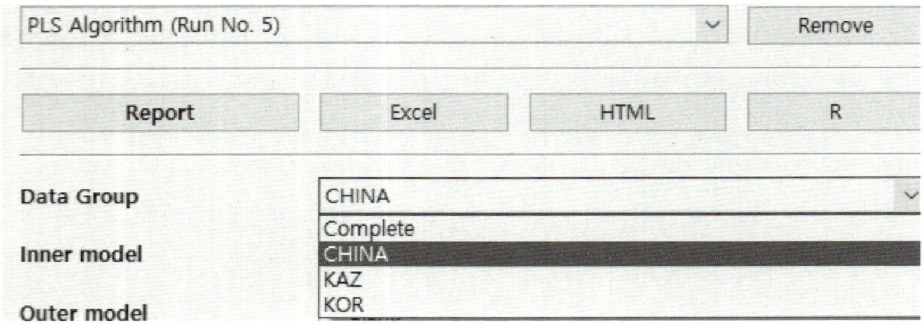

8 [CHINA]의 경로계수는 다음과 같다.

그림 3-9 | 중국의 경로계수

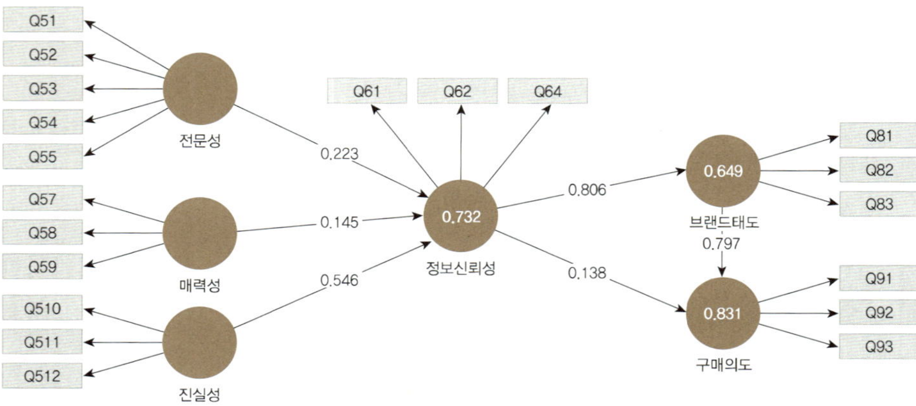

9 [KAZ]의 경로계수는 다음과 같다.

그림 3-10 | 카자흐스탄의 경로계수

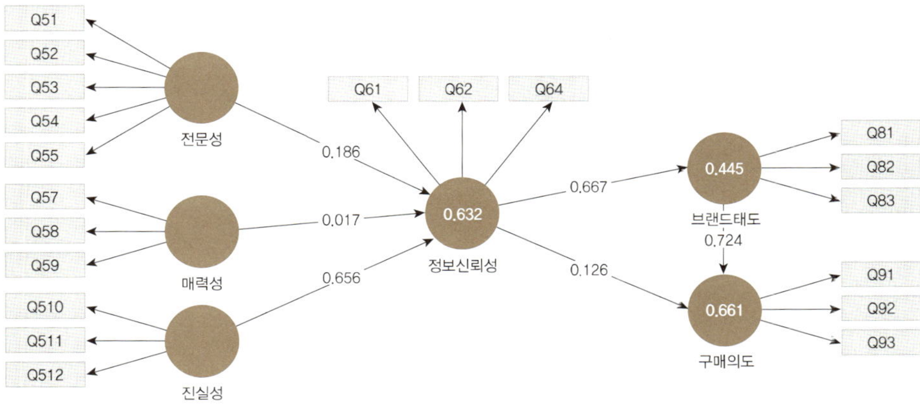

10 [KOR]의 경로계수는 다음과 같다.

그림 3-11 | 한국의 경로계수

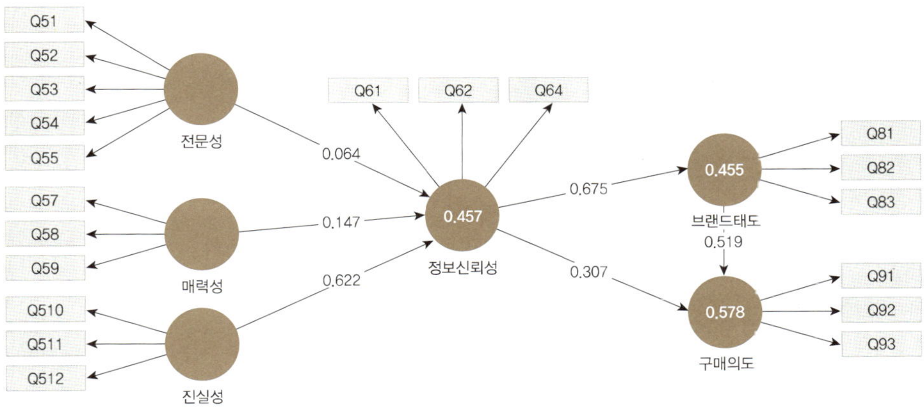

11 계수의 차이 검정을 위해 다중집단분석을 실행한다. 이를 위해 [Calculate] → [Multi-Group Analysis(MGA)]를 클릭한다. [Setup] 탭에서 [Group A]와 [Group B]에서 [Select All]을 체크한다.

대화상자 3-14 집단 지정

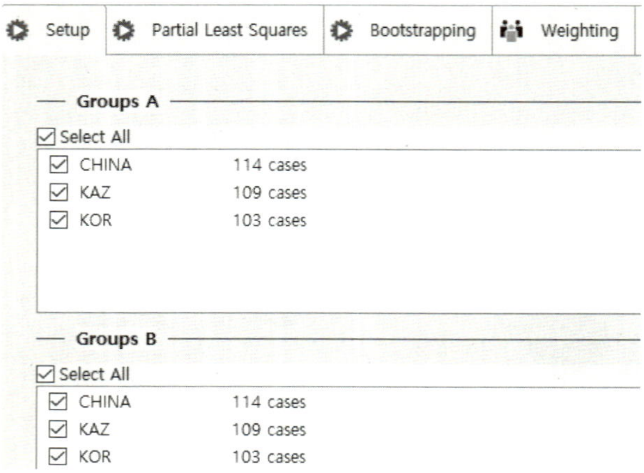

12 [Bootstrapping] 탭을 클릭하여 다음과 같이 지정한다.

대화상자 3-15 붓스트래핑 설정

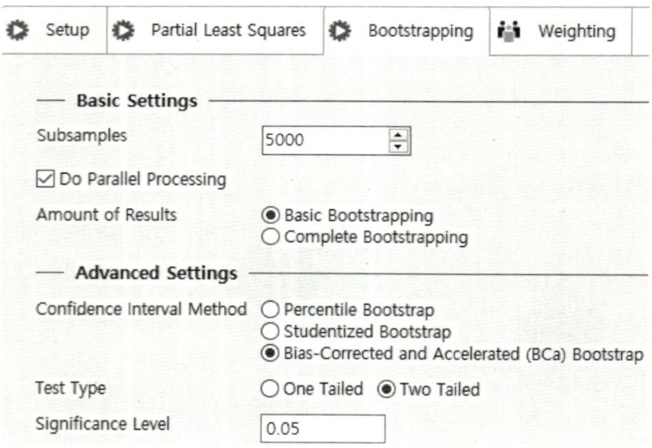

13 [Start Calculation] 버튼을 클릭하여 실행한다.

14 [출력 3-6]은 경로계수를 [PLS-MGA]로 검정한 결과를 제시한 것이다.

출력 3-6 경로계수

Path Coefficients

PLS-MGA	Parametric Test	Welch-Satterthwait Test	Confidence Intervals (Bias Corrected)	Bootstrapping Results

	Path Coefficients-diff (CHINA - KAZ)	Path Coefficients-diff (CHINA - KOR)	Path Coefficients-diff (KAZ - KOR)
매력성 -> 정보신뢰성	0.161	-0.003	-0.164
브랜드태도 -> 구매의도	0.073	0.278	0.205
전문성 -> 정보신뢰성	0.037	0.159	0.122
정보신뢰성 -> 구매의도	0.011	-0.169	-0.180
정보신뢰성 -> 브랜드태도	0.139	0.131	-0.008
진실성 -> 정보신뢰성	-0.110	-0.076	0.034

15 [출력 3-7]은 경로계수의 차이에 대한 유의확률을 제시한 것이다.

출력 3-7 유의확률

p-Value new (CHINA vs KAZ)	p-Value new (CHINA vs KOR)	p-Value new (KAZ vs KOR)
0.216	0.958	0.124
0.503	0.017	0.126
0.754	0.213	0.324
0.883	0.167	0.176
0.162	0.070	0.979
0.445	0.566	0.763

16 결과를 살펴보면 중국과 한국 간에 브랜드태도가 구매의도에 미치는 영향에 차이가 있음을 보여준다. 그 차이는 0.278이고, $p = .017$이다.

2.2 순열에 의한 분석

1 SmartPLS 3.3에서 2집단 이상인 경우 순열(permutation)에 의한 방법으로 집단 간 차이를 분석할 수 있다. 이 예에서 집단이 3개이므로 3번의 분석을 통해 계수를 비교해야 한다. 즉 $p^{(1)} - p^{(2)}$, $p^{(1)} - p^{(3)}$, $p^{(2)} - p^{(3)}$의 검정을 해야 한다.

2 이를 분석하기 위해 [Calculate] → [Permutation]을 클릭한다.

3 [Setup] 탭에서 다음과 같이 3번의 지정을 통해 분석한다. 첫 번째는 [CHINA]와 [KAZ]를 지정해서 분석하고, 두 번째는 [KAZ]와 [KOR]을 지정해서 분석하고, 세 번째는 [CHINA]와 [KOR]을 지정해서 분석한다.

대화상자 3-16 집단 지정

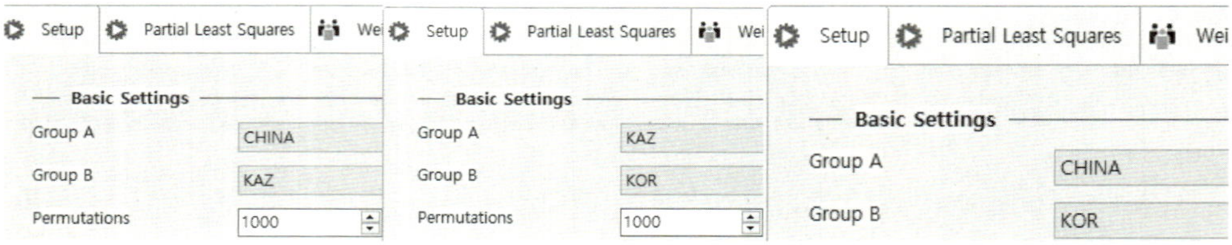

4 [출력 3-8]은 [CHINA]와 [KAZ] 간의 차이 검정 결과를 제시한 것이다.

출력 3-8 [CHINA]와 [KAZ] 간의 차이 검정

Path Coefficients

Matrix

	Path Coefficie...	Path Coefficie...	Path Coefficie...	Path Coefficie...	2.5%	97.5%	Permutation p...
매력성 -> 정보...	0.145	-0.017	0.161	0.004	-0.253	0.259	0.224
브랜드태도 -> ...	0.797	0.724	0.073	-0.002	-0.214	0.197	0.490
전문성 -> 정보...	0.223	0.186	0.037	0.005	-0.278	0.286	0.802
정보신뢰성 -> ...	0.138	0.126	0.011	0.000	-0.229	0.233	0.916
정보신뢰성 -> ...	0.806	0.667	0.139	0.005	-0.164	0.174	0.116
진실성 -> 정보...	0.546	0.656	-0.110	-0.006	-0.280	0.277	0.443

5 [출력 3-9]는 [KAZ]와 [KOR] 간의 차이 검정 결과를 제시한 것이다.

출력 3-9 [KAZ]와 [KOR] 간의 차이 검정

Path Coefficients

Matrix

	Path Coefficie...	Path Coefficie...	Path Coefficie...	Path Coefficie...	2.5%	97.5%	Permutation p...
매력성 -> 정보...	-0.017	0.147	-0.164	-0.001	-0.229	0.220	0.127
브랜드태도 -> ...	0.724	0.519	0.205	0.002	-0.282	0.285	0.186
전문성 -> 정보...	0.186	0.064	0.122	-0.004	-0.245	0.260	0.332
정보신뢰성 -> ...	0.126	0.307	-0.180	-0.000	-0.271	0.293	0.221
정보신뢰성 -> ...	0.667	0.675	-0.008	0.005	-0.240	0.253	0.943
진실성 -> 정보...	0.656	0.622	0.034	0.008	-0.238	0.253	0.790

6 [출력 3-10]은 [CHINA]와 [KOR] 간의 차이 검정 결과를 제시한 것이다.

출력 3-10 [CHINA]와 [KOR] 간의 차이 검정

Path Coefficients

Matrix

	Path Coefficie...	Path Coefficie...	Path Coefficie...	Path Coefficie...	2.5%	97.5%	Permutation p...
매력성 -> 정보신뢰성	0.145	0.147	-0.003	-0.002	-0.193	0.190	0.976
브랜드태도 -> 구매의도	0.797	0.519	0.278	-0.001	-0.232	0.240	0.015
전문성 -> 정보신뢰성	0.223	0.064	0.159	0.000	-0.271	0.283	0.261
정보신뢰성 -> 구매의도	0.138	0.307	-0.169	0.002	-0.243	0.238	0.159
정보신뢰성 -> 브랜드...	0.806	0.675	0.131	0.003	-0.118	0.122	0.035
진실성 -> 정보신뢰성	0.546	0.622	-0.076	-0.002	-0.232	0.223	0.516

7 브랜드태도가 구매의도에 미치는 효과, 정보신뢰성이 크랜드태도에 미치는 효과가 중국과 한국 간에 차이가 있는 것으로 나타났다. 이 결과는 PLS-MGA로 분석한 결과와 비교해보면, 브랜드태도가 구매의도에 미치는 효과는 같은 결과를 보여주고 있으나, 정보신뢰성이 브랜드태도에 미치는 효과에서는 다른 결과를 보여주고 있다.

기억하세요

1 PLS-MGA는 항상 $p^{(1)}$이 $p^{(2)}$보다 큰가를 검정한다. 즉 첫 번째 집단의 경로계수가 두 번째 집단의 경로계수보다 큰가를 검정한다. 반대의 가설(즉 $p^{(2)} > p^{(1)}$)을 검정하고자 하는 경우 붓스트래핑 결과 얻어진 p값에서 1을 빼야 한다(1−p값).

2 PLS-MGA는 단측검정(one-tailed test)을 위한 p값만을 계산한다. 따라서 양측검정을 위해서는 붓스트래핑 분포가 대칭을 이룬다는 가정이 없이는 사용하는 데 한계가 있다.

3 조절변수가 범주형 변수인 경우에는 적지표 접근법보다 다중집단분석이 추천되고 있다.

참고문헌

Aguinis, H., Beaty, J. C., Boik, R. J., & Pierce, C. A. (2005). Effect size and power in assessing moderating effects of categorical variables using multiple regression: a 30-year review. *Journal of Applied Psychology, 90*(1), 94-107.

Aguinis, H., Edwards, J. R., & Bradley, K. J. (2016). Improving our understanding of moderation and mediation in strategic management research. *Organizational Research Methods, 20*(4), 665-685.

Becker, J. M., Ringle, C. M., & Sarstedt, M. (2018). Estimating moderating effects in PLS-SEM and PLSc-SEM: Interaction term generation x data treatment. *Journal of Applied Structural Equation Modeling, 2*(2), 1-21.

Cheah, J. H., Thurasamy, R., Memon, M. A., Chuah, F., & Ting, H. (2020). Multigroup analysis using SmartPLS: Step-by-step guidelines for business research. *Asian Journal of Business Research, 10*(3), 1-19.

Chin, W. W., & Dibbern, J. (2010). An introduction to a permutation based procedure for multi-group PLS analysis: Results of tests of differences on simulated data and a cross cultural analysis of the sourcing of information system services between Germany and the USA. In V. Esposito Vinzi, W. Chin, J. Henseler, & H. Wang (Eds.), *Handbook of partial least squares: Concepts, methods and applications* (pp. 171-193). Springer.

Chin, W. W., Marcolin, B. L., & Newsted, P. R. (2003). A partial least squares latent variable modeling approach for measuring interaction effects: Results from a Monte Carlo simulation study and an electronic-mail emotion/adoption study. *Information systems research, 14*(2), 189-217.

Cohen, J. (1988). *Statistical Power Analysis for the Behavioral Science* (2nd ed.). Lawrence Erlbaum Associates.

Dawson, J. F. (2014). Moderation in management research: What, why, when, and how. *Journal of Business and Psychology, 29*(1), 1-19.

Fassott, G., Henseler, J., & Coelho, P. S. (2016). Testing moderating effects in PLS path models with composite variables. *Industrial Management & Data Systems, 116*(9), 1887-1900.

Hair, J. F., Hult, G. T. M., Ringle, C. M., & Sarstedt, M. (2017). A primer on partial least squares structural equation modeling (PLS-SEM) (2nd ed.). Sage Publications.

Hair, J. F., Hult, G. T. M., Ringle, C. M., & Sarstedt, M. (2021a). *A primer on partial least squares structural equation modeling(PLS-SEM)* (3rd ed.). Sage Publications.

Hair, J. F., Hult, G. T. M., Ringle, C. M., Sarstedt, M., Danks, N. P., & Ray, S. (2021b) *Partial least squares structural equation modeling(PLS-SEM) using R: A workbook.* Springer.

Hair, J. F., Sarstedt, M., Ringle, C. M., & Gudergan, S. P. (2018). *Advanced issues in partial least squares structural equation modeling (PLS-SEM).* Sage Publications.

Henseler, J. (2012). PLS-MGA: A non-parametric approach to partial least squares-based multi-group analysis. *Challenges at the Interface of Data Analysis, Computer Science, and Optimization*, 495-501.

Henseler, J. (2021). *Composite-based structural equation modeling: Analyzing latent and emergent variables.* Guilford Press.

Henseler, J., & Chin, W. W. (2010). A comparison of approaches for the analysis of interaction effects between latent variables using partial least squares path modeling. *Structural Equation Modeling, 17*(1), 82-109.

Henseler, J., & Fassott, G. (2010). Testing moderating effects in PLS path models: An illustration of available procedures. In V. Esposito Vinzi, W. Chin, J. Henseler, & H. Wang (Eds.), *Handbook of partial least squares: Concepts, methods and applications* (pp. 713-735). Springer.

Henseler, J., Ringle, C. M., & Sarstedt, M. (2016). Testing measurement invariance of composites using partial least squares. *International Marketing Review, 33*, 405-431.

Henseler, J., Ringle, C. M., & Sinkovics, R. R. (2009). The use of partial least squares path modeling in international marketing. *Advances in International Marketing, 20*, 277-320.

Kenny, D. A. (2018). Moderation. Retrieved from http://davidakenny.net/cm/moderation.htm

Lance, C. E. (1988). Residual centering, exploratory and confirmatory moderator analysis, and decomposition of effects in path models containing interactions. *Applied Psychological Measurement, 12*(2), 163-175.

Little, T. D., Bovaird, J. A., & Widaman, K. F. (2006). On the merits of orthogonalizing powered and product terms: Implications for modeling interactions among latent variables. *Structural Equation Modeling, 13*(4), 497-519.

Memon, M. A., Cheah, J. H., Ramayah, T., Ting, H., Chuah, F., & Cham, T. H. (2019). Moderation analysis: Issues and guidelines, *Journal of Applied Structural Equation Modeling, 3*(1), i-ix.

Ramayah, T., Cheah, J., Chuah, F., Ting, H., & Memon, M. A. (2018). *Partial least squares structural equation modeling (PLS-SEM) using SmartPLS 3.0: An updated guide and practical guide to statistical analysis* (2nd ed.). Kuala Lumpur, Malaysia: Pearson.

Ringle, C. M., Wende, S., & Becker, J. M. (2015). SmartPLS 3. Boenningstedt: SmartPLS. Retrieved from https://www.smartpls.com

Sarstedt, M., Henseler, J., & Ringle, C. M. (2011). Multigroup analysis in partial least squares (PLS) path modeling: Alternative methods and empirical results. In Sarstedt, M., Schwaiger, M., & Taylor, C. R. (Eds.), *Measurement and research methods in international marketing(Advances in international marketing, Vol. 22)* (pp. 195-218). Emerald Group Publishing Limited.

[YouTube]

Research With Fawad (2021.7.4). Moderation analysis with categorical variables using SmartPLS 3 [Video]. YouTube: https://www.youtube.com/watch?v=d3BgtJ7hNlc

Rehman, A. (2019. 11.21). Run multigroup analysis with SmartPLS 3 [Video]. YouTube: https://www.youtube.com/watch?v=qssDqR_-Q7Y

Chapter

Smart PLS

4 조절효과분석: 연속형 조절변수

1. 연속형 조절변수의 조절효과분석 접근법
2. 연속형 조절변수의 조절효과분석: 예 1
3. 연속형 조절변수의 조절효과분석: 예 2
4. 연속형 조절변수의 조절효과분석: 예 3

Chapter

Smart PLS

4 조절효과분석: 연속형 조절변수

1 연속형 조절변수의 조절효과분석 접근법

SmartPLS 3.3에서는 조절변수가 연속형 변수인 경우 적지표(product indicator), 2단계(two stage), 직교화(orthogonalization) 등의 3가지 접근법으로 조절효과를 검정할 수 있다. 이 세 가지 접근법 가운데, Hair 등(2017, 2021a, 2021b)은 2단계를 추천하고 있고, Henseler와 Chin(2010)은 직교화를 추천하고 있다.

1.1 적지표 접근법

1 적지표 접근법(product indicator approach)은 독립변수에 해당하는 지표와 조절변수에 해당하는 지표를 곱해서 상호작용항(interaction term)을 만들고 상호작용항의 지표를 이용하여 분석한다. 상호작용항은 ① 비표준화(unstandardized), ② 평균중심화(mean centered), ③ 표준화(standardized)를 이용하여 만든다.

2 적지표 접근법에 의한 조절효과분석을 [그림 4-1] 모델을 통해 살펴보기로 한다. 이 모델에서 조절변수(M), 독립변수(X), 종속변수(Y)의 잠재변수가 각각 3개의 관측변수로 이루어진 모델이라고 가정한다. 적지표 접근법에 의해 조절효과를 분석하기 위해 X와 M의 관측변수를 곱한 9개의 관측변수를 XM의 지표로 이용한다.

그림 4-1 | 조절효과의 상호작용항

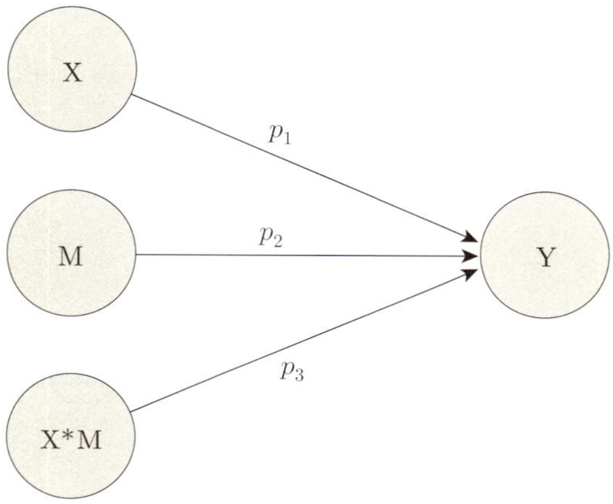

3 조절효과는 다음과 같은 식으로 나타낼 수 있다.

$$Y = (p_1 + p_3 \times M)X + p_2 M \qquad (1)$$

4 식(1)에서 볼 수 있듯, X가 Y에 주는 효과는 p_1 뿐만 아니라, $p_3 \times M$에 의해 결정된다. 조절변수가 모델에 어떻게 반영되는가를 이해하기 위해 식(1)을 다음과 같이 쓸 수 있다.

$$Y = p_1 \times X + p_2 \times M + p_3 \times (X \times M) \qquad (2)$$

5 식(2)에서, 조절효과는 독립변수의 단순효과(simple effect)인 $p_1 \times X$, 조절변수의 단순효과인 $p_2 \times M$, 상호작용항인 $p_3 \times (X \times M)$으로 구성되어 있음을 알 수 있다. 따라서 p_3은 단순효과 p_1이 조절변수 M이 '1 표준편차'가 증가하거나 또는 감소할 때 어떻게 변하는가를 알려준다.

6 적지표 접근법은 독립변수와 조절변수의 지표를 곱해서 상호작용항을 만든다. 예를 들어, 독립변수에 3개의 지표, 조절변수에 3개의 지표가 있다면 총 9개의 지표를 생성한다.

7 이 접근법은 독립변수와 조절변수를 서로 바꿀 수 있다는 가정하에서 사용된다.

8 이 접근법은 독립변수와 조절변수가 모두 또는 그 가운데 하나라도 조형지표(formative indicator)로 측정된 경우에는 사용할 수 없다.

9 이 접근법은 상호작용항이 다중공선성의 문제가 생길 수 있으므로 표준화하거나 평균중심화하여 이 문제를 해결할 수 있다.

1.2 2단계 접근법

1 독립변수나 조절변수가 모두 또는 그 가운데 하나가 조형지표(formative indicator)로 측정된 경우에는 2단계 접근법(two stage approach)을 이용한다. 독립변수나 조절변수가 모두 반영지표로 측정된 경우에도 2단계 접근법을 이용할 수 있다. 2단계 접근법은 연구의 목적이 독립변수와 종속변수 간의 관계에서 조절변수가 유의적인 효과가 있는가를 확인하는 데 있다면 이 접근법이 선호된다. 2단계 접근법은 PLS-SEM의 장점인 잠재변수점수(latent variable score)를 이용한다는 데 있다.

2 2단계 접근법은 다음과 같은 단계를 거친다.

- 1단계: 주효과모델(즉, 상호작용항이 없는 모델)을 추정해서 잠재변수점수를 얻는다. 잠재변수점수는 표준화된 값이다. 이 잠재변수점수가 2단계분석을 위해 저장된다.

그림 4-2 | 2단계 접근법

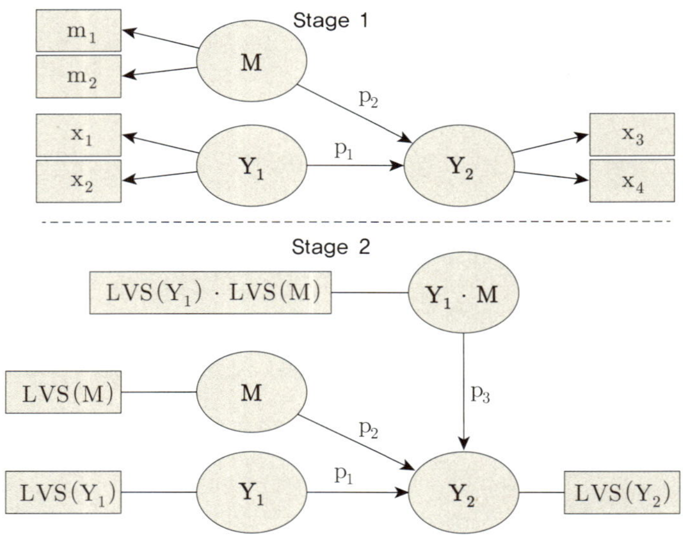

출처: Hair et al. (2017), p. 160.

- 2단계: 1단계에서 얻은 독립변수와 조절변수의 잠재변수점수가 상호작용항을 측정하는 데 사용되는 단일의 항목을 만들기 위해 곱해진다. 다른 모든 잠재변수들은 1단계에서 얻어진 잠재변수점수의 단일의 항목으로 표현된다. 2단계 접근법을 제시하면 [그림 4-2]와 같다.

1.3 직교화 접근법

1 직교화 접근법(orthogonalization approach)은 잔차중심화 접근법(residual centering approach)이라고도 한다. 이 접근법은 적지표 접근법의 표준화와 관련된 2가지 문제를 해결하기 위해 제안되었다. 첫째, 지표의 표준화는 PLS 경로모델에서 공선성의 수준을 감소시키기는 하나 공선성을 완전히 제거하지는 못한다. 따라서 이는 편향된 경로계수 추정치를 계산하고 또는 표준오차값을 부풀릴 수 있다. 둘째, 변수를 표준화하게 되면 상호작용항이 포함이 되지 않았을 때(즉 주효과(main effect))와 상호작용항이 포함되었을 때(즉 단순효과(simple effect)) 독립변수가 종속변수에 미치는 직접효과를 쉽게 비교할 수 없게 된다.

2 이 접근법은 상호작용항의 지표가 독립변수나 조절변수의 어떤 지표와도 분산을 공유하지 않는다는 점을 강조한다. 즉 상호작용항은 다른 2개의 구성개념과 독립적(orthogonal)이므로 공선성 문제에 처하지 않는다. 독립성 즉 직교화는 상호작용항이 있는 모델이나 상호작용항이 없는 모델의 경로계수가 동일하다. 이러한 점은 적지표 접근법에 비해 조절효과의 크기를 해석하는 데 용이하다는 장점이 있다. 이 접근법은 적지표 접근법에 기초하고 있으므로 독립변수나 조절변수가 반영적 지표(reflective indicator)로 측정된 경우에만 이용될 수 있다.

3 독립변수에 2개의 지표(x_1, x_2), 조절변수에 2개의 지표(m_1, m_2)가 있다고 가정하고 잔차중심화에 대해 살펴보기로 한다. 두 변수를 곱한 변수는 다음과 같다.

$$p_{11} = x_1 * m_1$$

$$p_{12} = x_1 * m_2$$

$$p_{21} = x_2 * m_1$$

$$p_{22} = x_2 * m_2$$

4 4개의 곱한 변수를 종속변수로 해서 다음과 같은 식으로 회귀분석을 한다.

$$p_{11} = b_{0,11} + b_{1,11}x_1 + b_{2,11}x_2 + b_{3,11}m_1 + b_{4,11}m_2 + e_{11}$$
$$p_{12} = b_{0,12} + b_{1,12}x_1 + b_{2,12}x_2 + b_{3,12}m_1 + b_{4,12}m_2 + e_{12}$$
$$p_{21} = b_{0,21} + b_{1,21}x_1 + b_{2,21}x_2 + b_{3,21}m_1 + b_{4,21}m_2 + e_{21}$$
$$p_{22} = b_{0,22} + b_{1,22}x_1 + b_{2,22}x_2 + b_{3,22}m_1 + b_{4,22}m_2 + e_{22}$$

5 위 분석을 통해 얻은 4개의 잔차(e_{11}, e_{12}, e_{21}, e_{22})를 상호작용항의 지표로 이용한다. 직교화 접근법을 그림으로 제시하면 [그림 4-3]과 같다.

그림 4-3 | 직교화 접근법

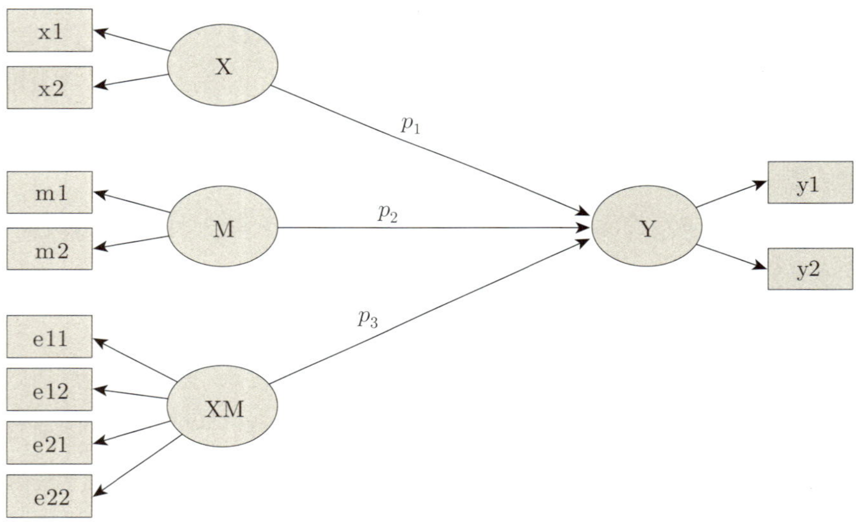

6 SmartPLS 3.3에서는 잔차중심화를 바로 수행할 수 있도록 개선되었다. SmartPLS 2에서는 SPSS에서 잔차중심화를 해서 잔차중심화를 만든 다음 분석하도록 되어 있었다.

7 참고로 SPSS에서 잔차중심화를 하는 것에 대해 살펴보기로 한다. SPSS에서 [분석] → [회귀분석] → [선형]으로 간다. [종속변수]에 독립변수와 조절변수를 곱한 변수인 [x1m1]을 보내고, 독립변수에는 각각의 독립변수와 조절변수인 [x1, x2, m1, m2]을 보낸다. [저장] 버튼을 클릭한다.

대화상자 4-1 선형회귀분석

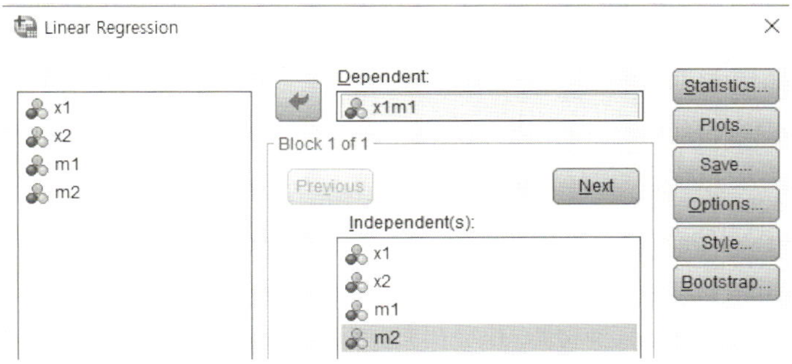

8 [선형회귀분석: 저장] 창에서 [잔차]의 [비표준화]를 체크하고 [계속] 버튼을 클릭하고, [확인] 버튼을 누른다.

대화상자 4-2 [선형회귀분석: 저장]

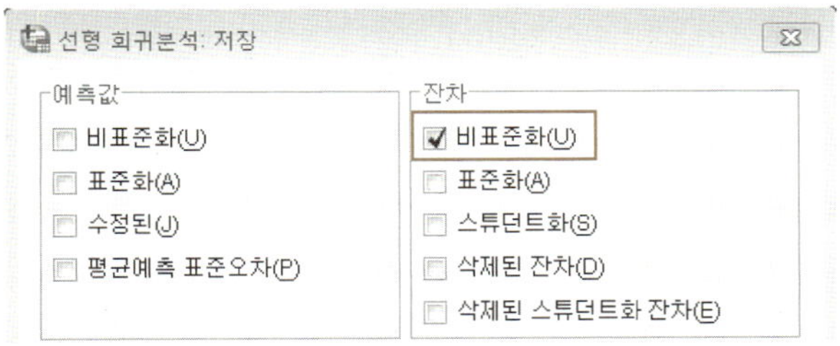

9 데이터 창으로 가서 보면, [RES_1]이 만들어진 것을 알 수 있다. 이런 식으로 종속변수만 바꾸고 독립변수는 그대로 둔 상황에서 4번의 회귀분석을 한다.

10 잔차통계량값을 보면 잔차의 평균이 0임을 알 수 있다. 그러므로 이를 **잔차중심화 접근법(residual centering approach)**이라고도 한다.

2 연속형 조절변수의 조절효과분석: 예 1

1 [그림 4-4] 모델에서 신뢰와 재계약의도 간의 관계가 계산적 결속에 의해 조절되는지 살펴보기로 한다.

그림 4-4 | 계산적 결속의 조절효과 모델

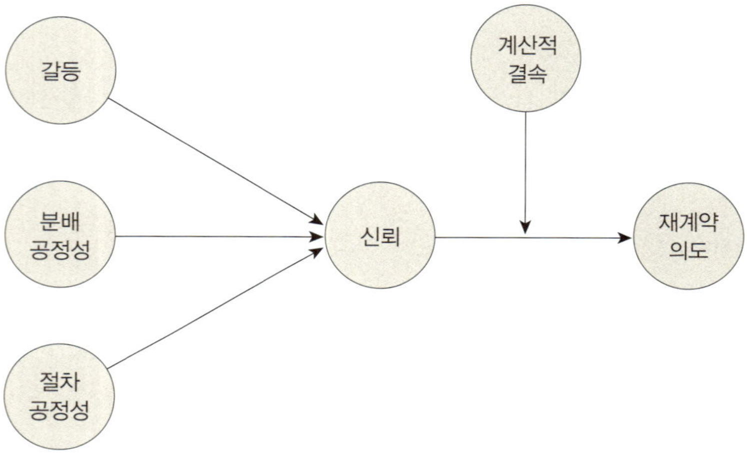

2 SmartPLS로 연속형 조절변수의 조절효과를 분석할 때 연구자는 여러 가지 옵션 가운데 하나를 선택해야 한다. 이러한 옵션을 다음과 같은 표로 정리할 수 있다.

표 4-1 | 연속형 조절변수의 조절효과 분석 시 선택 사항

algorithm	Basic Settings	Advanced Settings
• PLS algorithm • PLSc algorithm	• 적지표(Product Indicator) • 2단계(Two Stage) • 직교화(Orthogonalization)	• 비표준화(Unstandardized) • 평균중심화(Mean Centered) • 표준화(Standardized)

3 먼저, algorithm의 선택이다. 이는 연구자의 연구모델에 맞게 제1장에서 기술한 내용을 토대로 결정하면 된다. SmartPLS 개발자들은 기본설정(basic setting)과 고급설정(advanced setting)에 있는 옵션 가운데 2단계와 표준화를 디폴트로 설정하였다. 이들이 이러한 결정을 위해 많은 고민을 했을 것이다. 따라서 특별한

상황이 아니면 이들이 정한 디폴트대로 분석할 것을 권하고자 한다.

4 조절효과 분석을 위한 가이드라인을 [그림 4-5]와 같이 제시한다.

그림 4-5 | 조절효과 분석을 위한 가이드라인

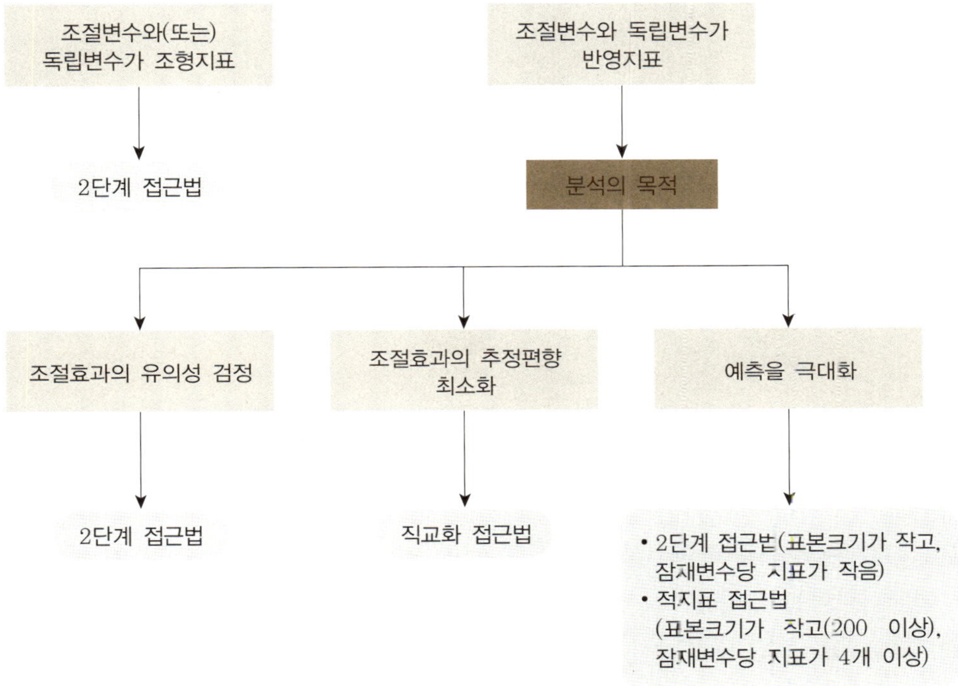

출처: Ramayah et al.(2018).

5 [그림 4-4] 모델을 PLS algorithm과 PLSc algorithm으로 추정해보고, 각각의 접근법별로 표준화방법에 의해 추정하는 것으로 분석해보기로 한다.

2.1 PLS algorithm에 의한 분석

1) 적지표 접근법

1 조절변수인 계산적 결속이 재계약의도로 가는 경로를 그린다.

그림 4-6 | 상호작용항이 없는 모델

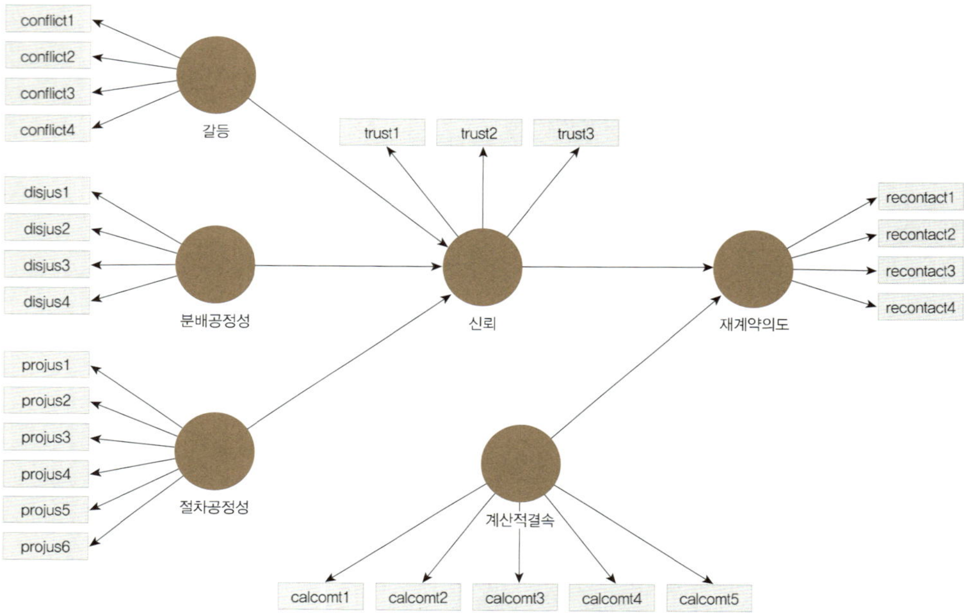

2 재계약의도 위에 마우스 포인터를 놓고 마우스 오른쪽 버튼을 클릭한다. 클릭하면 나타나는 대화상자에서 [Add Moderating Effect]를 클릭한다.

3 [Moderator Variable]을 [계산적 결속]으로, [Independent Variable]을 [신뢰]로 지정하고, [Calculation Method]를 [Product Indicator]로 체크하고, [OK] 버튼을 클릭한다.

대화상자 4-3 조절효과 설정

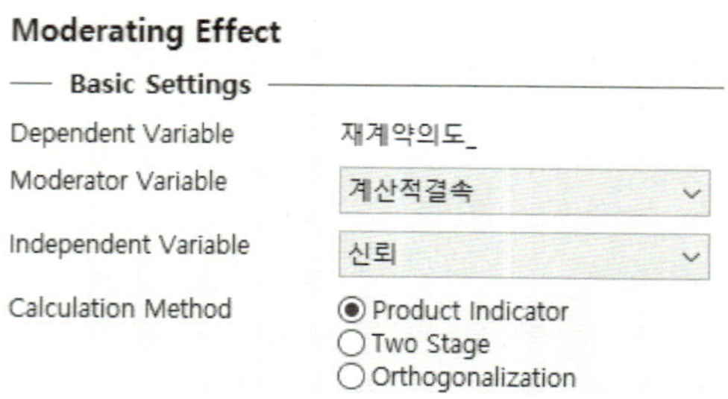

4 그러면 다음과 같이 상호작용항이 생성된다.

그림 4-7 | 상호작용항이 있는 모델

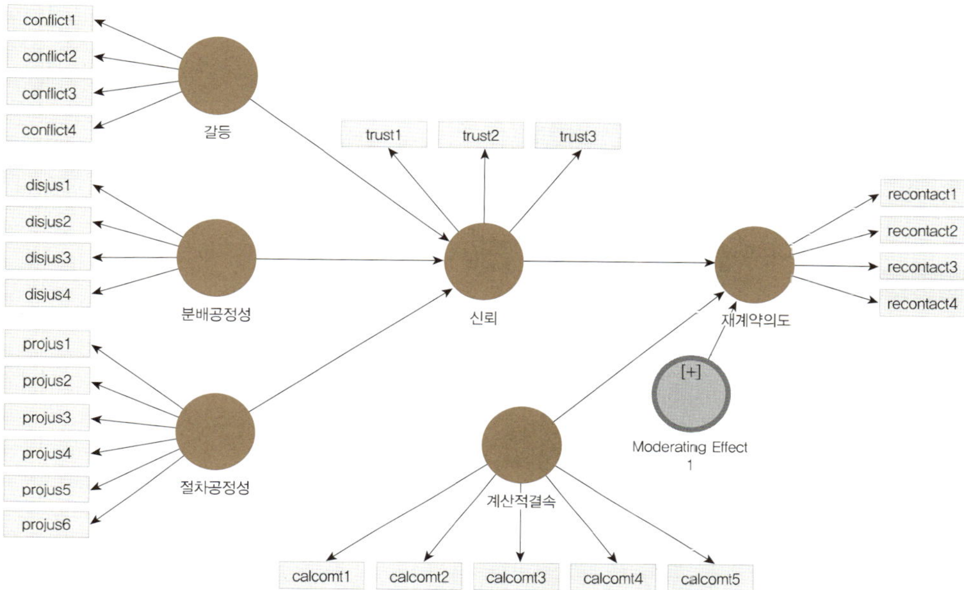

5 [Calculate] → [Bootstrapping]을 클릭한다. [Bootstrapping] 대화상자에서 [Subsamples]를 [5,000]으로 바꾸어주고 나머지는 디폴트대로 둔다. [Start Calculation] 버튼을 클릭한다.

6 이를 실행하면 다음과 같은 출력을 얻는다.

출력 4-1 붓스트래핑 결과: 적지표 접근법

Path Coefficients

Mean, STDEV, T-Values, P-Values | Confidence Intervals | Confidence Intervals Bias Corrected | Samples

	Original Samp...	Sample Mean ...	Standard Devi...	T Statistics (|O...	P Values
Moderating Effect 1 -> 재계약의도_	-0.039	-0.043	0.065	0.594	0.553
갈등_ -> 신뢰	0.025	0.019	0.080	0.313	0.754
계산적결속 -> 재계약의도_	0.461	0.472	0.130	3.550	0.000
분배공정성 -> 신뢰	0.307	0.302	0.125	2.451	0.014
신뢰 -> 재계약의도_	0.443	0.435	0.130	3.411	0.001
절차공정성 -> 신뢰	0.579	0.584	0.124	4.676	0.000

7 상호작용항이 재계약의도에 미치는 효과가 유의적이지 않다. 따라서 계산적 결

속은 조절효과를 하지 않는다고 해석한다.

2) 2단계 접근법

1 [Moderator Variable]을 [계산적 결속]으로, [Independent Variable]을 [신뢰]로 지정하고, [Calculation Method]를 [Two Stage]로 체크하고, [OK] 버튼을 클릭한다.

대화상자 4-4 2단계 접근법 설정

Moderating Effect

— **Basic Settings** —

Dependent Variable	재계약의도_
Moderator Variable	계산적결속
Independent Variable	신뢰
Calculation Method	○ Product Indicator ◉ Two Stage ○ Orthogonalization

— **Advanced Settings** —

Product Term Generation	○ Unstandardized ○ Mean Centered ◉ Standardized

2 [Calculate] → [Bootstrapping]을 클릭한다. [Bootstrapping] 대화상자에서 [Subsamples]를 [5,000]으로 바꾸어주고 나머지는 디폴트대로 둔다. [Start Calculation] 버튼을 클릭한다.

3 이를 실행하면 다음과 같은 출력을 얻는다.

출력 4-2 붓스트래핑 결과: 2단계 접근법

Path Coefficients

Mean, STDEV, T-Values, P-Values | Confidence Intervals | Confidence Intervals Bias Corrected | Samples

	Original Samp...	Sample Mean ...	Standard Devi...	T Statistics (|O...	P Values
Moderating Effect 1 -> 재계약의도_	-0.036	-0.036	0.063	0.573	0.567
갈등_ -> 신뢰	0.025	0.019	0.080	0.311	0.756
계산적결속 -> 재계약의도_	0.461	0.473	0.130	3.551	0.000
분배공정성 -> 신뢰	0.307	0.305	0.120	2.550	0.011
신뢰 -> 재계약의도_	0.445	0.439	0.128	3.469	0.001
절차공정성 -> 신뢰	0.579	0.581	0.120	4.832	0.000

3) 직교화 접근법

1 [Moderator Variable]을 [계산적 결속]으로, [Independent Variable]을 [신뢰]로 지정하고, [Calculation Method]를 [Orthogonalization]로 체크하고, [OK] 버튼을 클릭한다.

대화상자 4-5 직교화 접근법 설정

Moderating Effect

— **Basic Settings** —

Dependent Variable	재계약의도_
Moderator Variable	계산적결속
Independent Variable	신뢰
Calculation Method	○ Product Indicator ○ Two Stage ◉ Orthogonalization

— **Advanced Settings** —

Product Term Generation	○ Unstandardized ○ Mean Centered ◉ Standardized

2 [Calculate] → [Bootstrapping]을 클릭한다. [Bootstrapping] 대화상자에서 [Subsamples]를 [5,000]으로 바꾸어주고 나머지는 디폴트대로 둔다. [Start Calculation] 버튼을 클릭한다.

3 이를 실행하면 다음과 같은 출력을 얻는다.

출력 4-3 붓스트래핑 결과: 직교화 접근법

Path Coefficients

Mean, STDEV, T-Values, P-Values | Confidence Intervals | Confidence Intervals Bias Corrected | Samples

	Original Samp...	Sample Mean ...	Standard Devi...	T Statistics (|O...	P Values
Moderating Effect 1 -> 재계약의도_	0.090	0.050	0.116	0.773	0.440
갈등_ -> 신뢰	0.025	0.022	0.081	0.310	0.757
계산적결속 -> 재계약의도_	0.463	0.472	0.134	3.455	0.001
분배공정성 -> 신뢰	0.307	0.307	0.124	2.471	0.014
신뢰 -> 재계약의도_	0.456	0.449	0.133	3.440	0.001
절차공정성 -> 신뢰	0.579	0.579	0.123	4.701	0.000

4 지금까지 분석한 결과를 상호작용항이 종속변수에 미치는 계수만 비교하기로 한다.

표 4-2 세 접근법의 비교

접근법	계수	p값
적지표 접근법	−0.039	0.553
2단계 접근법	−0.036	0.567
직교화 접근법	0.090	0.440

5 적지표 접근법과 2단계 접근법은 계수값이 거의 비슷하고 부적(−)으로 나왔으나 직교화 접근법은 계수값이 정적(+)으로 나온다.

2.2 PLSc algorithm에 의한 분석

1 PLSc algorithm에 의한 분석은 위에서 설명한 내용은 같고, 추정하기 위해 [Calculate] → [Consistent PLS algorithm] → [Consistent PLS Bootstrapping]으로 가서 추정하면 된다. 따라서 이하에서 출력 결과만 제시하기로 한다.

1) 적지표 접근법

출력 4-4 적지표 접근법에 의한 결과

Path Coefficients

Mean, STDEV, T-Values, P-Values | Confidence Intervals | Confidence Intervals Bias Corrected | Samples

	Original Samp...	Sample Mean ...	Standard Devi...	T Statistics (|O...	P Values
Moderating Effect 1 -> 재계약의도_	-0.023	-0.021	0.085	0.270	0.787
갈등_ -> 신뢰	0.107	n/a	n/a		
계산적결속 -> 재계약의도_	0.521	0.551	0.220	2.372	0.018
분배공정성 -> 신뢰	0.195	n/a	n/a		
신뢰 -> 재계약의도_	0.440	0.416	0.217	2.027	0.043
절차공정성 -> 신뢰	0.735	n/a	n/a		

2) 2단계 접근법

출력 4-5 2단계 접근법에 의한 결과

Path Coefficients

Mean, STDEV, T-Values, P-Values | Confidence Intervals | Confidence Intervals Bias Corrected | Samples

	Original Samp...	Sample Mean ...	Standard Devi...	T Statistics (|O...	P Values
Moderating Effect 1 -> 재계약의도_	-0.027	-0.030	0.079	0.342	0.732
갈등_ -> 신뢰	0.094	n/a	n/a		
계산적결속 -> 재계약의도_	0.519	0.551	0.220	2.357	0.018
분배공정성 -> 신뢰	0.187	n/a	n/a		
신뢰 -> 재계약의도_	0.442	0.416	0.217	2.041	0.041
절차공정성 -> 신뢰	0.741	n/a	n/a		

3) 직교화 접근법

출력 4-6 직교화 접근법에 의한 결과

Path Coefficients

Mean, STDEV, T-Values, P-Values | Confidence Intervals | Confidence Intervals Bias Corrected | Samples

	Original Samp...	Sample Mean ...	Standard Devi...	T Statistics (|O...	P Values
Moderating Effect 1 -> 재계약의도_	0.020	0.020	0.081	0.252	0.801
갈등_ -> 신뢰	0.102	n/a	n/a		
계산적결속 -> 재계약의도_	0.519	0.542	0.218	2.378	0.017
분배공정성 -> 신뢰	0.186	n/a	n/a		
신뢰 -> 재계약의도_	0.453	0.431	0.214	2.116	0.034
절차공정성 -> 신뢰	0.743	n/a	n/a		

2 PLS algorithm으로 추정했을 때와 비슷한 결과를 얻는다.

3 연속형 조절변수의 조절효과분석: 예 2

1 [그림 4-8]과 같은 연구모델을 대상으로 조절효과를 분석하기로 한다. 이 연구모델은 전문성과 평판이 신뢰에 미치는 효과가 갈등 수준에 따라 달라질 것을 가정한 모델이다.

2 이 모델의 분석에서 전문성과 평판을 동시에 고려하여 분석하는 것이 올바른 접근법인가? 아니면 각각의 독립변수별로 분석을 해야 올바른 접근법인가에 대해 살펴보기로 한다.

그림 4-8 | 연구모델

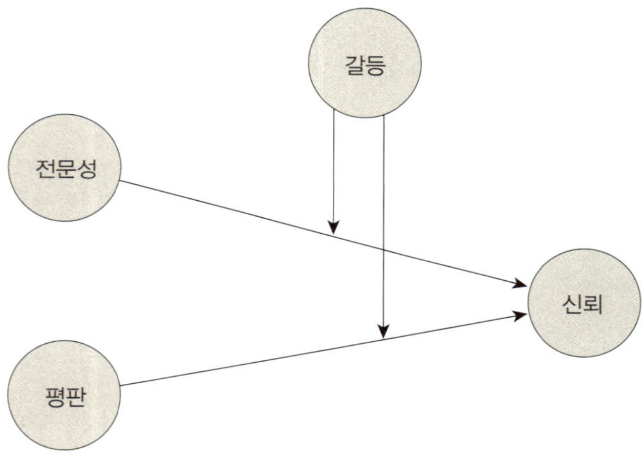

3.1 각각의 독립변수별 분석

1) 전문성과 신뢰의 관계에서 갈등 수준의 조절역할 분석

1 연구모델을 만든다.

그림 4-9 | 연구모델

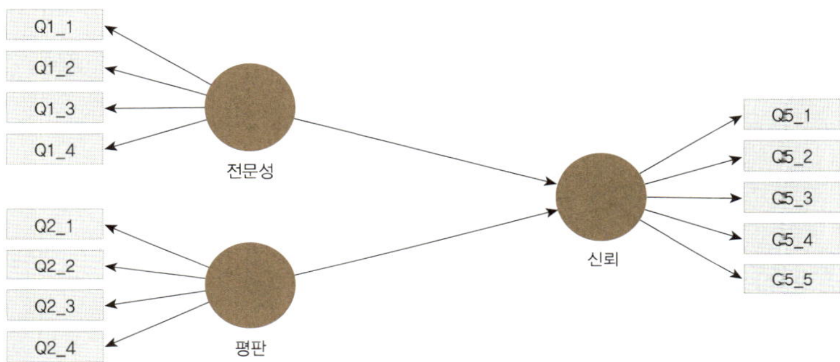

2 조절변수인 갈등을 추가한 모델을 만든다.

그림 4-10 | 조절변수가 추가된 모델

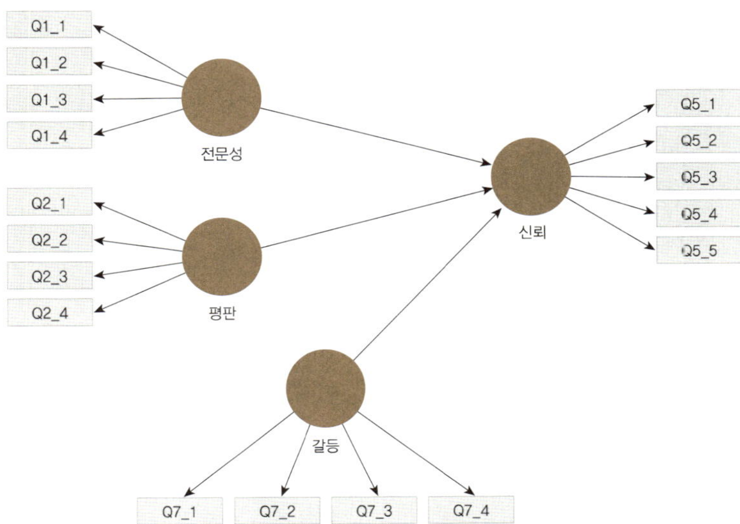

3 이 예에서는 PLS algorithm으로 추정하는 것에 대해서만 살펴보기로 한다. 상호작용항은 표준화방법을 이용하여 생성하는 것으로 한다.

(1) 적지표 접근법

1 종속변수인 신뢰 위에 마우스 포인터를 놓고 우측 버튼을 클릭해서 나타나는 화면에서 [Add Moderating Effect]를 클릭한다.

2 [Basic Settings]에서 [Moderator Variable]을 [갈등]으로 [Independent Variable]을 [전문성]으로 지정한다. [Calculation Method]를 [Product Indicator]로 지정한다. [Advanced Setting]에서 [Product Term Generation]을 [Standardized]로 지정하고, [OK] 버튼을 클릭한다.

대화상자 4-6 조절효과 설정

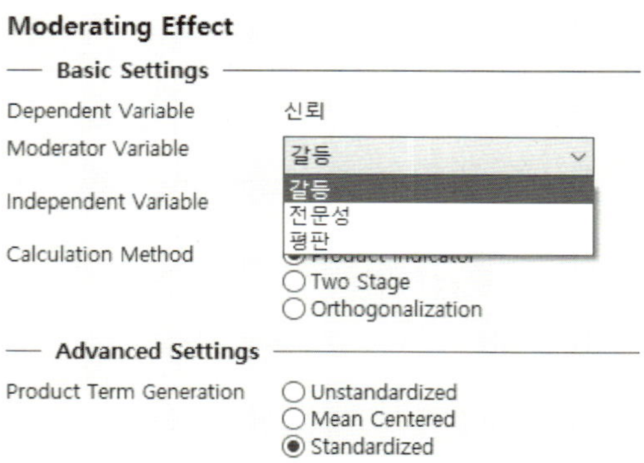

3 [Calculate] → [PLS algorithm]을 클릭하여 실행한다.

4 이를 실행하면 다음과 같은 출력을 얻는다.

출력 4-7 경로계수

Path Coefficients

Matrix | Path Coefficients

	갈등	신뢰
갈등		0.413
신뢰		
전문성		0.080
전문성*갈등		-0.146
평판		0.331

5 계수의 유의성 검정을 위해 [Calculate] → [Bootstrapping]을 한다. 이를 실행하면 다음과 같은 출력을 얻는다.

출력 4-8 경로계수의 붓스트래핑 결과

Path Coefficients

Mean, STDEV, T-Values, P-Values | Confidence Intervals | Confidence Intervals Bias Corrected

	Original Samp...	Sample Mean ...	Standard Devi...	T Statistics (|O...	P Values
갈등 -> 신뢰	0.413	0.412	0.039	10.609	0.000
전문성 -> 신뢰	0.080	0.081	0.044	1.811	0.070
전문성*갈등 -...	-0.146	-0.147	0.020	7.232	0.000
평판 -> 신뢰	0.331	0.330	0.047	7.054	0.000

6 상호작용항의 계수 $\beta=-.146$는 유의적인 것으로 나타났기 때문에 조절효과가 있다고 해석한다. 상호작용항의 계수가 부적(−)인 것은 조절변수(갈등) 수준이 증가할수록 독립변수와 종속변수 간의 관계는 약해진다는 것을 의미한다.

7 SmartPLS에서 [PLS algorithm]을 실행하면 [Final Results]에 [Simple Slope Analysis]의 그래프가 제공된다.

그림 4-11 | 단순기울기 분석

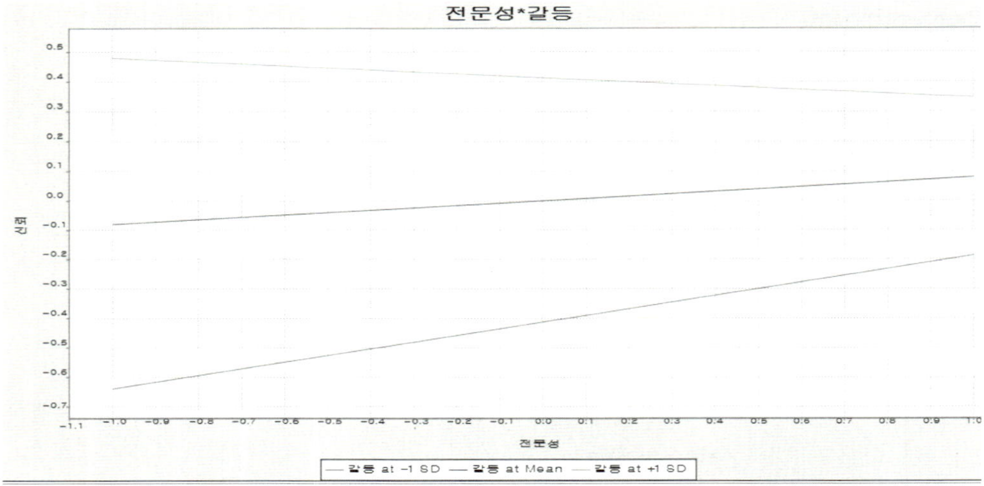

8 이 그래프를 Dawson의 홈페이지에 제공되고 있는 엑셀시트를 이용하여 그려보기로 한다. Dawson의 엑셀시트 가운데 [2-way_standardized]를 이용해야 한다. 이는 SmartPLS 3.3은 표준화계수를 보고하기 때문이다.

그림 4-12 | Dawson의 엑셀시트에 의한 그래프

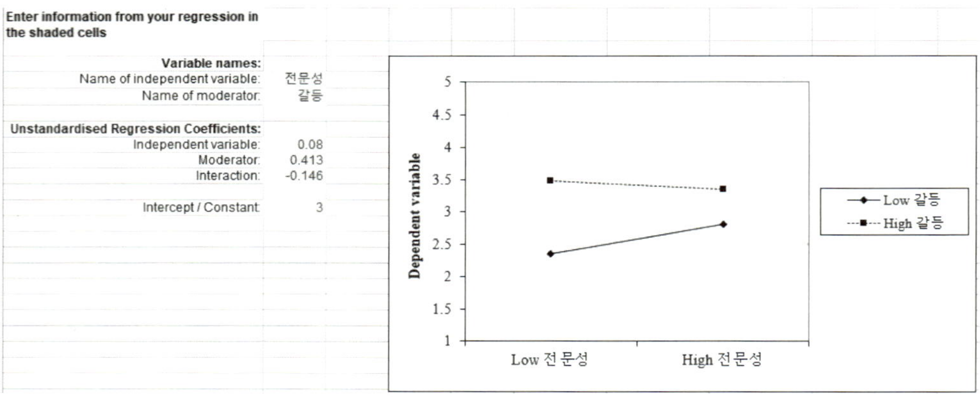

9 [그림 4-11], [그림 4-12]를 보면 갈등 수준이 높으면 독립변수가 증가할수록 종속변수의 값은 작아지는 것을 알 수 있다.

(2) 2단계 접근법

1 앞서 기술한 바와 같게 하고, [Calculation Method]를 [Two Stage]로 지정한다.

대화상자 4-7 조절효과 설정

Moderating Effect

Basic Settings

Dependent Variable	신뢰
Moderator Variable	갈등
Independent Variable	전문성
Calculation Method	○ Product Indicator ◉ Two Stage ○ Orthogonalization

2 이를 실행하면 다음과 같은 결과를 얻는다.

출력 4-9 경로계수

Path Coefficients

Mean, STDEV, T-Values, P-Values | Confidence Intervals | Confidence Intervals Bias Corrected

	Original Samp...	Sample Mean ...	Standard Devi...	T Statistics (|O...	P Values
갈등 -> 신뢰	0.411	0.410	0.040	10.295	0.000
전문성 -> 신뢰	0.149	0.151	0.047	3.154	0.002
전문성*갈등 -...	-0.145	-0.146	0.021	6.860	0.000
평판 -> 신뢰	0.333	0.332	0.048	6.999	0.000

(3) 직교화 접근법

1 앞서 기술한 바와 같게 하고, [Calculation Method]를 [Orthogonalization]으로 지정한다.

대화상자 4-8 조절효과 설정

Moderating Effect

— **Basic Settings** —

Dependent Variable	신뢰
Moderator Variable	갈등
Independent Variable	전문성
Calculation Method	○ Product Indicator ○ Two Stage ◉ Orthogonalization

2 이를 실행하면 다음과 같은 결과를 얻는다.

출력 4-10 직교화 접근법에 의한 결과

Path Coefficients

Mean, STDEV, T-Values, P-Values | Confidence Intervals | Confidence Intervals Bias Corrected

	Original Samp...	Sample Mean ...	Standard Devi...	T Statistics (|O...	P Values
Moderating Eff...	-0.145	-0.146	0.020	7.171	0.000
갈등 -> 신뢰	0.411	0.411	0.040	10.357	0.000
전문성 -> 신뢰	0.149	0.149	0.048	3.106	0.002
평판 -> 신뢰	0.333	0.332	0.048	6.981	0.000

2) 평판과 신뢰의 관계에서 갈등 수준의 조절역할 분석

1 이하에서는 각 접근별 결과만 제시하기로 한다.

(1) 적지표 접근법

출력 4-11 적지표 접근법에 의한 결과

Path Coefficients

Mean, STDEV, T-Values, P-Values | Confidence Intervals | Confidence Intervals Bias Corrected | Samples

	Original Samp...	Sample Mean ...	Standard Devi...	T Statistics (|O...	P Values
Moderating Effect 1 -> 신뢰	-0.169	-0.170	0.020	8.598	0.000
갈등 -> 신뢰	0.415	0.414	0.038	10.983	0.000
전문성 -> 신뢰	0.123	0.124	0.044	2.789	0.005
평판 -> 신뢰	0.289	0.289	0.042	6.311	0.000

(2) 2단계 접근법

출력 4-12 2단계 접근법에 의한 결과

Path Coefficients

Mean, STDEV, T-Values, P-Values | Confidence Intervals | Confidence Intervals Bias Corrected | Samples

	Original Samp...	Sample Mean ...	Standard Devi...	T Statistics (|O...	P Values
Moderating Effect 1 -> 신뢰	-0.163	-0.163	0.020	8.340	0.000
갈등 -> 신뢰	0.415	0.415	0.038	10.916	0.000
전문성 -> 신뢰	0.123	0.125	0.045	2.749	0.006
평판 -> 신뢰	0.289	0.289	0.043	6.732	0.000

(3) 직교화 접근법

출력 4-13 직교화 접근법에 의한 결과

Path Coefficients

Mean, STDEV, T-Values, P-Values | Confidence Intervals | Confidence Intervals Bias Corrected | Samples

	Original Samp...	Sample Mean ...	Standard Devi...	T Statistics (|O...	P Values
Moderating Effect 1 -> 신뢰	-0.161	-0.162	0.020	8.217	0.000
갈등 -> 신뢰	0.418	0.418	0.040	10.419	0.000
전문성 -> 신뢰	0.121	0.122	0.044	2.737	0.006
평판 -> 신뢰	0.346	0.346	0.046	7.562	0.000

2 이상의 분석한 결과를 토대로 다음과 같은 표를 작성해서 보고한다. 이때 어떤 방법으로 분석하였는가에 관해 자세히 기술한다. 즉 적지표 접근법, 2단계 접근

법, 직교화 접근법 가운데 어떤 방법으로 분석했는지, 또한 상호작용항을 생성하기 위해 비표준화, 평균중심화, 표준화 가운데 어떤 방법으로 했는가에 관해 기술한다. 위의 분석에서 2단계 접근법과 표준화로 분석한 것을 토대로 결과를 보고하기로 한다.

| 표 4-3 | 조절효과 결과 보고

관계	표준계수(β)	표준오차	t-값	결정	효과크기(f^2)
전문성*갈등 → 신뢰	-.145	.021	6.860**	지지	.048
평판*갈등 → 신뢰	-.169	.02	8.598**	지지	.106

주: $^{**}p < .01$

3) 조절효과의 효과크기

1 조절효과가 유의적인 것으로 나타나면 효과크기(effect size: f^2)를 구해야 한다. f^2는 조절효과가 어느 정도 있는가를 알려준다. 이를 위해 다음과 같은 분석을 통해 효과크기를 구할 수 있다.

2 f^2를 계산하기 위해 상호작용항이 없는 모델([그림 4-13])을 실행하여 내생변수의 R^2값을 확인하고, 상호작용항을 포함한 모델([그림 4-14])을 실행하여 내생변수의 R^2값을 확인한다.

$$f^2 = \frac{R^2_{\text{상호작용항 있는 모델}} - R^2_{\text{상호작용항 없는 모델}}}{1 - R^2_{\text{상호작용항 있는 모델}}}$$

3 상호작용항이 없는 모델을 분석하면 신뢰의 $R^2 = .605$을 얻는다.

그림 4-13 | 상호작용항이 없는 모델

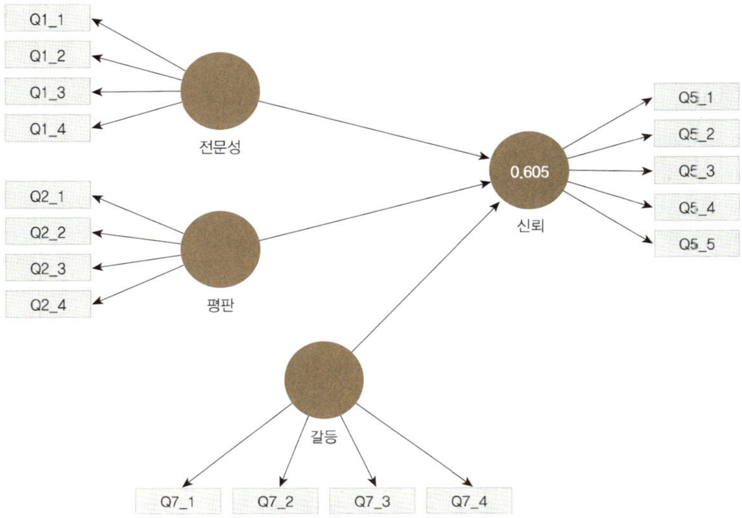

4 전문성과 갈등의 상호작용항을 만들어 분석한 경우 신뢰의 $R^2=.623$이다.

그림 4-14 | 전문성과 갈등의 상호작용항 모델

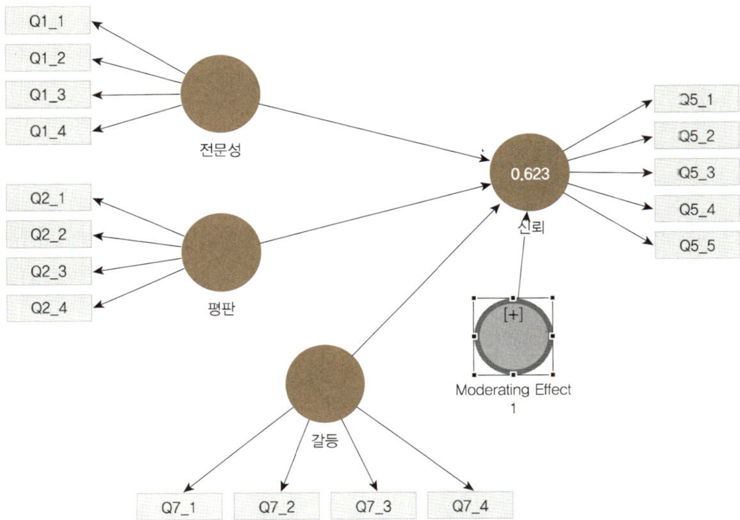

5 평판과 갈등의 상호작용항을 만들어 분석한 경우 신뢰의 $R^2=.643$이다.

그림 4-15 | 평판과 갈등의 상호작용항 모델

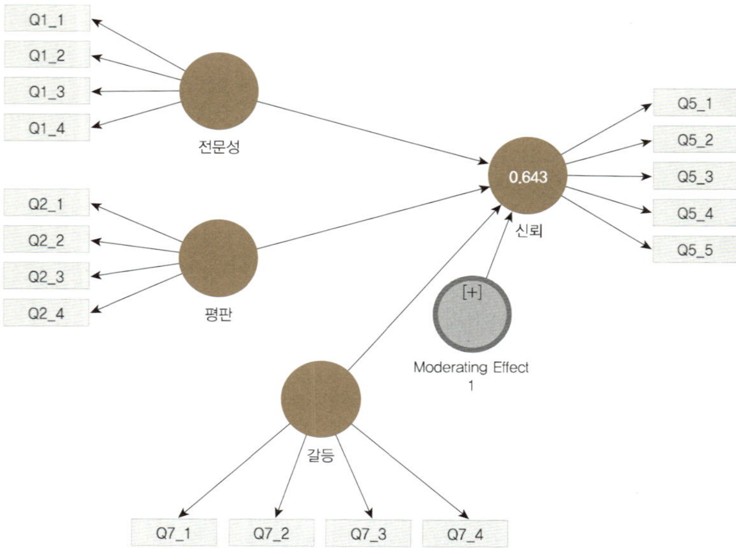

6 전문성과 신뢰의 관계에서 갈등의 조절효과의 효과크기를 계산한다. 상호작용항이 없는 모델의 신뢰의 $R^2=.605$, 상호작용항이 있는 모델의 신뢰의 $R^2=.623$이다. 이 값을 이용해 f^2을 계산하면 다음과 같다.

$$f^2=\frac{0.623-0.605}{1-0.623}=\frac{0.018}{0.377}=0.048$$

7 평판과 신뢰의 관계에서 갈등의 조절효과의 효과크기를 계산한다. 상호작용항이 없는 모델의 신뢰의 $R^2=.605$, 상호작용항이 있는 모델의 신뢰의 $R^2=.643$이다. 이 값을 이용해 f^2을 계산하면 다음과 같다.

$$f^2=\frac{0.643-0.605}{1-0.643}=\frac{0.038}{0.357}=0.106$$

8 Cohen(1988)은 $f^2=.02$는 작고, $f^2=.15$는 중간, $f^2=.35$는 큰 수준이라고 주장하였다. 이 주장을 반론하는 연구(Aguinis et al., 2005; Kenny, 2018)에 의하면 $f^2=.005$, $f^2=.01$, $f^2=.025$가 각각 작은 수준, 중간수준, 큰 수준이라고 주장한다.

9 f^2는 조절효과의 크기를 알려줄 뿐 통계적 유의성은 알려주지 못한다. 따라서 f^2 수준이 중간 이상이라 하더라도 상호작용항이 통계적 유의적이지 않으면 조절효과가 없다고 해석한다.

3.2 독립변수 2개를 동시에 분석

1 전문성과 평판을 동시에 포함하여 조절효과를 분석하기로 한다.

2 이를 위해 [그림 4-16]과 같은 모델을 만들었다. 상호작용항은 2단계와 표준화법으로 만들었다.

»그림 4-16 | 독립변수 2개를 동시에 상호작용항을 만든 모델

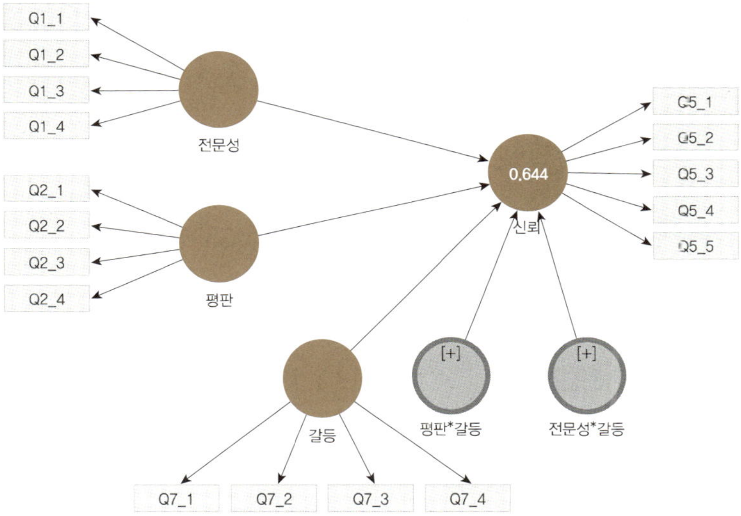

3 이를 실행하면 다음과 같은 출력을 얻는다.

출력 4-14 독립변수 2개를 동시에 상호작용항을 만든 모델의 분석 결과

Path Coefficients

Mean, STDEV, T-Values, P-Values | Confidence Intervals | Confidence Intervals Bias Corrected

	Original Samp...	Sample Mean ...	Standard Devi...	T Statistics (|O...	P Values
갈등 -> 신뢰	0.414	0.414	0.038	10.903	0.000
전문성 -> 신뢰	0.126	0.128	0.046	2.715	0.007
전문성*갈등 -...	-0.029	-0.031	0.042	0.706	0.480
평판 -> 신뢰	0.295	0.294	0.041	7.225	0.000
평판*갈등 -> ...	-0.147	-0.146	0.042	3.541	0.000

4 이 결과를 통해 알 수 있듯, 독립변수 2개를 동시에 분석하면 각각 분석할 때와 다른 결과를 얻는다. 즉 전문성*갈등이 신뢰에 미치는 효과가 유의적이었는데, 동시에 분석하면 유의적이지 않은 것으로 나타났다. 따라서 각각의 독립변수를 대상으로 한 번씩 조절효과를 검정해야 함을 알 수 있다.

4 연속형 조절변수의 조절효과분석: 예 3

4.1 가법다중조절모델의 의의

1 지금까지는 조절변수가 1개인 단일조절모델(single moderation model) 또는 단순조절모델(simple moderation model)에 대해 살펴보았다. 이제 조절변수가 2개인 다중조절모델(multiple moderation model)에 대해 살펴보기로 한다.

2 다중조절모델에는 가법다중조절모델(additive multiple moderation model)과 조절된 조절모델(moderated moderation model)이 있다. SmartPLS는 이 가운데 가법다중조절모델은 분석할 수 있으나, 조절된 조절모델은 분석할 수 없다.

3 가법다중조절모델을 개념적으로 나타내면 [그림 4-17]과 같다. 그림에서 볼 수 있듯, X가 Y에 미치는 효과가 조절변수인 W와 Z에 의해 조절되는가를 살펴보고자 한다. 가법다중조절모델은 PROCESS macro Model 2에 해당한다.

그림 4-17 | 가법다중조절모델의 개념적 모델

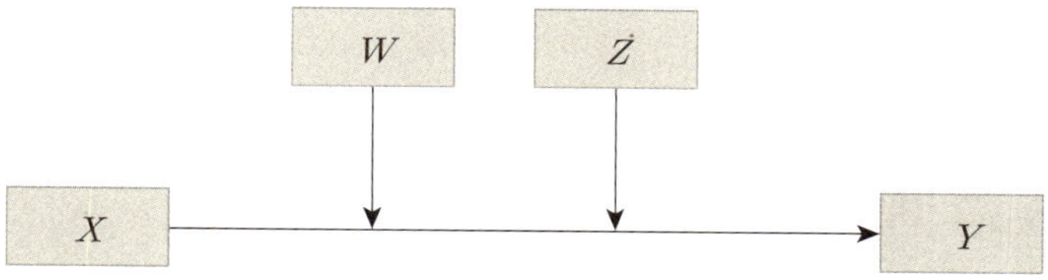

4 이를 통계적 모델로 나타내면 [그림 4-18]과 같다.

그림 4-18 | 가법다중조절모델의 통계적 모델

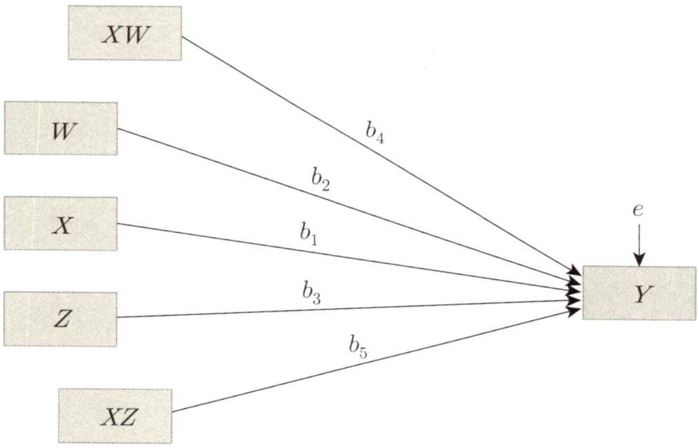

5 통계적 모델을 회귀식으로 나타내면 다음과 같다.

$$Y = b_0 + b_1 X + b_2 W + b_3 Z + b_4 XW + b_5 XZ + e \quad (3)$$

6 식(3)에서 X가 Y에 미치는 조건부 효과는 다음과 같다.

$$\theta_{X \to Y} = b_1 + b_4 W + b_5 Z \quad (4)$$

7 b_1은 W와 Z가 0일 때 X가 Y에 미치는 효과이다. b_4와 b_5는 W와 Z에 따른 X가 Y에 미치는 효과이다. 구체적으로 b_4는 Z가 일정한 값을 갖는 조건에서 W가 1단위 변화할 때 X가 Y에 미치는 변화를 계량화한 조건부 효과이고, b_5는

W가 일정한 값을 갖는 조건에서 Z가 1단위 변화할 때 X가 Y에 미치는 변화를 계량화한 조건부 효과이다.

4.2 가법다중조절모델의 예

1 [그림 4-19]와 같은 가법다중조절모델을 분석하기로 한다.

>> 그림 4-19 | 가법다중조절모델

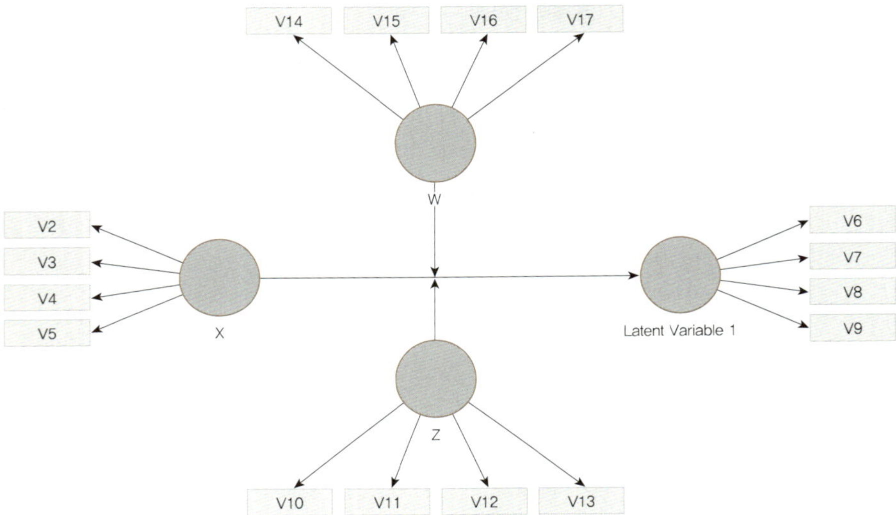

2 위 모델을 분석하기 위한 통계적 모델은 [그림 4-20]과 같다. 이 모델에서 상호작용항은 [Two Stage]와 [Standardization] 방법으로 만들었다.

그림 4-20 | 가법다중조절모델

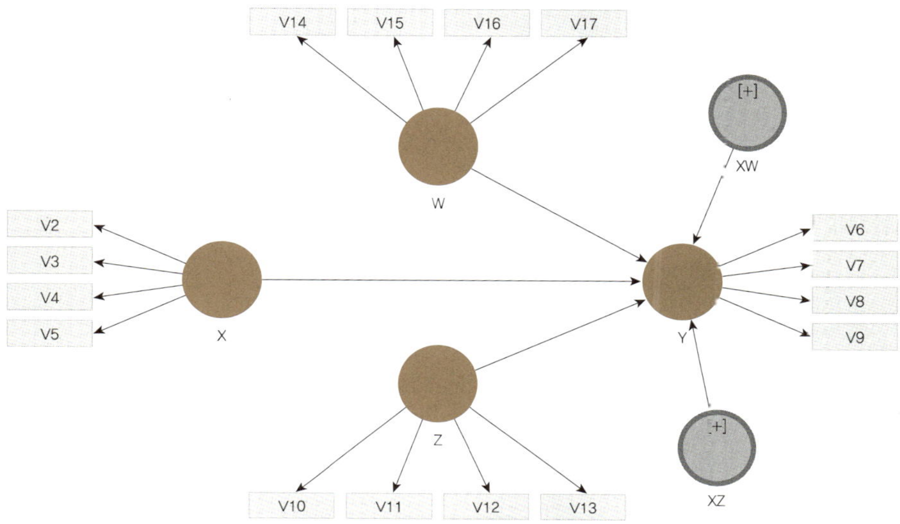

3 이 모델을 추정하면 다음과 같은 결과를 얻는다.

출력 4-15 경로계수

Path Coefficients

Mean, STDEV, T-Values, P-Values | Confidence Intervals | Confidence Intervals Bias Corrected

	Original Samp...	Sample Mean ...	Standard Devi...	T Statistics (|O...	P Values
W -> Y	-0.005	-0.002	0.078	0.060	0.952
X -> Y	-0.419	-0.420	0.044	9.480	0.000
XW -> Y	0.059	0.066	0.080	0.742	0.458
XZ -> Y	0.141	0.135	0.072	1.967	0.049
Z -> Y	0.487	0.485	0.074	6.587	0.000

4 $XW \rightarrow Y$는 유의적이지 않고(b_4), $XZ \rightarrow Y$는 유의적으로 나타났다(b_5). 따라서 W는 조절효과가 없지만, Z는 조절효과가 있다고 해석한다. b_4는 Z가 일정한 값을 갖는 조건에서 W가 1단위 변화할 때 X가 Y에 미치는 변화를 계량화한 조건부 효과이므로 W변화에 따라 X가 Y에 미치는 효과는 변화율이 유의적이지 않다는 의미이다. b_5는 W가 일정한 값을 갖는 조건에서 Z가 1단위 변화할 때

X가 Y에 미치는 변화를 계량화한 조건부 효과이므로 Z 변화에 따라 X가 Y에 미치는 효과는 변화율이 유의적이다는 의미이다. $b_5 = .141$은 W가 일정한 조건에서 Z가 1단위 증가할 때 X가 Y에 미치는 변화는 .141만큼 증가한다는 의미이다.

5 식(4)의 조건부 효과를 검토하기로 한다. 이를 위해 W와 Z의 세 수준(−1SD, 0, +1SD)에서 검토하기로 한다.

6 이를 위해 붓스트래핑 [Samples]을 엑셀에 갖다 붙인다.

엑셀시트 4-1 **붓스트래핑 결과**

	A	B	C	D	E	F
1	Mean					
2	Percentile 5%					
3	Percentile 95%					
4						
5		b2	b1	b4	b5	b3
6		W -> Y	X -> Y	XW -> Y	XZ -> Y	Z -> Y
7	Sample 0	0.061	-0.403	-0.006	0.197	0.435
8	Sample 1	0.122	-0.455	0.104	0.09	0.482
9	Sample 2	-0.088	-0.458	0.071	0.126	0.579
10	Sample 3	0.092	-0.407	0.121	0.037	0.401
11	Sample 4	0.218	-0.53	0.39	-0.136	0.325
12	Sample 5	0.071	-0.413	0.029	0.156	0.489
13	Sample 6	0.018	-0.479	0.1	0.123	0.468
14	Sample 7	0.16	-0.428	0.136	0.075	0.403

7 조절변수의 표준편차를 이용하여 식(4)에 맞게 함수식을 만들어 계산한다.

엑셀시트 4-2 **조건부 효과**

	A	B	C	D	E	F	G	H	I	J	K	L	M	N	O
1	Mean						-0.726909	-0.524946	-0.32298	-0.62184	-0.41988	-0.21791	-0.51677	-0.31481	-0.11284
2	Percentile 5%						-0.822214	-0.755888	-0.72934	-0.78734	-0.492	-0.42804	-0.86631	-0.52547	-0.24696
3	Percentile 95%						-0.632007	-0.316456	0.03747	-0.43343	-0.346	-0.02366	-0.11942	-0.08638	0.024783
4															
5		b2	b1	b4	b5	b3									
6		W -> Y	X -> Y	XW -> Y	XZ -> Y	Z -> Y	L_W L_Z	L_W M_Z	L_W H_Z	M_W L_Z	M_W M_Z	M_W H_Z	H_W L_Z	H_W M_Z	H_W H_Z
7	Sample 0	0.061	-0.403	-0.006	0.197	0.435	-0.688321	-0.393412	-0.0985	-0.69791	-0.403	-0.10809	-0.7075	-0.41259	-0.11768
8	Sample 1	0.122	-0.455	0.104	0.09	0.482	-0.755922	-0.621192	-0.48646	-0.58973	-0.455	-0.32027	-0.42354	-0.28881	-0.15408
9	Sample 2	-0.088	-0.458	0.071	0.126	0.579	-0.76008	-0.571458	-0.38284	-0.64662	-0.458	-0.26938	-0.53316	-0.34454	-0.15592
10	Sample 3	0.092	-0.407	0.121	0.037	0.401	-0.655747	-0.600358	-0.54497	-0.46239	-0.407	-0.35161	-0.26903	-0.21364	-0.15825
11	Sample 4	0.218	-0.53	0.39	-0.136	0.325	-0.949628	-1.15322	-1.35681	-0.32641	-0.53	-0.73359	0.296812	0.09322	-0.11037
12	Sample 5	0.071	-0.413	0.029	0.156	0.489	-0.692874	-0.459342	-0.22581	-0.64653	-0.413	-0.17947	-0.60019	-0.36666	-0.13313

8 위 엑셀시트에서 G, H, J, K, L, M, N은 95% 백분위 구간에 0을 포함하지 않으므로 유의적이다.

기억하세요

① Hair 등(2017, 2021)은 세 가지 접근법 가운데 2단계(two stage)를 추천하고 있고, Henseler와 Chin(2010)은 직교화(orthogonalizaton)를 추천하그 있다.

② Becker 등(2018)의 연구에 의하면 2단계 접근법을 사용할 때 비표준화, 평균중심화, 표준화 가운데 표준화가 제일 우수한 것으로 나타났다.

③ 독립변수나 조절변수 가운데 하나가 조형지표인 경우에는 2단계 접근법을 사용한다. 2단계 접근법은 연구의 목적이 독립변수와 종속변수 간의 관계에서 조절변수가 유의적인 효과가 있는가를 확인하는 데 있는 경우 이 방법이 선호된다.

④ 독립변수 2개를 동시에 분석하면 각각 분석할 때와 다른 결과를 얻는다. 따라서 각각의 독립변수를 대상으로 한 번씩 조절효과를 검정해야 한다.

참고문헌

Aguinis, H., Beaty, J. C., Boik, R. J., & Pierce, C. A. (2005). Effect size and power in assessing moderating effects of categorical variables using multiple regression: A 30-year review. *Journal of Applied Psychology, 90*(1), 94-107.

Becker, J.-M., Ringle, C.M., & Sarstedt, M. (2018). Estimating moderating effects in PLS-SEM and PLSc-SEM: Interaction term generation x data treatment. *Journal of Applied Structural Equation Modeling, 2*(2), 1-21.

Chin, W. W., Marcolin, B. L., & Newsted, P. R. (2003). A partial least squares latent variable modeling approach for measuring interaction effects: Results from a Monte Carlo simulation study and an electronic-mail emotion/adoption study. *Information Systems Research, 14*(2), 189-217.

Cohen, J. (1988). *Statistical power analysis for the behavioral science* (2nd ed.). Lawrence Erlbaum Associates.

Dawson, J. (2022, March 22). Interpreting interaction effects. http://www.jeremydawson.co.uk/slopes.htm

Fassott, G., Henseler, J., & Coelho, P. S. (2016). Testing moderating effects in PLS path models with composite variables. *Industrial Management & Data Systems, 116*(9), 1887-1990.

Hair, J. F., Hult, G. T. M., Ringle, C. M., & Sarstedt, M. (2014). *A primer on partial least squares structural equation modeling(PLS-SEM).* Sage Publications.

Hair, J. F., Hult, G. T. M., Ringle, C. M., & Sarstedt, M. (2017). *A primer on partial least squares structural equation modeling(PLS-SEM)* (2nd ed.). Sage Publications.

Hair, J. F., Hult, G. T. M., Ringle, C. M., & Sarstedt, M. (2021a). *A primer on partial least squares structural equation modeling(PLS-SEM)* (3rd ed.). Sage Publications.

Hair, J. F., Hult, G. T. M., Ringle, C. M., Sarstedt, M., Danks, N. P., & Ray, S. (2021b) *Partial least squares structural equation modeling(PLS-SEM) using R: A workbook.* Springer.

Henseler, J., & Chin, W. W. (2010). A comparison of approaches for the analysis of interaction effects between latent variables using partial least squares path modeling. *Structural Equation Modeling, 17*(1), 82-109.

Henseler, J. (2021). *Composite-based structural equation modeling: Analyzing latent and emergent variables.* Guilford Press.

Henseler, J., & Fassott, G. (2010). Testing moderating effects in PLS path models: An illustration of available procedures. In V. Esposito Vinzi, W. Chin, J. Henseler, & H. Wang (Eds.), *Handbook of partial least squares: Concepts, methods and applications* (pp. 713–735). Springer.

Kenny, D. A. (2018). Moderation. Retrieved from http://davidakenny.net/cm/moderation.htm

Memon, M. A., Cheah, J. H., Ramayah, T., Ting, H., Chuah, F., & Cham, T. H. (2019). Moderation analysis: Issues and guidelines. *Journal of Applied Structural Equation Modeling, 3*(1), i–ix.

Ramayah, T., Cheah, J., Chuah, F., Ting, H., & Memon, M. A. (2018). *Partial least squares structural equation modeling (PLS-SEM) using SmartPLS 3.0: An updated guide and practical guide to statistical analysis* (2nd ed.). Kuala Lumpur, Malaysia: Pearson.

Chapter

Smart PLS

5 매개효과분석: 개요

1. 매개변수 및 매개효과의 의의
2. 매개효과분석의 의의
3. 매개모델의 형태
4. 매개효과 검정을 위한 연구설계
5. 부분매개와 완전매개의 용어에 대한 비판
6. 매개효과와 간접효과의 차이

Chapter

5 매개효과분석: 개요

1 매개변수 및 매개효과의 의의

1.1 매개변수의 의의

1 매개효과는 심리학의 초기 패러다임인 자극-반응 패러다임(stimulus-response: S-R paradigm)의 한계를 극복하고자, R. S. Woodworth에 의해 제안된 자극-유기체-반응 패러다임(stimulus-organism-response: S-O-R paradigm)을 기반으로 한다. 즉 인간의 행동을 설명하는 데 있어 어떤 자극에 노출되면 바로 반응하는 것이 아니라, 유기체 내에서 작동하는 메커니즘(mechanism)을 통해 반응한다고 보는 것이 보다 더 합리적이라는 논리에 기반을 둔다. S-O-R 패러다임을 그림으로 나타내면 [그림 5-1]과 같다.

그림 5-1 | S-O-R 패러다임

2 매개변수(mediator, mediating variable)는 독립변수와 종속변수 간의 관계를 설명하기 위해 개입하는 제3의 변수이다. Baron & Kenny(1986)의 매개변수와 관련된 정의를 원문 그대로 살펴본다.

> the mediator function of a third variable, which represents the generative mechanism through which the focal independent variable is able to influence the dependent variable of interest(p. 1173).
> In general, a given variable may be said to function as a mediator to the extent that it accounts for the relation between the predictor and the criterion(p. 1176).

3 **일반적으로 매개변수는 다른 변수와의 관계에서 변하는 속성을 갖는 변수들이 여기에 속한다.** 심리학에서 이러한 변수들을 **상태변수(state variable)**라 한다. 예를 들면 불안, 정직, 무드 등은 변화할 소지가 있는 상태변수들이고 이들이 매개변수로 많이 쓰인다.

4 **매개변수는 독립변수와 종속변수 간의 관계를 설명하는 데 개입되는 변수로서 왜(why) 또는 어떻게(how)를 설명하기 위해 필요한 변수이다.** 예를 들어, 사람은 스트레스를 받게 되면 우울해진다. 이 경우, 스트레스를 받으면 우울해지는 이유를 설명할 수 있는 변수가 매개변수이다. 스트레스를 받으면 왜 우울해질까? 이를 설명하기 위한 매개변수로 '불안'을 들 수 있다. 즉 스트레스를 받으면 불안하게 되고 불안하면 우울해진다고 가정할 수 있다. 이러한 관계를 [그림 5-2]와 같이 나타낼 수 있다.

그림 5-2 | **불안의 매개효과**

5 [그림 5-2]의 스트레스와 우울 간의 관계에서 불안의 매개효과를 검정한 결과 불안이 매개효과가 있는 것으로 나타났다면 스트레스를 받게 되면 불안해지고 불안해지면 우울해진다고 해석할 수 있다. 만약 불안이 매개효과가 없는 것으로 나타나면 스트레스를 받으면 바로 우울해진다고 해석할 수 있다.

1.2 매개효과의 의의

1 매개효과(mediated effect)가 있다는 것은 독립변수가 매개변수에 영향을 주고, 매개변수가 종속변수에 영향을 주는 간접효과(indirect effect)가 통계적으로 유의적임을 의미한다. 스트레스의 예에서 스트레스가 불안에 영향을 주고, 불안이 우울에 영향을 준다면 불안은 매개효과가 있다고 한다. 즉 '스트레스 → 불안 → 우울'의 관계가 성립한다. 매개효과분석(mediating effect analysis)은 이러한 매개변수가 효과가 있는가를 검정하는 것이다.

2 상담프로그램을 받은 집단과 받지 않은 집단에 따라 웰빙(well-being)이 달라진다고 가정한다. 이러한 이유를 설명하기 위해 '사회적 지원'을 매개변수로 설정하여 매개효과를 검정할 수 있다. 이러한 관계를 나타내면 [그림 5-3]과 같다.

그림 5-3 | 사회적 지원의 매개효과

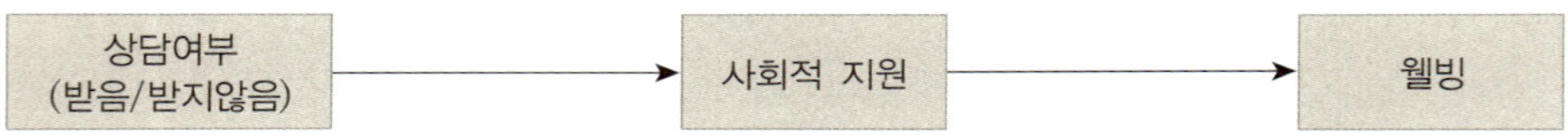

3 [그림 5-3]의 매개효과를 분석한 결과, 사회적 지원이 정적(+)으로 유의적인 매개효과를 하는 것으로 나타났다면 이는 상담을 받은 그룹은 그렇지 않은 그룹에 비해 사회적 지원을 증가시키면 웰빙이 높아짐을 의미한다. 마찬가지로, 상담을 받은 그룹보다 상담을 받지 않은 그룹이 사회적 지원이 더 감소하면 사회적 지원은 유의적인 매개변수가 된다. 이러한 상담의 효과를 평가함으로써 종속변수(즉, 웰빙)에 영향을 미치는 메커니즘에 관한 정보를 얻을 수 있다. 이러한 정보는 상담의 효과적인 요인에 초점을 맞추게 하고, 비효과적인 요인을 제거할 수 있는 시사점을 제공해준다.

4 매개변수의 의의에 대해 MacKinnon(2008)의 책 표지 이미지를 통해 이해하기로 한다. [그림 5-4]는 그의 책 표지 이미지이다. 이미지를 통해 알 수 있듯, 독립변수와 종속변수 간의 관계를 설명할 수 있는 블랙박스 안에 숨어있는 변수를 찾는 것이 매개효과분석이 갖는 의의이다. 그런 의미에서 그는 책의 표지를 검은 상자(black box)를 여는 것으로 표현하고자 했다.

≫그림 5-4 | MacKinnon(2008) 책 표지

2 매개효과분석의 의의

2.1 기존의 연구 및 이론의 통합

1 매개효과분석의 의의에 대해 살펴보기로 한다. 매개효과분석을 통해 기존의 연구나 이론을 통합할 수 있다. 사회과학에서 많이 쓰이고 있는 Fishbein & Ajzen의 합리적 행동이론(theory of reasoned action)을 통해 이에 대해 살펴본다. [그림 5-5]는 합리적 행동이론을 나타낸 것이다.

≫그림 5-5 | 합리적 행동이론

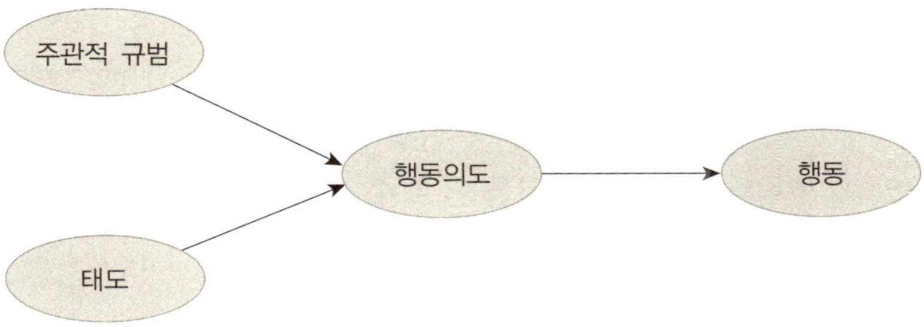

2 이 이론을 만들기 위해 어떤 과정을 겪어야 했는지를 매개효과분석의 관점에서 살펴본다. 먼저 행동이 이루어지기 위해서는 행동의도가 있어야 한다. 이 두 변수 간에 인과관계가 성립한다면 행동의도에 영향을 줄 수 있는 변수를 고민해야 한다. 그들은 이 변수들로 '주관적 규범'과 '태도'를 고려하였다. 이를 [그림 5-6]과 같이 나타낼 수 있다.

그림 5-6 | 주관적 규범, 행동의도, 행동 간 관계

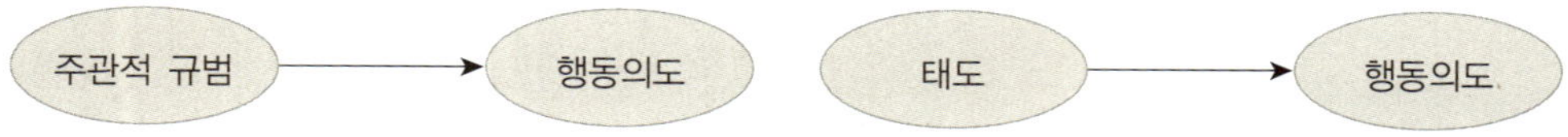

3 '행동의도 → 행동', '주관적 규범 → 행동의도' 간의 관계를 많은 연구를 대상으로 분석한 다음, 이들의 관계를 하나의 틀로 묶을 수 있다.

그림 5-7 | 주관적 규범 → 행동의도 → 행동 간 관계

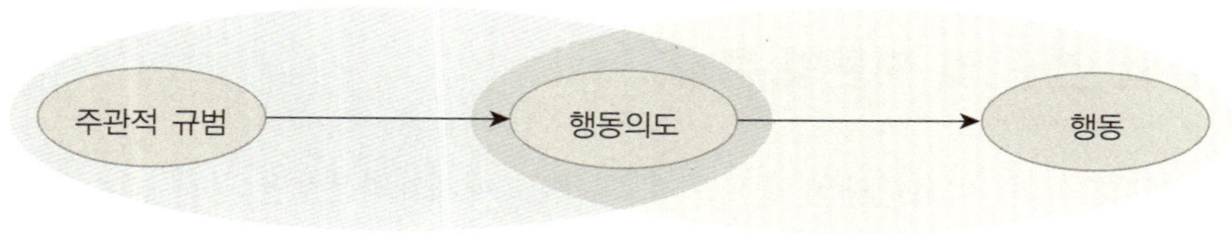

4 [그림 5-7]을 대상으로 많은 연구를 통해 행동의도가 주관적 규범과 행동 간에 매개효과를 하는 것으로 나타나면 하나의 이론이 만들어진다.

5 이들은 행동의도와 행동 간에 영향을 주지 않는 결과가 나타나면서 계획적 행동이론(theory of planned behavior)을 만들게 된다. 그들은 합리적 행동이론 모델이 모든 행동을 예측할 수 없음을 인정하고 지각된 행동통제(perceived behavioral control)라는 개념을 도입하였다. 지각된 행동통제는 행동에 직접 영향을 줄 수도 있고, 행동의도를 매개해 영향을 줄 수 있다고 가정하였다. [그림 5-8]은 계획적 행동이론을 나타낸 것이다.

그림 5-8 | 계획적 행동이론

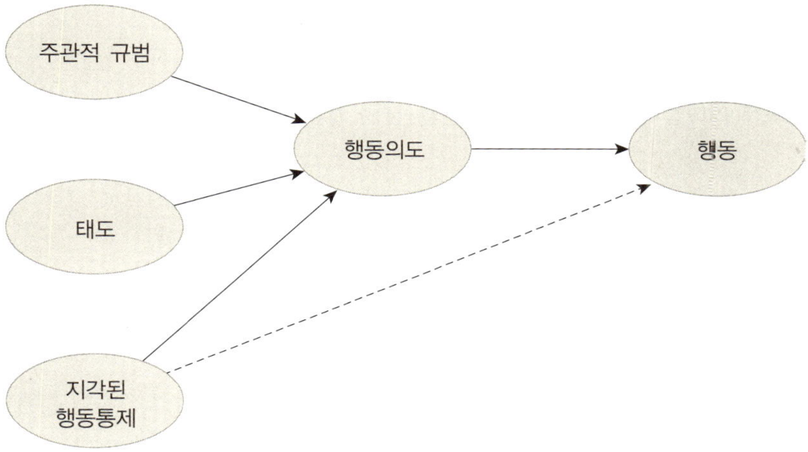

6 다른 예를 통해 매개효과에 대해 좀 더 이해하기로 한다. 조직행동 분야의 연구에서 리더의 리더십이 종업원 성과에 영향을 준다는 많은 연구 결과가 축적되어 있다.

그림 5-9 | 변혁적 리더십과 종업원 성과

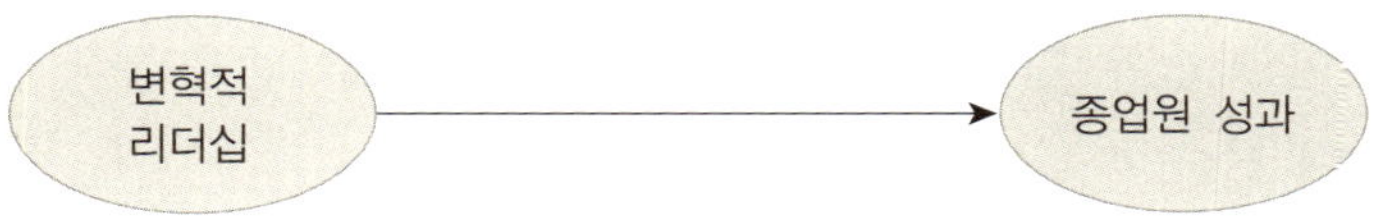

7 또한 변혁적 리더십과 상사–부하 교환관계(leader–member exchange: LMX)에도 인과관계가 있는 연구들이 축적되어 있다.

그림 5-10 | 변혁적 리더십과 상사–부하 교환관계

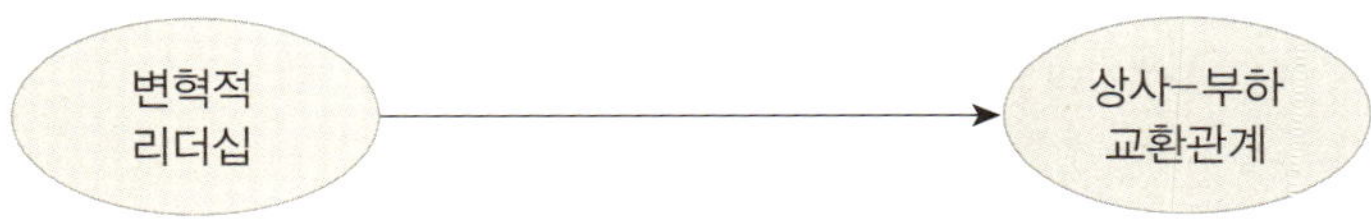

8 기존의 이러한 연구결과를 토대로 이들 간에 왜 변혁적 리더십이 종업원 성과를 높이는지 그 변수로 '상사–부하 교환관계(LMX)'를 생각해볼 수 있다. 즉 변혁적

리더십이 높으면 상사-부하 교환관계가 높아지고 이로 인해 종업원 성과가 높아진다는 예측을 할 수 있다.

그림 5-11 | 변혁적 리더십과 종업원 성과 간 상사-부하 교환관계의 매개역할

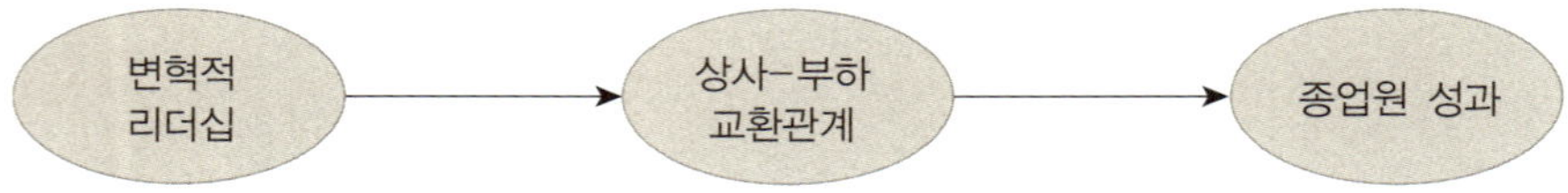

2.2 인과관계의 메커니즘 파악

1 두 변수 간에 인과관계가 있는 것으로 나타나면 이들 간의 관계를 설명할 수 있는 제3의 변수인 매개변수를 포함하여 연구할 수 있다. 이 매개변수가 매개효과가 있는 것으로 나타나면 두 변수 간의 관계가 발생하는 내부 메커니즘을 파악할 수 있다. 앞서 MacKinnon의 책 이미지를 통해 알 수 있듯, 매개효과분석을 통해 두 변수 간의 블랙박스 안에 숨어있는 변수를 찾아낼 수 있고, 그들 변수 간에 어떤 작용을 통해 독립변수가 종속변수에 영향을 주는지 파악할 수 있다.

2 변혁적 리더십과 종업원 성과 간의 관계를 설명해 줄 수 있는 블랙박스 안에 숨어있는 매개변수를 찾아 이들 두 변수 간의 인과관계가 어떤 메커니즘을 통해 일어나는지를 알 수 있게 된다.

그림 5-12 | 블랙박스의 규명

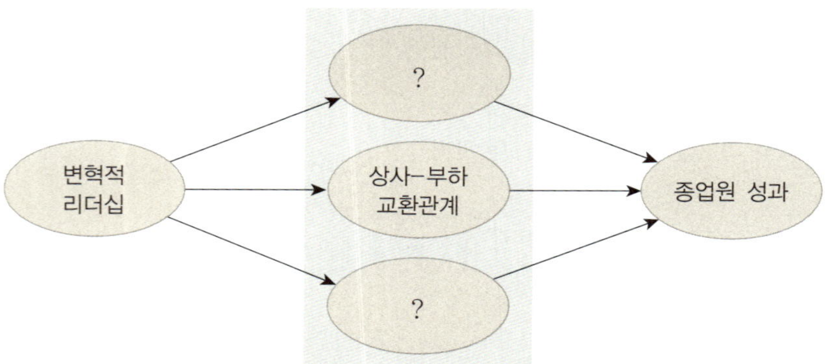

2.3 실무적 시사점 도출

1 매개효과분석은 종속변수를 관리하는 관점에서 시사점을 얻을 수 있다. 예를 들어, 스트레스와 우울 간의 관계에서 불안이 완전매개(full mediation)를 하는 것으로 나타났다면([그림 5-13]) 우울을 관리하기 위해서는 불안을 관리해야 함을 시사한다. 만약 부분매개(partial mediation)의 결과를 얻었다면([그림 5-14]) 우울을 관리하기 위해서는 스트레스와 불안을 동시에 관리해야 하는 시사점을 얻는다.

그림 5-13 | 불안의 완전매개효과

그림 5-14 | 불안의 부분매개효과

3 매개모델의 형태

3.1 단일매개모델

1 매개모델에는 다양한 형태가 있는데 그 가운데 대표적인 것들을 살펴본다.

2 단일매개모델(single mediator model)은 하나의 독립변수와 하나의 종속변수 사이에 하나의 매개변수만 있는 모델이다. 이는 단순매개모델(simple mediator model)이라고도 한다.

그림 5-15 | 단일매개모델

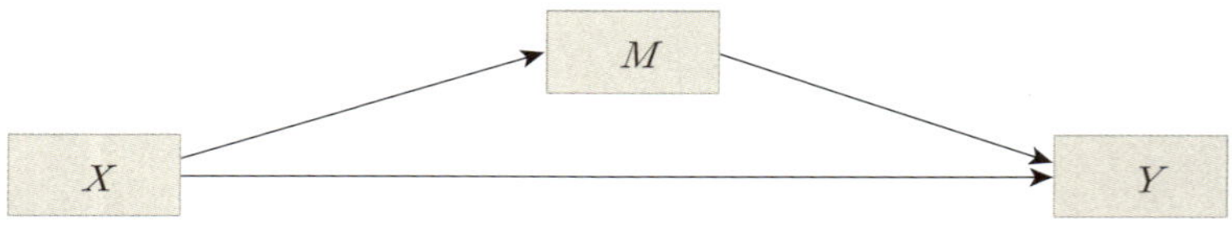

3.2 다중매개모델

3 다중매개모델(multiple mediator model)은 독립변수와 종속변수 사이에 여러 개의 매개변수가 있는 모델이다. 이에는 평행다중매개모델과 연속다중매개모델이 있다.

4 평행(병렬)다중매개모델(parallel multiple mediator model)은 독립변수와 종속변수 간에 매개변수가 여러 개가 있고, 매개변수 간에는 어떠한 인과관계도 없는 모델을 의미한다.

5 연속다중매개모델(serial multiple mediator model)은 독립변수와 종속변수 간의 매개변수가 다른 매개변수에 영향을 주어 종속변수에 영향을 미치는 모델을 의미한다.

그림 5-16 | 평행다중매개모델

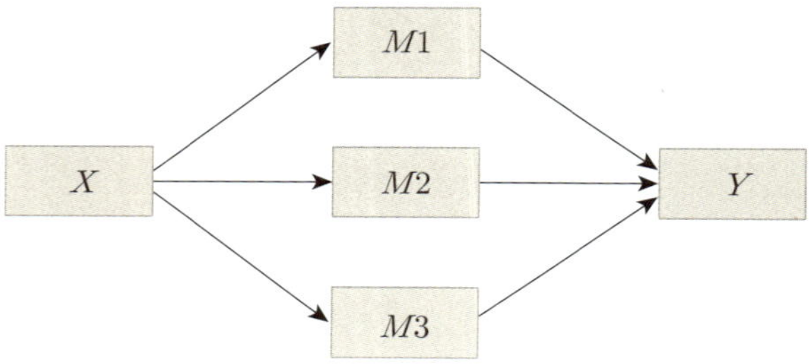

그림 5-17 | 연속다중매개모델

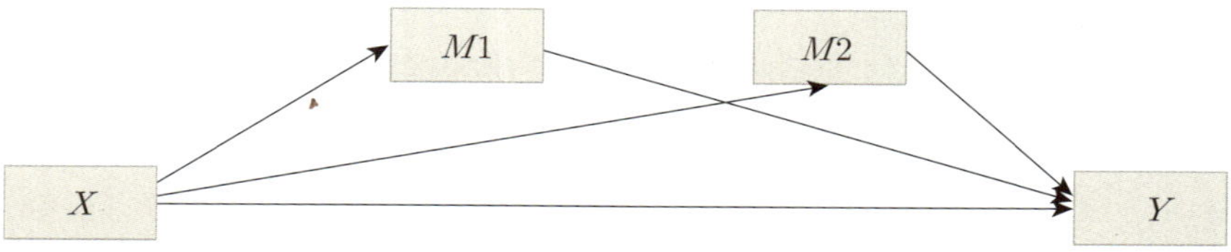

3.3 다중독립변수모델

6 다중독립변수모델(multiple independent variable model)은 독립변수가 여러 개 있는 모델이다.

>> 그림 5-18 | 다중독립변수모델

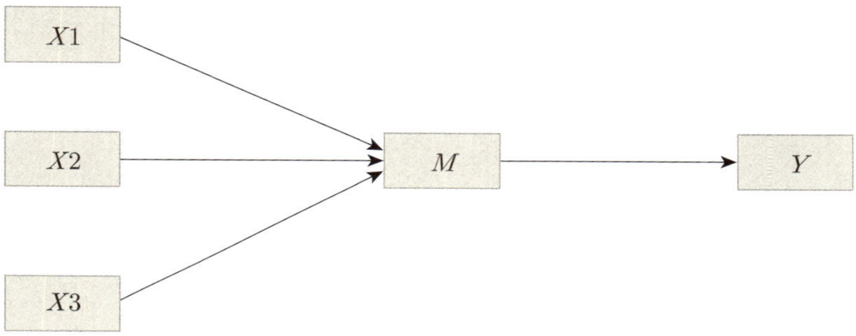

3.4 다중종속변수모델

7 다중종속변수모델(multiple dependent variable model)은 종속변수가 여러 개 있는 모델이다.

>> 그림 5-19 | 다중종속변수모델

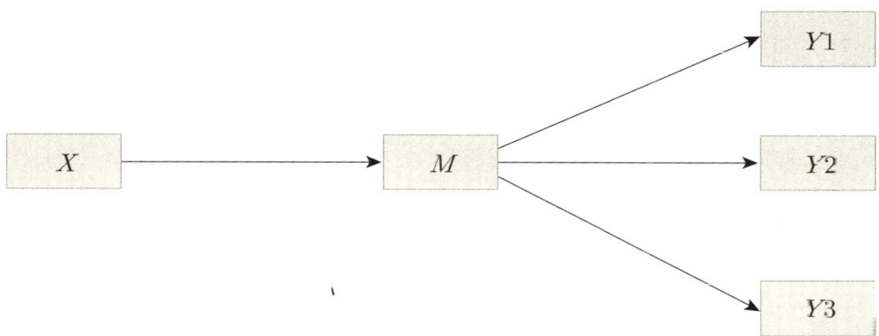

4 매개효과 검정을 위한 연구설계

4.1 적절한 매개변수의 선정

1 이론적으로 매개변수는 독립변수의 결과이며, 종속변수의 원인이 된다. 그러한 면에서 매개변수가 이러한 관계를 설명하는 데 이론적인 근거가 있거나 논리적 정당성이 있어야 한다. 만약 매개변수가 이러한 관계를 설명하는 데 있어 이론적 근거나 이론적 정당성이 부족한 경우 다음과 같은 상황에서 매개변수로 설정할 수 있다. 예를 들어, '변수A'가 '변수B'에 영향을 준다는 선행연구가 있고, 또한 '변수B'가 '변수C'에 영향을 준다는 선행연구가 있다면, 'A → B → C'의 관계가 있게 된다. 이 경우 '변수B'가 매개변수가 되어 매개효과를 검정할 수 있다.

4.2 매개효과의 검정력 고려

2 이론적 근거를 토대로 잠재적인 매개변수들을 확인했다면 어떤 매개변수를 검정할 것인가를 결정할 때 매개효과의 검정력(power)을 높일 수 있는 변수를 선정하는 것이 바람직하다. 매개효과의 검정력은 독립변수, 매개변수, 종속변수의 관계에 따라 달라진다. 그러한 면에서, 매개변수가 독립변수 및 종속변수와 상관계수가 비슷하거나, 또는 매개변수가 독립변수보다는 종속변수와 더 큰 상관계수를 갖는 변수를 매개변수로 선정하는 것이 바람직하다.

3 매개효과는 매개변수와 종속변수 간의 상관관계의 크기에 의해 제일 많은 영향을 받는다. 즉 **매개변수와 종속변수 간의 상관계수가 커야 검정력을 높일 수 있고, 매개효과가 유의적일 가능성이 높다.**

4.3 직접효과를 분석에 포함할 것인가?

4 연구자가 [그림 5-20]과 같은 연구모델을 세웠다고 가정한다. A와 D 간의 관계에서 C의 매개효과를 검정하기 위해 [그림 5-21]처럼 A와 D 간의 직접효과를 포

함해서 추정해야 하는가? 마찬가지로, B와 D 간의 관계에서 C의 매개효과를 검정하기 위해 [그림 5-22]처럼 B와 D 간의 직접효과를 포함해서 추정해야 하는가?

그림 5-20 | 매개효과 모델

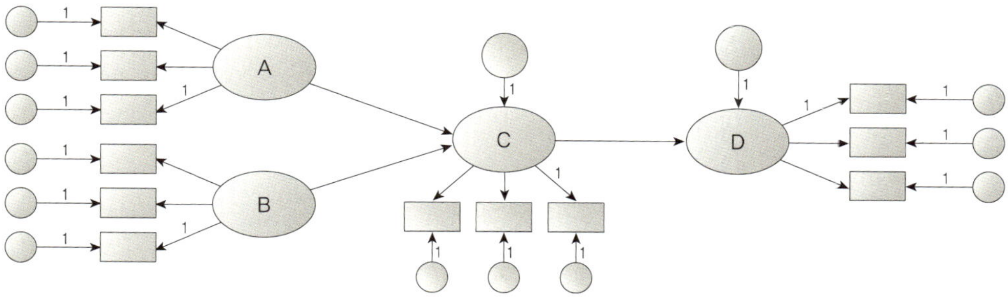

그림 5-21 | A와 D 간 C의 매개효과 검정

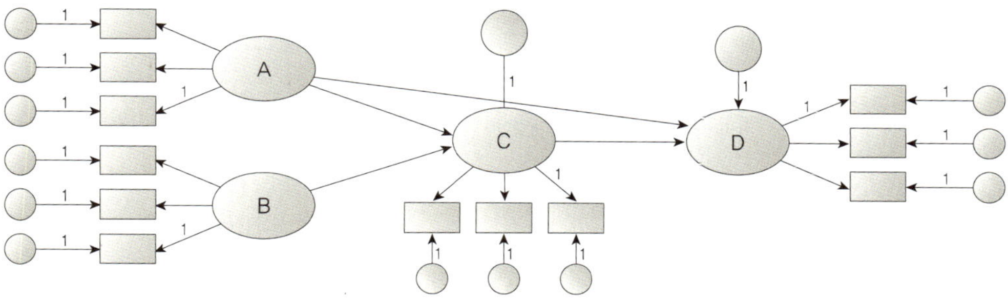

그림 5-22 | B와 D 간 C의 매개효과 검정

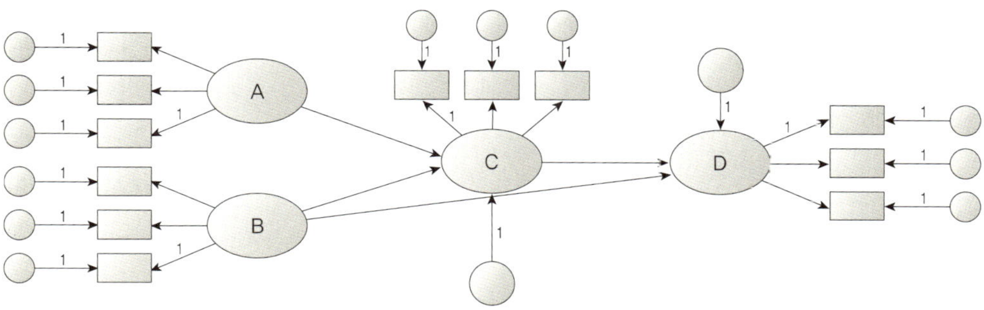

5 이 문제에 대해 학자들 간에 의견이 일치하지 않고 있다. 즉 어떤 학자는 직접효과를 포함해서 추정해서는 안 된다고 주장하고, 어떤 학자는 포함해서 추정해야 한다고 주

장한다. 직접효과를 포함하느냐의 여부는 다음과 같은 사항을 고려하여 결정한다.

6 첫째, 이론적 배경 또는 개념적 정당화를 고려한다. 예를 들어, A와 D 간, 또는 B와 D 간에 기존의 연구에서 관계가 있는 것으로 나타났다면 이를 포함하여 연구모델을 만들어야 하고, 이를 분석해야 한다.

7 둘째, 매개효과의 유형을 밝히는 데 연구의 목적이 있다면 직접효과를 포함해야 한다. 이러한 접근법은 Baron과 Kenny의 접근법에 따른 것이다. Baron과 Kenny 접근법을 따르게 되면 완전매개 또는 부분매개에 관한 기술이 뒤따르게 된다. 단지 매개효과가 있는지 없는지에만 관심이 있다면 직접효과를 포함할 필요가 없다.

8 셋째, 연구문제(또는 가설)를 어떻게 설정하느냐에 달려있다. 예를 들어 갈등이 재계약의도에 미치는 효과가 신뢰를 통해서 나타나는지에 관심이 있다면 직접효과를 포함할 필요가 없다.

4.4 매개효과의 가설화 접근법 및 가설의 명확한 기술

1 [그림 5-23] 모델을 대상으로 매개효과를 검정한다고 가정한다. 이 모델을 대상으로 매개효과를 가설화하는 접근법에는 두 가지가 있다.

>>그림 5-23 | 매개효과 모델

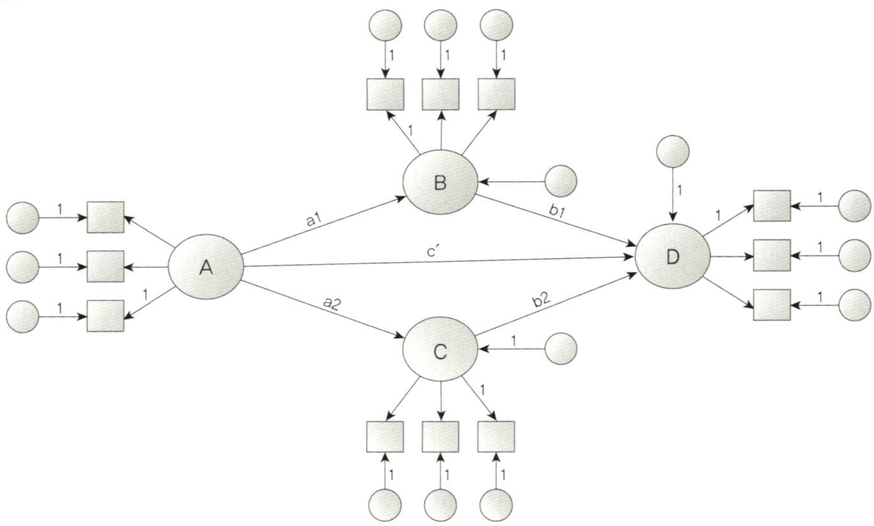

1) 매개효과의 가설화: 접근법 1

2 접근법 1은 a1, a2, b1, b2, c′가 통계적으로 유의적인가를 살펴보고, a1b1, a2b2가 통계적으로 유의적인지를 살펴보는 것이다. 접근법 1을 [그림 5-24]와 같이 나타낼 수 있다.

그림 5-24 | **접근법 1**

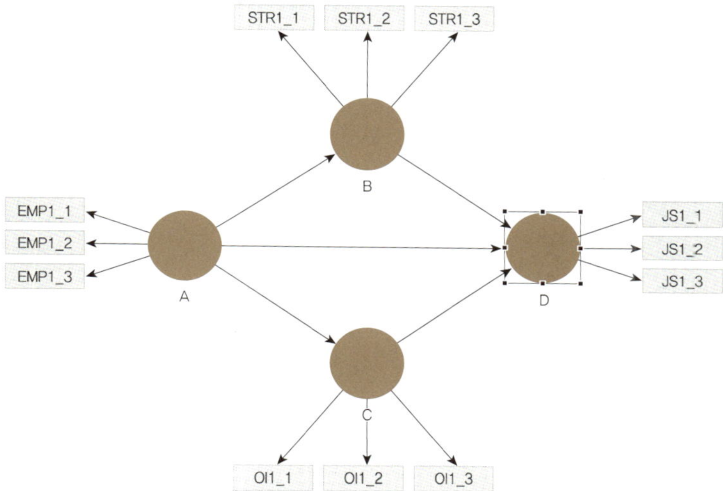

3 접근법 1에 의한 연구모델을 가설화하는 경우에는 7개의 가설이 있게 된다. 즉 다음과 같이 가설을 세울 수 있다.

H_1: A는 B에 영향을 미칠 것이다.
H_2: B는 D에 영향을 미칠 것이다.
H_3: B는 A와 D 간의 관계에서 매개역할을 할 것이다.
(또는 A가 D에 미치는 효과는 B에 의해 매개될 것이다)
H_4: A는 C에 영향을 미칠 것이다.
H_5: C는 D에 영향을 미칠 것이다.
H_6: C는 A와 D 간의 관계에서 매개역할을 할 것이다.
(또는 A가 D에 미치는 효과는 C에 의해 매개될 것이다)
H_7: A는 D에 영향을 미칠 것이다.

2) 매개효과의 가설화: 접근법 2

4 접근법 2는 a1b1, a2b2가 통계적으로 유의적인지가 주된 관심 사항이 된다. 이 접근법으로 가설화하는 경우에는 a1, a2, b1, b2와 관련된 가설은 포함되지 않는다. 그러나 c′와 관련된 가설은 필요하다. 따라서 3개의 가설이 있게 된다. 접근법 2를 [그림 5-25]와 같이 나타낼 수 있다.

그림 5-25 | 접근법 2

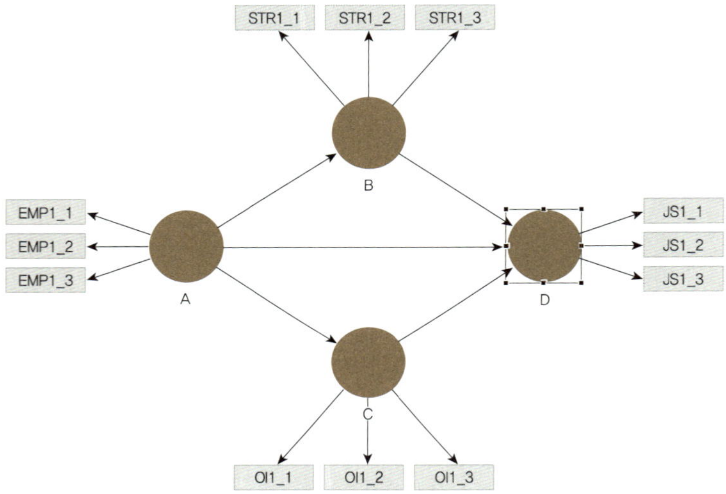

5 접근법 2에 의한 가설화하는 경우에 다음과 같이 가설을 기술할 수 있다.

H_1: B는 A와 D 간의 관계에서 매개역할을 할 것이다.
(또는 A가 D에 미치는 효과는 B에 의해 매개될 것이다)
H_2: C는 A와 D 간의 관계에서 매개역할을 할 것이다.
(또는 A가 D에 미치는 효과는 C에 의해 매개될 것이다)
H_3: A는 D에 영향을 미칠 것이다.

3) 매개효과 가설의 명확한 기술

6 B와 C가 A와 D 간의 관계에서 매개효과를 하는 이론적 근거를 명확히 기술한다. 즉 이론적 또는 실증적 근거를 토대로 B와 C가 왜 매개역할을 하는지에 대해 명확히 기술해야 한다. 예를 들어, 스트레스와 우울 간에 불안의 매개효과를 검정하는 모델을 세웠다고 가정한다. 이러한 가설을 세우기 위해 스트레스와 불안 간, 또는 불안과 우울 간의 이론적 또는 실증적 근거를 문헌 검토(literature review)를 통해 이들을 배경으로 매개효과를 세웠다고 기술해야 한다.

5 부분매개와 완전매개의 용어에 대한 비판

1 Baron & Kenny 접근법에 의해 매개효과를 분석하면 ① 매개변수(M)가 매개효과가 없든지, ② 부분매개를 하든지, 또는 ③ 완전매개를 하든지 등 세 가지 가운데 하나의 결과를 얻는다. 부분매개(partial mediation)는 M이 X와 Y의 관계를 완전히 설명하지 못한다는 것을 의미하고, 완전매개(full mediation)는 X와 Y의 관계가 간접효과에 의해 완전히 설명됨을 의미한다. 부분매개와 완전매개를 그림으로 나타내면 [그림 5-26]과 같다.

그림 5-26 | 부분매개(a), 완전매개(b)

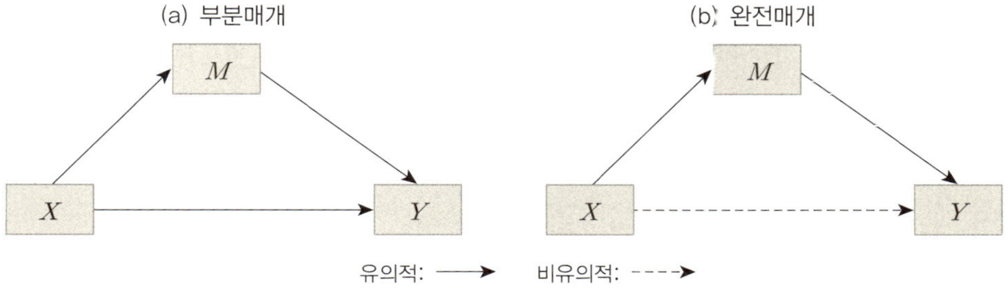

2 이러한 완전매개와 부분매개의 구분은 실질적으로 또한 이론적으로도 의미가 없다고 주장하는 학자들의 견해를 살펴보기로 한다.

5.1 Hayes(2013, 2018, 2022)의 주장

3 첫째, 완전매개와 부분매개는 연구자가 총효과가 통계적으로 0과 다르다는 가정을 토대로 한다. 그러나 총효과가 없는 경우에도 간접효과가 있는 경우가 있다. 그리고 총효과가 유의적이어야 한다는 가정은 실제 연구에서 적용하기가 어려운 문제가 있다. 이러한 비판에 대해 Kenny도 총효과가 유의적이지 않아도 된다고 나중에 이를 수용하였다(Kenny et al., 1998; Kenny 홈페이지 참조).

4 둘째, 동일한 방법과 동일한 측정을 통해 동일한 과정으로 분석을 하는 연구자 A와 연구자 B가 있다고 가정한다. 그리고 이들의 연구가 표본크기가 B보다는 A가 작다고 가정한다. 만약 M이 X와 Y의 관계에서 부분매개를 하는 것으로 나타나면 연구자 B가 A보다 부분매개를 한다는 주장을 더 강하게 할 수 있다. 왜냐하면 B의 직접효과(c')는 더 강한 검정력을 갖기 때문이다. 만약 완전매개를 원한다면 보다 적은 표본크기를 갖는 것이 최선의 길이다. 그런데 이는 표본크기는 클수록 좋다는 원칙에 위배된다.

5.2 Zhao 등(2010)의 주장

1 Zhao 등(2010)은 완전매개와 부분매개라는 용어 대신에 다음과 같은 용어를 제안한다. 이들의 주장이 수용되어 top journal에서도 매개효과에 대한 명칭을 이들의 용어를 이용하여 부여하는 추세가 늘고 있다.

① 보충매개(complementary mediation): 매개효과(ab)와 직접효과(c')가 모두 존재하고 방향이 일치한다. 이를 그림으로 나타내면 [그림 5-27]과 같다.

그림 5-27 | 보충매개 형태

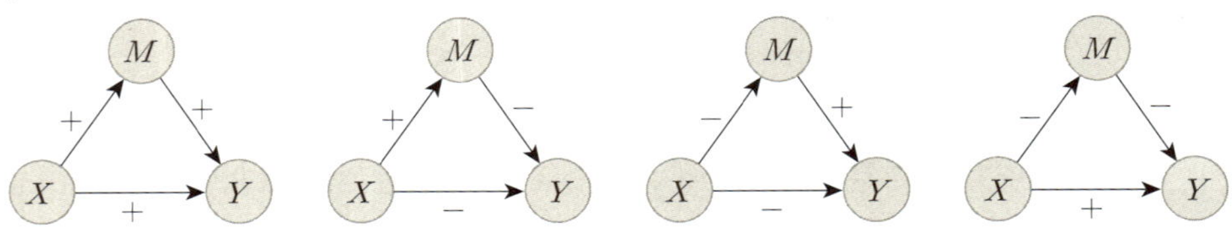

② 경쟁매개(competitive mediation): 매개효과(ab)와 직접효과(c')가 모두 존재하고 방향이 일치하지 않는다. 이를 그림으로 나타내면 [그림 5-28]과 같다.

그림 5-28 | 경쟁매개 형태

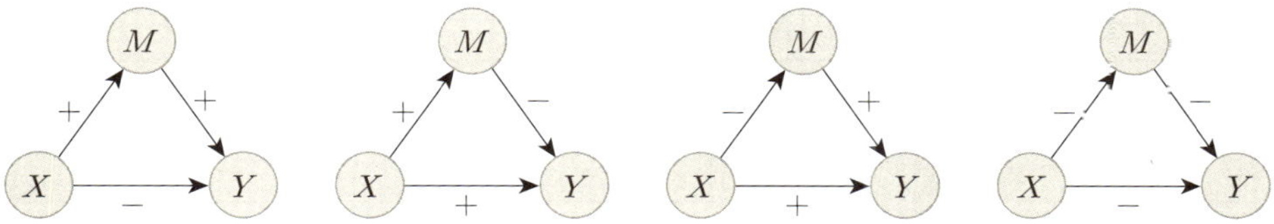

③ 간접만 매개(indirect-only mediation): 매개효과(ab)는 있으나 직접효과(c')가 없다. 이를 그림으로 나타내면 [그림 5-29]와 같다.

그림 5-29 | 간접만 매개 형태

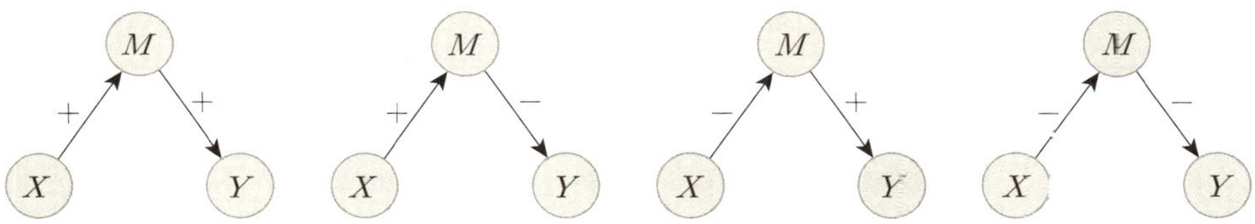

④ 직접만 비매개(direct-only nonmediation): 매개효과(ab)는 없고 직접효과(c')만 있다.

⑤ 무효과 비매개(no-effect nonmediation): 매개효과(ab)와 직접효과(c')가 모두 없다.

2 지금까지 설명한 내용을 정리하면 [표 5-1]과 같다.

표 5-1 | Zhao 등의 매개효과분류

분류		간접효과가 유의적인가?	직접효과가 유의적인가?	직접효과와 간접효과가 동일한 부호인가?
매개	보충매개	예	예	예
	경쟁매개	예	예	아니오
	간접만 매개	예	아니오	
비매개	직접만 비매개	아니오	예	
	무효과 비매개	아니오	아니오	

3 Zhao 등의 분류명을 Baron & Kenny의 분류명과 비교하면 보충매개와 경쟁매개는 부분매개에 해당하고, 간접만 매개는 부분매개에 해당한다고 볼 수 있다.

4 이러한 매개효과가 이론구축을 위해 제공하는 시사점은 [표 5-2]와 같다.

표 5-2 매개효과별 이론구축 시사점

분류	매개변수가 맞는가?	생략된 매개변수가 있는가?	시사점
보충매개	예	가능성 있음	이론적 틀이 완전하지 않음, 매개변수가 이론적 틀에서 가설화된 것과 일치, 다른 매개변수가 포함되지 않을 가능성
경쟁매개	예	가능성 있음	
간접만 매개	예	가능성 없음	매개변수가 이론적 틀에서 가설화된 것과 일치
직접만 매개	아니오	가능성 있음	이론적 틀이 문제가 있음, 생략된 매개변수 가능성 고려
무효과 비매개	아니오	가능성 없음	직접효과도 간접효과도 아님, 이론적 틀이 틀림

5 Hair 등(2017, 2021b)은 매개분석 절차를 [그림 5-30]과 같이 제시하고 있다.

그림 5-30 | 매개분석 절차

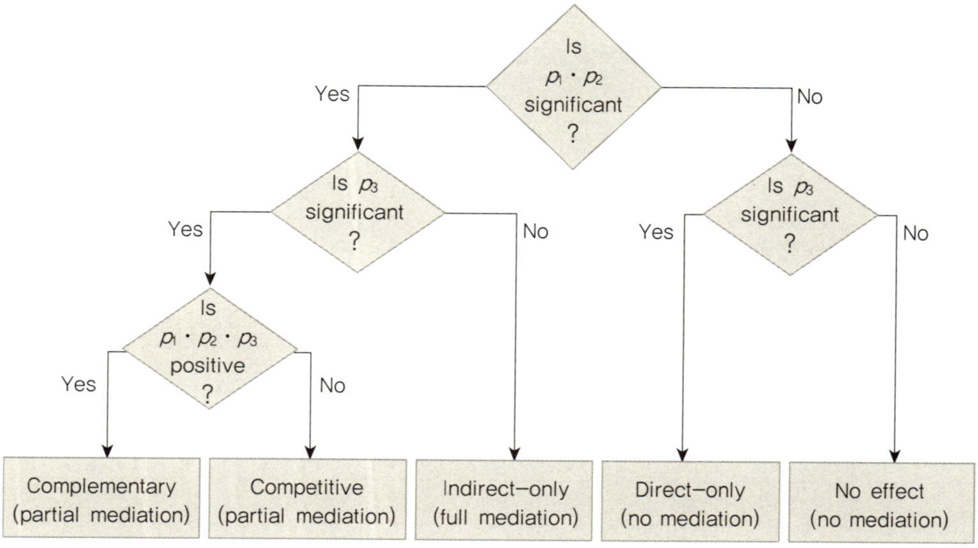

출처: Hair et al. (2017), p. 233; Hair et al. (2021b), p. 142.

6 Hair 등은 간접효과를 검정하고 나서, 다음에 직접효과를 포함한 모델을 추정할 것을 제안하고 있다.

6 매개효과와 간접효과의 차이

1 일반적으로 매개효과(mediated effect)와 간접효과(indirect effect)는 상호호환하여 쓰인다. 그러나 이들 간에는 중요한 차이가 있다. 매개효과는 매개변수가 하나만 있는 간접효과의 특수한 경우에 해당한다. 매개효과가 있다는 결론을 내리기 위해서는 $X \rightarrow Y$의 총효과가 있다는 것을 가정한다. 간접효과의 경우에는 이러한 가정이 필요하지 않다.

2 총효과가 유의적이지 않은 경우에도 간접효과는 유의적일 수 있다. 매개효과는 총효과의 검토를 통해 판단되어야 한다(Holmbeck, 1997; Preacher & Hayes, 2004). 결론적으로 매개효과라는 용어를 쓰기 위해서는 총효과가 있어야 하고, 총효과가 없는 경우에는 간접효과라는 용어를 쓰는 것이 적절하다.

참고문헌

배병렬 (2021). SPSS/PROCESS에 의한 조절효과 및 매개효과분석: 이론과 실제. 도서출판 청람.

Aguinis, H., Edwards, J. R., & Bradley, K. J. (2017). Improving our understanding of moderation and mediation in strategic management research. *Organizational Research Methods, 20*(4), 665–685.

Baron, R. M., & Kenny, D. A. (1986). The moderator–mediator variable distinction in social psychological research: Conceptual, strategic, and statistical considerations. *Journal of Personality and Social Psychology, 51*(6), 1173-1182.

Cepeda, G., Nitzl, C., & Roldán, J. L. (2017). Mediation analyses in partial least squares structural equation modeling: Guidelines and empirical examples. in *Partial Least Squares Path Modeling: Basic Concepts, Methodological Issues and Applications,* Latan, H., & Noonan, R. (eds.), Springer, 173–195.

Cheung, G. W., & Lau, R. S. (2008). Testing mediation and suppression effects of latent variables. *Organizational Research Methods, 11*(2), 296–325.

Collins, L. M., Graham, J. J., & Flaherty, B. P. (1998). An alternative framework for defining mediation. *Multivariate Behavioral Research, 33*, 295–312.

Frazier, P. A., Tix, A. P., & Barron, K. E. (2004). Testing moderator & mediator effects in counseling psychology research. *Journal of Counseling Psychology, 51*(1), 115–134.

Hair, J. F., Hult, G. T. M., Ringle, C. M., & Sarstedt, M. (2014). *A primer on partial least squares structural equation modeling (PLS–SEM)*. Sage Publications.

Hair, J. F., Hult, G. T. M., Ringle, C. M., & Sarstedt, M. (2017). *A primer on partial least squares structural equation modeling (PLS–SEM)* (2nd ed.). Sage Publications.

Hair, J. F., Hult, G. T. M., Ringle, C. M., & Sarstedt, M. (2021a). *A primer on partial least squares structural equation modeling (PLS–SEM)* (3rd ed.). Sage Publications.

Hair, J. F., Hult, G. T. M., Ringle, C. M., Sarstedt, M., Danks, N. P., & Ray, S. (2021b). *Partial least squares structural equation modeling(PLS–SEM)* using R: A workbook. Springer.

Hayes, A. F. (2009). Beyond Baron and Kenny: Statistical mediation analysis in the new millennium. *Communication Monographs, 76*(4), 408-420.

Hayes, A. F. (2013). *Introduction to mediation, moderation, and conditional process analysis: A regression-based approach*. Guilford Press.

Hayes, A. F. (2017). *Introduction to mediation, moderation, and conditional process analysis: A regression-based approach* (2nd ed.). Guilford Press.

Hayes, A. F. (2022). *Introduction to mediation, moderation, and conditional process analysis: A regression-based approach* (3rd ed.). Guilford Press.

Holmbeck, G. N. (1997). Toward terminological, conceptual, and statistical clarity in the study of mediators and moderators: Examples from the child-clinical and pediatric psychology literatures. *Journal of Consulting and Clinical Psychology, 65*(4), 599-610.

Kenny, D. A., Kashy, D. A., & Bolger, N. (1998). Data analysis in social psychology In S. T. Fiske, D. T. Gilbert, & G. Lindzey (Eds.), *Handbook of social psychology,* 4th ed., Vol. 1 (pp. 233-265). McGraw-Hill.

Koschate-Fischer, N., & Schwille, E. (2021). Mediation analysis in experimental research. In C. Homburg, M. Klarmann, & A. Vomberg (Eds.), *Handbook of market research* (pp. 1-49). Springer.

Lachowicz, M. J., Preacher, K. J., & Kelley, K. (2018). A novel measure of effect size for mediation analysis. *Psychological Methods, 23*(2), 244-261.

MacKinnon, D. P. (2000). Contrasts in multiple mediator models. In J. S. Rose, L. Chassin, C. C. Presson, & S. J. Sherman (Eds.), *Multivariate applications in substance use research* (pp. 141-160). Lawrence Erlbaum Associates.

MacKinnon, D. P. (2008). *Introduction to statistical mediation analysis*. Lawrence Erlbaum Associates.

MacKinnon, D. P., Fairchild, A. J., & Fritz, M. S. (2007). Mediation analysis. *Annual Review of Psychology, 58*, 593-614.

MacKinnon, D. P., Krull, J. L., & Lockwood, C. M. (2000). Equivalence of the mediation, confounding and suppression effect. *Prevention Science, 1*(4), 173-181.

MacKinnon, D. P., Lockwood, C. M., Hoffman, J. M., West, S. G., & Sheets, V. (2002). A comparison of methods to test mediation and other intervening variable effects. *Psychological Methods, 7*(1), 83-104.

Memon, M. A., Cheah, J. H., Ramayah, T., Ting, H., & Chuah, F. (2018). Mediation analysis issues and recommendations. *Journal of Applied Structural Equation Modeling, 2*(1), 1-9.

Nitzl, C., Roldán, J. L., & Cepeda Carrión, G. (2016). Mediation analysis in partial least squares path modeling: Helping researchers discuss more sophisticated models, *Industrial Management & Data Systems, 119*(9), 1849-1864.

Pieters, R. (2017). Meaningful mediation analysis: Plausible causal inference and informative communication. *Journal of Consumer Research, 44*(3), 692–716.

Preacher, K. J., & Hayes, A. F. (2004). SPSS and SAS procedures for estimating indirect effects in simple mediation models. *Behavior Research Methods, Instruments, and Computers, 36*(4), 717–731.

Preacher, K. J., & Hayes, A. F. (2008). Asymptotic and resampling strategies for assessing and comparing indirect effects in multiple mediator models. *Behavior Research Methods, 40*(3), 879–891.

Preacher, K. J., & Kelley, K. (2011). Effect size measures for mediation models: Quantitative strategies for communicating indirect effects. *Psychological Methods, 16*(2), 93–115.

Preacher, K. J., Curran, P. J., & Bauer, D. J. (2006). Computational tools for probing interactions in multiple linear regression, multilevel modeling, and latent curve analysis. *Journal of Educational and Behavioral Statistics, 31*(4), 437–448.

Ramayah, T., Cheah, J., Chuah, F., Ting, H., & Memon, M. (2018). *Partial least squares structural equation modeling (PLS–SEM) using SmartPLS 3.0: An updated guide and practical guide to statistical analysis* (2nd ed.). Pearson.

Rasoolimanesh, S. M., Wang, M., Roldán, J. L., & Kunasekaran, P. (2021). Are we in right path for mediation analysis? Reviewing the literature and proposing robust guidelines. *Journal of Hospitality and Tourism Management, 48*(Sep.), 395–405.

Rose, B. M., Holmbeck, G. N., Coakley, R. M., & Franks, E. A. (2004). Mediator and moderator effects in developmental and behavioral pediatric research. *Developmental and Behavioral Pediatrics, 25*(1), 58–67.

Rucker, D. D., Preacher, K. J., Tormala, Z. L., & Petty, R. E. (2011). Mediation analysis in social psychology: Current practices and new recommendations. *Social and Personality Psychology Compass, 5/6*, 359–371.

Rungtusanatham, M., Miller, J. W., & Boyer, K. K. (2014). Theorizing, testing, and concluding for mediation in SCM research: Tutorial and procedural recommendations. *Journal of Operations Management, 32*(3), 99–113.

Shrout, P. E., & Bolger, N. (2002). Mediation in experimental and nonexperimental studies: New procedures and recommendations. *Psychological Methods, 7*(4), 422–445.

Zhao, X., Lynch, J. G. Jr., & Chen, Q. (2010). Reconsidering Baron and Kenny: Myths and truths about mediation analysis. *Journal of Consumer Research, 37*(August), 197–206.

Chapter

Smart PLS

6 매개효과분석: 단일매개모델

Chapter

6 매개효과분석: 단일매개모델

1 단일매개모델: 예 1

1 [그림 6-1] 연구모델에서 연구자는 갈등, 분배공정성 및 절차공정성은 재계약의도에 직접 영향을 주지 않고, 신뢰를 매개해 영향을 미치는 것으로 가정하였다. 이처럼 매개변수가 하나인 매개모델을 단일매개모델(single mediator model) 또는 단순매개모델(simple mediator model)이라 한다.

그림 6-1 | **연구모델: 단일매개모델**

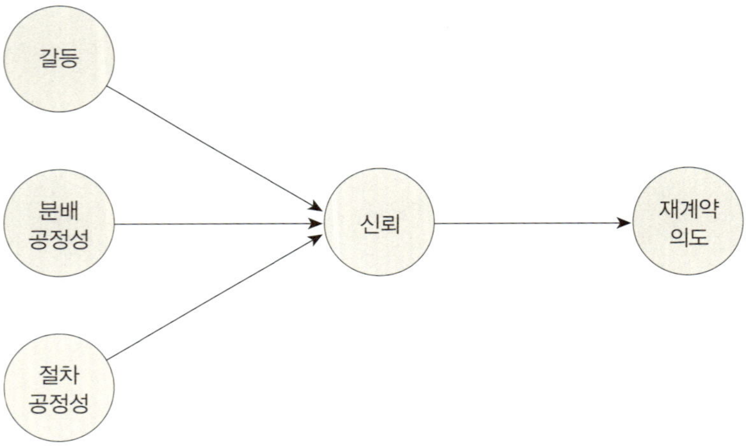

2 이 모델을 대상으로 연구자가 매개효과를 검정하고자 할 때 결정해야 할 사항은 크게 두 가지가 있다. ① 독립변수와 종속변수 간에 직접효과를 포함해서 검정해

야 하는가?, ② PLS algorithm과 PLSc algorithm 가운데 어떤 것을 사용해야 하는가? 이하에서 이들 두 가지 사항에 대해 자세히 살펴보기로 한다.

1.1 PLS algorithm에 의한 분석

1) 직접효과를 포함하지 않고 분석

1 직접효과를 포함하지 않은 모델은 [그림 6-2]와 같다.

그림 6-2 | 직접효과를 포함하지 않은 모델

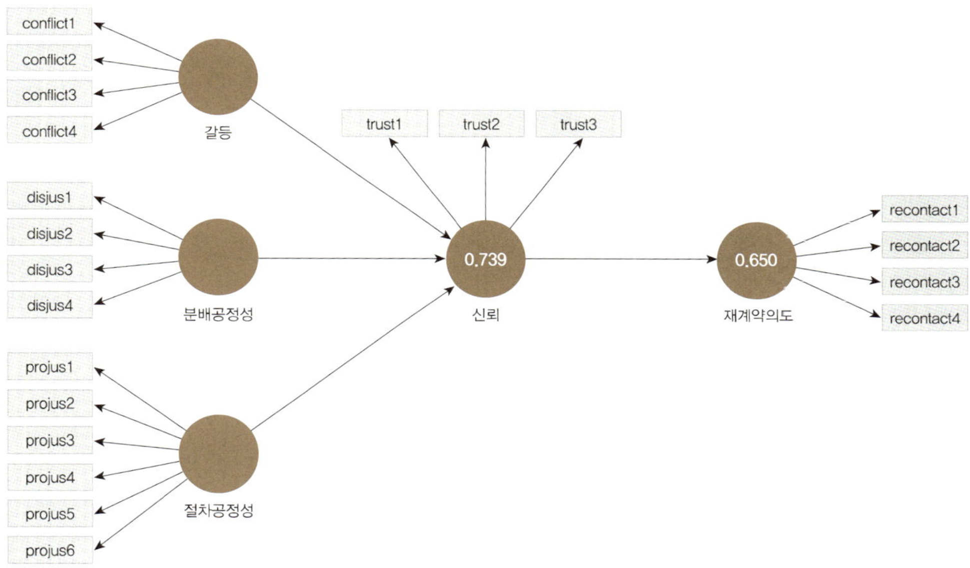

2 이 모델을 PLS algorithm으로 추정하면 [출력 6-1]의 결과를 얻는다. 출력값을 보기 위해 밑에 있는 [Final Results]에서 해당하는 곳을 클릭하면 된다.

출력 6-1 경로계수

Path Coefficients

Matrix | Path Coefficients

	갈등	분배공정성	신뢰	재계약의도	절차공정성
갈등			0.025		
분배공정성			0.307		
신뢰				0.806	
재계약의도					
절차공정성			0.579		

3 [출력 6-1]은 각각의 경로계수의 값을 보고한 것이다. 예를 들어, 갈등 → 신뢰의 경로계수값 $\beta=.025$이다.

출력 6-2 총간접효과

Indirect Effects

Total Indirect Effects | Specific Indirect Effects

	갈등	분배공정성	신뢰	재계약의도	절차공정성
갈등				0.020	
분배공정성				0.248	
신뢰					
재계약의도					
절차공정성				0.467	

4 [출력 6-2]는 총간접효과를 제시한 것이다. 갈등 → 재계약의도의 간접효과값 $\beta=.020$은 갈등 → 신뢰의 계수값($\beta=.025$)과 신뢰 → 재계약의도의 계수값($\beta=.806$)의 곱으로 계산된다. 즉 .020=.025×.806에 의해 얻어진다.

출력 6-3 특정간접효과

Indirect Effects

Total Indirect Effects | Specific Indirect Effects

	Specific Indire...
갈등_ -> 신뢰 -> 재계약의도_	0.020
분배공정성 -> 신뢰 -> 재계약의도_	0.248
절차공정성 -> 신뢰 -> 재계약의도_	0.467

5 [출력 6-3]은 특정간접효과를 제시한 것이다. 특정간접효과는 매개변수가 여러 개 있는 경우에 개별 경로별 간접효과를 의미한다. 이 모델에는 매개변수가 한 개이므로 총간접효과의 값([출력 6-2])과 같다.

출력 6-4 총효과

Total Effects

Matrix

	갈등	분배공정성	신뢰	재계약의도	절차공정성
갈등			0.025	0.020	
분배공정성			0.307	0.248	
신뢰				0.806	
재계약의도					
절차공정성			0.579	0.467	

6 [출력 6-4]는 총효과를 제시한 것이다. 총효과는 간접효과와 직접효과를 합친 것이다. 이 경우 [그림 6-2]에서 독립변수(갈등, 분배공정성, 절차공정성)로부터 종속변수(재계약의도)로 가는 직접효과 경로가 포함되어 있지 않으므로 총효과는 간접효과와 같은 값을 갖는다.

7 계수의 통계적 유의성을 검정하기 위해 붓스트래핑을 한다. [Subsamples]는 최소한 [5,000]으로 한다. 이 값은 클수록 좋으나 붓스트래핑을 하므로 시간이 소요된다. 나머지는 디폴트대로 한다.

대화상자 6-1 붓스트래핑 설정

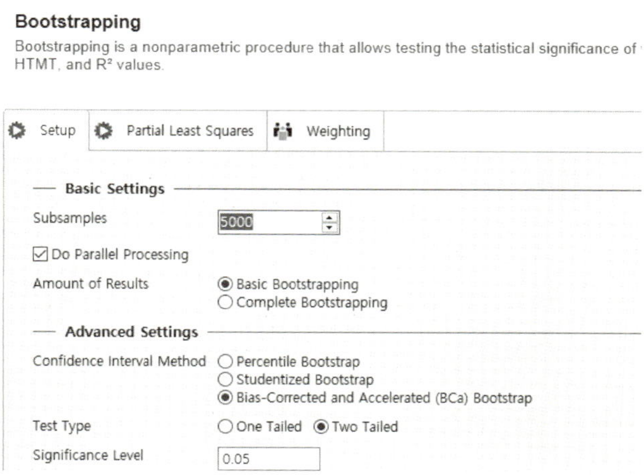

8 붓스트래핑을 실행하면 [출력 6-5]의 결과를 얻는다.

출력 6-5 경로계수

Path Coefficients

Mean, STDEV, T-Values, P-Values | Confidence Intervals | Confidence Intervals Bias Corrected

	Original Samp...	Sample Mean ...	Standard Devi...	T Statistics (|O...	P Values
갈등 -> 신뢰	0.025	0.021	0.081	0.310	0.757
분배공정성 -> 신뢰	0.307	0.303	0.123	2.505	0.012
신뢰 -> 재계약의도	0.806	0.809	0.044	18.365	0.000
절차공정성 -> 신뢰	0.579	0.582	0.122	4.732	0.000

9 갈등은 신뢰에 영향을 주지 않고 나머지 경로는 모두 유의적인 것으로 나타났다.

출력 6-6 총간접효과

Total Indirect Effects

Mean, STDEV, T-Values, P-Values | Confidence Intervals | Confidence Intervals Bias Corrected | Samples

	Original Samp...	Sample Mean ...	Standard Devi...	T Statistics (|O...	P Values
갈등 -> 신뢰					
갈등 -> 재계약의도	0.020	0.017	0.066	0.306	0.760
분배공정성 -> 신뢰					
분배공정성 -> 재계약의도	0.248	0.245	0.101	2.455	0.014
신뢰 -> 재계약의도		-0.000	0.000		
절차공정성 -> 신뢰					
절차공정성 -> 재계약의도	0.467	0.471	0.104	4.504	0.000

10 총간접효과는 간접효과를 의미한다. 즉 갈등 → 신뢰, 신뢰 → 재계약의도 간의 관계를 제시한 것이다.

출력 6-7 특정간접효과

Specific Indirect Effects

Mean, STDEV, T-Values, P-Values | Confidence Intervals | Confidence Intervals Bias Corrected | Samples

	Original Samp...	Sample Mean ...	Standard Devi...	T Statistics (|O...	P Values
분배공정성 -> 신뢰 -> 재계약의도	0.248	0.245	0.101	2.455	0.014
절차공정성 -> 신뢰 -> 재계약의도	0.467	0.471	0.104	4.504	0.000
갈등 -> 신뢰 -> 재계약의도	0.020	0.017	0.066	0.306	0.760

11 특정간접효과는 총간접효과와 같은 값을 갖는다. 이는 매개변수가 하나인 단일 매개모델이기 때문이다.

출력 6-8 95% 신뢰구간

Specific Indirect Effects

Mean, STDEV, T-Values, P-Values | Confidence Intervals | Confidence Intervals Bias Corrected | Samples

	Original Samp...	Sample Mean ...	Bias	2.5%	97.5%
분배공정성 -> 신뢰 -> 재계약의도	0.248	0.245	-0.002	0.050	0.445
절차공정성 -> 신뢰 -> 재계약의도	0.467	0.472	0.006	0.268	0.681
갈등 -> 신뢰 -> 재계약의도	0.020	0.015	-0.005	-0.099	0.171

12 [출력 6-8]은 특정간접효과의 붓스트래핑 95% 신뢰구간 편의수정(BCa)을 제시한 것이다. 갈등 → 신뢰 → 재계약의도 간에는 95% 신뢰구간의 하한(−.099)과 상한(.171) 사이에 0이 포함되므로 매개효과가 없고, 나머지 경로는 매개효과가 있는 것으로 나타났다.

13 이 결과를 보고하기 위해 [표 6-1]을 작성하여 기술한다.

표 6-1 매개효과분석 결과

경로	표준 계수(β)	표준 오차	t값	95%신뢰구간 (BCa)		결정
				하한	상한	
갈등 → 신뢰 → 재계약의도	.020	.066	.306	−.099	.171	지지안됨
분배공정성 → 신뢰 → 재계약의도	.248	.104	2.455*	.050	.445	지지
절차공정성 → 신뢰 → 재계약의도	.467	.101	4.504**	.268	.681	지지

주: $^*p < .05$, $^{**}p < .01$

2) 직접효과를 포함하여 분석

1 직접효과를 포함한 모델을 만들 때 [그림 6-3]과 같이 하면 안 된다. 즉 모든 독립변수를 종속변수에 연결하는 모델을 분석하면 안 된다.

그림 6-3 | 직접효과를 포함한 모델

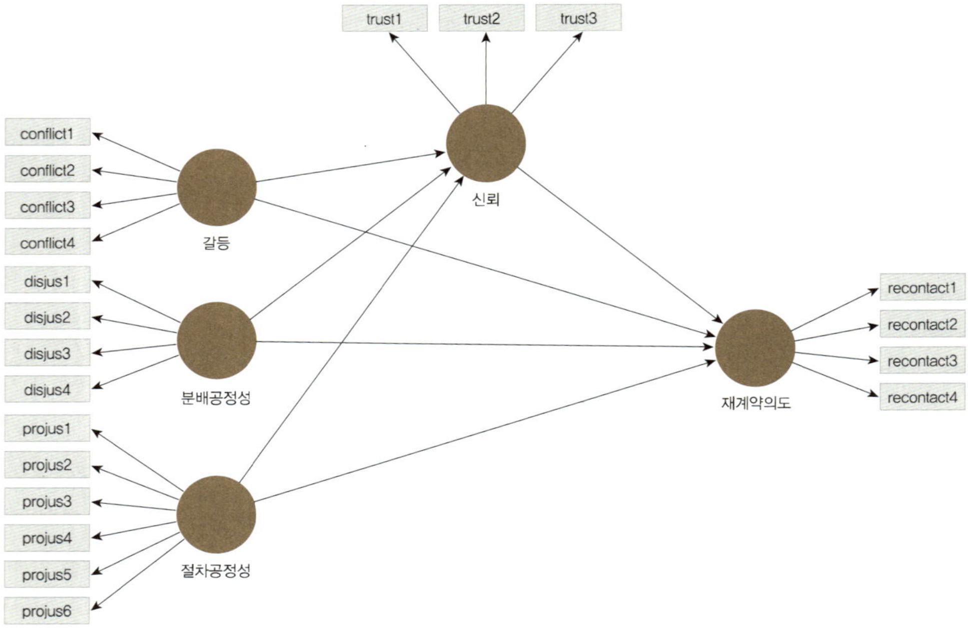

2 [그림 6-3] 모델을 붓스트래핑을 실행하면 다음과 같은 출력을 얻는다.

출력 6-9 경로계수

Path Coefficients

Mean, STDEV, T-Values, P-Values | Confidence Intervals | Confidence Intervals Bias Corrected | Samples

	Original Samp...	Sample Mean ...	Standard Devi...	T Statistics (|O...	P Values
갈등_ -> 신뢰	0.022	0.016	0.078	0.279	0.780
갈등_ -> 재계약의도_	-0.021	-0.019	0.087	0.244	0.807
분배공정성 -> 신뢰	0.301	0.298	0.122	2.477	0.013
분배공정성 -> 재계약의도_	0.160	0.160	0.133	1.203	0.229
신뢰 -> 재계약의도_	0.418	0.405	0.151	2.771	0.006
절차공정성 -> 신뢰	0.584	0.587	0.121	4.816	0.000
절차공정성 -> 재계약의도_	0.297	0.309	0.154	1.927	0.054

출력 6-10 총간접효과

Total Indirect Effects

Mean, STDEV, T-Values, P-Values | Confidence Intervals | Confidence Intervals Bias Corrected | Samples

	Original Samp...	Sample Mean ...	Standard Devi...	T Statistics (|O...	P Values
갈등_ -> 신뢰					
갈등_ -> 재계약의도_	0.009	0.006	0.033	0.278	0.781
분배공정성 -> 신뢰					
분배공정성 -> 재계약의도_	0.126	0.123	0.074	1.698	0.090
신뢰 -> 재계약의도_		0.000	0.000		
절차공정성 -> 신뢰					
절차공정성 -> 재계약의도_	0.244	0.236	0.101	2.424	0.015

출력 6-11 특정간접효과

Specific Indirect Effects

Mean, STDEV, T-Values, P-Values | Confidence Intervals | Confidence Intervals Bias Corrected | Samples

	Original Samp...	Sample Mean ...	Standard Devi...	T Statistics (|O...	P Values
갈등_ -> 신뢰 -> 재계약의도_	0.009	0.006	0.033	0.278	0.781
분배공정성 -> 신뢰 -> 재계약의도_	0.126	0.123	0.074	1.698	0.090
절차공정성 -> 신뢰 -> 재계약의도_	0.244	0.236	0.101	2.424	0.015

출력 6-12 총효과

Total Effects

Mean, STDEV, T-Values, P-Values | Confidence Intervals | Confidence Intervals Bias Corrected | Samples

	Original Samp...	Sample Mean ...	Standard Devi...	T Statistics (|O...	P Values
갈등_ -> 신뢰	0.022	0.016	0.078	0.279	0.780
갈등_ -> 재계약의도_	-0.012	-0.013	0.105	0.114	0.909
분배공정성 -> 신뢰	0.301	0.298	0.122	2.477	0.013
분배공정성 -> 재계약의도_	0.286	0.284	0.139	2.066	0.039
신뢰 -> 재계약의도_	0.418	0.405	0.151	2.771	0.006
절차공정성 -> 신뢰	0.584	0.587	0.121	4.816	0.000
절차공정성 -> 재계약의도_	0.541	0.545	0.142	3.809	0.000

3 직접효과를 포함한 모델을 분석할 때 해당 독립변수별로 각각의 경로를 포함한 모델을 만들어 분석한다. 그 이유는 모두 포함해서 분석하면 다른 경로계수에 영향을 줄 수 있기 때문이다.

그림 6-4 | 갈등 → 재계약의도의 직접효과 모델

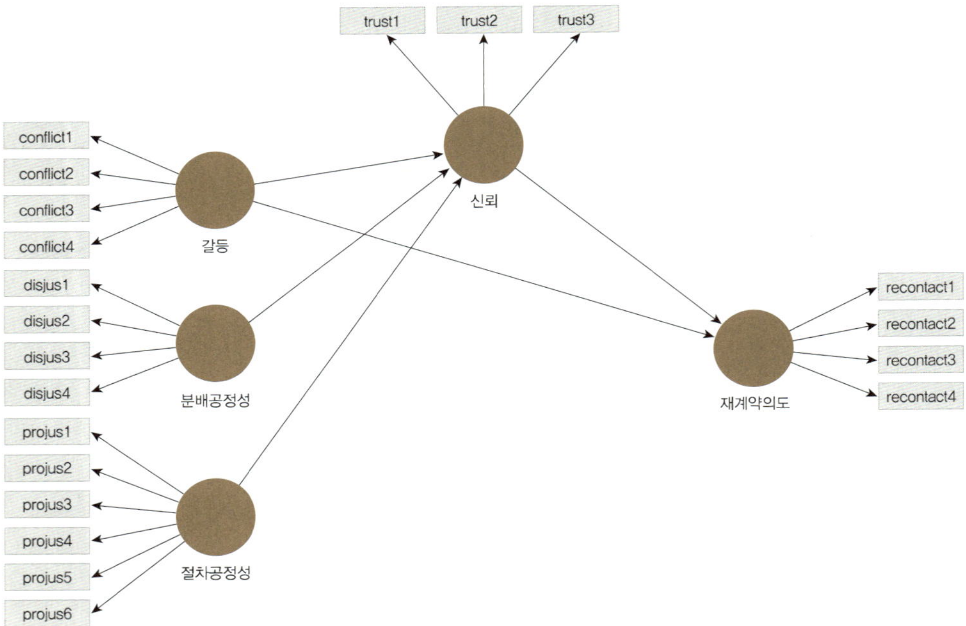

4 [그림 6-4] 모델을 붓스트래핑을 실행하면 다음과 같은 출력을 얻는다.

출력 6-13 경로계수

Path Coefficients

Mean, STDEV, T-Values, P-Values | Confidence Intervals | Confidence Intervals Bias Corrected | Samples

	Original Samp...	Sample Mean ...	Standard Devi...	T Statistics (|O...	P Values
갈등_ -> 신뢰	0.021	0.018	0.080	0.263	0.793
갈등_ -> 재계약의도_	-0.057	-0.056	0.076	0.749	0.454
분배공정성 -> 신뢰	0.307	0.302	0.124	2.475	0.013
신뢰 -> 재계약의도_	0.796	0.794	0.046	17.293	0.000
절차공정성 -> 신뢰	0.578	0.583	0.123	4.680	0.000

출력 6-14 총간접효과

Total Indirect Effects

Mean, STDEV, T-Values, P-Values | Confidence Intervals | Confidence Intervals Bias Corrected | Samples

	Original Samp...	Sample Mean ...	Standard Devi...	T Statistics (|O...	P Values
갈등_ -> 신뢰					
갈등_ -> 재계약의도_	0.017	0.015	0.064	0.263	0.793
분배공정성 -> 신뢰					
분배공정성 -> 재계약의도_	0.245	0.240	0.101	2.431	0.015
신뢰 -> 재계약의도_					
절차공정성 -> 신뢰					
절차공정성 -> 재계약의도_	0.460	0.463	0.103	4.459	0.000

출력 6-15 특정간접효과

Specific Indirect Effects

Mean, STDEV, T-Values, P-Values | Confidence Intervals | Confidence Intervals Bias Corrected | Samples

	Original Samp...	Sample Mean ...	Standard Dev...	T Statistics (|O...	P Values
갈등_ -> 신뢰 -> 재계약의도_	0.017	0.015	0.064	0.263	0.793
분배공정성 -> 신뢰 -> 재계약의도_	0.245	0.240	0.101	2.431	0.015
절차공정성 -> 신뢰 -> 재계약의도_	0.460	0.463	0.103	4.459	0.000

출력 6-16 총효과

Total Effects

Mean, STDEV, T-Values, P-Values | Confidence Intervals | Confidence Intervals Bias Corrected | Samples

	Original Samp...	Sample Mean ...	Standard Devi...	T Statistics (|O...	P Values
갈등_ -> 신뢰	0.021	0.018	0.080	0.263	0.793
갈등_ -> 재계약의도_	-0.040	-0.041	0.111	0.358	0.720
분배공정성 -> 신뢰	0.307	0.302	0.124	2.475	0.013
분배공정성 -> 재계약의도_	0.245	0.240	0.101	2.431	0.015
신뢰 -> 재계약의도_	0.796	0.794	0.046	17.293	0.000
절차공정성 -> 신뢰	0.578	0.583	0.123	4.680	0.000
절차공정성 -> 재계약의도_	0.460	0.463	0.103	4.459	0.000

그림 6-5 | 분배공정성 → 재계약의도의 직접효과 모델

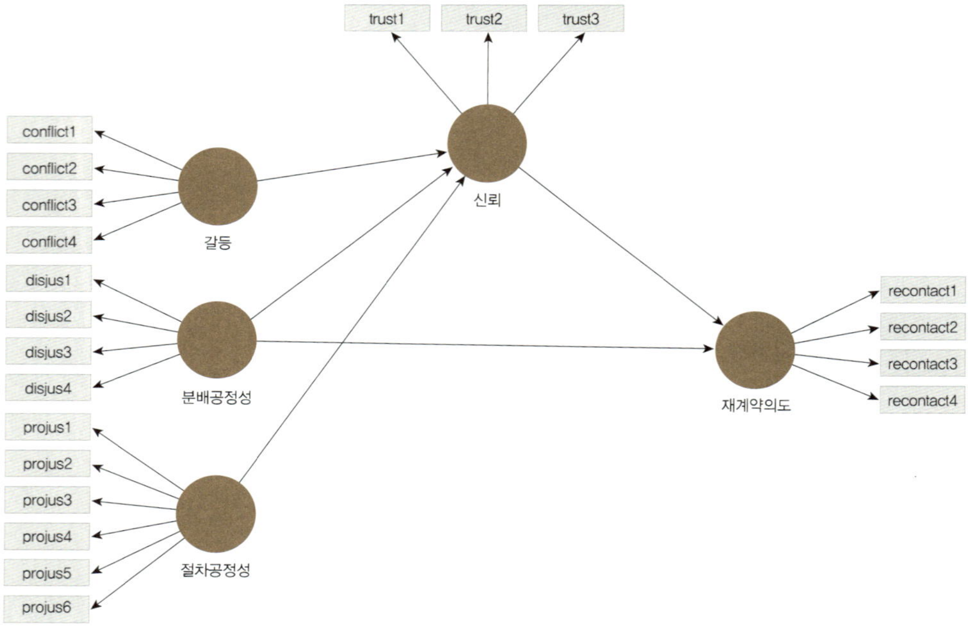

5 [그림 6-5] 모델을 붓스트래핑을 실행하면 다음과 같은 출력을 얻는다.

출력 6-17 경로계수

Path Coefficients

Mean, STDEV, T-Values, P-Values | Confidence Intervals | Confidence Intervals Bias Corrected | Samples

	Original Samp...	Sample Mean ...	Standard Devi...	T Statistics (|O...	P Values
갈등_ -> 신뢰	0.025	0.021	0.082	0.304	0.761
분배공정성 -> 신뢰	0.304	0.301	0.124	2.462	0.014
분배공정성 -> 재계약의도_	0.346	0.342	0.124	2.797	0.005
신뢰 -> 재계약의도_	0.522	0.529	0.128	4.086	0.000
절차공정성 -> 신뢰	0.582	0.584	0.123	4.743	0.000

출력 6-18 총간접효과

Total Indirect Effects

Mean, STDEV, T-Values, P-Values | Confidence Intervals | Confidence Intervals Bias Corrected | Samples

	Original Samp...	Sample Mean ...	Standard Devi...	T Statistics (|O...	P Values
갈등_ -> 신뢰					
갈등_ -> 재계약의도_	0.013	0.011	0.046	0.282	0.778
분배공정성 -> 신뢰					
분배공정성 -> 재계약의도_	0.159	0.160	0.078	2.023	0.043
신뢰 -> 재계약의도_		0.000	0.000		
절차공정성 -> 신뢰					
절차공정성 -> 재계약의도_	0.304	0.310	0.102	2.979	0.003

출력 6-19 특정간접효과

Specific Indirect Effects

Mean, STDEV, T-Values, P-Values | Confidence Intervals | Confidence Intervals Bias Corrected | Samples

	Original Samp...	Sample Mean ...	Standard Devi...	T Statistics (|O...	P Values
갈등_ -> 신뢰 -> 재계약의도_	0.013	0.011	0.046	0.282	0.778
분배공정성 -> 신뢰 -> 재계약의도_	0.159	0.160	0.078	2.023	0.043
절차공정성 -> 신뢰 -> 재계약의도_	0.304	0.310	0.102	2.979	0.003

출력 6-20 총효과

Total Effects

Mean, STDEV, T-Values, P-Values | Confidence Intervals | Confidence Intervals Bias Corrected | Samples

	Original Samp...	Sample Mean ...	Standard Devi...	T Statistics (|O...	P Values
갈등_ -> 신뢰	0.025	0.021	0.082	0.304	0.761
갈등_ -> 재계약의도_	0.013	0.011	0.046	0.282	0.778
분배공정성 -> 신뢰	0.304	0.301	0.124	2.462	0.014
분배공정성 -> 재계약의도_	0.505	0.501	0.107	4.707	0.000
신뢰 -> 재계약의도_	0.522	0.529	0.128	4.085	0.000
절차공정성 -> 신뢰	0.582	0.584	0.123	4.743	0.000
절차공정성 -> 재계약의도_	0.304	0.310	0.102	2.979	0.003

그림 6-6 | 절차공정성 → 재계약의도의 직접효과 모델

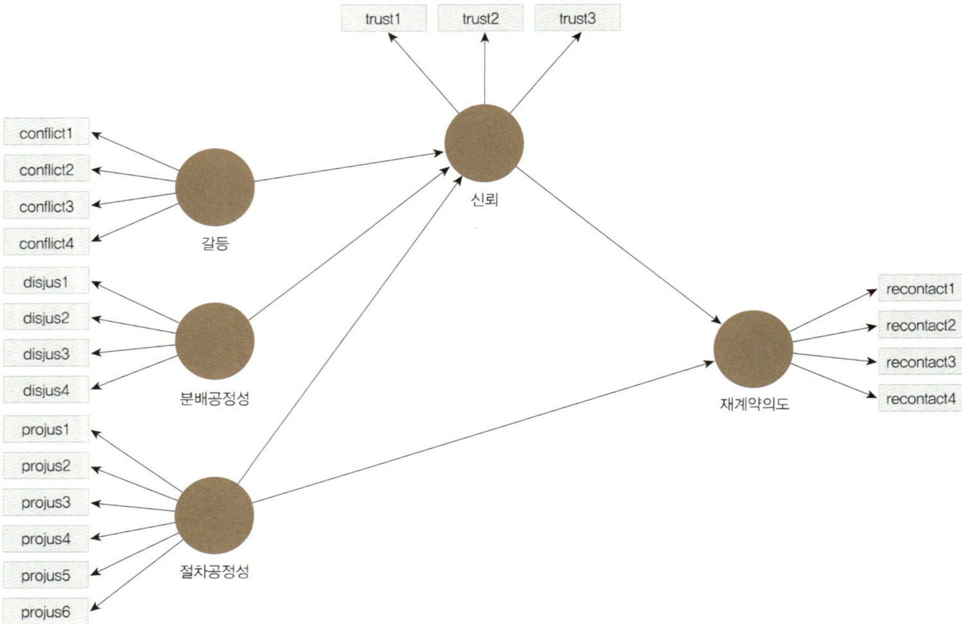

6 [그림 6-6] 모델을 붓스트래핑을 실행하면 다음과 같은 출력을 얻는다.

출력 6-21 경로계수

Path Coefficients

Mean, STDEV, T-Values, P-Values | Confidence Intervals | Confidence Intervals Bias Corrected | Samples

	Original Samp...	Sample Mean ...	Standard Devi...	T Statistics (|O...	P Values
갈등_ -> 신뢰	0.025	0.021	0.081	0.315	0.753
분배공정성 -> 신뢰	0.304	0.302	0.122	2.498	0.013
신뢰 -> 재계약의도_	0.450	0.455	0.146	3.076	0.002
절차공정성 -> 신뢰	0.582	0.585	0.121	4.812	0.000
절차공정성 -> 재계약의도_	0.419	0.417	0.142	2.952	0.003

출력 6-22 총간접효과

Total Indirect Effects

Mean, STDEV, T-Values, P-Values | Confidence Intervals | Confidence Intervals Bias Corrected | Samples

	Original Samp...	Sample Mean ...	Standard Devi...	T Statistics (|O...	P Values
갈등_ -> 신뢰					
갈등_ -> 재계약의도_	0.011	0.010	0.041	0.280	0.779
분배공정성 -> 신뢰					
분배공정성 -> 재계약의도_	0.137	0.142	0.081	1.696	0.090
신뢰 -> 재계약의도_		-0.000	0.000		
절차공정성 -> 신뢰					
절차공정성 -> 재계약의도_	0.262	0.262	0.096	2.739	0.006

출력 6-23 특정간접효과

Specific Indirect Effects

Mean, STDEV, T-Values, P-Values | Confidence Intervals | Confidence Intervals Bias Corrected | Samples

	Original Samp...	Sample Mean ...	Standard Devi...	T Statistics (|O...	P Values
갈등_ -> 신뢰 -> 재계약의도_	0.011	0.010	0.041	0.280	0.779
분배공정성 -> 신뢰 -> 재계약의도_	0.137	0.142	0.081	1.696	0.090
절차공정성 -> 신뢰 -> 재계약의도_	0.262	0.262	0.096	2.739	0.006

출력 6-24 총효과

Total Effects

Mean, STDEV, T-Values, P-Values | Confidence Intervals | Confidence Intervals Bias Corrected | Samples

	Original Samp...	Sample Mean ...	Standard Devi...	T Statistics (|O...	P Values
갈등_ -> 신뢰	0.025	0.021	0.081	0.315	0.753
갈등_ -> 재계약의도_	0.011	0.010	0.041	0.280	0.779
분배공정성 -> 신뢰	0.304	0.302	0.122	2.498	0.013
분배공정성 -> 재계약의도_	0.137	0.142	0.081	1.696	0.090
신뢰 -> 재계약의도_	0.450	0.455	0.146	3.075	0.002
절차공정성 -> 신뢰	0.582	0.585	0.121	4.812	0.000
절차공정성 -> 재계약의도_	0.681	0.679	0.091	7.454	0.000

7 이 결과를 보고하기 위해 [표 6-2]를 작성하여 기술한다. 직접효과를 포함하여 분석한 경우에 제5장에서 언급한 내용을 토대로 매개효과의 유형도 기술한다. 분배공정성 → 신뢰 → 재계약의도의 관계는 매개효과가 있고, 직접효과도 있다.

또한 그들 계수의 부호는 모두 정적(+)이므로 보충매개(complementary mediation)라고 해석한다.

| 표 6-2 | 매개효과분석 결과

경로	표준계수 (β)	표준오차	t값	95%신뢰구간 (BCa)		결정	매개효과 유형
				하한	상한		
갈등 → 신뢰 → 재계약의도	.011	.041	.280	.090	.491	지지 안됨	매개효과 없음
갈등 → 재계약의도	−.057	.076	.749				
분배공정성 → 신뢰 → 재계약의도	.137	.081	1.696*	.018	.324	지지	보충매개
분배공정성 → 재계약의도	.346	.124	2.797				
절차공정성 → 신뢰 → 재계약의도	.262	.096	2.739	−.056	.091	지지 안됨	매개효과 없음
절차공정성 → 재계약의도	.419	.142	2.952**				

주: $^{*}p < .1$, $^{**}p < .01$

1.2 PLSc algorithm에 의한 분석

1) 직접효과를 포함하지 않고 분석

1 직접효과를 포함하지 않고 PLSc algorithm으로 분석하면 다음과 같은 결과를 얻는다.

출력 6-25 경로계수

Path Coefficients

Matrix | Path Coefficients

	갈등	분배공정성	신뢰	재계약의도	절차공정성
갈등			0.033		
분배공정성			0.219		
신뢰				0.879	
재계약의도					
절차공정성			0.697		

출력 6-26 총간접효과

Indirect Effects

Total Indirect Effects | Specific Indirect Effects

	갈등	분배공정성	신뢰	재계약의도	절차공정성
갈등				0.029	
분배공정성				0.193	
신뢰					
재계약의도					
절차공정성				0.613	

출력 6-27 특정간접효과

Indirect Effects

Total Indirect Effects | Specific Indirect Effects

	Specific Indire...
분배공정성 -> 신뢰 -> 재계약의도	0.193
절차공정성 -> 신뢰 -> 재계약의도	0.613
갈등 -> 신뢰 -> 재계약의도	0.029

출력 6-28 총효과

Total Effects

Matrix

	갈등	분배공정성	신뢰	재계약의도	절차공정성
갈등			0.033	0.029	
분배공정성			0.219	0.193	
신뢰				0.879	
재계약의도					
절차공정성			0.697	0.613	

2 붓스트래핑을 실행하면 다음과 같은 결과를 얻는다.

출력 6-29 경로계수

Path Coefficients

Mean, STDEV, T-Values, P-Values | Confidence Intervals | Confidence Intervals Bias Corrected

	Original Samp...	Sample Mean ...	Standard Devi...	T Statistics (|O...	P Values
갈등 -> 신뢰	0.033	n/a	n/a		
분배공정성 -> ...	0.219	n/a	n/a		
신뢰 -> 재계약...	0.879	0.880	0.046	19.140	0.000
절차공정성 -> ...	0.697	n/a	n/a		

출력 6-30 총간접효과

Total Indirect Effects

Mean, STDEV, T-Values, P-Values | Confidence Intervals | Confidence Intervals Bias Corrected | Samples

	Original Samp...	Sample Mean ...	Standard Devi...	T Statistics (|O...	P Values
갈등 -> 신뢰		n/a	n/a		
갈등 -> 재계약의도	0.029	n/a	n/a		
분배공정성 -> 신뢰		n/a	n/a		
분배공정성 -> 재계약의도	0.193	n/a	n/a		
신뢰 -> 재계약의도		n/a	n/a		
절차공정성 -> 신뢰		n/a	n/a		
절차공정성 -> 재계약의도	0.613	n/a	n/a		

출력 6-31 특정간접효과

Specific Indirect Effects

Mean, STDEV, T-Values, P-Values | Confidence Intervals | Confidence Intervals Bias Corrected | Samples

	Original Samp...	Sample Mean ...	Standard Devi...	T Statistics (|O...	P Values
분배공정성 -> 신뢰 -> 재계약의도	0.193	n/a	n/a		
절차공정성 -> 신뢰 -> 재계약의도	0.613	n/a	n/a		
갈등 -> 신뢰 -> 재계약의도	0.029	n/a	n/a		

3 [출력 6-29]에서 [출력 6-31]을 보면 모수치를 계산하지 못하는 것을 알 수 있다(n/a). 이는 자료가 다중공선성이 있거나, 자료가 안 좋거나 모델적합도가 안 좋기 때문이다. 이에 대해서는 SmartPLS 홈페이지에 있는 글을 참고하기 바란다.

2) 직접효과를 포함하여 분석

1 직접효과를 포함하고 PLSc algorithm으로 분석하면 다음과 같은 결과를 얻는다.

출력 6-32 경로계수

Path Coefficients

Matrix | Path Coefficients

	갈등	분배공정성	신뢰	재계약의도	절차공정성
갈등			0.027	-0.017	
분배공정성			0.219	0.112	
신뢰				0.497	
재계약의도					
절차공정성			0.695	0.312	

출력 6-33 간접효과

Indirect Effects

Total Indirect Effects | Specific Indirect Effects

	갈등	분배공정성	신뢰	재계약의도	절차공정성
갈등				0.014	
분배공정성				0.109	
신뢰					
재계약의도					
절차공정성				0.346	

출력 6-34 간접효과

Indirect Effects

Total Indirect Effects | Specific Indirect Effects

	Specific Indire...
분배공정성 -> 신뢰 -> 재계약의도	0.109
절차공정성 -> 신뢰 -> 재계약의도	0.346
갈등 -> 신뢰 -> 재계약의도	0.014

출력 6-35 총효과

Total Effects

Matrix

	갈등	분배공정성	신뢰	재계약의도	절차공정성
갈등			0.027	-0.004	
분배공정성			0.219	0.221	
신뢰				0.497	
재계약의도					
절차공정성			0.695	0.658	

2 붓스트래핑을 실행하면 다음과 같은 결과를 얻는다.

출력 6-36 경로계수

Path Coefficients

Mean, STDEV, T-Values, P-Values | Confidence Intervals | Confidence Intervals Bias Corrected

	Original Samp...	Sample Mean ...	Standard Devi...	T Statistics (|O...	P Values
갈등 -> 신뢰	0.027	n/a	n/a		
갈등 -> 재계약...	-0.017	n/a	n/a		
분배공정성 -> ...	0.219	n/a	n/a		
분배공정성 -> ...	0.112	n/a	n/a		
신뢰 -> 재계약...	0.497	n/a	n/a		
절차공정성 -> ...	0.695	n/a	n/a		
절차공정성 -> ...	0.312	n/a	n/a		

출력 6-37 총간접효과

Total Indirect Effects

Mean, STDEV, T-Values, P-Values | Confidence Intervals | Confidence Intervals Bias Corrected

	Original Samp...	Sample Mean ...	Standard Devi...	T Statistics (|O...	P Values
갈등 -> 신뢰		n/a	n/a		
갈등 -> 재계약...	0.014	n/a	n/a		
분배공정성 -> ...		n/a	n/a		
분배공정성 -> ...	0.109	n/a	n/a		
신뢰 -> 재계약...		n/a	n/a		
절차공정성 -> ...		n/a	n/a		
절차공정성 -> ...	0.346	n/a	n/a		

출력 6-38 특정간접효과

Specific Indirect Effects

Mean, STDEV, T-Values, P-Values | Confidence Intervals | Confidence Intervals Bias Corrected

	Original Samp...	Sample Mean ...	Standard Devi...	T Statistics (|O...
분배공정성 -> 신뢰 -> 재계약의도	0.109	n/a	n/a	
절차공정성 -> 신뢰 -> 재계약의도	0.346	n/a	n/a	
갈등 -> 신뢰 -> 재계약의도	0.014	n/a	n/a	

3 위의 출력을 보면 앞서와 마찬가지로 계산을 하지 못하고 있다.

1.3 PLSc와 PLS algorithm의 선택 결정

1 위에서 살펴본 바와 같이, PLS와 PLSc 가운데 어떤 것으로 추정하느냐에 따라 결과값이 차이가 있는 것을 알 수 있다.

2 이 두 가지 추정법 가운데 모델이 반영지표로 이루어진 경우에는 많은 학자들이 PLSc를 사용할 것을 주장하고 있다. 위의 경우처럼 PLSc로 추정하여 문제가 생기는 경우에는 PLS로 추정한다.

1.4 직접효과의 포함 여부 결정

1 매개효과를 검정할 때 직접효과가 가정이 안 된 모델이라 하더라도 직접효과를 포함해야 한다고 주장하는 학자와 그럴 필요가 없다고 주장하는 학자로 나뉜다. 직접효과를 포함하느냐의 여부는 다음과 같은 사항을 고려하여 결정해야 한다.

2 첫째, 이론적 배경을 고려한다. 예를 들어, 갈등과 재계약의도 간에 기존의 연구에서 관계가 있는 것으로 나타났다면 이를 포함하여 연구모델을 만들어야 하고, 이를 분석해야 한다.

3 둘째, 매개효과의 유형(즉, 완전매개, 부분매개)을 밝히는 데 연구의 목적이 있다면 직접효과를 포함해야 한다. 이러한 접근법은 Baron과 Kenny의 접근법에 따른 것이다. 매개효과가 있는지 없는지에만 관심이 있다면 직접효과를 포함할 필요가 없다.

4 셋째, 연구문제를 어떻게 설정하느냐에 따라 다르다. 예를 들어, 갈등이 재계약의도에 미치는 효과가 신뢰를 통해서 나타나는지에 관심이 있다면 직접효과를 포함할 필요가 없다.

1.5 간접효과의 효과크기 계산

1 간접효과(매개효과)의 크기를 얻기 위해 설명분산(variance accounted for: VAF)을 계산한다. VAF는 총효과에 대한 간접효과 크기의 비율을 의미한다. VAF는 간접효과가 유의적인 경로에 대해 계산한다.

2 [그림 6-6] 모델을 대상으로 PLS로 분석한 값을 토대로 '절차공정성 → 신뢰 → 재계약의도'의 VAF를 계산하면 다음과 같다. 이를 계산하기 위해 [출력 6-10]과 [출력 6-12]를 참고한다.

$$\text{VAF} = \frac{\text{간접효과}}{\text{총효과}} = \frac{.262}{.681} = .385$$

3 VAF는 38.5%이다. Hair 등(2014)은 VAF 값을 토대로 VAF>80%이면 '완전매개(full mediation)', 20%≤VAF≤80%이면 '부분매개(partial mediation)', VAF<20%이면 '매개효과 없음(no mediation)'으로 구분하였다. 위의 예는 부분매개에 해당한다.

4 Hair 등(2014)의 이러한 주장은 SmartPLS 2.0으로 간접효과를 분석할 때에는 간접효과를 프로그램이 직접 계산하여 보고하지 않고 연구자가 하도록 되어 있었기 때문에 이러한 주장을 한 것이다.

5 Hair 등의 이러한 주장은 SmartPLS 3.0 이상에서는 간접효과를 직접 계산하여 보고하기 때문에 의미가 없다. 따라서 그들의 최근 책(2017, 2021a, 2021b)에서는 이러한 기술을 포함하지 않고 있다.

2 단일매개모델: 예 2

2.1 매개효과 검정

1) PLSc에 의한 분석

1 [그림 6-7] 모델을 대상으로 매개효과를 검정하기로 한다. 이 모델은 Mplus 홈페이지에 있는 [Mplus5.12_Example]이다. 이 모델의 분석을 통해 Mplus로 분석한 값과 어떠한 차이가 있는가를 알아보기로 한다.

>> 그림 6-7 | **연구모델**

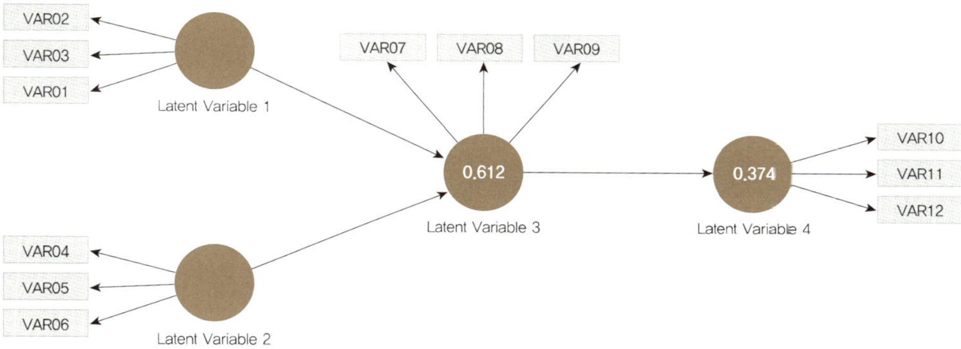

2 PLSc로 추정하여 모델적합도를 확인한다. 이를 위해 [Calculate] → [Consistent PLS algorithms] → [Consistent PLS algorithm]을 클릭하고 [Start Calculation] 버튼을 클릭한다.

3 [출력 6-39]는 모델적합도를 제시한 것이다. 모델적합도는 [Quality Criteria]의 [Model Fit]에 있다.

출력 6-39 모델적합도

Model_Fit

Fit Summary

	Saturated Mo...	Estimated Mo...
SRMR	0.029	0.031
d_ULS	0.064	0.077
d_G	0.028	0.029
Chi-Square	74.730	77.401
NFI	0.951	0.949

4 포화모델의 SRMR이 .08보다 작으므로 PLSc로 추정할 수 있다. 다음은 PLSc로 추정한 결과를 제시한 것이다.

출력 6-40 경로계수

Path Coefficients

Matrix | Path Coefficients

	Latent Variable 1	Latent Variable 2	Latent Variable 3	Latent Variable 4
Latent Variable 1			0.457	
Latent Variable 2			0.652	
Latent Variable 3				0.611
Latent Variable 4				

출력 6-41 총간접효과

Indirect Effects

Total Indirect Effects | Specific Indirect Effects

	Latent Variable 1	Latent Variable 2	Latent Variable 3	Latent Variable 4
Latent Variable 1				0.279
Latent Variable 2				0.398
Latent Variable 3				
Latent Variable 4				

출력 6-42 특정간접효과

Indirect Effects

Total Indirect Effects | Specific Indirect Effects

	Specific Indirect Effects
Latent Variable 1 -> Latent Variable 3 -> Latent Variable 4	0.279
Latent Variable 2 -> Latent Variable 3 -> Latent Variable 4	0.398

5 붓스트래핑을 실행하기로 한다. 이를 위해 [Calculate] → [Consistent PLS algorithms] → [Consistent PLS Bootstrapping]을 클릭하고 [Start Calculation] 버튼을 클릭한다. 다음은 출력을 제시한 것이다.

출력 6-43 경로계수

Path Coefficients

Mean, STDEV, T-Values, P-Values | Confidence Intervals | Confidence Intervals Bias Corrected | Samples

	Original Samp...	Sample Mean ...	Standard Devi...	T Statistics (|O...	P Values
Latent Variable 1 -> Latent Variable 3	0.457	0.459	0.048	9.561	0.000
Latent Variable 2 -> Latent Variable 3	0.652	0.655	0.047	13.891	0.000
Latent Variable 3 -> Latent Variable 4	0.611	0.617	0.052	11.675	0.000

출력 6-44 총간접효과

Total Indirect Effects

Mean, STDEV, T-Values, P-Values | Confidence Intervals | Confidence Intervals Bias Corrected | Samples

	Original Samp...	Sample Mean ...	Standard Devi...	T Statistics (|O ..	P Values
Latent Variable 1 -> Latent Variable 3					
Latent Variable 1 -> Latent Variable 4	0.279	0.283	0.040	7.065	0.000
Latent Variable 2 -> Latent Variable 3					
Latent Variable 2 -> Latent Variable 4	0.398	0.404	0.045	8.850	0.000
Latent Variable 3 -> Latent Variable 4					

출력 6-45 특정간접효과

Specific Indirect Effects

Mean, STDEV, T-Values, P-Values | Confidence Intervals | Confidence Intervals Bias Corrected | Samples

	Original Samp...	Sample Mean ...	Standard Devi...	T Statistics (|O...	P Values
Latent Variable 1 -> Latent Variable 3 -> Latent Variable 4	0.279	0.283	0.040	7.065	0.000
Latent Variable 2 -> Latent Variable 3 -> Latent Variable 4	0.398	0.404	0.045	8.850	0.000

출력 6-46 특정간접효과: 95% 신뢰구간

Specific Indirect Effects

Mean, STDEV, T-Values, P-Values | Confidence Intervals | Confidence Intervals Bias Corrected | Samples

	Original Samp...	Sample Mean ...	Bias	2.5%	97.5%
Latent Variable 1 -> Latent Variable 3 -> Latent Variable 4	0.279	0.283	0.004	0.194	0.348
Latent Variable 2 -> Latent Variable 3 -> Latent Variable 4	0.398	0.404	0.006	0.306	0.479

6 이 결과를 보고하기 위해 다음과 같은 표를 작성하여 기술한다.

표 6-3 매개효과분석 결과

경로	표준계수 (β)	표준 오차	t값	95%신뢰구간 (BCa)		결정
				하한	상한	
LV1 → LV3 → LV4	.279	.040	7.065***	.194	.348	지지
Lv2 → LV3 → LV4	.398	.045	8.850***	.306	.479	지지

주: $^{***}p < .001$

2) PLS에 의한 분석

1 PLS에 의한 분석 결과는 다음과 같다.

출력 6-47 PLS에 의한 분석 결과

Specific Indirect Effects

Mean, STDEV, T-Values, P-Values | Confidence Intervals | Confidence Intervals Bias Corrected | Samples

	Original Samp...	Sample Mean ...	Standard Devi...	T Statistics (|O...	P Values
F2 -> F3 -> F4	0.203	0.205	0.023	8.864	0.000
F1 -> F3 -> F4	0.149	0.150	0.020	7.589	0.000

3) Mplus에 의한 분석

1 Mplus로 분석하면 다음과 같은 결과를 얻는다. Mplus에서 보고하는 표준화계수를 제시한 것이다. SmartPLS는 표준화계수만 보고하기 때문에 Mplus에서 보고하는 계수와 비교하기 위해서이다.

출력 6-48 Mplus 결과

STDYX Standardization

	Estimate	S.E.	Est./S.E.	Two-Tailed P-Value
Effects from F1 to F4				
Indirect	0.270	0.036	7.478	0.000
Effects from F2 to F4				
Indirect	0.380	0.041	9.367	0.000

2 제1장에서 언급하였듯이 CB-SEM의 계수와 PLSc로 추정한 계수([출력 6-45] 참조)는 비슷한 값을 갖는 것을 다시 한번 확인할 수 있다.

2.2 매개효과의 유형 분석

1 연구자가 매개효과의 유형에 관심이 있다고 가정한다. 이를 위해 독립변수의 직접효과가 모두 포함된 [그림 6-8] 모델을 추정해보기로 한다. 앞서 언급하였듯, 독립변수를 한 번에 모두 포함해서 분석하는 것은 올바르지 않다.

그림 6-8 | 직접효과가 포함된 모델

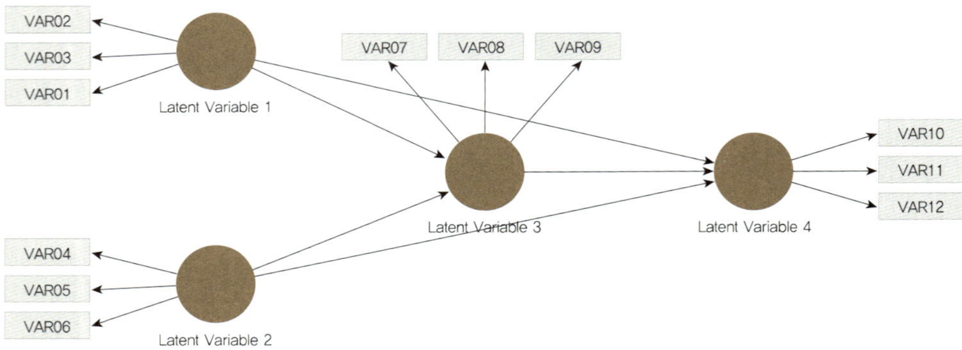

2 이를 실행하면 다음과 같은 출력을 얻는다.

출력 6-49 경로계수

Path Coefficients

Mean, STDEV, T-Values, P-Values | Confidence Intervals | Confidence Intervals Bias Corrected | Samples

	Original Samp...	Sample Mean ...	Standard Devi...	T Statistics (|O...	P Values
Latent Variable 1 -> Latent Variable 3	0.457	0.459	0.047	9.704	0.000
Latent Variable 1 -> Latent Variable 4	-0.005	-0.010	0.093	0.059	0.953
Latent Variable 2 -> Latent Variable 3	0.652	0.652	0.046	14.250	0.000
Latent Variable 2 -> Latent Variable 4	-0.150	-0.158	0.125	1.200	0.230
Latent Variable 3 -> Latent Variable 4	0.709	0.719	0.135	5.236	0.000

출력 6-50 특정간접효과

Specific Indirect Effects

Mean, STDEV, T-Values, P-Values | Confidence Intervals | Confidence Intervals Bias Corrected | Samples

	Original Samp...	Sample Mean ...	Standard Devi...	T Statistics (|O...	P Values
Latent Variable 1 -> Latent Variable 3 -> Latent Variable 4	0.324	0.330	0.074	4.381	0.000
Latent Variable 2 -> Latent Variable 3 -> Latent Variable 4	0.462	0.471	0.105	4.383	0.000

3 [그림 6-9]처럼 Latent Variable 1 → Latent Variable 4의 직접효과를 포함하여 분석해본다.

그림 6-9 | 직접효과 포함 모델

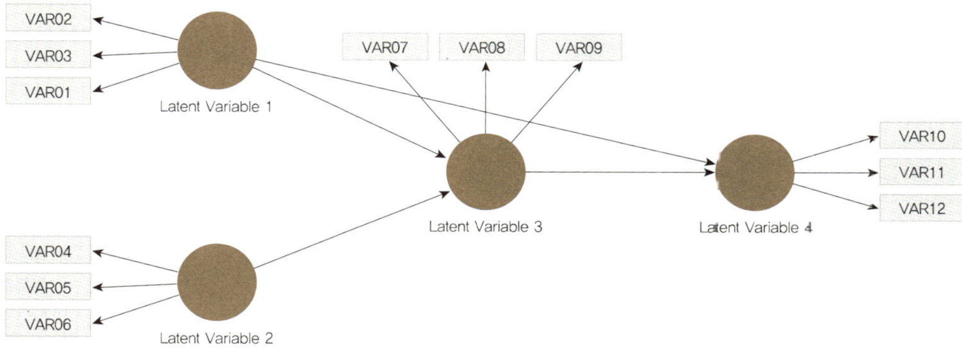

4 이를 실행하면 다음과 같은 출력을 얻는다.

출력 6-51 경로계수

Path Coefficients

Mean, STDEV, T-Values, P-Values | Confidence Intervals | Confidence Intervals Bias Corrected | Samples

	Original Samp...	Sample Mean ...	Standard Dev ...	T Statistics (|O...	P Values
Latent Variable 1 -> Latent Variable 3	0.457	0.459	0.048	9.534	0.000
Latent Variable 1 -> Latent Variable 4	0.052	0.052	0.071	0.729	0.466
Latent Variable 2 -> Latent Variable 3	0.652	0.652	0.046	14.185	0.000
Latent Variable 3 -> Latent Variable 4	0.589	0.590	0.064	9.246	0.000

출력 6-52 특정간접효과

Specific Indirect Effects

Mean, STDEV, T-Values, P-Values | Confidence Intervals | Confidence Intervals Bias Corrected | Samples

	Original Samp...	Sample Mean ...	Standard Devi...	T Statistics (|O...	P Values
Latent Variable 1 -> Latent Variable 3 -> Latent Variable 4	0.269	0.270	0.040	6.738	0.000
Latent Variable 2 -> Latent Variable 3 -> Latent Variable 4	0.384	0.386	0.051	7.539	0.000

5 간접효과가 $\beta = .269$로 유의적이고, 직접효과는 $\beta = .052$로 유의적이지 않으므로 간접만 매개에 해당한다.

6 [그림 6-10]처럼 Latent Variable 2 → Latent Variable 4 직접효과를 포함하여 분석해본다.

그림 6-10 | 직접효과 포함 모델

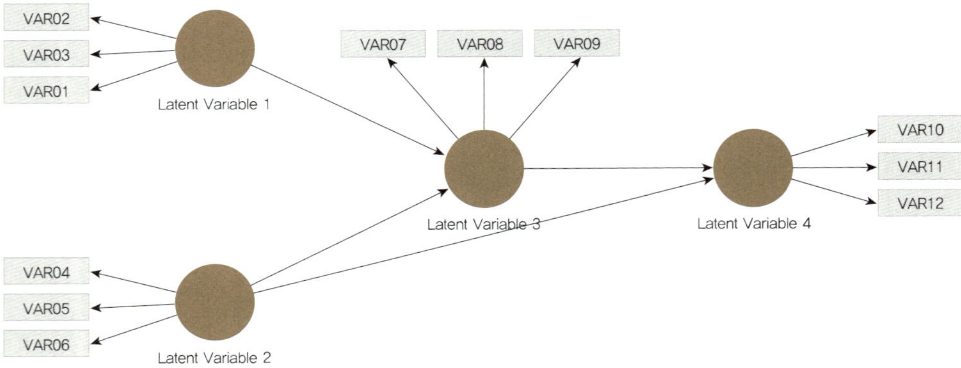

7 이를 실행하면 다음과 같은 출력을 얻는다.

출력 6-53 경로계수

Path Coefficients

Mean, STDEV, T-Values, P-Values | Confidence Intervals | Confidence Intervals Bias Corrected | Samples

	Original Samp...	Sample Mean ...	Standard Devi...	T Statistics (|O...	P Values
Latent Variable 1 -> Latent Variable 3	0.457	0.458	0.048	9.541	0.000
Latent Variable 2 -> Latent Variable 3	0.652	0.653	0.045	14.367	0.000
Latent Variable 2 -> Latent Variable 4	-0.148	-0.150	0.099	1.490	0.136
Latent Variable 3 -> Latent Variable 4	0.705	0.709	0.091	7.739	0.000

출력 6-54 특정간접효과

Specific Indirect Effects

Mean, STDEV, T-Values, P-Values | Confidence Intervals | Confidence Intervals Bias Corrected | Samples

	Original Samp...	Sample Mean ...	Standard Devi...	T Statistics (|O...	P Values
Latent Variable 1 -> Latent Variable 3 -> Latent Variable 4	0.322	0.325	0.053	6.123	0.000
Latent Variable 2 -> Latent Variable 3 -> Latent Variable 4	0.460	0.464	0.075	6.107	0.000

8 간접효과가 $\beta = .460$으로 유의적이고, 직접효과는 $\beta = -.148$로 유의적이지 않으므로 간접만 매개(indirect-only mediation)에 해당한다.

9 위 분석 결과를 어떻게 보고할 것인가? 다음과 같은 표로 제시하면 된다. LV1 → LV3 → LV4 관계를 기술할 때에는 [출력 6-49], [출력 6-50]을 참고하고, LV2

→ LV3 → LV4 관계를 기술할 때에는 [출력 6-51], [출력 6-52]를 참고하여 기술한다.

| 표 6-4 | 매개효과분석 결과

경로	표준계수 (β)	표준 오차	t값	95%신뢰구간 (BCa)		결정	매개효과 유형
				하한	상한		
LV1 → LV3 → LV4	.269	.040	6.783***	.200	.356	지지	간접만 매개
LV1 → LV4	.052	.071	.729	−.082	.192		
LV2 → LV3 → LV4	.460	.075	6.107***	.327	.623	지지	간접만 매개
LV2 → Lv4	−.148	.099	1.490	−.341	.040		

주: $^{***}p < .001$

참고문헌

Aguinis, H., Edwards, J. R., & Bradley, K. J. (2016). Improving our understanding of moderation and mediation in strategic management research. *Organizational Research Methods, 20*(4), 665–685.

Cepeda, G., Nitzl, C., & Roldán, J. L. (2017). Mediation analyses in partial least squares structural equation modeling: Guidelines and empirical examples. In H. Latan & R. Noonan (Eds.), *Partial least squares path modeling: Basic concepts, methodological issues and applications* (pp. 173–195). Springer.

Hair, J. F., Hult, G. T. M., Ringle, C. M., & Sarstedt, M. (2014). *A primer on partial least squares structural equation modeling(PLS–SEM).* Sage Publications.

Hair, J. F., Hult, G. T. M., Ringle, C. M., & Sarstedt, M. (2017). *A primer on partial least squares structural equation modeling(PLS–SEM)* (2nd ed.). Sage Publications.

Hair, J. F., Hult, G. T. M., Ringle, C. M., & Sarstedt, M. (2021a). *A primer on partial least squares structural equation modeling(PLS–SEM)* (3rd ed.). Sage Publications.

Hair, J. F., Hult, G. T. M., Ringle, C. M., Sarstedt, M., Danks, N. P., & Ray, S. (2021b). *Partial least squares structural equation modeling(PLS–SEM)* using R: A workbook. Springer.

Henseler, J. (2021). *Composite–based structural equation modeling: Analyzing latent and emergent variables.* Guilford Press.

Lancelot–Miltgen, C., Henseler, J., Gelhard, C., & Popovic, A. (2016). Introducing new products that affect consumer privacy: A mediation model. *Journal of Business Research, 69*(10), 4659–4666.

Memon, M. A., Cheah, J.–H., Ramayah, T., Ting, H., & Chuah, F. (2018). Mediation analysis: Issues and recommendations. *Journal of Applied Structural Equation Modeling, 2*(1), i–ix.

Nitzl, C., Roldán, J. L., & Cepeda, G. (2016). Mediation analysis in partial least squares path modeling: Helping researchers discuss more sophisticated models. *Industrial Management & Data Systems, 116*(9), 1849–1864.

Rasoolimanesh, S. M., Wang, M., Roldán, J. L., & Kunasekaran, P. (2021). Are we in right path for mediation analysis? Reviewing the literature and proposing robust guidelines. *Journal of Hospitality and Tourism Management, 48*, 395–405.

Ringle, C. M., Wende, S., & Becker, J.–M. (2015). SmartPLS 3. Boenningstedt:

SmartPLS. retrieved from https://www.smartpls.com.

Rungtusanatham, M., Miller, J. W., & Boyer, K. K. (2014). Theorizing, testing, and concluding for mediation in SCM research: Tutorial and procedural recommendations. *Journal of Operations Management, 32*(3), 99-113.

Sarstedt, M., Hair, J. F., Nitzl, C., Ringle, C. M., & Howard, M. C. (2020). Beyond a tandem analysis of SEM and PROCESS: Use of PLS-SEM for mediation analyses! *International Journal of Market Research, 62*(3), 288-299.

Sarstedt, M., Henseler, J., & Ringle, C. M. (2011). Multigroup analysis in partial least squares (PLS) path modeling: Alternative methods and empirical results. *Measurement and Research Methods in International Marketing: Advances in International Marketing, 22*, 195-218.

Wong, K. K. (2019). *Mastering partial least squares structural equation modeling (PLS-SEM) with SmartPLS in 38 hours*. iUniverse.

Zhao, X., Lynch, J. G., & Chen, Q. (2010). Reconsidering Baron and Kenny: Myths and truths about mediation analysis. *Journal of Consumer Research, 37*(3), 197-206.

Chapter

7 매개효과분석: 다중매개모델

Chapter 7 매개효과분석: 다중매개모델

1 다중매개모델: 예 1

1 [그림 7-1]의 다중매개모델(multiple mediator model)을 대상으로 매개효과분석에 대해 살펴보기로 한다. 이 모델은 독립변수(Concern)와 종속변수(Intention) 사이에 2개의 매개변수(Trust, Risk)가 있는 다중매개모델이다. 구체적으로, 매개변수 간에 관계(Trust → Risk)가 설정되어 있으므로 연속다중매개모델(serial multiple mediator model)이다.

≫그림 7-1 | 다중매개모델

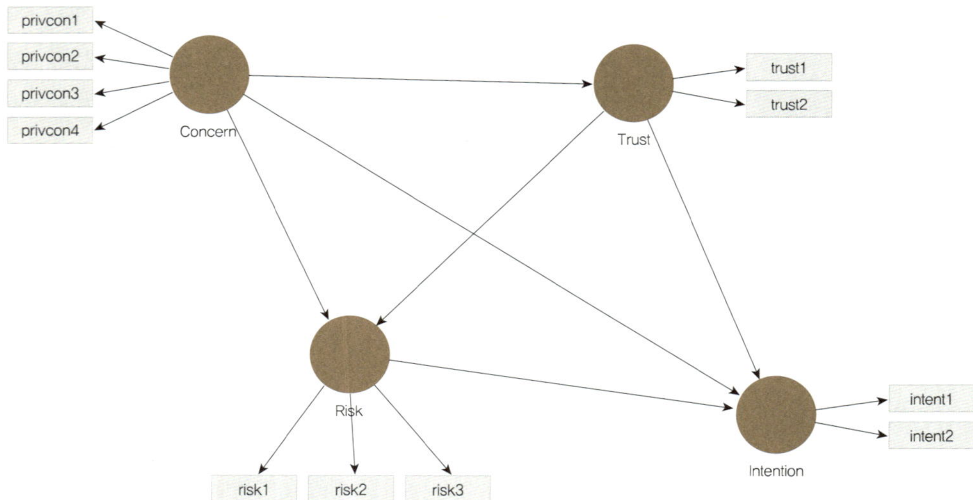

2 연구자들이 이 모델을 보면서 무슨 생각을 할까? 저자는 이 모델을 보면서 다음

과 같은 생각을 했다.

3 첫째, Concern → Trust → Intention의 매개효과와 Concern → Risk → Intention의 매개효과가 차이가 있는가를 검정할 수 있을까?

4 둘째, 위 모델에서 Concern → Trust → Risk → Intention의 매개효과를 어떻게 가설로 기술할 것인가?

5 셋째, Concern → Trust → Risk → Intention의 매개효과를 검정하는 것이 의미가 있는가? 이러한 질문에 답하기로 한다.

1.1 PLS algorithm에 의한 추정

1 [Calculate] → [PLS algorithm]으로 가서 이를 클릭한다.

2 [Setup] 화면의 [Basic Settings]에서 [Weighting scheme]에 제공되는 세 가지 옵션 가운데 디폴트로 되어 있는 [Path]를 그대로 이용한다.

3 [Start Calculation] 버튼을 클릭한다.

4 추정한 결과를 보기 위해 밑에 있는 [Final Results]를 마우스 포인터로 이동하여 원하는 곳을 클릭하면 값을 볼 수 있다.

출력 7-1 경로계수

Path Coefficients

Matrix | Path Coefficients

	Concern	Intention_	Risk	Trust
Concern		-0.0507	0.3037	-0.1154
Intention_				
Risk		-0.1459		
Trust		0.4939	-0.2097	

출력 7-2 총간접효과

Indirect Effects

Total Indirect Effects | Specific Indirect Effects

	Concern	Intention_	Risk	Trust
Concern		-0.1049	0.0242	
Intention_				
Risk				
Trust		0.0306		

출력 7-3 특정간접효과

Indirect Effects

Total Indirect Effects | Specific Indirect Effects

	Specific Indire...
Trust -> Risk -> Intention_	0.0306
Concern -> Risk -> Intention_	-0.0443
Concern -> Trust -> Risk -> Intention_	-0.0035
Concern -> Trust -> Risk	0.0242
Concern -> Trust -> Intention_	-0.0570

5 모수의 유의성을 검정하기 위해 붓스트래핑을 한다.

6 이를 위해 [Calculate] → [Bootstrapping]을 클릭한다.

7 [Setup]의 [Basic Settings]에서 [Subsamples]를 [5000]으로 바꾸고 나머지는 디폴트대로 두고, [Start Calculation] 버튼을 클릭한다.

8 추정한 결과를 보기 위해 밑에 있는 [Final Results]를 마우스 포인터로 이동하여 원하는 곳을 클릭한다.

출력 7-4 붓스트래핑 결과: 경로계수

Path Coefficients

Mean, STDEV, T-Values, P-Values | Confidence Intervals | Confidence ntervals Bias Corrected | Sa

	Original Samp...	Sample Mean ...	Standard Devi...	T Statistics (|O...	P Values
Concern -> Intention_	-0.0507	-0.0514	0.0296	1.7128	0.0868
Concern -> Risk	0.3037	0.3049	0.0331	9.1683	0.0000
Concern -> Trust	-0.1154	-0.1166	0.0338	3.4158	0.0006
Risk -> Intention_	-0.1459	-0.1464	0.0315	4.6320	0.0000
Trust -> Intention_	0.4939	0.4940	0.0328	15.0673	0.0000
Trust -> Risk	-0.2097	-0.2091	0.0333	6.3044	0.0000

출력 7-5 붓스트래핑 결과: 특정간접효과

Specific Indirect Effects

Mean, STDEV, T-Values, P-Values | Confidence Intervals | Confidence Intervals Bias Corrected | Samples

	Original Samp...	Sample Mean ...	Standard Devi...	T Statistics (|O...	P Values
Trust -> Risk -> Intention_	0.0306	0.0307	0.0086	3.5488	0.0004
Concern -> Risk -> Intention_	-0.0443	-0.0446	0.0108	4.1206	0.0000
Concern -> Trust -> Risk -> Intention_	-0.0035	-0.0036	0.0015	2.3785	0.0174
Concern -> Trust -> Risk	0.0242	0.0244	0.0081	2.9923	0.0028
Concern -> Trust -> Intention_	-0.0570	-0.0576	0.0172	3.322[illegible]	0.0009

9 [출력 7-5]를 보면, 경로들 간의 관계가 모두 매개효과가 있는 것으로 나타났다.

10 특정간접효과를 보면, Trust → Risk → Intention, Concern → Trust → Risk 등에 대해서도 간접효과를 계산하여 보고하고 있다. 이들 간접효과는 의미가 있을까? 저자는 이들 간접효과는 의미 없는 정보라고 생각한다. 왜냐하면 간접효과는 독립변수와 종속변수 간에 개입하는 제3의 변수이기 때문이다. Trust는 독립변수가 아니고, Risk는 종속변수가 아니다.

11 [출력 7-5]에서 연구자가 관심을 가져야 할 매개효과 계수는 Concern → Risk → Intention인 $\beta = -.0443$, Concern → Trust → Intention인 $\beta = -.0570$, Concern → Trust → Risk → Intention인 $\beta = -.0035$이다.

12 여기에서 Concern → Trust → Risk → Intention의 관계를 어떻게 가설로 기술할 것인가? 다음과 같이 기술하면 된다.

가설: Concern과 Intention 간의 관계는 Trust와 Risk에 의해 연속적으로 매개될 것이다.

13 이 가설이 의미가 있다면 연구가설로 포함하여 연구하는 것이 가치가 있으나 의미가 없다면 굳이 포함할 필요가 없다. 위 가설을 세우기 위해서는 문헌 검토(literature review)를 통해 Concern → Trust, Trust → Risk, Risk → Intention 간의 관계에 대해 이론적 배경에서 근거를 제시해야 한다.

1.2 PLSc algorithm에 의한 추정

1 PLSc algorithm으로 추정하기 위해 [Calculate] → [Consistent PLSc algorithms] → [Consistent PLSc algorithm]으로 가서 클릭한다.

2 이를 실행하면 다음과 같은 결과를 얻는다.

출력 7-6 경로계수

Path Coefficients

Matrix | Path Coefficients

	Concern	Intention_	Risk	Trust
Concern		-0.0450	0.3547	-0.1299
Intention_				
Risk		-0.1588		
Trust		0.5473	-0.2358	

출력 7-7 특정간접효과

Specific Indirect Effects

Mean, STDEV, T-Values, P-Values | Confidence Intervals | Confidence Intervals Bias Corrected | Samples

	Original Samp...	Sample Mean ...	Standard Devi...	T Statistics (|O...	P Values
Trust -> Risk -> Intention_	0.0374	0.0380	0.0115	3.2589	0.0012
Concern -> Risk -> Intention_	-0.0563	-0.0571	0.0154	3.6673	0.0003
Concern -> Trust -> Risk -> Intention_	-0.0049	-0.0049	0.0021	2.2907	0.0224
Concern -> Trust -> Risk	0.0306	0.0307	0.0106	2.8923	0.0040
Concern -> Trust -> Intention_	-0.0711	-0.0714	0.0223	3.1878	0.0015

3 붓스트래핑을 하기 위해 [Calculate] → [Consistent PLS algorithms] → [Consistent PLS Bootstrapping]을 클릭한다.

4 붓스트래핑을 하면 다음과 같은 결과를 얻는다.

출력 7-8 붓스트래핑 결과: 경로계수

Path Coefficients

Mean, STDEV, T-Values, P-Values | Confidence Intervals | Confidence Intervals Bias Corrected

	Original Samp...	Sample Mean ...	Standard Devi...	T Statistics (|O...	P Values
Concern -> Int...	-0.0450	-0.0449	0.0356	1.2625	0.2068
Concern -> Risk	0.3547	0.3556	0.0396	8.9596	0.0000
Concern -> Tr...	-0.1299	-0.1294	0.0381	3.4115	0.0007
Risk -> Intenti...	-0.1588	-0.1580	0.0404	3.9301	0.0001
Trust -> Intenti...	0.5473	0.5479	0.0390	14.0259	0.0000
Trust -> Risk	-0.2358	-0.2366	0.0382	6.1775	0.0000

출력 7-9 붓스트래핑 결과: 특정간접효과

Specific Indirect Effects

Mean, STDEV, T-Values, P-Values | Confidence Intervals | Confidence Intervals Bias Corrected | Samples

	Original Samp...	Sample Mean ...	Standard Devi...	T Statistics (|O...	P Values
Trust -> Risk -> Intention_	0.0374	0.0374	0.0114	3.2711	0.0011
Concern -> Risk -> Intention_	-0.0563	-0.0562	0.0158	3.5730	0.0004
Concern -> Trust -> Risk -> Intention_	-0.0049	-0.0048	0.0021	2.3277	0.0200
Concern -> Trust -> Risk	0.0306	0.0305	0.0102	3.0164	0.0026
Concern -> Trust -> Intention_	-0.0711	-0.0709	0.0216	3.2923	0.0010

출력 7-10 붓스트래핑 결과: 총간접효과

Total Indirect Effects

Mean, STDEV, T-Values, P-Values | Confidence Intervals | Confidence Intervals Bias Corrected

	Original Samp...	Sample Mean ...	Standard Devi...	T Statistics (|O...	P Values
Concern -> Intention_	-0.1323	-0.1332	0.0258	5.1206	0.0000
Concern -> Risk	0.0306	0.0308	0.0103	2.9847	0.0029
Concern -> Trust					
Risk -> Intention_					
Trust -> Intention_	0.0374	0.0378	0.0112	3.3430	0.0008
Trust -> Risk					

출력 7-11 붓스트래핑 결과: 총효과

Total Effects

Mean, STDEV, T-Values, P-Values | Confidence Intervals | Confidence Intervals Bias Corrected | Samples

	Original Samp...	Sample Mean ...	Standard Devi...	T Statistics (|O...	P Values
Concern -> Intention_	-0.1773	-0.1789	0.0362	4.8906	0.0000
Concern -> Risk	0.3853	0.3864	0.0389	9.9125	0.0000
Concern -> Trust	-0.1299	-0.1314	0.0383	3.3888	0.0007
Risk -> Intention_	-0.1588	-0.1592	0.0403	3.9375	0.0001
Trust -> Intention_	0.5847	0.5855	0.0345	16.9410	0.0000
Trust -> Risk	-0.2358	-0.2368	0.0381	6.1914	0.0000

5 모두 매개효과가 있는 것으로 나타났다. VAF(variance accounted for)를 이용하여 매개효과의 크기를 계산하기로 한다. VAF는 총효과에 대한 간접효과 크기의 비율을 의미한다.

6 Concern → Intention의 총효과는 $\beta = -.1773$이다. 총간접효과는 $\beta = -.1323$이다. 따라서 총간접효과의 VAF는 $-.1323/-.1773 \approx 75\%$이다. 이는 총효과 가운데 간접효과가 75% 정도 설명되고 있음을 의미한다. 따라서 직접효과의 VAF는 25%임을 알 수 있다. 이는 직접효과의 VAF는 $-.045/-.1773 \approx 25\%$에 의해서도 확인할 수 있다.

7 이제 각각의 특정간접효과에 대한 VAF를 계산하기로 한다.

- Concern → Trust → Intention의 VAF: $-.0711/-.1773 \approx 40\%$
- Concern → Risk → Intention의 VAF: $-.0563/-.1773 \approx 32\%$
- Concern → Trust → Risk → Intention의 VAF: $-.0049/-.1773 \approx 3\%$

8 위 모델을 ADANCO로 분석한 결과는 [출력 7-12]와 같다. ADANCO는 Henseler(2021)가 만든 PLS-SEM 패키지이다. Henseler는 원래 SmartPLS 팀의 멤버 가운데 하나였는데, 따로 독립해서 이 패키지를 만들었다. Henseler는 반영지표인 모델을 PLSc로 추정할 것을 강하게 주장하는 학자이다.

출력 7-12 ADANCO에 의한 분석 결과

Effect	Estimate	95% confidence interval
Direct effects		
privacy concerns → *trust* (a_1)	−0.1299	[−0.2146; −0.0583]
privacy concerns → *risk* (a_2)	0.3547	[0.2755; 0.4237]
privacy concerns → *intention* (c)	−0.0451	[−0.1116; 0.0251]
trust → *risk* (b_3)	−0.2358	[−0.3105; −0.1659]
trust → *intention* (b_1)	0.5476	[0.4672; 0.6199]
risk → *intention* (b_2)	−0.1592	[−0.2420; −0.0786]
Indirect effects		
trust → *intention* ($b_3 \cdot b_2$)	0.0375	[0.0180; 0.0636]
privacy concerns → *risk* ($a_1 \cdot b_3$)	0.0306	[0.0132; 0.0542]
privacy concerns → *trust* → *intention* (IE_1)	−0.0711	[−0.1181; −0.0326]
privacy concerns → *risk* → *intention* (IE_2)	−0.0565	[−0.0908; −0.0273]
privacy concerns → *trust* → *risk* → *intention* (IE_3)	−0.0049	[−0.0102; −0.0016]
privacy concerns → *intention* (IE_1+IE_2+IE_3)	−0.1325	[−0.1925; −0.0820]
Total effects		
trust → *intention* ($b_1 + b_3 \cdot b_2$)	0.5851	[0.5204; 0.6475]
privacy concerns → *risk* ($a_2 + a_1 \cdot b_3$)	0.3853	[0.3113; 0.4604]
privacy concerns → *intention* (c+IE_1+IE_2+IE_3)	−0.1776	[−0.2491; −0.1102]

출처: Henseler (2021), p. 212.

9 ADANCO로 분석한 결과와 SmartPLS의 PLSc로 분석한 결과([출력 7-9], [출력 7-10], [출력 7-11] 참조)가 거의 비슷한 것을 알 수 있다.

10 ADANCO에서도 앞서 언급한 경로계수(b_3b_2, a_1b_3)에 대한 결과들을 보고하고 있다. 이 계수들은 필요 없는 정보이다. [출력 7-12]에서 필요한 정보는 IE_1, IE_2, IE_3, $IE_1 + IE_2 + IE_3$이다.

1.3 매개효과의 차이 검정

1 Concern → Trust → Intention 경로계수 $\beta=-.0563$과 Concern → Risk → Intention 경로계수 $\beta=-.0711$의 매개효과 차이(.0148)가 유의적인가를 검정하기로 한다([출력 7-9] 참조).

2 이를 위해 [Specific Indirect Effects]를 클릭하고 그 화면에서 오른쪽 위에 있는 [Samples] 탭을 클릭한다.

3 붓스트래핑 결과를 엑셀 시트에 붙이기 위해 오른쪽 위에 [Copy to Clipboard]에 있는 [Excel Format]을 클릭한다. [Excel Format]을 클릭하면 엑셀화면이 열리면서 데이터가 바로 보일 것으로 기대하지 말라. 이 버튼은 붓스트래핑 결과를 컴퓨터의 메모리에 저장하는 기능을 한다.

4 엑셀을 실행한 다음, 초기화면에서 마우스 포인터를 적당한 곳에 놓고 [Control + v]를 이용하여 붙인다. [엑셀시트 7-1]은 붙인 화면을 제시한 것이다.

엑셀시트 7-1 특정간접효과의 붓스트래핑 결과

	A	B	C	D	E	F	G	H	I
1									
2									
3			Trust -> Risk -> I	Concern -> Risl	Concern -> Tr	Concern -> Tru	Concern -> Trust -> Intention_		
4		Sample 0	0.0384	-0.0725	-0.0052	0.0293	-0.0747		
5		Sample 1	0.03	-0.0568	-0.0041	0.0246	-0.0743		
6		Sample 2	0.0185	-0.0377	-0.0018	0.0168	-0.0554		
7		Sample 3	0.0559	-0.0893	-0.007	0.0301	-0.0572		
8		Sample 4	0.045	-0.0706	-0.0072	0.037	-0.0881		
9		Sample 5	0.036	-0.0653	-0.0075	0.039	-0.1139		
10		Sample 6	0.0295	-0.0462	-0.0057	0.0414	-0.1046		
11		Sample 7	0.0339	-0.051	-0.0057	0.0422	-0.0899		
12		Sample 8	0.0425	-0.066	-0.0063	0.0346	-0.0771		
13		Sample 9	0.0431	-0.0506	-0.0042	0.0261	-0.0543		

5 Concern → Risk → Intention 경로와 Concern → Trust → Intention 경로에 해당하는 것만 남겨놓고 나머지는 모두 지운다. 현재 있는 상태에서 작업해도 된다.

엑셀시트 7-2 특정간접효과의 붓스트래핑 결과

	A	B	C	D
1				
2				
3			Concern -> Risk -> Intention_	Concern -> Trust -> Intention_
4		Sample 0	-0.0725	-0.0747
5		Sample 1	-0.0568	-0.0743
6		Sample 2	-0.0377	-0.0554
7		Sample 3	-0.0893	-0.0572
8		Sample 4	-0.0706	-0.0881
9		Sample 5	-0.0653	-0.1139
10		Sample 6	-0.0462	-0.1046
11		Sample 7	-0.051	-0.0899
12		Sample 8	-0.066	-0.0771
13		Sample 9	-0.0506	-0.0543

6 [Original Sample Mean(o)] 값(−.0563)을 [3B]에 추가한다.

7 [C3(a)]과 [D3(b)]의 평균을 구하기 위해 각각 다음과 같은 함수식을 만든다.

엑셀시트 7-3 **함수식**

C3 =AVERAGE(C4:C5003)

	A	B	C
1		o	a
2		original sample	Concern -> Risk -> Intention_
3	mean	-0.0563	-0.05678064

=AVERAGE(D4:D5003)

C	D
a	b
Concern -> Risk -> Intention_	Concern -> Trust -> Intention_
-0.05678064	-0.0715025

8 a와 b의 차이를 계산하기 위해 [E4=C4−D4]를 입력한다.

9 PERCENTILE을 계산하기 위해 [F3]에 [=PERCENTILE($E$4:$E5003, 0.05)]라고 입력한다. 이는 5% 수준이다.

10 PERCENTILE을 계산하기 위해 [G3]에 [=PERCENTILE($E$4:$E5003, 0.95)]라고 입력한다. 이는 95% 수준이다.

11 95% 수준에서 값이 0을 포함하므로(−0.0320, 0.06360) 유의적이지 않다. 즉 두 매개효과는 차이가 없다고 해석한다.

엑셀시트 7-4 **차이검정**

F	G	H	I	J
0.05th	0.95th	bias(O-a)	bc.0.05th	bc.0.95th
-0.0320	0.06360	0.000481	-0.03152	0.064081

12 Bias Corrected 방법으로 하기 위해 [H3]에 [B3−C3]을 입력한다.

13 BC-PERCENTILE 값을 산출하기 위해 [I3]에 [F3+$H$3], [J3]에 [G3+$H$3]으로 입력한다.

14 Bias Corrected 방법에 의한 결과는 PERCENTILE 방법과 값이 큰 차이가 없다(−0.03152, 0.064081).

15 위 Excel 함수식에서 $가 포함된 수식에서 이것은 빼도 동일한 결과를 얻는다.

2 다중매개모델: 예 2

그림 7-2 | 다중매개모델

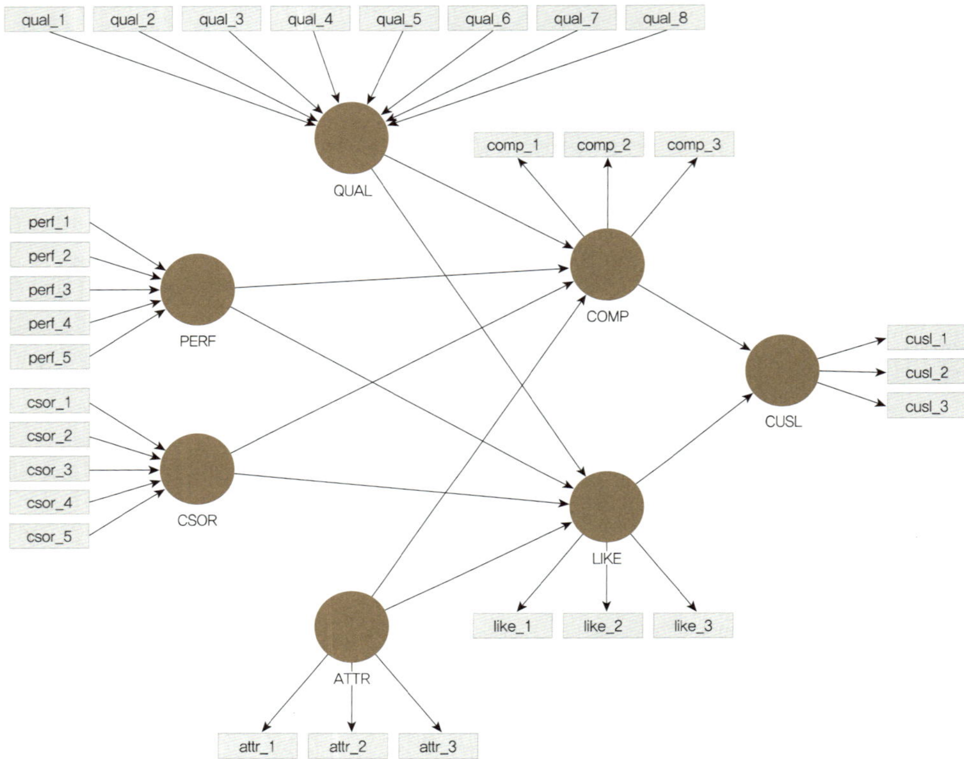

1 [그림 7-2] 모델을 통해 다중매개모델의 분석에 대해 살펴보기로 한다. 이 모델에서 QUAL, PERF, CSOR은 조형지표로 측정된 것으로 가설화되었다. 이 다중매개모델에서 COMP와 LIKE가 매개변수이다. 이 모델은 매개변수 간에 어떤 관계도 설정되어 있지 않기 때문에 **평행다중매개모델(parallel multiple mediator model)**이다.

2 이를 PLS algorithm으로 추정하면 다음과 같은 결과를 얻는다.

출력 7-13 PLS 추정 결과: 경로계수

Path Coefficients

Mean, STDEV, T-Values, P-Values | Confidence Intervals | Confidence Intervals Bias Corrected

	Original Samp...	Sample Mean ...	Standard Devi...	T Statistics (|O...	P Values
ATTR -> COMP	0.087	0.085	0.052	1.670	0.095
ATTR -> LIKE	0.168	0.161	0.062	2.716	0.007
COMP -> CUSL	0.078	0.079	0.068	1.143	0.251
CSOR -> COMP	0.053	0.056	0.055	0.972	0.331
CSOR -> LIKE	0.177	0.178	0.056	3.156	0.002
LIKE -> CUSL	0.568	0.569	0.061	9.382	0.000
PERF -> COMP	0.301	0.304	0.066	4.595	0.000
PERF -> LIKE	0.118	0.123	0.068	1.747	0.081
QUAL -> COMP	0.428	0.429	0.066	6.490	0.000
QUAL -> LIKE	0.380	0.388	0.063	6.043	0.000

출력 7-14 PLS 추정 결과: 특정간접효과

Specific Indirect Effects

Mean, STDEV, T-Values, P-Values | Confidence Intervals | Confidence Intervals Bias Corrected | Samples

	Original Samp...	Sample Mean ...	Standard Devi...	T Statistics (|O...	P Values
CSOR -> LIKE -> CUSL	0.101	0.102	0.035	2.915	0.004
PERF -> LIKE -> CUSL	0.067	0.070	0.039	1.719	0.086
ATTR -> LIKE -> CUSL	0.096	0.092	0.037	2.551	0.011
QUAL -> LIKE -> CUSL	0.216	0.221	0.045	4.766	0.000
PERF -> COMP -> CUSL	0.024	0.024	0.022	1.067	0.286
QUAL -> COMP -> CUSL	0.033	0.033	0.030	1.111	0.267
ATTR -> COMP -> CUSL	0.007	0.007	0.008	0.848	0.397
CSOR -> COMP -> CUSL	0.004	0.004	0.007	0.616	0.538

3 CSOR → LIKE → CUSL, ATTR → LIKE → CUSL, QUAL → LIKE → CUSL 경로만 매개효과가 있고 나머지는 매개효과가 없는 것으로 나타났다.

4 PLSc로 추정하면 [출력 7-15], [출력 7-16]의 결과를 얻는다.

출력 7-15 PLSc 추정 결과: 경로계수

Path Coefficients

Mean, STDEV, T-Values, P-Values | Confidence Intervals | Confidence Intervals Bias Corrected

	Original Samp...	Sample Mean ...	Standard Devi...	T Statistics (|O...	P Values
ATTR -> COMP	0.296	0.328	3.245	0.091	0.927
ATTR -> LIKE	0.552	0.557	5.560	0.099	0.921
COMP -> CUSL	-0.100	-0.107	0.150	0.666	0.505
CSOR -> COMP	0.011	0.004	0.753	0.014	0.989
CSOR -> LIKE	0.101	0.098	1.308	0.078	0.938
LIKE -> CUSL	0.815	0.824	0.139	5.870	0.000
PERF -> COMP	0.266	0.255	0.880	0.302	0.762
PERF -> LIKE	-0.010	-0.014	1.482	0.007	0.994
QUAL -> COMP	0.395	0.384	1.932	0.204	0.838
QUAL -> LIKE	0.249	0.257	3.324	0.075	0.940

출력 7-16 PLSc로 추정한 결과: 특정간접효과

Specific Indirect Effects

Mean, STDEV, T-Values, P-Values | Confidence Intervals | Confidence Intervals Bias Corrected | Sa

	Original Samp...	Sample Mean ...	Standard Devi...	T Statistics (|O...	P Values
CSOR -> LIKE -> CUSL	0.083	0.074	0.355	0.233	0.816
PERF -> LIKE -> CUSL	-0.008	-0.022	0.471	0.018	0.986
ATTR -> LIKE -> CUSL	0.450	0.501	1.358	0.332	0.740
QUAL -> LIKE -> CUSL	0.203	0.189	0.706	0.288	0.774
PERF -> COMP -> CUSL	-0.027	-0.030	0.108	0.246	0.806
QUAL -> COMP -> CUSL	-0.040	-0.046	0.259	0.152	0.879
ATTR -> COMP -> CUSL	-0.030	-0.031	0.382	0.078	0.938
CSOR -> COMP -> CUSL	-0.001	-0.001	0.072	0.015	0.988

5 특정간접효과는 모두 유의적이지 않은 것으로 나타났다.

6 이 결과는 PLS로 추정한 것([출력 7-13], [출력 7-14])과 다르다. 제1장에서 살펴본 바와 같이, 이 모델은 조형지표와 반영지표가 혼합된 것이므로 PLS로 추정한 결과를 토대로 해석해야 한다.

3 다중매개모델: 예 3

>> 그림 7-3 | 연구모델

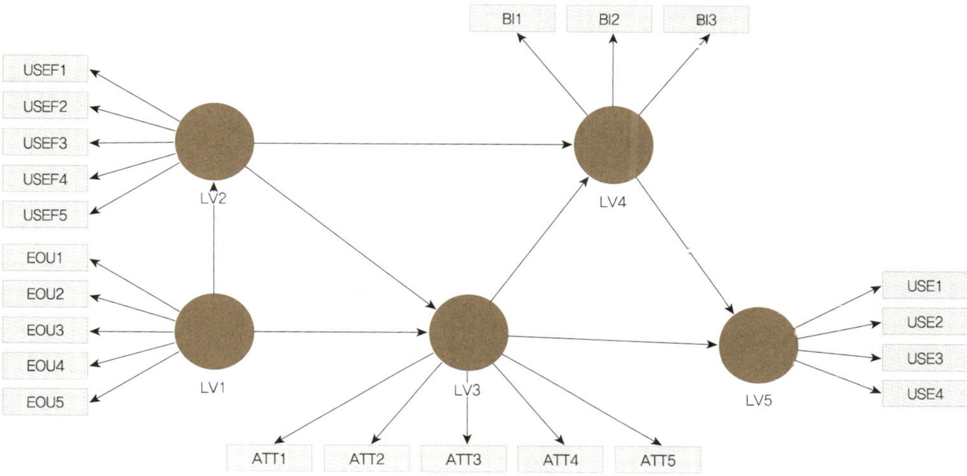

1 이 모델을 PLS로 추정하면 다음과 같은 결과를 얻는다.

출력 7-17 경로계수

Path Coefficients

Mean, STDEV, T-Values, P-Values | Confidence Intervals | Confidence Intervals Bias Corrected

	Original Samp...	Sample Mean ...	Standard Devi...	T Statistics (|O...	P Values
LV1 -> LV2	0.445	0.447	0.036	12.313	0.000
LV1 -> LV3	0.253	0.253	0.036	7.056	0.000
LV2 -> LV3	0.267	0.268	0.035	7.537	0.000
LV2 -> LV4	0.401	0.402	0.039	10.265	0.000
LV3 -> LV4	0.172	0.172	0.033	5.160	0.000
LV3 -> LV5	0.271	0.273	0.034	8.095	0.000
LV4 -> LV5	0.134	0.134	0.036	3.694	0.000

출력 7-18 특정간접효과

Specific Indirect Effects

Mean, STDEV, T-Values, P-Values | Confidence Intervals | Confidence Intervals Bias Corrected | Samples

	Original Samp...	Sample Mean ...	Standard Devi...	T Statistics (|O...	P Values
LV1 -> LV3 -> LV4 -> LV5	0.006	0.006	0.002	2.610	0.009
LV1 -> LV2 -> LV4 -> LV5	0.024	0.024	0.008	3.170	0.002
LV2 -> LV4 -> LV5	0.054	0.054	0.015	3.480	0.001
LV1 -> LV2 -> LV3 -> LV4 -> LV5	0.003	0.003	0.001	2.890	0.004
LV1 -> LV2 -> LV3 -> LV4	0.021	0.020	0.005	4.187	0.000
LV2 -> LV3 -> LV4	0.046	0.046	0.010	4.516	0.000
LV2 -> LV3 -> LV5	0.073	0.073	0.013	5.427	0.000
LV1 -> LV2 -> LV3	0.119	0.120	0.020	5.972	0.000
LV1 -> LV3 -> LV5	0.069	0.069	0.014	4.846	0.000
LV1 -> LV2 -> LV4	0.179	0.181	0.027	6.511	0.000
LV1 -> LV3 -> LV4	0.044	0.044	0.012	3.533	0.000
LV1 -> LV2 -> LV3 -> LV5	0.032	0.033	0.007	4.720	0.000
LV2 -> LV3 -> LV4 -> LV5	0.006	0.006	0.002	3.014	0.003
LV3 -> LV4 -> LV5	0.023	0.023	0.008	3.056	0.002

2 이 모델을 PLSc로 추정하면 다음과 같은 결과를 얻는다.

출력 7-19 경로계수

Path Coefficients

Mean, STDEV, T-Values, P-Values | Confidence Intervals | Confidence Intervals Bias Corrected

	Original Samp...	Sample Mean ...	Standard Devi...	T Statistics (|O...	P Values
LV1 -> LV2	0.500	0.501	0.040	12.521	0.000
LV1 -> LV3	0.272	0.273	0.042	6.464	0.000
LV2 -> LV3	0.276	0.275	0.041	6.795	0.000
LV2 -> LV4	0.459	0.458	0.045	10.283	0.000
LV3 -> LV4	0.177	0.178	0.040	4.434	0.000
LV3 -> LV5	0.317	0.318	0.041	7.677	0.000
LV4 -> LV5	0.160	0.160	0.047	3.406	0.001

출력 7-20 특정간접효과

Specific Indirect Effects

Mean, STDEV, T-Values, P-Values | Confidence Intervals | Confidence Intervals Bias Corrected | Samples

	Original Samp...	Sample Mean ...	Standard Devi...	T Statistics (|O...	P Values
LV1 -> LV3 -> LV4 -> LV5	0.008	0.008	0.003	2.352	0.019
LV1 -> LV2 -> LV4 -> LV5	0.037	0.037	0.012	2.964	0.003
LV2 -> LV4 -> LV5	0.073	0.073	0.023	3.205	0.001
LV1 -> LV2 -> LV3 -> LV4 -> LV5	0.004	0.004	0.001	2.724	0.006
LV1 -> LV2 -> LV3 -> LV4	0.024	0.024	0.006	3.965	0.000
LV2 -> LV3 -> LV4	0.049	0.049	0.012	4.092	0.000
LV2 -> LV3 -> LV5	0.087	0.087	0.017	5.023	0.000
LV1 -> LV2 -> LV3	0.138	0.138	0.024	5.748	0.000
LV1 -> LV3 -> LV5	0.086	0.087	0.019	4.436	0.000
LV1 -> LV2 -> LV4	0.230	0.230	0.034	6.660	0.000
LV1 -> LV3 -> LV4	0.048	0.049	0.016	3.071	0.002
LV1 -> LV2 -> LV3 -> LV5	0.044	0.044	0.010	4.570	0.000
LV2 -> LV3 -> LV4 -> LV5	0.008	0.008	0.003	2.781	0.005
LV3 -> LV4 -> LV5	0.028	0.028	0.010	2.773	0.006

3 5개 매개효과 경로(① LV1 → LV3 → LV4 → LV5, ② LV1 → LV2 → LV4 → LV5, ③ LV1 → LV2 → LV3 → LV4 → LV5, ④ LV1 → LV3 → LV5, ⑤ LV1 → LV2 → LV3 → LV5)가 모두 유의적인 것으로 나타났다.

4 [출력 7-20]에서 시작이 LV1, 끝이 LV5가 아닌 경로는 모두 필요 없는 정보이다. 따라서 9개 경로에 대한 특정간접효과는 모두 필요 없는 정보이다.

4 다중매개모델: 예 4

그림 7-4 | 연구모델

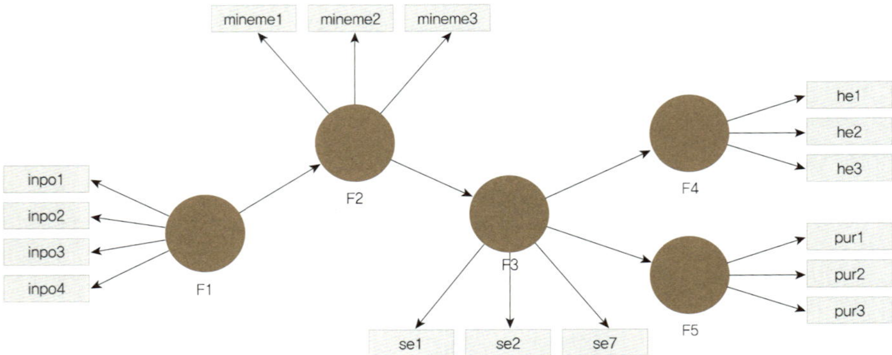

1 [그림 7-4]를 PLS algorithm으로 분석하면 다음과 같은 결과를 얻는다.

출력 7-21 특정간접효과

Specific Indirect Effects

Mean, STDEV, T-Values, P-Values | Confidence Intervals | Confidence Intervals Bias Corrected | Samples

	Original Samp...	Sample Mean ...	Standard Devi...	T Statistics (|O...	P Values
F1 -> F2 -> F3 -> F5	0.006	0.006	0.003	2.085	0.038
F1 -> F2 -> F3	0.038	0.040	0.012	3.117	0.002
F2 -> F3 -> F4	0.050	0.052	0.012	3.975	0.000
F1 -> F2 -> F3 -> F4	0.009	0.010	0.004	2.506	0.013
F2 -> F3 -> F5	0.031	0.034	0.011	2.893	0.004

2 SmartPLS에서는 F1 → F2 → F3, F2 → F3 → F4, F2 → F3 → F5의 간접효과를 보고한다. 저자는 이들 경로에 대해 간접효과를 보고하는 이유를 잘 모르겠다. SmartPLS 팀이 너무 친절한 것일까?

3 F1 → F2 → F3 → F5의 경로계수와 F1 → F2 → F3 → F4 경로계수의 차이 검정이 의미가 있을까? 종속변수가 다르므로(F4, F5) 이 분석은 의미가 없다.

5 다중매개모델: 예 5

》그림 7-5 | 연구모델

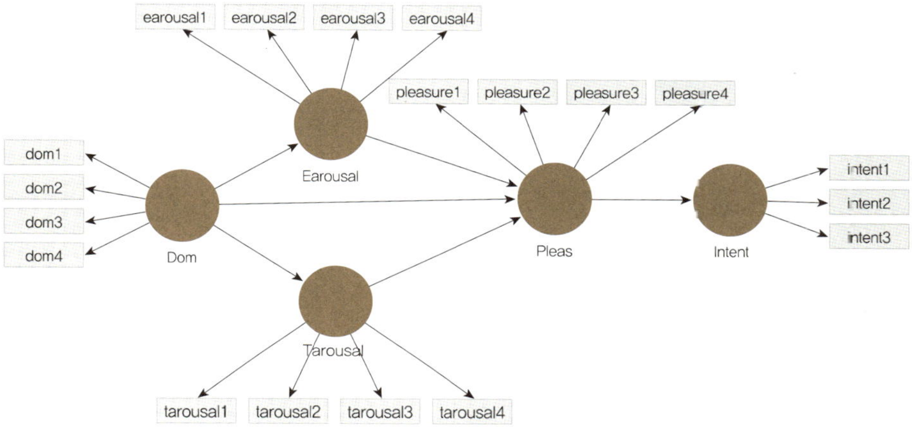

1 [그림 7-5]를 PLS algorithm으로 분석하면 다음과 같은 결과를 얻는다.

출력 7-22 특정간접효과

Specific Indirect Effects

Mean, STDEV, T-Values, P-Values | Confidence Intervals | Confidence Intervals Bias Corrected | Samples

	Original Samp...	Sample Mean ...	Standard Devi...	T Statistics (|O...	P Values
Tarousal -> Pleas -> Intent	0.016	0.018	0.042	0.375	0.707
Earousal -> Pleas -> Intent	0.367	0.369	0.043	8.543	0.000
Dom -> Tarousal -> Pleas	0.003	0.002	0.009	0.333	0.739
Dom -> Pleas -> Intent	0.128	0.129	0.043	2.960	0.003
Dom -> Tarousal -> Pleas -> Intent	0.002	0.001	0.006	0.332	0.740
Dom -> Earousal -> Pleas -> Intent	0.181	0.183	0.029	6.169	0.000
Dom -> Earousal -> Pleas	0.280	0.283	0.040	6.985	0.000

2 위 결과에서 볼 수 있듯, 앞서 [그림 7-4] 모델을 분석할 때와 똑같은 상황을 만나게 된다. 즉 불필요한 간접효과(Dom → Earousal → Pleas, Dom → Tarousal → Pleas, Tarousal → Pleas Intent, Earousal → Pleas → Intent)를 계산하여 보고한다.

3 [출력 7-22]에서 연구자가 필요로 하는 간접효과는 3개 경로(Dom → Earousal → Pleas → Intent, Dom → Tarousal → Pleas → Intent, Dom → Pleas → Intent)이다.

4 위의 3개 경로 가운데 2개 경로(Dom → Earousal → Pleas → Intent, Dom → Tarousal → Pleas → Intent)에 대해 차이 검정 분석을 생각해 볼 수 있다. 그러나 한 경로는 유의적이고, 한 경로는 유의적이지 않기 때문에 굳이 분석할 필요가 없다. 차이 검정은 2개 경로가 모두 유의적인 경우에 시도해볼 가치가 있다.

6 다중매개모델: 예 6

그림 7-6 | 다중매개모델

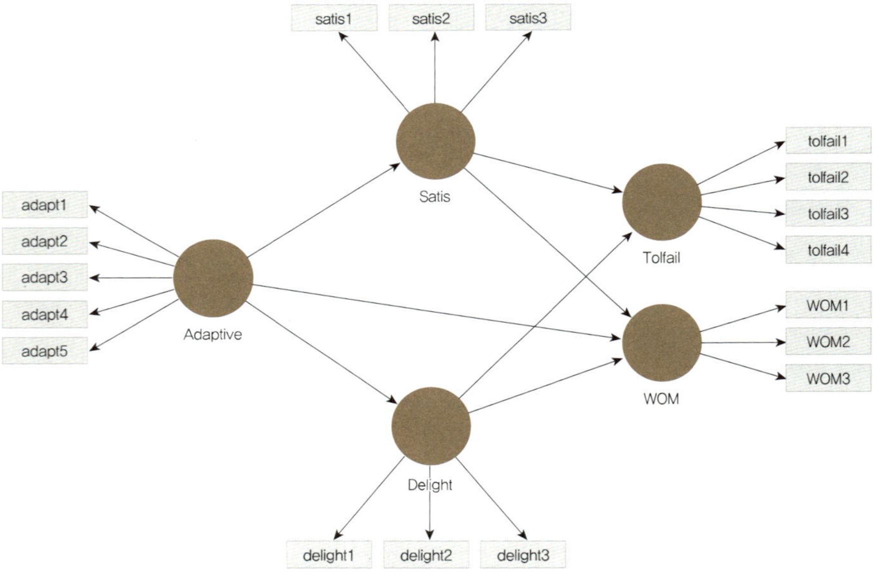

1 [그림 7-6]을 PLSc로 붓스트래핑을 [Subsamples]를 [10,000]으로 해서 추정하면 [출력 7-23]을 얻는다.

출력 7-23 특정간접효과

Specific Indirect Effects

Mean, STDEV, T-Values, P-Values | Confidence Intervals | Confidence Intervals Bias Corrected | Samples

	Original Samp...	Sample Mean ...	Standard Devi...	T Statistics (|O...	P Values
Adaptive -> Satis -> Tolfail	0.067	0.067	0.034	1.975	0.048
Adaptive -> Delight -> Tolfail	0.339	0.340	0.046	7.406	0.000
Adaptive -> Delight -> WOM	0.326	0.332	0.072	4.540	0.000
Adaptive -> Satis -> WOM	-0.010	-0.012	0.038	0.270	0.787

2 특정간접효과를 보면 Adaptive → Satis → WOM 경로 외에 나머지 경로는 모두 유의적으로 매개효과가 있는 것으로 나타났다.

3 위의 결과에서 Adaptive → Satis → Tolfail와 Adaptive → Delight → Tolfail 간에 차이가 있는가를 검정할 수 있다. Adaptive → Satis → WOM와 Adaptive → Delight → WOM 간에 차이가 있는가는 한 경로는 유의적이고 한 경로는 유의적이지 않으므로 검정할 필요가 없다. 따라서 Adaptive → Satis → Tolfail와 Adaptive → Delight → Tolfail 간에 차이가 있는가를 검정하기로 한다.

4 이를 위해 [Final Results]에서 [Specific Indirect Effect]를 클릭하면 나타나는 화면에서 [Samples]를 클릭한다. 오른쪽 위에 있는 [Excel Format] 버튼을 클릭한다.

5 Excel을 실행한다. Excel 화면상의 적당한 위치에 마우스 포인터를 놓고 [Control+v]를 이용하여 붙인다.

6 아래는 붙인 화면을 보인 것이다.

엑셀시트 7-5 특정간접효과의 붓스트래핑 결과

	A	B	C	D	E	F	G	H
1								
2								
3								
4								
5								
6			Adaptive -	Adaptive -	Adaptive -	Adaptive -> Satis -> WOM		
7		Sample 0	0.076	0.334	0.266	-0.011		
8		Sample 1	0.054	0.368	0.325	-0.034		
9		Sample 2	0.058	0.332	0.356	-0.028		
10		Sample 3	0.085	0.339	0.363	0.013		
11		Sample 4	0.061	0.356	0.48	-0.049		

7 C열과 D열을 제외한 나머지 열은 지운다. 사용하기 편리한 열너비와 셀모양으로 조정하고, C열과 D열의 상단에 각각 a와 b로 이름을 표시한다.

엑셀시트 7-6 **특정간접효과의 붓스트래핑 결과값 정리**

	A	B	C	D
1				
2				
3				
4				
5			**a**	**b**
6			**Adaptive -> Satis -> Tolfail**	**Adaptive -> Delight -> Tolfail**
7		Sample 0	0.076	0.334
8		Sample 1	0.054	0.368
9		Sample 2	0.058	0.332
10		Sample 3	0.085	0.339
11		Sample 4	0.061	0.356

8 F열에 [a−b]로 이름을 표시하고 Sample 0 행부터 9999 행까지 모두 a에서 b를 뺀 값으로 채운다.

엑셀시트 7-7 **비교대상 경로값의 차이 산출**

F7 =C7-D7

	A	B	C	D	E	F
1						
2						
3						
4						
5			**a**	**b**		**a-b**
6			**Adaptive -> Satis -> Tolfail**	**Adaptive -> Delight -> Tolfail**		
7		Sample 0	0.076	0.334		-0.258
8		Sample 1	0.054	0.368		-0.314
9		Sample 2	0.058	0.332		-0.274
10		Sample 3	0.085	0.339		-0.254
11		Sample 4	0.061	0.356		-0.295

9 C열, D열, F열의 1행에 전체 붓스트래핑 값의 평균을 구한다.

수식입력 [C1] =AVERAGE(C7:C10006), [D1]과 [F1]도 같다.

10 C열, D열, F열의 2행에 전체 붓스트래핑 값의 하위 5% 값을 구한다.

수식입력 [C2] =PERCENTILE(C7:C10006, 0.05), [D2]와 [F2]도 같다.

11 C열, D열, F열의 3행에 전체 붓스트래핑 값의 상위 95% 값을 구한다.

수식입력 [C3] =PERCENTILE(C7:C10006, 0.95), [D3]과 [F3]도 같다.

엑셀시트 7-8 붓스트래핑 값의 평균과 하위 5%값 산출

C1 =AVERAGE(C7:C10006)

	A	B	C
1		mean	0.0676

C2 =PERCENTILE(C$7:C$10006, 0.05)

	A	B	C
1		mean	0.0676
2		Percentile Lower (5%)	0.0120

12 F열 a-b 값의 상위 95%와 하위 5%값을 비교한다. 두 값(−0.397, −0.146)의 사이에 0이 포함되지 않으므로 Adaptive → Satis → Tolfail과 Adaptive → Delight → Tolfail의 특정간접효과는 95% 수준에서 유의한 차이가 있다고 해석한다.

엑셀시트 7-9 특정간접효과의 경로 간 차이 검정

	A	B	C	D	E	F
1		mean	0.0676	0.3395		-0.2718
2		Percentile Lower (5%)	0.0120	0.2640		**-0.3970**
3		Percentile Upper (95%)	0.1250	0.4170		**-0.1460**
4						
5			a	b		a-b
6			Adaptive -> Satis -> Tolfail	Adaptive -> Delight -> Tolfail		
7		Sample 0	0.076	0.334		-0.258
8		Sample 1	0.054	0.368		-0.314
9		Sample 2	0.058	0.332		-0.274
10		Sample 3	0.085	0.339		-0.254
11		Sample 4	0.061	0.356		-0.295

7 다중매개모델: 예 7

>>그림 7-7 | 연구모델

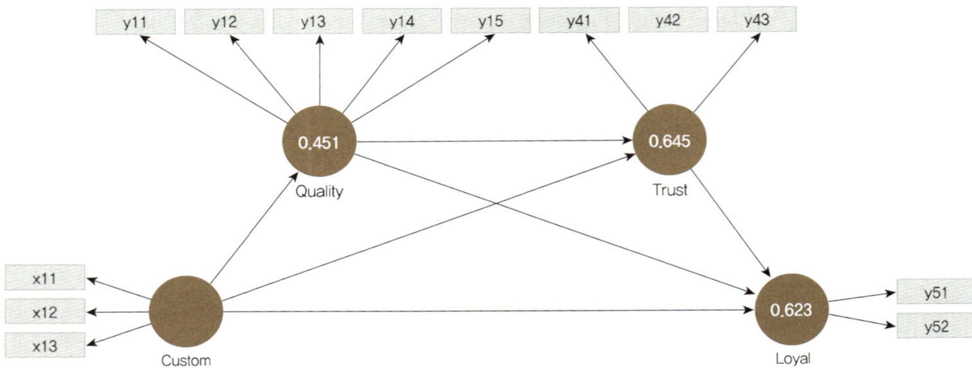

1 [그림 7-7]을 PLSc로 추정하면 다음과 같은 값을 얻는다. 모든 매개효과가 유의적인 것으로 나타났다.

출력 7-24 특정간접효과

Specific Indirect Effects

Mean, STDEV, T-Values, P-Values | Confidence Intervals | Confidence Intervals Bias Corrected | Samples

	Original Samp...	Sample Mean ...	Standard Devi...	T Statistics (|O...	P Values
Custom -> Quality -> Loyal	0.149	0.148	0.047	3.185	0.001
Custom -> Quality -> Trust -> Loyal	0.149	0.150	0.037	4.066	0.000
Quality -> Trust -> Loyal	0.190	0.192	0.046	4.109	0.000
Custom -> Trust -> Loyal	0.225	0.226	0.050	4.499	0.000
Custom -> Quality -> Trust	0.344	0.345	0.040	8.608	0.000

2 Custom → Quality → Loyal의 계수는 $\beta = .149$, Custom → Trust → Loyal의 계수는 $\beta = .225$이다. 이들 간 차이는 $D_M = .076$이다. 이 차이가 유의적인가를 검정하기로 한다.

3 엑셀에서 함수를 만들어 계산한 결과, 95% 백분위 구간에 0이 포함되므로 (−.218, .06) 차이는 유의적이지 않다고 해석한다.

엑셀시트 7-10 차이 검정

	A	B	C	D	E
1		**mean**	0.1473	0.2265	-0.0792
2		**Percentile Lower (5%)**	0.0730	0.1470	-0.2180
3		**Percentile Upper (95%)**	0.2220	0.3100	0.0600
4					
5			**a**	**b**	**a-b**
6			Custom -> Quality -> Loyal	Custom -> Trust -> Loyal	
7		Sample 0	0.103	0.293	-0.19
8		Sample 1	0.177	0.21	-0.033
9		Sample 2	0.219	0.167	0.052
10		Sample 3	0.175	0.25	-0.075
11		Sample 4	0.131	0.27	-0.139
12		Sample 5	0.122	0.262	-0.14
13		Sample 6	0.142	0.2	-0.058
14		Sample 7	0.089	0.245	-0.156
15		Sample 8	0.134	0.232	-0.098

참고문헌

Cepeda, G., Nitzl, C., & Roldán, J. L. (2017). Mediation analyses in partial least squares structural equation modeling: Guidelines and empirical examples. In H. Latan & R. Noonan (Eds.), *Partial least squares path modeling: Basic concepts, methodological issues and applications* (pp. 173–195). Springer.

Hair, J. F., Hult, G. T. M., Ringle, C. M., & Sarstedt, M. (2014). *A primer on partial least squares structural equation modeling(PLS-SEM)*. Sage Publications.

Hair, J. F., Hult, G. T. M., Ringle, C. M., & Sarstedt, M. (2017). *A primer on partial least squares structural equation modeling(PLS-SEM)* (2nd ed.). Sage Publications.

Hair, J. F., Hult, G. T. M., Ringle, C. M., & Sarstedt, M. (2021a). *A primer on partial least squares structural equation modeling(PLS-SEM)* (3rd ed.). Sage Publications.

Hair, J. F., Hult, G. T. M., Ringle, C. M., Sarstedt, M., Danks, N. P., & Ray, S. (2021b). *Partial least squares structural equation modeling(PLS-SEM)* using R: A workbook. Springer.

Henseler, J. (2021). *Composite-based structural equation modeling: Analyzing latent and emergent variables*. Guilford Press.

Lancelot-Miltgen, C., Henseler, J., Gelhard, C., & Popovic, A. (2016). Introducing new products that affect consumer privacy: A mediation model. *Journal of Business Research*, *69*(10), 4659-4666.

Memon, M. A., Cheah, J.-H., Ramayah, T., Ting, H., & Chuah, F. (2018). Mediation analysis: Issues and recommendations. *Journal of Applied Structural Equation Modeling*, *2*(1), i-ix.

Nitzl, C., Roldán, J. L., & Cepeda, G. (2016). Mediation analysis in partial least squares path modeling: Helping researchers discuss more sophisticated models. *Industrial Management & Data Systems*, *116*(9), 1849–1864.

Rasoolimanesh, S. M., Wang, M., Roldán, J. L., & Kunasekaran, P. (2021). Are we in right path for mediation analysis? Reviewing the literature and proposing robust guidelines. *Journal of Hospitality and Tourism Management*, *48*, 395–405.

Ringle, C. M., Wende, S., & Becker, J.-M. (2015). SmartPLS 3. Boenningstedt: SmartPLS GmbH, http://www.smartpls.com.

Sarstedt, M., Hair, J. F., Nitzl, C., Ringle, C. M., & Howard, M. C. (2020). Beyond a tandem analysis of SEM and PROCESS: Use of PLS-SEM for mediation analyses! *International Journal of Market Research*, *62*(3), 288–299.

Chapter

Smart PLS

8 조절된 매개효과분석(Ⅰ)

Chapter

8 조절된 매개효과분석(Ⅰ)

1 조절된 매개효과분석의 의의

1 조절된 매개효과분석(moderated mediation effect analysis)은 독립변수가 종속변수에 미치는 매개효과가 조절변수의 수준에 따라 달라지는가를 검정하는 것이다. 조절된 매개효과분석은 다음과 같은 연구 상황에서 이루어진다.

1) 조절변수가 범주형 변수인 경우

2 매개효과가 집단 간에 차이가 있는가를 분석한다. 예를 들어, 남자집단과 여자집단에 따라 매개효과가 차이가 있는가를 분석한다. 분석 결과, 매개효과가 집단 간에 유의적인 차이가 있으면 조절된 매개효과가 있고, 유의적인 차이가 없으면 조절된 매개효과가 없다고 해석한다.

그림 8-1 | 조절된 매개효과: 범주형 조절변수

3 [그림 8-1]에서 외향성 → 리더십 자아효능감 → 리더십효과가 남자집단과 여자집단에 따라 간접효과의 계수가 차이가 있다면 조절된 매개효과가 있고, 차이가

없다면 조절된 매개효과가 없다고 해석한다.

2) 조절변수가 연속형 변수인 경우(i)

4 조절변수의 수준에 따라 매개효과가 더 크거나 또는 작은가를 분석한다. 예를 들어, 리더십 자아효능감(매개변수)은 퍼스넬러티 변수(예 외향성)와 리더십효과 간에 매개역할을 할 수 있다. 이때 직무자율성(job autonomy)이 리더십 자아효능감(매개변수)과 리더십효과 간에 조절역할을 할 수 있다. 이를 [그림 8-2]와 같이 나타낼 수 있다.

그림 8-2 | 조절된 매개효과모델의 예

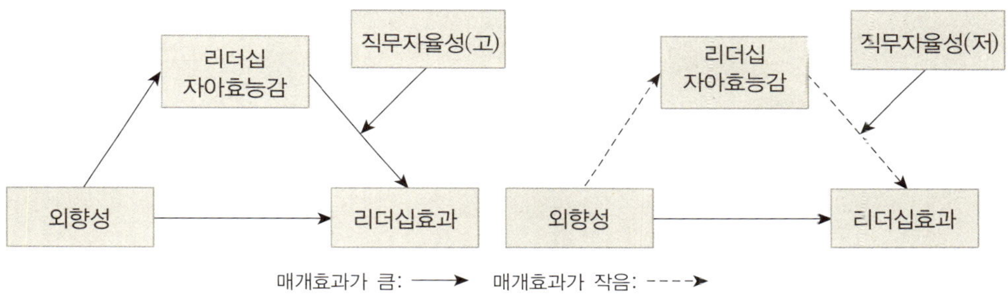

5 연구자는 퍼스넬러티 변수(예 외향성) → 리더십 자아효능감(매개변수) → 리더십효과 간의 매개효과가 직무자율성의 수준에 따라 달라지는가를 알고자 한다. 직무자율성 수준이 낮은 경우에는 매개효과가 작고, 직무자율성 수준이 높은 경우에는 매개효과가 크다고 가설화할 수 있다. 즉 다음과 같은 가설을 검정할 수 있다.

가설: 외향성이 리더십효과에 미치는 매개효과는 직무자율성이 높을수록 클 것이다.

3) 조절변수가 연속형 변수인 경우(ii)

6 조절변수의 수준에 따라 매개효과의 방향이 달라질 수 있다. 예를 들어, 조절변수의 수준이 높은 경우에는 매개효과의 방향이 정적(+)으로 나타나고, 조절변수의 수준이 낮은 경우에는 매개효과의 방향이 부적(−)으로 나타날 수 있다.

2 조절된 매개효과분석: 범주형 조절변수

2.1 범주형 조절변수의 조절된 매개효과분석: 예 1

1 [그림 8-3] 모델을 대상으로 조절된 매개효과분석을 하기로 한다. 이 모델에서 매개효과가 조절변수인 기업유형에 따라 차이가 있는가를 검정하기로 한다. 이 경우 기업유형은 [1=제조업, 2=비제조업]으로 코딩된 범주형 변수이다.

그림 8-3 | 기업유형의 조절된 매개효과분석

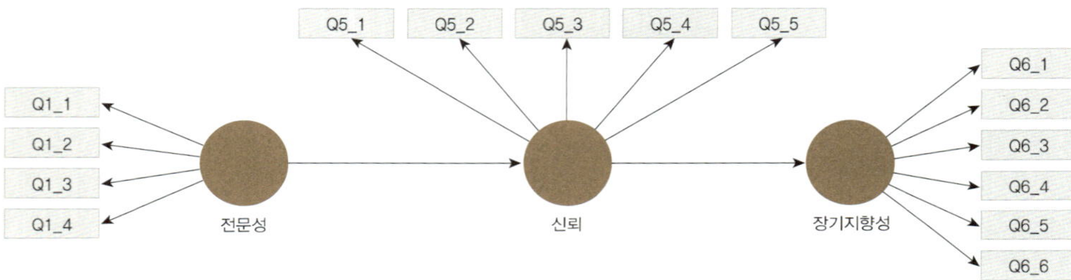

2 SmartPLS에서 조절변수가 범주형 변수인 경우 조절된 매개효과분석은 다중집단 분석으로 할 수 있다.

3 이를 위해 [그림 8-3]과 같은 연구모델을 그린다.

4 [자료파일]을 더블클릭한다.

5 [Generate Data Groups]를 클릭한다.

6 [Groups Columns]에서 해당 범주형 변수를 지정하고 [OK] 버튼을 클릭한다.

대화상자 8-1 데이터 집단의 생성

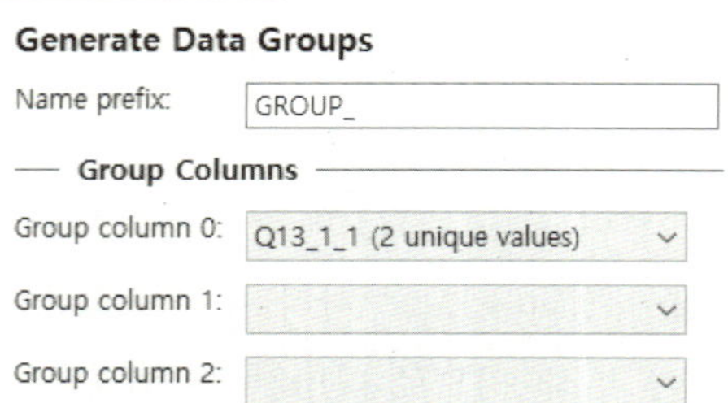

7 [Edit] 버튼을 클릭하여 각 집단의 이름을 변경해준다.

대화상자 8-2 데이터 집단의 이름 변경

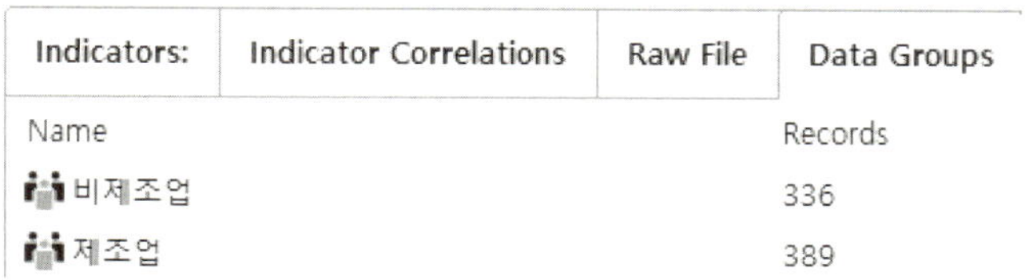

8 [프로젝트] 이름을 더블클릭하거나 또는 위에 있는 [프로젝트] 이름을 클릭한다.

9 [Calculate] → [PLS algorithm]을 클릭한다.

10 나타나는 대화상자에서 [Data Groups] 탭을 클릭한다.

11 [Data Groups] 탭에서 [Select All]을 체크하고 [Start Calculation] 버튼을 클릭한다.

대화상자 8-3 데이터 집단의 선정

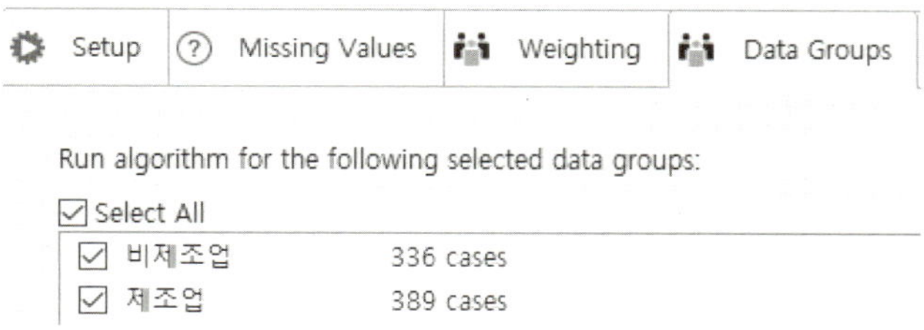

12 결과를 확인하기 위해 밑에 [Final Results]에 있는 [Indirect Effect]를 클릭하고, [Data Group]에서 [비제조업] [제조업]을 클릭하면 해당 업종의 간접효과계수를 볼 수 있다.

대화상자 8-4 집단별 결과 확인

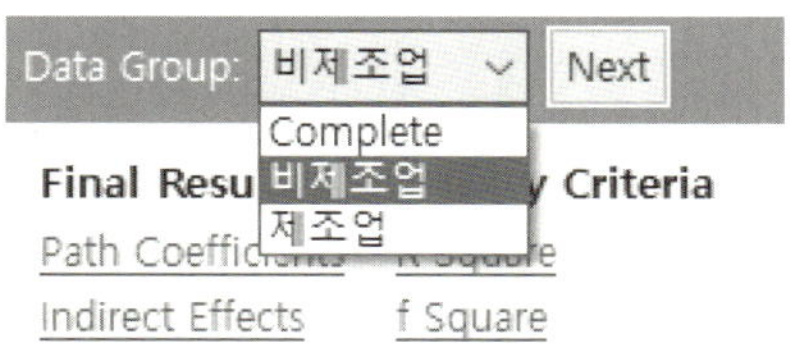

출력 8-1 비제조업과 제조업의 간접효과계수

Indirect Effects (비제조업)

Total Indirect Effects | Specific Indirect Effects

	신뢰	장기지향성	전문성
신뢰			
장기지향성			
전문성		0.430	

Indirect Effects (제조업)

Total Indirect Effects | Specific Indirect Effects

	신뢰	장기지향성	전문성
신뢰			
장기지향성			
전문성		0.410	

13 간접효과계수의 유의성을 검정하기 위해 [프로젝트] 이름을 클릭한 다음, [Calculate] → [Bootstrapping]을 클릭한다.

출력 8-2 간접효과계수: 비제조업, 제조업

Total Indirect Effects (비제조업)

Mean, STDEV, T-Values, P-Values | Confidence Intervals | Confidence Intervals Bias Corrected

	Original Samp...	Sample Mean ...	Standard Devi...	T Statistics (|O...	P Values
신뢰 -> 장기지...					
전문성 -> 신뢰					
전문성 -> 장기...	0.430	0.427	0.048	8.941	0.000

Total Indirect Effects (제조업)

Mean, STDEV, T-Values, P-Values | Confidence Intervals | Confidence Intervals Bias Corrected

	Original Samp...	Sample Mean ...	Standard Devi...	T Statistics (|O...	P Values
신뢰 -> 장기지...					
전문성 -> 신뢰					
전문성 -> 장기...	0.410	0.412	0.044	9.326	0.000

14 간접효과는 두 집단 모두 유의적인 것으로 나타났다. 두 집단의 간접효과계수의 차이는 $d=.430-.410=.020$이다. 이 값이 통계적으로 유의적인 차이가 있는가를 검정하기 위해 다중집단분석을 한다.

15 [Calculate] → [Multi-Group Analysis(MGA)]를 클릭한다.

16 나타나는 대화상자에서 [Setup] 탭에 있는 [집단]을 선정하고, [Start Calculation] 버튼을 클릭한다. 이 경우 [대화상자 8-5]처럼 각각을 선정해도 되고 [Select All]을 체크해도 된다.

대화상자 8-5 집단 선정

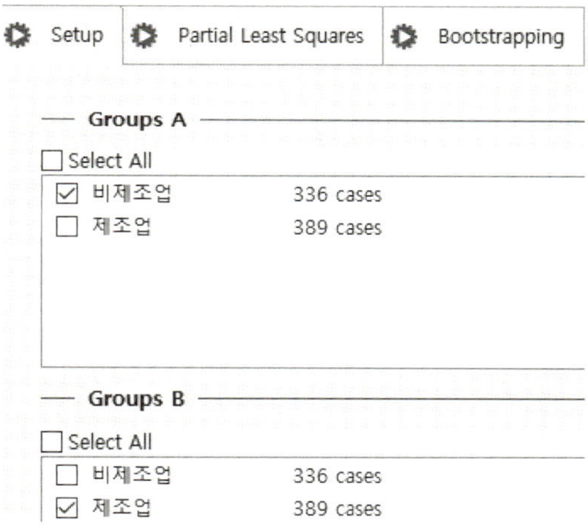

17 [출력 8-3]을 보면 차이(.020)는 유의적이지 않은 것으로 나타났다.

출력 8-3 집단 간 차이 검정

Total Indirect Effects

PLS-MGA | Parametric Test | Welch-Satterthwait Test | Confidence Intervals (Bias Corrected)

	Total Indirect Effects-diff (비제조업 - 제조업)	p-Value origin...	p-Value new (...
신뢰 -> 장기지향성			
전문성 -> 신뢰			
전문성 -> 장기지향성	0.020	0.367	0.734

18 결론적으로 전문성 → 신뢰 → 장기지향성의 관계는 기업유형에 따라 차이가 없

으므로 조절된 매개효과가 없다고 해석한다.

19 이 예에서 집단이 2개인 경우에 대해 살펴보았는데, 범주가 3개 이상인 경우에도 제3장에서 설명한 방식대로 실행하면 조절된 매개효과를 분석할 수 있다.

2.2 범주형 조절변수의 조절된 매개효과분석: 예 2

1 [그림 8-4] 모델을 대상으로 조절된 매개효과를 분석하기로 한다. 이 모델에는 ① F1 → F2 → F3, ② F1 → F2 → F4, ③ F1 → F5 → F3, ④ F1 → F5 → F4 등 4개의 매개효과가 있다. 이러한 모델을 **다중매개모델(multiple mediator model)**이라 한다. 이들 매개효과를 검정하기 위해 두 집단(1=남자, 2=여자)을 대상으로 자료를 수집하였다고 가정한다.

2 4개의 매개효과를 다중집단분석을 통해 두 집단에 걸쳐 추정한다. 분석 결과, 두 집단에 걸쳐 매개효과가 차이가 있으면 조절된 매개효과가 있다고 해석한다.

그림 8-4 | 다중매개모델

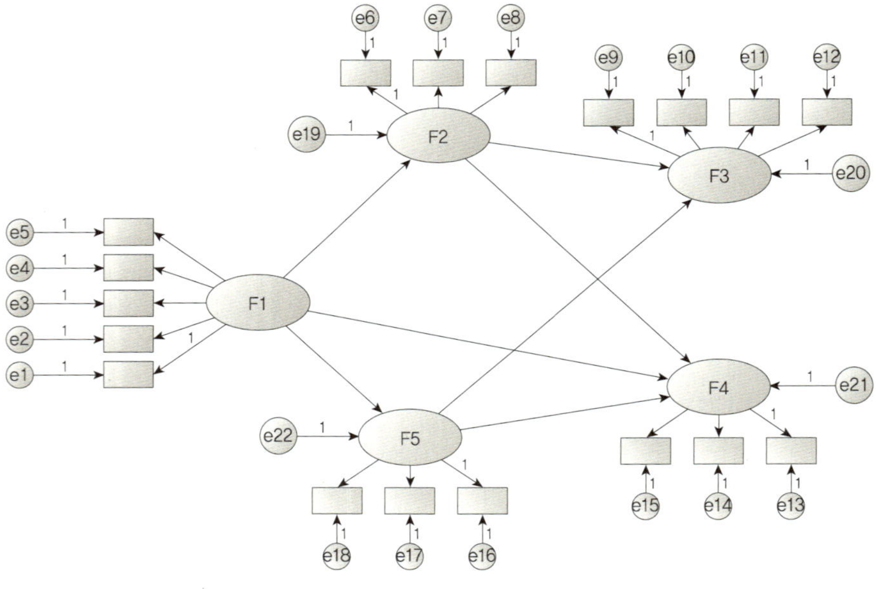

3 [그림 8-5]와 같은 연구모델을 그린다.

그림 8-5 | 연구모델

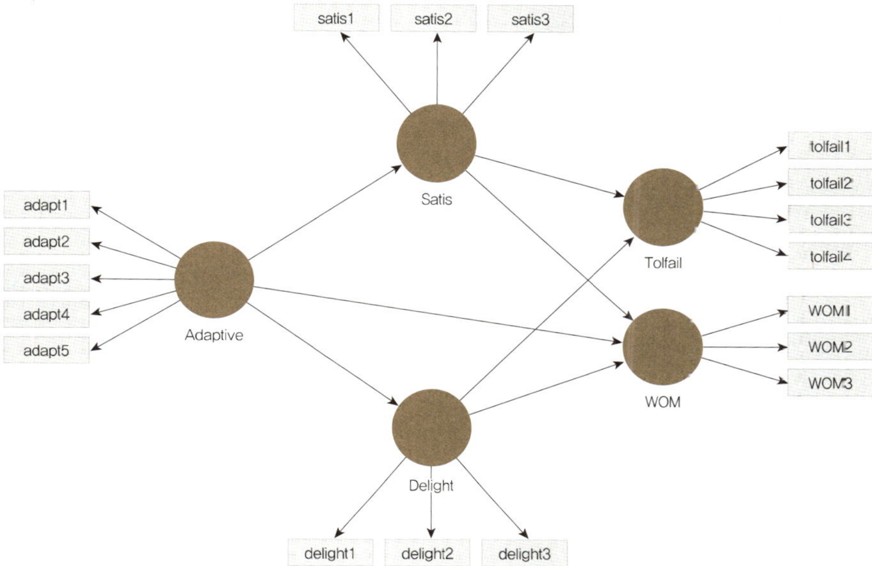

4 [자료파일]을 더블클릭한다.

5 [Generate Data Groups]를 클릭한다.

6 [Name prefix]에서 이름을 바꾸어주고, [Group Columns]에서 해당 범주형 변수를 지정(Race)하고 [OK] 버튼을 클릭한다.

대화상자 8-6 데이터 집단의 생성

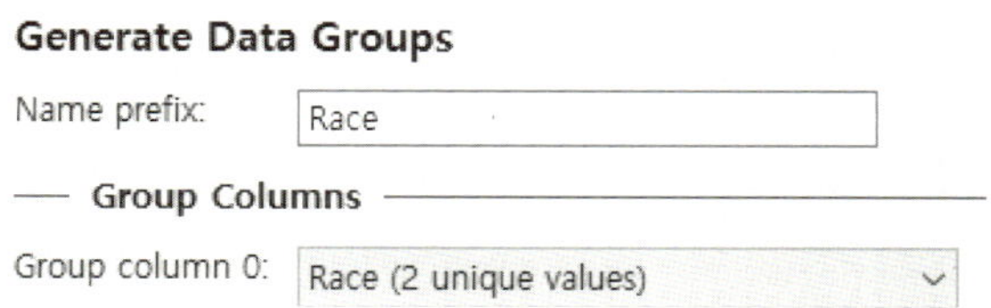

7 [Data Groups] 탭에서 [Edit] 버튼을 클릭하면 나타나는 대화상자에서 [Group Name]의 이름을 바꾸어준다. 이런 식으로 나머지도 동일하게 한다.

대화상자 8-7 데이터 집단 이름 명명

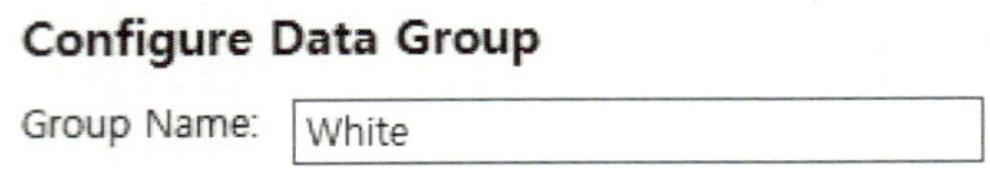

8 [프로젝트] 이름을 더블클릭한다.

9 [Calculate] → [PLS algorithm]을 클릭한다.

10 [Data Groups] 탭에서 [Select All]을 체크하고 [Start Calculation] 버튼을 클릭한다.

대화상자 8-8 데이터 집단 선정

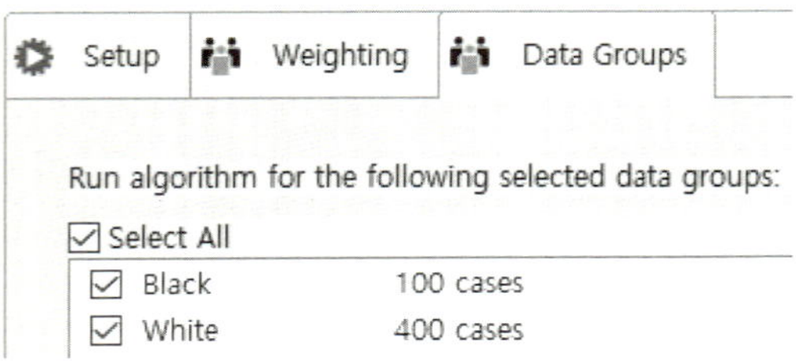

11 출력을 보기 위해 밑에 있는 [Final Results]에서 [Indirect Effect]를 클릭하고 [Data Group]에서 [Black] [White]를 지정하면 각 집단의 간접효과계수를 볼 수 있다.

대화상자 8-9 데이터 집단 선정

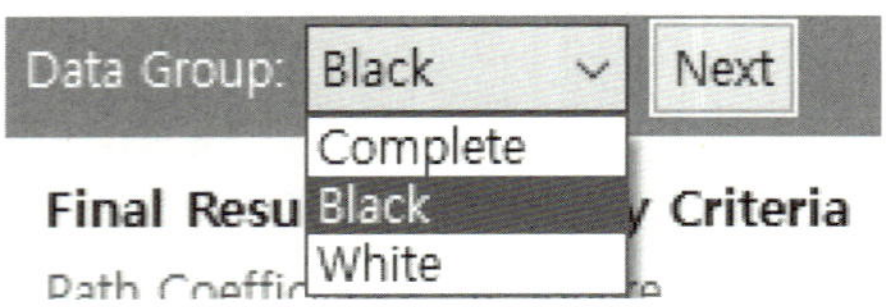

12 간접효과 출력 중에서 [Specific Indirect Effect] 탭을 클릭하면 다음과 같은 결과를 볼 수 있다.

출력 8-4 특정 간접효과 계수

Indirect Effects (Black)

Total Indirect Effects | Specific Indirect Effects

	Specific Indirect Eff...
Adaptive -> Satis -> Tolfail	0.088
Adaptive -> Delight -> Tolfail	0.213
Adaptive -> Delight -> WOM	0.388
Adaptive -> Satis -> WOM	-0.024

Indirect Effects (White)

Total Indirect Effects | Specific Indirect Effects

	Specific Indirect Effects
Adaptive -> Satis -> Tolfail	0.073
Adaptive -> Delight -> Tolfail	0.306
Adaptive -> Delight -> WOM	0.193
Adaptive -> Satis -> WOM	0.025

13 집단별 간접효과의 유의성을 검정하기 위해 붓스트래핑을 한다. 이를 위해 [프로젝트] 이름을 클릭하고, [Calculate] → [Bootstrapping]을 클릭한다. [Subsamples]를 [5,000]으로 바꾸어주고, [Start Calculation] 버튼을 클릭한다.

14 결과를 보기 위해 밑에 있는 [Final Results]에서 [Specific Indirect Effects]를 클릭하고 [Data Group]에서 [Black], [White]를 지정한다.

15 [출력 8-5]는 붓스트래핑 결과를 제시한 것이다.

출력 8-5 붓스트래핑 결과

Specific Indirect Effects (Black)

Mean, STDEV, T-Values, P-Values | Confidence Intervals | Confidence Intervals Bias Corrected | Samples

	Original Samp...	Sample Mean ...	Standard Devi...	T Statistics (|O...	P Values
Adaptive -> Satis -> Tolfail	0.088	0.090	0.058	1.531	0.126
Adaptive -> Delight -> Tolfail	0.213	0.214	0.070	3.027	0.002
Adaptive -> Delight -> WOM	0.388	0.385	0.106	3.653	0.000
Adaptive -> Satis -> WOM	-0.024	-0.012	0.060	0.392	0.695

Specific Indirect Effects (White)

Mean, STDEV, T-Values, P-Values | Confidence Intervals | Confidence Intervals Bias Corrected | Samples

	Original Samp...	Sample Mean ...	Standard Devi...	T Statistics (|O...	P Values
Adaptive -> Satis -> Tolfail	0.073	0.075	0.030	2.477	0.013
Adaptive -> Delight -> Tolfail	0.306	0.306	0.042	7.345	0.000
Adaptive -> Delight -> WOM	0.193	0.196	0.051	3.792	0.000
Adaptive -> Satis -> WOM	0.025	0.023	0.030	0.821	0.412

16 두 집단의 간접효과계수 간에 차이가 있는가를 검정하기로 한다. 예를 들어, Adaptive → Satis → Tolfail의 계수는 Black 집단은 $\beta = .088$, White 집단은 $\beta = .073$이다. 집단 간 차이는 $\beta = .015$이다. 이 차이가 통계적으로 유의적인가를 검정하기로 한다.

17 이를 위해 다중집단분석을 한다. [프로젝트] 이름을 더블클릭하거나 메뉴바 밑에 있는 [프로젝트] 이름을 클릭한다.

18 [Calculate] → [Multi-Group Analysis(MGA)]를 클릭한다.

19 [Multi-Group Analysis (MGA)] 대화상자의 [Setup] 탭에서 [Select All]을 체크하고, [Start Calculation] 버튼을 클릭한다.

20 출력을 보기 위해 [Final Results]에 있는 [Specific Indirect Effect]를 클릭한다. [출력 8-6]을 보면 4개 매개효과가 집단 간에 모두 유의적인 차이가 없는 것으로 나타났다. 따라서 조절된 매개효과가 없다고 해석한다.

출력 8-6 집단 간 차이 검정

Specific Indirect Effects

PLS-MGA | Parametric Test | Welch-Satterthwait Test | Confidence Intervals (Bias Corrected)

	Specific Indirect Effects-diff (Black - White)	p-Value or...	p-Value new ...
Adaptive -> Satis -> Tolfail	0.015	0.434	0.869
Adaptive -> Delight -> Tolfail	-0.093	0.873	0.254
Adaptive -> Delight -> WOM	0.196	0.043	0.087
Adaptive -> Satis -> WOM	-0.048	0.806	0.388

3 조절된 매개효과분석: 연속형 조절변수

1 이하에서 연속형 조절변수를 대상으로 조절된 매개효과분석에 대해 살펴보기로 한다. 연속형 조절변수의 조절된 매개효과를 PROCESS macro로 분석하는 것에 대해서는 졸저(2021)를 참고하면 도움이 될 것이다. 연속형 조절변수의 조절된 매개효과분석에는 많은 모델이 있는데, 이 가운데 대표적인 모델을 중심으로 살펴보기로 한다.

3.1 PROCESS Model 7: 개요

그림 8-6 | PROCESS Model 7: 개념적 모델

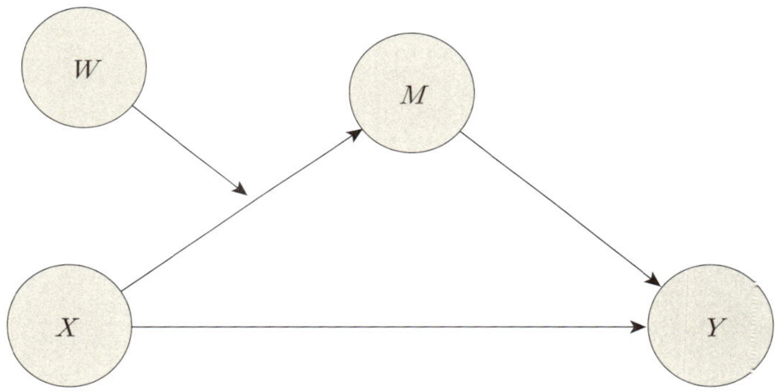

2 [그림 8-6] 모델은 $X \rightarrow M \rightarrow Y$의 매개효과가 X와 M 사이의 조절변수인 W에 의해 조절되는가를 살펴보는 것이다. 이 개념적 모델을 분석하기 위한 통계적 모델은 [그림 8-7]과 같다.

그림 8-7 | PROCESS Model 7: 통계적 모델

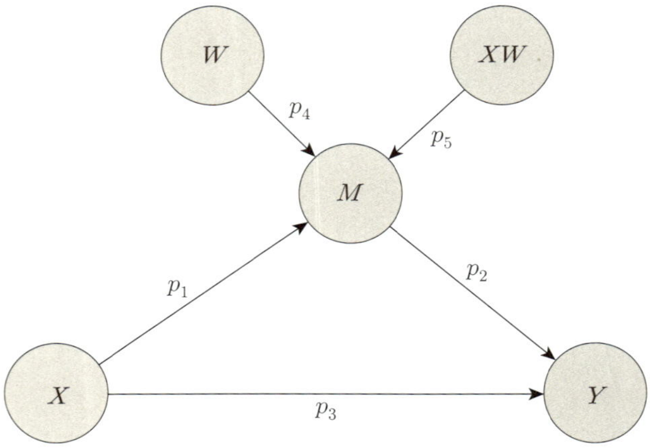

3 [그림 8-7]의 통계적 모델을 추정하기 위해서는 다음과 같은 2개의 회귀식이 필요하다.

$$M = p_1 X + p_4 W + p_5 XW \quad (1)$$

$$Y = p_3 X + p_2 M \quad (2)$$

4 M을 통해 X가 Y에 주는 간접효과는 식(1)로부터 얻은 X의 M에 대한 조건부 효과와 식(2)에서 얻게 되는 X를 통제했을 때 Y에 대한 M의 효과를 곱한 것이다(식(3)의 ω). 이를 조건부 간접효과(conditional indirect effect)라 하고 다음과 같은 식으로 나타낼 수 있다.

$$\omega = p_1 p_2 + p_2 p_5 W \quad (3)$$

5 식(3)에서 $p_1 p_2$는 절편, $p_2 p_5$는 기울기를 의미한다. $p_2 p_5$는 [그림 8-7]에서 M을 통해 X가 Y에 미치는 간접효과에 대한 W의 효과를 의미한다. 식(3)에서 $p_2 p_5$를 조절된 매개지수(index of moderated mediation)라 한다. 이 조절된 매개지수가 통계적으로 유의적인가를 검토하여 유의적이면 조절된 매개효과가 있고, 비유의적이면 조절된 매개효과가 없다고 해석한다.

6 조절된 매개지수는 조절변수의 전 범위에 대해 매개효과의 유의도를 검정하는 총체적 검정(omnibus test)을 한다. 따라서 조절된 매개지수를 먼저 보고 이 지수가 유의적이면 조절된 매개효과가 있다고 해석하고, 그 다음 조건부 간접효과를 통해 조절변수의 수준에 따라 어떻게 나타나는가를 확인해야 한다.

7 조절된 매개지수가 유의적으로 나오면 이를 보다 세부적으로 살펴보기 위해 조절변수의 3수준(즉 조절변수 수준이 낮음, 중간, 높음)에 따라 검정해 볼 수 있다.

8 조절변수의 수준에 따라 조건부 간접효과가 유의적이라 하더라도 조절된 매개지수가 유의적이지 않으면 조절된 매개효과가 없다고 해석한다. 왜냐하면 조건부 간접효과는 조절변수의 특정 수준에서 검정하는 것이지 전체 수준에서 검정하는 것이 아니기 때문이다.

3.2 PROCESS Model 7: 예 1

1 [그림 8-8] 모델을 대상으로 조절된 매개효과분석을 PROCESS macro에 의한 분석과 SmartPLS에 의한 분석을 비교해보기로 한다. 이 모델은 '되새김 성격'을 갖는 사람은 '불안'을 매개해 '우울'해지는데, 이 매개효과가 '지각된 통제 수준'에 따라 달라지는가를 검정하고자 한다.

그림 8-8 | 지각된 통제의 조절된 매개효과모델

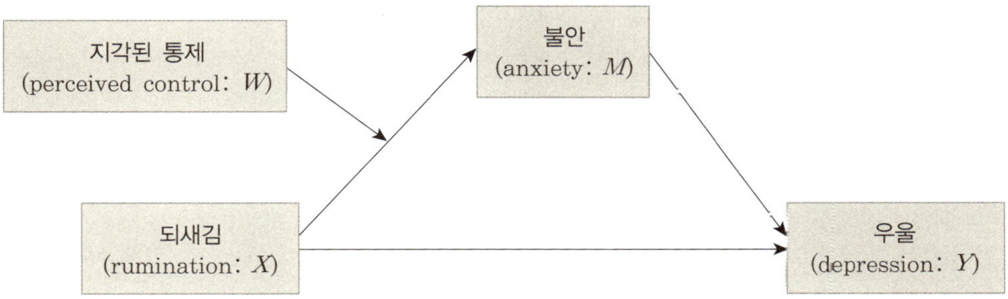

1) PROCESS macro에 의한 분석

2 PROCESS macro에 의해 이를 분석하면 [출력 8-7]을 얻는다. 이 결과는 상호작용항을 평균중심화해서 얻은 것이다. PROCESS macro에는 표준화 옵션이 없다.

출력 8-7 PROCESS 결과

```
******************************************************************************
Model  : 7
    Y  : depress
    X  : ruminati
    M  : anxiety
    W  : percontr

Sample
Size:  926

******************************************************************************
OUTCOME VARIABLE:
 anxiety

Model Summary
          R       R-sq        MSE          F        df1        df2          p
      .6051      .3662    54.9092   177.5449     3.0000   922.0000      .0000

Model
                   coeff         se          t          p       LLCI       ULCI
constant          9.2511      .2610    35.4444      .0000     8.7388     9.7633
ruminati(p1)       .3665      .0272    13.4735      .0000      .3131      .4199
percontr(p4)     -.2691      .0303    -8.8712      .0000     -.3286     -.2096
Int_1(p5)        -.0120      .0023    -5.2363      .0000     -.0165     -.0075

Product terms key:
 Int_1     :        ruminati x        percontr

Test(s) of highest order unconditional interaction(s):
       R2-chng          F        df1        df2          p
X*W      .0188    27.4190     1.0000   922.0000      .0000
----------
    Focal predict: ruminati (X)
          Mod var: percontr (W)

Conditional effects of the focal predictor at values of the moderator(s):

   percontr     Effect         se          t          p       LLCI       ULCI
    -8.9968      .4742      .0315    15.0462      .0000      .4124      .5361
      .0000      .3665      .0272    13.4735      .0000      .3131      .4199
     8.9967      .2588      .0365     7.0889      .0000      .1871      .3304

******************************************************************************
OUTCOME VARIABLE:
 depress
```

Model Summary

R	R-sq	MSE	F	df1	df2	p
.6796	.4619	30.0059	396.1798	2.0000	923.0000	.0000

Model

	coeff	se	t	p	LLCI	ULCI
constant	−3.8314	.2878	−13.3110	.0000	−4.3963	−3.2665
ruminati(p_3)	.2024	.0211	9.5908	.0000	.1610	.2433
anxiety (p_2)	.3932	.0231	17.0584	.0000	.3480	.4385

****************** DIRECT AND INDIRECT EFFECTS OF X ON Y *****************

Direct effect of X on Y

Effect	se	t	p	LLCI	ULCI
.2024	.0211	9.5908	.0000	.1610	.2438

Conditional indirect effects of X on Y: ($\omega = p_1 \cdot p_2 + p_2 \cdot p_5 W$)

INDIRECT EFFECT:
ruminati -> anxiety -> depress

percontr	Effect	BootSE	BootLLCI	BootULCI
−8.9968	.1865	.0209	.1470	.2296
.0000	.1441	.0144	.1165	.1729
8.9967	.1018	.0141	.0739	.1301

Index of moderated mediation: ($\omega = p_2 \cdot p_5$)

	Index	BootSE	BootLLCI	BootULCI
percontr	−.0047	.0012	−.0072	−.0025

****

3 조절된 매개지수값(−.0047)이 붓스트레핑 결과 95% 신뢰구간의 하한(−.0072)과 상한(−.0025)에 0을 포함하지 않으므로 조절된 매개효과가 있다고 해석한다.

4 조건부 간접효과를 보면 조절변수의 세 수준에서 모두 유의적인 것으로 나타났다. 조절변수값이 커질수록(−8.997, 0.000, 8.997) 매개효과값은 작아지는 것(.187, .144, .102)을 알 수 있다. 여기에서 조절된 매개지수가 음수(−)이면 조절변수 수준이 증가할수록 매개효과는 작아진다는 것을 알 수 있다.

5 PROCESS는 표준화계수를 보고하지 않고, 비표준화계수를 보고한다.

2) SmartPLS에 의한 분석

1 [그림 8-9]와 같은 연구모델을 그린다.

그림 8-9 | 연구모델

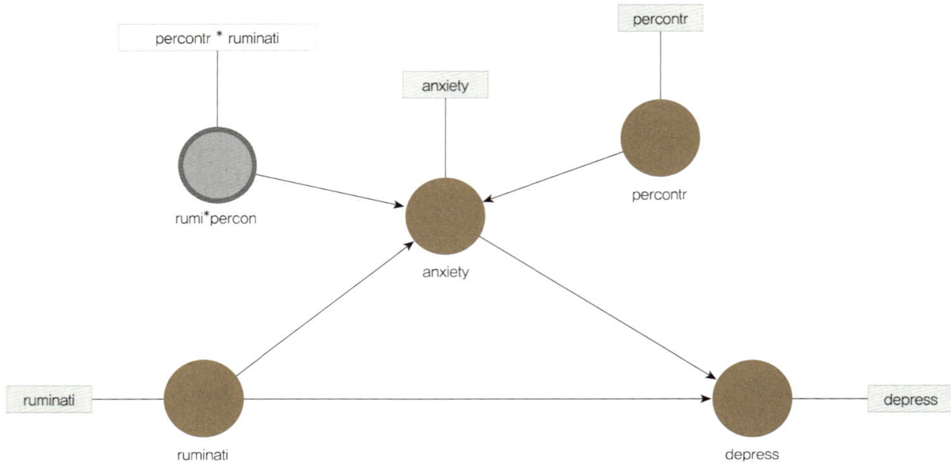

2 [그림 8-9] 모델을 SmartPLS로 분석할 때 다양한 옵션이 제공되는데, 그에 따른 결과를 살펴보기로 한다. [Basic Settings]의 [Calculation Method]에 있는 ① [Product Indicator], ② [Two Stage], ③ [Orthogonalization], [Advanced Setting]의 [Product Term Generation]에 있는 ① [Unstandardized], ② [Mean Centered], ③ [Standardized]에 따라 어떠한 결과가 나오는지 살펴보기로 한다. 이 분석에 사용된 자료는 비표준화된 원점수이다.

3 PROCESS Model 7을 SmartPLS로 분석할 때 필요한 정보는 $p_2 \cdot p_5$의 붓스트래핑 결과이다. 이 $p_2 \cdot p_5$ 조절된 매개지수값이다. 이 결과는 출력을 통해 바로 얻을 수 있다. 따라서 이 분석의 예에서 해당 정보만을 제시하고자 한다.

(1) [Product Indicator]와 [Unstandardized] 이용

출력 8-8 [Product Indicator]와 [Unstandardized]에 의한 결과

Path Coefficients

Mean, STDEV, T-Values, P-Values | Confidence Intervals | Confidence Intervals Bias Corrected | Samples

	Original Samp...	Sample Mean ...	Standard Devi...	T Statistics (|O...	P Values
Moderating Effect 1 -> anxiety	-0.0013	-0.0013	0.0003	4.5460	0.0000
anxiety -> depress	0.4899	0.4898	0.0309	15.8493	0.0000
percontr -> anxiety	-0.2605	-0.2604	0.0309	8.4356	0.0000
ruminati -> anxiety	0.4003	0.4001	0.0297	13.4861	0.0000
ruminati -> depress	0.2754	0.2754	0.0351	7.8504	0.0000

Specific Indirect Effects

Mean, STDEV, T-Values, P-Values | Confidence Intervals | Confidence Intervals Bias Corrected | Samples

	Original Samp...	Sample Mean ...	Standard Devi...	T Statistics (|O...	P Values
Moderating Effect 1 -> anxiety -> depress	-0.0006	-0.0006	0.0002	4.1045	0.0000
percontr -> anxiety -> depress	-0.1276	-0.1278	0.0193	6.6186	0.0000
ruminati -> anxiety -> depress	0.1961	0.1959	0.0181	10.8347	0.0000

(2) [Product Indicator]와 [Mean Centered] 이용

출력 8-9 [Product Indicator]와 [Mean Centered]에 의한 결과

Path Coefficients

Mean, STDEV, T-Values, P-Values | Confidence Intervals | Confidence Intervals Bias Corrected | Samples

	Original Samp...	Sample Mean ...	Standard Devi...	T Statistics (|O...	P Values
Moderating Effect 1 -> anxiety	-0.0013	-0.0013	0.0003	4.6565	0.0000
anxiety -> depress	0.4899	0.4899	0.0303	16.1607	0.0000
percontr -> anxiety	-0.2605	-0.2599	0.0312	8.3604	0.0000
ruminati -> anxiety	0.4003	0.4006	0.0299	13.4021	0.0000
ruminati -> depress	0.2754	0.2752	0.0353	7.8092	0.0000

Specific Indirect Effects

Mean, STDEV, T-Values, P-Values | Confidence Intervals | Confidence Intervals Bias Corrected | Samples

	Original Samp...	Sample Mean ...	Standard Devi...	T Statistics (|O...	P Values
Moderating Effect 1 -> anxiety -> depress	-0.0006	-0.0006	0.0002	4.1692	0.0000
percontr -> anxiety -> depress	-0.1276	-0.1276	0.0191	6.6756	0.0000
ruminati -> anxiety -> depress	0.1961	0.1962	0.0181	10.8384	0.0000

(3) [Product Indicator]와 [Standardized] 이용

출력 8-10 [Product Indicator]와 [Standardized]에 의한 결과

Path Coefficients

Mean, STDEV, T-Values, P-Values | Confidence Intervals | Confidence Intervals Bias Corrected | Samples

	Original Samp...	Sample Mean ...	Standard Devi...	T Statistics (|O...	P Values
Moderating Effect 1 -> anxiety	-0.1176	-0.1171	0.0254	4.6225	0.0000
anxiety -> depress	0.4899	0.4892	0.0305	16.0479	0.0000
percontr -> anxiety	-0.2605	-0.2605	0.0303	8.5883	0.0000
ruminati -> anxiety	0.4003	0.4003	0.0298	13.4173	0.0000
ruminati -> depress	0.2754	0.2757	0.0352	7.8302	0.0000

Specific Indirect Effects

Mean, STDEV, T-Values, P-Values | Confidence Intervals | Confidence Intervals Bias Corrected | Samples

	Original Samp...	Sample Mean ...	Standard Devi...	T Statistics (|O...	P Values
Moderating Effect 1 -> anxiety -> depress	-0.0576	-0.0575	0.0141	4.0914	0.0000
percontr -> anxiety -> depress	-0.1276	-0.1277	0.0187	6.8122	0.0000
ruminati -> anxiety -> depress	0.1961	0.1958	0.0184	10.6718	0.0000

(4) [Two Stage]와 [Unstandardized] 이용

출력 8-11 [Two Stage]와 [Unstandardized]에 의한 결과

Path Coefficients

Mean, STDEV, T-Values, P-Values | Confidence Intervals | Confidence Intervals Bias Corrected | Samples

	Original Samp...	Sample Mean ...	Standard Devi...	T Statistics (|O...	P Values
Moderating Effect 1 -> anxiety	-0.1176	-0.1173	0.0261	4.5071	0.0000
anxiety -> depress	0.4899	0.4889	0.0309	15.8738	0.0000
percontr -> anxiety	-0.2605	-0.2597	0.0312	8.3575	0.0000
ruminati -> anxiety	0.4003	0.4008	0.0297	13.4679	0.0000
ruminati -> depress	0.2754	0.2765	0.0356	7.7335	0.0000

Specific Indirect Effects

Mean, STDEV, T-Values, P-Values | Confidence Intervals | Confidence Intervals Bias Corrected | Samples

	Original Samp...	Sample Mean ...	Standard Devi...	T Statistics (|O...	P Values
Moderating Effect 1 -> anxiety -> depress	-0.0576	-0.0577	0.0145	3.9856	0.0001
percontr -> anxiety -> depress	-0.1276	-0.1273	0.0193	6.6112	0.0000
ruminati -> anxiety -> depress	0.1961	0.1959	0.0184	10.6777	0.0000

(5) [Two Stage]와 [Mean Centered] 이용

출력 8-12 [Two Stage]와 [Mean Centered]에 의한 결과

Path Coefficients

Mean, STDEV, T-Values, P-Values | Confidence Intervals | Confidence Intervals Bias Corrected | Samples

	Original Samp...	Sample Mean ...	Standard Devi...	T Statistics (|O...	P Values
Moderating Effect 1 -> anxiety	-0.1176	-0.1175	0.0252	4.6603	0.0000
anxiety -> depress	0.4899	0.4899	0.0305	16.0678	0.0000
percontr -> anxiety	-0.2605	-0.2594	0.0310	8.4022	0.0000
ruminati -> anxiety	0.4003	0.4009	0.0296	13.5344	0.0000
ruminati -> depress	0.2754	0.2759	0.0355	7.7607	0.0000

Specific Indirect Effects

Mean, STDEV, T-Values, P-Values | Confidence Intervals | Confidence Intervals Bias Corrected | Samples

	Original Samp...	Sample Mean ...	Standard Devi...	T Statistics (|O...	P Values
Moderating Effect 1 -> anxiety -> depress	-0.0576	-0.0578	0.0140	4.1269	0.0000
percontr -> anxiety -> depress	-0.1276	-0.1274	0.0191	6.6741	0.0000
ruminati -> anxiety -> depress	0.1961	0.1963	0.0183	10.7305	0.0000

(6) [Two Stage]와 [Standardized] 이용

출력 8-13 [Two Stage]와 [Standardized]에 의한 결과

Path Coefficients

Mean, STDEV, T-Values, P-Values | Confidence Intervals | Confidence Intervals Bias Corrected | Samples

	Original Samp...	Sample Mean ...	Standard Devi...	T Statistics (|O...	P Values
Moderating Effect 1 -> anxiety	-0.1176	-0.1176	0.0252	4.6673	0.0000
anxiety -> depress	0.4899	0.4896	0.0309	15.8447	0.0000
percontr -> anxiety	-0.2605	-0.2605	0.0307	8.4846	0.0000
ruminati -> anxiety	0.4003	0.4001	0.0298	13.4249	0.0000
ruminati -> depress	0.2754	0.2753	0.0359	7.6761	0.0000

Specific Indirect Effects

Mean, STDEV, T-Values, P-Values | Confidence Intervals | Confidence Intervals Bias Corrected | Samples

	Original Samp...	Sample Mean ...	Standard Devi...	T Statistics (|O...	P Values
Moderating Effect 1 -> anxiety -> depress	-0.0576	-0.0579	0.0141	4.0954	0.0000
percontr -> anxiety -> depress	-0.1276	-0.1278	0.0192	6.6536	0.0000
ruminati -> anxiety -> depress	0.1961	0.1958	0.0182	10.7674	0.0000

(7) [Orthogonalization]과 [Unstandardized] 이용

출력 8-14 [Orthogonalization]과 [Unstandardized]에 의한 결과

Path Coefficients

Mean, STDEV, T-Values, P-Values | Confidence Intervals | Confidence Intervals Bias Corrected | Samples

	Original Samp...	Sample Mean ...	Standard Devi...	T Statistics (|O...	P Values
Moderating Effect 1 -> anxiety	-0.0013	-0.0013	0.0003	4.6590	0.0000
anxiety -> depress	0.4899	0.4893	0.0306	15.9988	0.0000
percontr -> anxiety	-0.2608	-0.2608	0.0310	8.4263	0.0000
ruminati -> anxiety	0.4239	0.4233	0.0303	13.9782	0.0000
ruminati -> depress	0.2754	0.2750	0.0354	7.7884	0.0000

Specific Indirect Effects

Mean, STDEV, T-Values, P-Values | Confidence Intervals | Confidence Intervals Bias Corrected | Samples

	Original Samp...	Sample Mean ...	Standard Devi...	T Statistics (|O...	P Values
Moderating Effect 1 -> anxiety -> depress	-0.0006	-0.0006	0.0002	4.1314	0.0000
percontr -> anxiety -> depress	-0.1278	-0.1279	0.0192	6.6447	0.0000
ruminati -> anxiety -> depress	0.2077	0.2071	0.0196	10.5966	0.0000

(8) [Orthogonalization]과 [Mean Centered] 이용

출력 8-15 [Orthogonalization]과 [Mean Centered]에 의한 결과

Path Coefficients

Mean, STDEV, T-Values, P-Values | Confidence Intervals | Confidence Intervals Bias Corrected | Samples

	Original Samp...	Sample Mean ...	Standard Devi...	T Statistics (|O...	P Values
Moderating Effect 1 -> anxiety	-0.0013	-0.0013	0.0003	4.7197	0.0000
anxiety -> depress	0.4899	0.4901	0.0303	16.1714	0.0000
percontr -> anxiety	-0.2608	-0.2600	0.0308	8.4693	0.0000
ruminati -> anxiety	0.4239	0.4246	0.0307	13.8213	0.0000
ruminati -> depress	0.2754	0.2755	0.0353	7.7994	0.0000

Specific Indirect Effects

Mean, STDEV, T-Values, P-Values | Confidence Intervals | Confidence Intervals Bias Corrected | Samples

	Original Samp...	Sample Mean ...	Standard Devi...	T Statistics (|O...	P Values
Moderating Effect 1 -> anxiety -> depress	-0.0006	-0.0006	0.0002	4.1811	0.0000
percontr -> anxiety -> depress	-0.1278	-0.1277	0.0190	6.7086	0.0000
ruminati -> anxiety -> depress	0.2077	0.2081	0.0197	10.5221	0.0000

(9) [Orthogonalization]과 [Standardized] 이용

출력 8-16 [Orthogonalization]과 [Standardized]에 의한 결과

Path Coefficients

Mean, STDEV, T-Values, P-Values | Confidence Intervals | Confidence Intervals Bias Corrected | Samples

	Original Samp...	Sample Mean ...	Standard Devi...	T Statistics (|O...	P Values
Moderating Effect 1 -> anxiety	-0.1176	-0.1173	0.0250	4.6942	0.0000
anxiety -> depress	0.4899	0.4896	0.0305	16.0635	0.0000
percontr -> anxiety	-0.2608	-0.2609	0.0304	8.5687	0.0000
ruminati -> anxiety	0.4239	0.4235	0.0303	14.0040	0.0000
ruminati -> depress	0.2754	0.2764	0.0350	7.8786	0.0000

Specific Indirect Effects

Mean, STDEV, T-Values, P-Values | Confidence Intervals | Confidence Intervals Bias Corrected | Samples

	Original Samp...	Sample Mean ...	Standard Devi...	T Statistics (|O...	P Values
Moderating Effect 1 -> anxiety -> depress	-0.0576	-0.0577	0.0139	4.1399	0.0000
percontr -> anxiety -> depress	-0.1278	-0.1281	0.0190	6.7204	0.0000
ruminati -> anxiety -> depress	0.2077	0.2074	0.0196	10.6063	0.0000

4 어떠한 방법으로 추정하느냐에 따라 모수치가 조금 차이가 있다. 결론적으로 특정간접효과(Moderating Effect → anxiety → depress) 값($\beta = -.0576$)이 붓스트래핑 결과 유의적인 것으로 나타났으므로 조절된 매개효과가 있다고 해석한다.

5 [출력 8-16]에서 (Moderating Effect → anxiety → depress)에 해당하는 값(−.0576)이 PROCESS Model 7의 조절된 매개지수값이다. $-.0576 = -.1176(p_2)^* .4899(p_5)$에 의해 계산된다. 이 값의 부호가 부적(−)인 것은 조절변수가 증가할수록 매개효과값이 작아진다는 것을 의미한다.

6 PROCESS macro로 분석한 결과와 SmartPLS로 분석한 결과의 값이 다른데, 이는 PROCESS는 비표준화계수(b)를 보고하고, SmartPLS는 표준화계수(β)를 보고하기 때문이다.

7 PROCESS macro로 분석한 결과와 SmartPLS로 분석한 결과를 비교하기 위해 [출력 8-7]과 [출력 8-9]를 보면 조절된 매개지수값이 각각 −.0047, −.0006으로 나타났다.

8 상호작용항을 만들 때 Hair 등(2021)은 [Two Stage]와 [Standardized]를 사용할 것을 추천한다. 이 기준으로 얻은 값([출력 8-13] 참조)은 [출력 8-16]과 같은 값

을 산출한다.

9 [Product Indicator]와 [Mean Centered]에 의한 결과인 [출력 8-9]를 토대로 조건부 간접효과를 검정하기로 한다.

10 [Final Results] → [Path Coefficients] → [Samples]에서 [Excel Format]을 눌러 붓스트래핑 결과를 엑셀시트에 갖다 붙인다. 해당하는 셀에 p1, p2, p3, p4, p5 등의 이름을 입력한다.

엑셀시트 8-1 엑셀에 붙인 화면

행		p5	p2	p4	p1	p3
7						
8		p5	p2	p4	p1	p3
9		Moderating Effect 1 -> anxiety	anxiety -> depress	percontr -> anxiety	ruminati -> anxiety	ruminati -> depress
10	Sample 0	-0.0006	0.4849	-0.2739	0.4003	0.2633
11	Sample 1	-0.0011	0.5185	-0.2317	0.4058	0.2534

11 식(3)에 있는 조건부 간접효과를 얻기 위한 식에 맞게 [I10]의 값을 구하고 나머지는 채운다. [J10], [K10]도 동일한 방식으로 값을 구한다.

수식입력: [I10]=(F10*D10)+(D10*C10)*(−8.9968)

엑셀시트 8-2 조건부 간접효과

H	I	J	K	L
	0.201465	0.195763	0.19006	Mean
	0.171351	0.166479	0.161715	Percentile 5%
	0.232108	0.225774	0.21946	Percentile 95%
	0.018623	0.018158	0.01779	Standard Error
	10.81827	10.78134	10.68362	t-value
	Low	Medium	High	
	-1sd	0	+1sd	
	0.147907	0.142358	0.136808	
	0.181543	0.176694	0.171845	

12 I열 값의 평균을 구한다. 이를 위해 [I2]에 다음과 같은 수식을 입력한다. [J2], [K2]도 동일한 방식으로 평균을 구한다.

수식입력: =AVERAGE(I10: I10009)

13 I열 값의 5% 백분위 값을 구한다. 이를 위해 다음과 같은 수식을 [I3]에 입력한다. J열, K열도 동일한 방식으로 구한다.

수식입력: =PERCENTILE(I10: I10009,0.05)

14 I열 값의 95% 백분위 값을 구한다. 이를 위해 다음과 같은 수식을 [I3]에 입력한다. J열, K열도 동일한 방식으로 구한다.

수식입력: =PERCENTILE(I10: I10009,0.95)

15 지금까지 작업한 결과가 [엑셀시트 8-2]이다. 조건부 간접효과값(.2015, .1958, .190)은 조절변수 수준이 증가할수록 작아지는 것을 알 수 있다. 이는 조절된 매개지수가 부적(−)인 것을 통해서도 확인할 수 있다.

3.3 PROCESS Model 7: 예 2

≫그림 8-10 | PROCESS Model 7의 개념적 모델

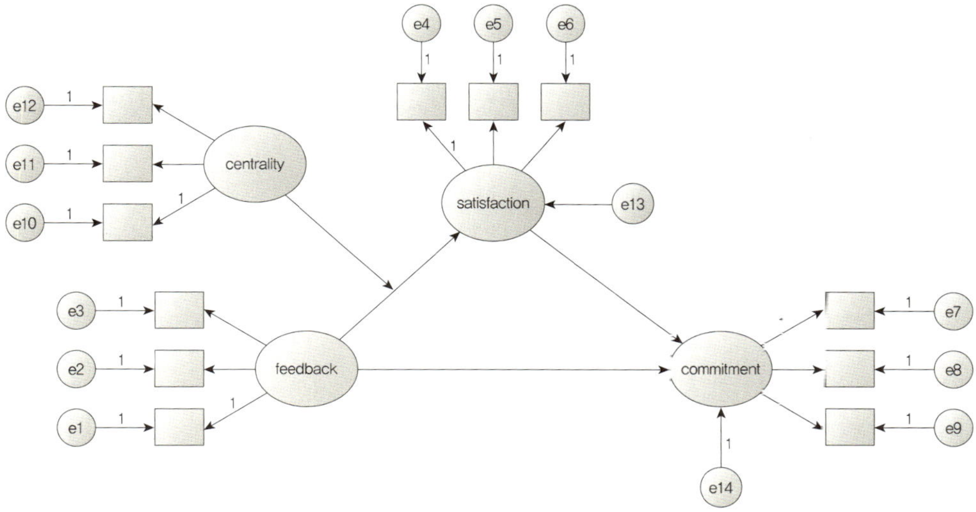

1 [그림 8-10]의 개념적 모델을 분석하기 위한 통계적 모델은 [그림 8-11]과 같다.

그림 8-11 | PROCESS Model 7의 통계적 모델

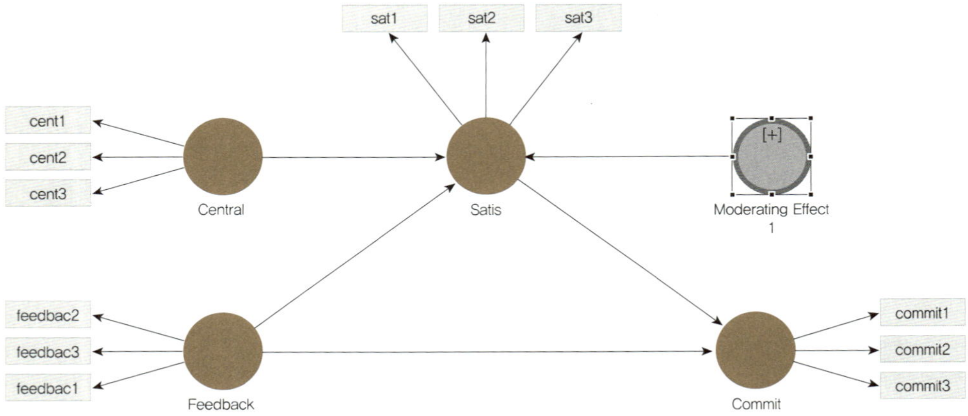

2 이하의 모든 결과는 PLS algorithm으로 추정해서 얻은 것이다. [출력 8-17]은 상호작용항을 [Calculation Method]는 [Product Indicator]로, [Product Term Generation]은 [Mean Centered]로 해서 만들어 분석한 것이다.

출력 8-17 [Product Indicator]와 [Mean Centered]에 의한 결과

Path Coefficients

Mean, STDEV, T-Values, P-Values | Confidence Intervals | Confidence Intervals Bias Corrected | Samples

	Original Samp...	Sample Mean ...	Standard Devi...	T Statistics (|O...	P Values
Central -> Satis	0.241	0.241	0.023	10.688	0.000
Feedback -> Commit	0.212	0.213	0.024	8.831	0.000
Feedback -> Satis	0.538	0.537	0.019	28.283	0.000
Moderating Effect 1 -> Satis	-0.045	-0.050	0.017	2.618	0.009
Satis -> Commit	0.561	0.561	0.022	26.055	0.000

Specific Indirect Effects

Mean, STDEV, T-Values, P-Values | Confidence Intervals | Confidence Intervals Bias Corrected | Samples

	Original Samp...	Sample Mean ...	Standard Devi...	T Statistics (|O...	P Values
Moderating Effect 1 -> Satis -> Commit	-0.026	-0.028	0.010	2.606	0.009
Feedback -> Satis -> Commit	0.302	0.301	0.016	19.146	0.000
Central -> Satis -> Commit	0.135	0.135	0.014	9.619	0.000

3 [출력 8-18]은 상호작용항을 [Calculation Method]는 [Product Indicator]로, [Product Term Generation]은 [Standardized]로 해서 만들어 분석한 것이다.

출력 8-18 [Product Indicator]와 [Standardized]에 의한 결과

Path Coefficients

Mean, STDEV, T-Values, P-Values | Confidence Intervals | Confidence Intervals Bias Corrected | Samples

	Original Samp...	Sample Mean ...	Standard Devi...	T Statistics (|O...	P Values
Central -> Satis	0.241	0.240	0.022	10.993	0.000
Feedback -> Commit	0.212	0.212	0.024	8.782	0.000
Feedback -> Satis	0.538	0.537	0.019	28.260	0.000
Moderating Effect 1 -> Satis	-0.059	-0.065	0.022	2.643	0.008
Satis -> Commit	0.561	0.561	0.022	26.037	0.000

Specific Indirect Effects

Mean, STDEV, T-Values, P-Values | Confidence Intervals | Confidence Intervals Bias Corrected | Samples

	Original Samp...	Sample Mean ...	Standard Devi...	T Statistics (|O...	P Values
Moderating Effect 1 -> Satis -> Commit	-0.033	-0.037	0.012	2.632	0.009
Feedback -> Satis -> Commit	0.302	0.301	0.016	19.096	0.000
Central -> Satis -> Commit	0.135	0.135	0.014	9.855	0.000

4 [출력 8-19]는 상호작용항을 [Calculation Method]는 [Two Stage]로, [Product Term Generation]은 [Mean Centered]로 해서 만들어 분석한 것이다.

출력 8-19 [Two Stage]와 [Mean Centered]에 의한 결과

Path Coefficients

Mean, STDEV, T-Values, P-Values | Confidence Intervals | Confidence Intervals Bias Corrected | Samples

	Original Samp...	Sample Mean ...	Standard Devi...	T Statistics (|O...	P Values
Central -> Satis	0.242	0.242	0.023	10.554	0.000
Feedback -> Commit	0.212	0.213	0.024	8.748	0.000
Feedback -> Satis	0.539	0.539	0.018	29.132	0.000
Moderating Effect 1 -> Satis	-0.051	-0.051	0.025	2.041	0.041
Satis -> Commit	0.561	0.561	0.022	25.457	0.000

Specific Indirect Effects

Mean, STDEV, T-Values, P-Values | Confidence Intervals | Confidence Intervals Bias Corrected | Samples

	Original Samp...	Sample Mean ...	Standard Devi...	T Statistics (|O...	P Values
Moderating Effect 1 -> Satis -> Commit	-0.029	-0.028	0.014	2.041	0.041
Feedback -> Satis -> Commit	0.302	0.303	0.016	18.925	0.000
Central -> Satis -> Commit	0.136	0.136	0.014	9.589	0.000

5 [출력 8-20]은 상호작용항을 [Calculation Method]는 [Two Stage]로, [Product Term Generation]은 [Standardized]로 해서 만들어 분석한 것이다.

출력 8-20 [Two Stage]와 [Standardized]에 의한 결과

Path Coefficients

Mean, STDEV, T-Values, P-Values | Confidence Intervals | Confidence Intervals Bias Corrected | Samples

	Original Samp...	Sample Mean ...	Standard Devi...	T Statistics (|O...	P Values
Central -> Satis	0.242	0.243	0.022	10.878	0.000
Feedback -> Commit	0.212	0.212	0.024	8.931	0.000
Feedback -> Satis	0.539	0.539	0.019	28.336	0.000
Moderating Effect 1 -> Satis	-0.051	-0.050	0.024	2.079	0.038
Satis -> Commit	0.561	0.561	0.022	25.976	0.000

Specific Indirect Effects

Mean, STDEV, T-Values, P-Values | Confidence Intervals | Confidence Intervals Bias Corrected | Samples

	Original Samp...	Sample Mean ...	Standard Devi...	T Statistics (|O...	P Values
Moderating Effect 1 -> Satis -> Commit	-0.029	-0.028	0.014	2.075	0.038
Feedback -> Satis -> Commit	0.302	0.303	0.016	18.950	0.000
Central -> Satis -> Commit	0.136	0.136	0.014	9.738	0.000

6 [출력 8-21]은 상호작용항을 [Calculation Method]는 [Orthogonalization]으로, [Product Term Generation]은 [Mean Centered]로 해서 만들어 분석한 것이다.

출력 8-21 [Orthogonalization]과 [Mean Centered]에 의한 결과

Path Coefficients

Mean, STDEV, T-Values, P-Values | Confidence Intervals | Confidence Intervals Bias Corrected | Samples

	Original Samp...	Sample Mean ...	Standard Devi...	T Statistics (|O...	P Values
Central -> Satis	0.247	0.247	0.022	11.143	0.000
Feedback -> Commit	0.212	0.213	0.024	8.903	0.000
Feedback -> Satis	0.542	0.543	0.019	28.433	0.000
Moderating Effect 1 -> Satis	-0.050	-0.060	0.021	2.422	0.015
Satis -> Commit	0.561	0.561	0.022	25.984	0.000

Specific Indirect Effects

Mean, STDEV, T-Values, P-Values	Confidence Intervals	Confidence Intervals Bias Corrected	Samples	
	Original Samp...	Sample Mean ...	Standard Devi...	T Statistics (|O...	P Values

	Original Samp...	Sample Mean ...	Standard Devi...	T Statistics (|O...	P Values
Moderating Effect 1 -> Satis -> Commit	-0.028	-0.034	0.012	2.405	0.016
Feedback -> Satis -> Commit	0.304	0.305	0.016	19.040	0.000
Central -> Satis -> Commit	0.139	0.139	0.014	9.959	0.000

7 [출력 8-22]는 상호작용항을 [Calculation Method]는 [Orthogonalization]로, [Product Term Generation]은 [Standardized]로 해서 만들어 분석한 것이다.

출력 8-22 [Orthogonalization]과 [Standardized]에 의한 결과

Path Coefficients

Mean, STDEV, T-Values, P-Values | Confidence Intervals | Confidence Intervals Bias Corrected | Samples

	Original Samp...	Sample Mean ...	Standard Devi...	T Statistics (|O...	P Values
Central -> Satis	0.247	0.248	0.022	11.257	0.000
Feedback -> Commit	0.212	0.212	0.024	8.917	0.000
Feedback -> Satis	0.542	0.543	0.019	29.069	0.000
Moderating Effect 1 -> Satis	-0.064	-0.078	0.026	2.488	0.013
Satis -> Commit	0.561	0.562	0.021	26.275	0.000

Specific Indirect Effects

Mean, STDEV, T-Values, P-Values | Confidence Intervals | Confidence Intervals Bias Corrected | Samples

	Original Samp...	Sample Mean ...	Standard Devi...	T Statistics (|O...	P Values
Moderating Effect 1 -> Satis -> Commit	-0.036	-0.044	0.015	2.461	0.014
Feedback -> Satis -> Commit	0.304	0.305	0.016	19.176	0.000
Central -> Satis -> Commit	0.139	0.139	0.014	10.078	0.000

8 위의 결과를 보면 조절된 매개지수가 유의적인 것으로 나타났다. 그리고 상호작용항을 어떤 식으로 만드느냐에 따라 계수값이 조금씩 차이가 있음을 알 수 있다. 조절된 매개지수가 유의적이므로 조건부 간접효과(conditional indirect effect)를 조절변수의 세 수준에서 검토하기로 한다. 조건부 간접효과를 얻기 위한 식은 식(3)에 제시되어 있다. 식(3)에 맞게 조절변수의 세 수준별 값을 구하기 위한 식을 [표 8-1]에 제시하였다.

| 표 8-1 | 조건부 간접효과 검정값

조절변수의 수준	식
낮음(low)	$\omega = p_1 \cdot p_2 + p_2 \cdot p_5 \cdot (-1SD\ of\ W)$
중간(medium)	$\omega = p_1 \cdot p_2 + p_2 \cdot p_5 \cdot (0SD\ of\ W)$
높음(high)	$\omega = p_1 \cdot p_2 + p_2 \cdot p_5 \cdot (1SD\ of\ W)$

9 이를 위해 조절변수(W)의 표준편차(SD)에 관한 정보가 필요하다. 이 경우 조절변수인 Central이 3개의 지표로 측정되었으므로 이들을 합쳐 하나의 변수로 만든 다음 표준편차(SD)에 관한 정보를 얻으면 된다. SPSS에서 얻은 이 값은 2.6063(.956)이다.

10 [출력 8-20]인 [Two Stage]와 [Standardized]를 토대로 붓스트래핑을 [10,000]번 했을 때 나오는 값을 토대로 Excel에서 이를 실행하는 것에 관해 살펴보기로 한다.

11 아래는 엑셀시트에서 함수를 이용해 구한 값이다.

엑셀시트 8-3 조건부 간접효과

E	F	G	H	I	J
	Mean		0.329454	0.302417	0.27538
	Percentile Low 5%		0.296274	0.276829	0.241678
	Percentile High 95%		0.363463	0.328896	0.310691
	Standard Error		0.020257	0.015754	0.020919
	t-value		16.26391	19.19573	13.1642
p5	p2		Low	Mediam	High
Moderating Effect 1 -> Satis	Satis -> Commit		-1SD	0	+1SD
-0.029	0.563		0.33483	0.319221	0.303612
-0.013	0.583		0.312738	0.305492	0.298246
-0.073	0.541		0.326649	0.288894	0.251139
-0.083	0.557		0.313228	0.269031	0.224834
-0.075	0.552		0.333794	0.294216	0.254638

12 조절변수의 수준이 높을수록 조건부 간접효과값(.329, .302, .275)은 작아지는 것을 알 수 있다.

3.4 PROCESS Model 7: 예 3

1 [그림 8-12]의 PROCESS Model 7의 개념적 모델을 분석하기로 한다.

그림 8-12 | PROCESS Model 7의 개념적 모델

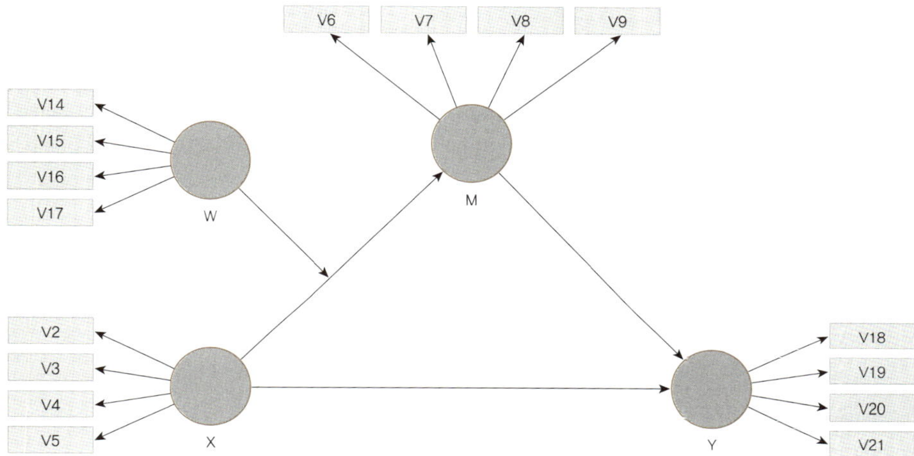

2 PROCESS Model 7의 개념적 모델을 분석하기 위한 통계적 모델이 [그림 8-13]이다.

그림 8-13 | PROCESS Model 7의 통계적 모델

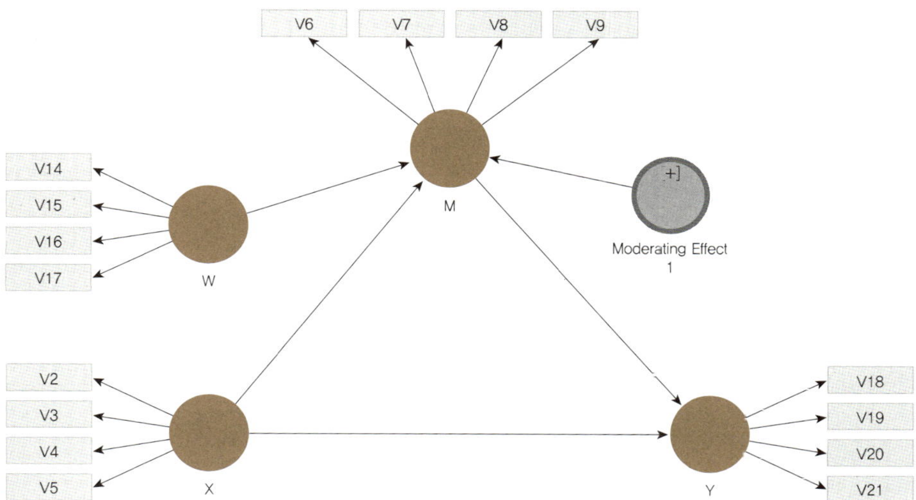

3 이 예에서 상호작용항을 만드는 것은 [Two Stage]와 [Standardized]로 동일하게 하고, [PLS algorithm]과 [PLSc algorithm]으로 다르게 추정해보기로 한다.

4 [출력 8-23]은 [PLS algorithm]으로 추정한 결과이다.

출력 8-23 PLS algorithm으로 추정한 결과

Specific Indirect Effects

Mean, STDEV, T-Values, P-Values | Confidence Intervals | Confidence Intervals Bias Corrected | Samples

	Original Samp...	Sample Mean ...	Standard Devi...	T Statistics (|O...	P Values
X -> M -> Y	-0.300	-0.301	0.037	8.088	0.000
Moderating Effect 1 -> M -> Y	0.135	0.134	0.033	4.054	0.000
W -> M -> Y	0.276	0.277	0.043	6.361	0.000

5 [출력 8-24]는 [PLSc algorithm]으로 추정한 결과이다.

출력 8-24 PLSc algorithm으로 추정한 결과

Specific Indirect Effects

Mean, STDEV, T-Values, P-Values | Confidence Intervals | Confidence Intervals Bias Corrected | Samples

	Original Samp...	Sample Mean ...	Standard Devi...	T Statistics (|O...	P Values
X -> M -> Y	-0.320	-0.322	0.041	7.838	0.000
Moderating Effect 1 -> M -> Y	0.144	0.143	0.036	4.047	0.000
W -> M -> Y	0.291	0.292	0.047	6.206	0.000

6 어떤 방법으로 추정하느냐에 따라 모수치가 약간의 차이가 있다.

7 그렇다면 어떤 방법으로 추정하는 것이 적합한가? 제1장에서 설명하였듯이 반영지표인 경우 PLSc가 더 좋은 접근법이다. 조절된 매개지수값이 .144로 유의적이므로 조절된 매개효과가 있다고 해석한다. 조절된 매개지수값이 정적(+)이므로 조절변수 수준이 높을수록 매개효과는 커진다는 것을 의미한다.

8 [출력 8-24]의 붓스트래핑 결과를 토대로 조절변수의 수준에 따른 조건부 간접효과를 검토하기로 한다.

9 엑셀에서 작업한 결과는 다음과 같다.

엑셀시트 8-4 조건부 간접효과

	A	B	C	D	E	F	G	H	I	J
1										
2	Original(O)	0.7510	0.1910	0.3870	-0.426	0.074				
3	Mean(M)	0.7506	0.1902	0.3879	-0.428	0.0732		-0.5506	-0.3211	-0.0915
4	Bias(O-M)	0.0004	0.0008	-0.0009	0.002	0.0008				
5	Percentile Lower(5%)	0.676	0.114	0.294	-0.507	-0.013		-0.6565	-0.38977	-0.21962
6	Percentile Upper(95%)	0.82	0.263	0.47805	-0.347	0.16		-0.44585	-0.25546	0.032592
7	BC:P.Lower(5%)+Bias	0.6764	0.1148	0.2931	-0.505	-0.0122				
8	BC:P.Upper(95%)+Bias	0.8204	0.2638	0.4771	-0.345	0.1608				
9		p2	p5	p4	p1	p3		Low	Medium	High
10		M -> Y	Moderating Effect 1 -> M	W -> M	X -> M	X -> Y				
11	Sample 0	0.838	0.209	0.376	-0.497	0.117		-0.69789	-0.41649	-0.13509
12	Sample 1	0.825	0.15	0.478	-0.443	0.197		-0.5643	-0.36548	-0.16665
13	Sample 2	0.78	0.132	0.283	-0.494	-0.013		-0.55075	-0.38532	-0.21989
14	Sample 3	0.705	0.213	0.35	-0.415	0.[illegible]19		-0.53385	-0.29258	-0.0513
15	Sample 4	0.734	0.192	0.435	-0.364	0.074		-0.49361	-0.26718	-0.04075

10 조절변수의 수준이 높은 경우에는 조건부 간접효과가 없는 것으로 나타났다. 이는 95% 백분위 수준에서 하한(−.22)과 상한(0.033) 사이에 0을 포함하고 있다.

3.5 PROCESS Model 8

1 [그림 8−14]는 PROCESS Model 8의 개념적 모델이다.

그림 8-14 | PROCESS Model 8의 개념적 모델

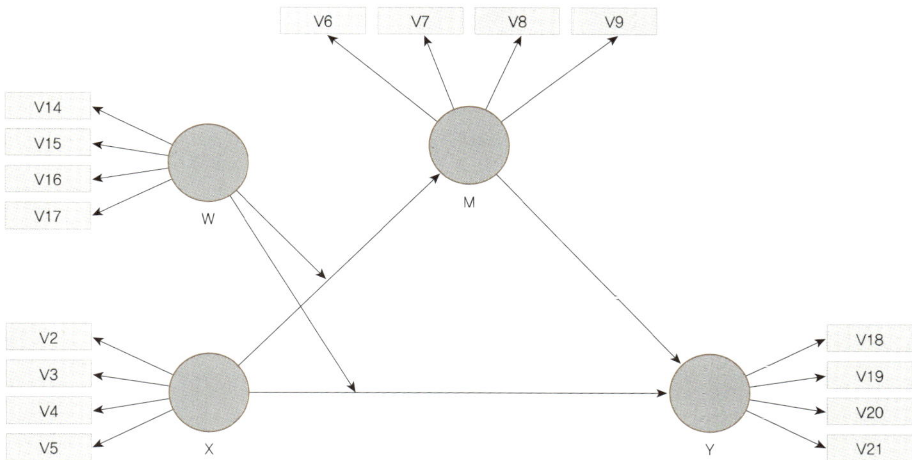

2 [그림 8−15]는 PROCESS Model 8을 분석하기 위한 통계적 모델을 만들기 위한 모델이다. SmartPLS에서 상호작용항(Moderating Effect)에서 종속변수(Y)로 가

는 경로를 연결할 수 없게 되어 있다. 따라서 SmartPLS는 PROCESS Model 8을 분석할 수 없다.

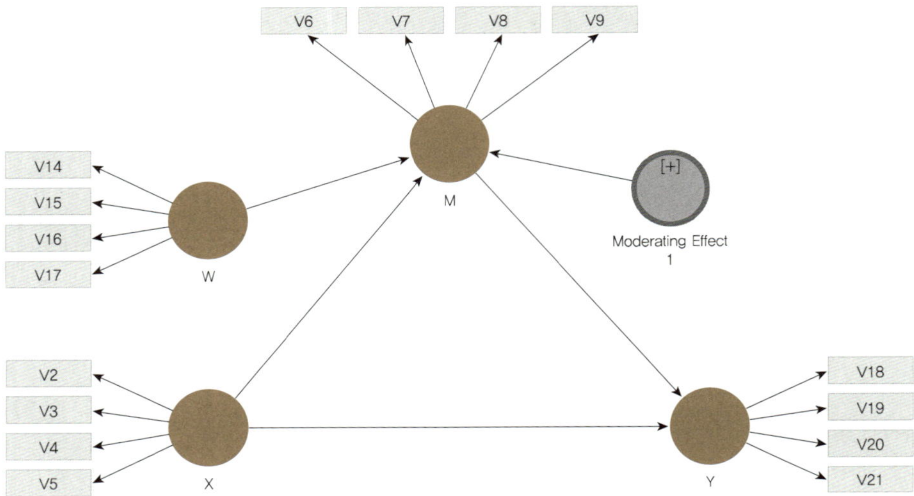

그림 8-15 | PROCESS Model 8의 통계적 모델

3 저자가 시도해본 결과, SmartPLS 3.3에 의해 PROCESS 모델을 분석하고자 할 때 본서에 소개된 모델 외에 대부분의 모델은 앞서 언급한 문제로 인해 분석할 수 없음을 알게 되었다.

기억하세요

1 SmartPLS에서 조절변수가 범주형 변수인 경우 조절된 매개효과분석은 다중집단분석으로 할 수 있다.

2 PROCESS Model 7은 SmartPLS에서 보고되는 specific indirect effect 계수의 유의성을 확인하면 된다. specific indirect effect 계수가 조절된 매개지수가 된다. 이 계수가 유의적이면 조절된 매개효과가 있다고 해석한다. 이때 조절변수의 세 수준에 따라 조절된 매개효과가 구체적으로 어떻게 나타나는지 확인한다. 이를 우해 Exce 에서 작업을 해야 한다.

3 PROCESS Model 8은 SmartPLS로 분석할 수 없다.

참고문헌

배병렬 (2021). SPSS/PROCESS에 의한 조절효과 및 매개효과분석: 이론과 실제. 도서출판 청람.

Becker, J. M., Ringle, C. M., & Sarstedt, M. (2018). Estimating moderating effects in PLS-SEM and PLSc-SEM: Interaction term generation x data treatment. *Journal of Applied Structural Equation Modeling, 2*(2), 1-21.

Cheah, J. H., Nitzl, C., Roldán, J. L., Cepeda Carrión, G., & Gudergan, S. P. (2021). A primer on the conditional mediation analysis in PLS-SEM. *ACM SIGMIS Database: The DATABASE for Advances in Information Systems, 52*, Number SI, 43-100.

Cheah, J. H., Thurasamy, R., Memon, M. A., Chuah, F., & Ting, H. (2020). Multigroup analysis using SmartPLS: Step-by-step guidelines for business research. *Asian Journal of Business Research, 10*(3), 1-19.

Edwards, J. R., & Lambert, L. S. (2007). Methods for integrating moderation and mediation: A general analytical framework using moderated path analysis. *Psychological Methods, 12*(1), 1-22

Hair, J. F., Hult, G. T. M., Ringle, C. M., & Sarstedt, M. (2017). *A primer on partial least squares structural equation modeling(PLS-SEM)* (2nd ed.). Sage Publications.

Hair, J. F., Hult, G. T. M., Ringle, C. M., & Sarstedt, M. (2021). *A primer on partial least squares structural equation modeling(PLS-SEM)* (3rd ed.). Sage Publications.

Hayes, A. F. (2022). *Introduction to mediation, moderation, and conditional process analysis: A regression-based approach* (3rd ed.). Guilford Press.

Henseler, J., & Fassott, G. (2010). Testing moderating effects in PLS path models: An illustration of available procedures. In V. Esposito Vinzi, W. W. Chin, J. Henseler, & H. Wang (Eds.), *Handbook of partial least squares: Concepts, methods and applications* (pp. 713-735). Springer.

Holland, S. J., Shore, D. B., & Cortina, J. M. (2017). Review and recommendations for integrating mediation and moderation. *Organizational Research Methods, 20*(4), 686-720.

Sarstedt, M., Hair, J. F., Nitzl, C., Ringle, C. M., & Howard, M. C. (2020). Beyond a tandem analysis of SEM and PROCESS: Use of PLSSEM for mediation analyses! *International Journal of Market Research, 62*(3), 288-299.

Sarstedt, M., Henseler, J., & Ringle, C. M. (2011). Multigroup analysis in partial least squares (PLS) path modeling: Alternative methods and empirical results. In *Advances in international marketing* (pp. 195–218). Emerald Group Publishing Limited.

Sarstedt, M., Ringle, C. M., & Hair, J. F. (2017). Treating unobserved heterogeneity in PLS–SEM: A multi–method approach. In H. Latan & R. Noonan (Eds.), *Partial least squares path modeling* (pp. 197–217). Springer.

Sarstedt, M., Ringle, C. M., Cheah, J.–H., Ting, H., Moisescu, O. I., & Radomir, L. (2020). Structural model robustness checks in PLS–SEM. *Tourism Economics, 26*(4), 531–554.

Sarstedt, M., Ringle, C. M., & Gudergan, S. (2016). Guidelines for treating unobserved heterogeneity in tourism research: A comment on Marques and Reis (2015). *Annals of Tourism Research, 57,* 279–284.

Sharma, P. N., Sarstedt, M., Shmueli, G., Kim, K. H., & Thiele, K. O. (2019). PLS–based model selection: The role of alternative explanations in information systems research. *Journal of the Association for Information Systems, 20*(4), 346–397.

[YouTube]

SmartPLS (2021. 10.28). PLS2022 Prelude #3: Mediation, moderation, and conditional mediation analysis in PLS–SEM. [Video]. YouTube.
https://www.youtube.com/watch?v=YdwFNIOYWxc

[주목하세요!!]

[YouTube]에서 [SmartPLS moderated mediation] 키워드로 검색하면 6개 정도의 영상이 있습니다. 저자가 확인한 것 가운데 올바르게 설명한 것은 위에 언급한 것 외에는 하나도 없습니다!

Chapter

Smart P L S

9 조절된 매개효과분석(Ⅱ)

Chapter

9 조절된 매개효과분석(Ⅱ)

1 PROCESS Model 14

1.1 PROCESS Model 14의 개요

1 PROCESS Model 14의 개념적 모델은 [그림 9-1]과 같다.

그림 9-1 | PROCESS Model 14의 개념적 모델

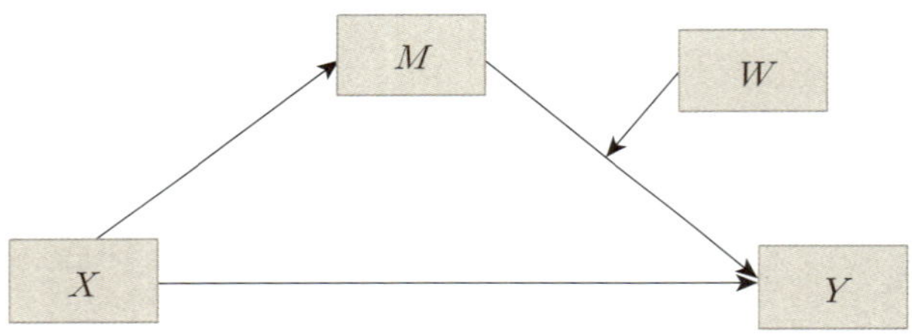

2 PROCESS Model 14의 개념적 모델은 $X \rightarrow M \rightarrow Y$의 매개효과가 M과 Y 사이의 조절변수인 W에 의해 조절되는가를 살펴보는 것이다. [그림 9-1]의 통계적 모델은 [그림 9-2]와 같다.

그림 9-2 | PROCESS Model 14의 통계적 모델

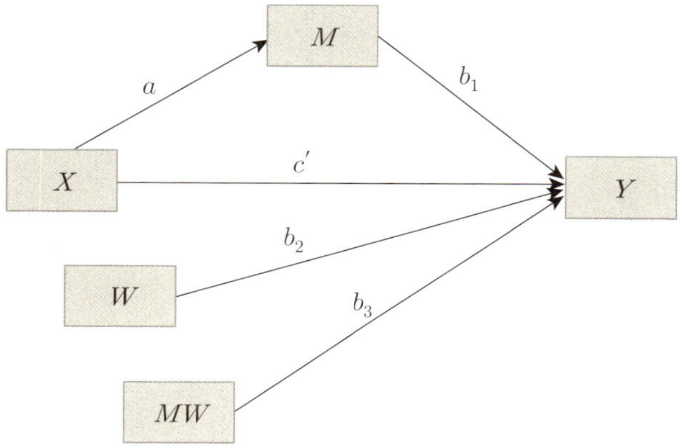

3 통계적 모델을 추정하기 위해서는 다음과 같은 2개의 회귀식이 필요하다.

$$M = i_M + aX + e_M \quad (1)$$

$$Y = i_Y + c'X + b_1M + b_2W + b_3MW + e_Y \quad (2)$$

4 M을 통해 X가 Y에 주는 간접효과는 식(1)에서 얻은 X의 M에 대한 조건부 효과와 식(2)에서 얻은 X를 통제했을 때 Y에 대한 M의 조건부 효과를 곱한 것이다. 이를 다음과 같이 나타낼 수 있다.

$$\omega = a(b_1 + b_3W) \quad (3)$$

5 식(3)은 다음과 같이 쓸 수 있다.

$$\omega = ab_1 + ab_3W \quad (4)$$

6 식(3)과 식(4)를 **조건부 간접효과(conditional indirect effect)**라 한다. 조건부 간접효과는 $X \rightarrow M \rightarrow Y$의 간접효과가 조절변수 W의 수준에 따라 달라지는가를 검정한다.

7 식(4)에서 ab_1은 절편, ab_3은 기울기를 의미한다. ab_3은 통계적 모델에서 M을 통해 X가 Y에 미치는 간접효과에 대한 W의 효과를 의미한다. ab_3은 PROCESS Model 14의 조절된 매개지수이다. 조절된 매개지수(index of moderated mediation)는 $X \rightarrow M \rightarrow Y$의 간접효과(매개효과)가 조절변수($W$)의 수준에 따라 달라지는 정도를 계량화한 값이다.

8 이 조절된 매개지수가 통계적으로 유의적인가를 검토하여 유의적이면 조절된 매개효과가 있고, 비유의적이면 조절된 매개효과가 없다고 해석한다.

1.2 PROCESS Model 14의 예

1 PROCESS Model 14의 개념적 모델과 통계적 모델은 [그림 9-3(a)], [그림 9-3(b)]와 같이 나타낼 수 있다.

그림 9-3 | PROCESS Model 14의 개념적 모델(a)과 통계적 모델(b)

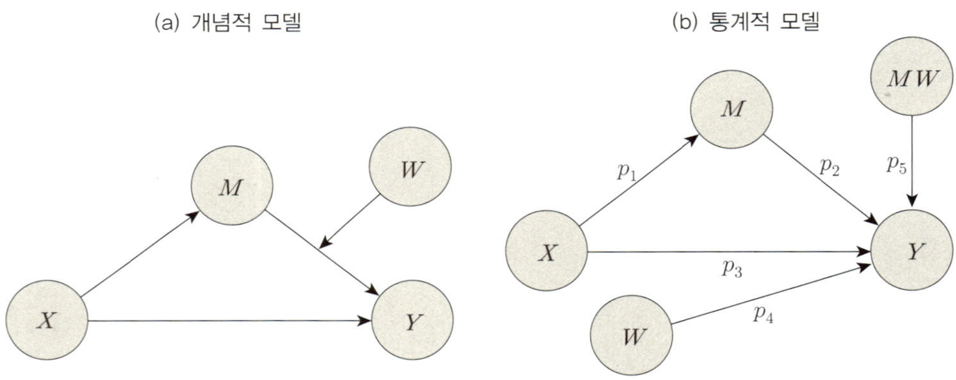

2 [그림 9-3(b)]에서 조건부 간접효과를 얻기 위한 식은 식(5)와 같다. 식(5)에 기초하여 조절변수의 세 수준별 값을 구하기 위한 식을 [표 9-1]에 제시한다.

$$\omega = p_1 p_2 + p_1 p_5 W \tag{5}$$

표 9-1 | 조건부 간접효과 검정 식

조절변수의 수준	식
낮음(low)	$\omega = p_1p_2 + p_1p_5(-1SD\ of\ W)$
중간(medium)	$\omega = p_1p_2 + p_1p_5(0SD\ of\ W)$
높음(high)	$\omega = p_1p_2 + p_1p_5(1SD\ of\ W)$

3 식(5)에서 조절된 매개지수는 $\omega = p_1p_5$이다.

4 SmartPLS에서 PROCESS Model 14를 실행한 후 얻게 되는 결과로부터 직접적으로 p_1p5의 값을 얻을 수 없으므로 붓스트래핑을 한 다음 얻게 되는 값을 Excel에 붙여 함수를 만들어 검정해야 한다.

5 [그림 9-4] 모델을 대상으로 PROCESS Model 14를 분석하기로 한다.

그림 9-4 | PROCESS Model 14의 개념적 모델

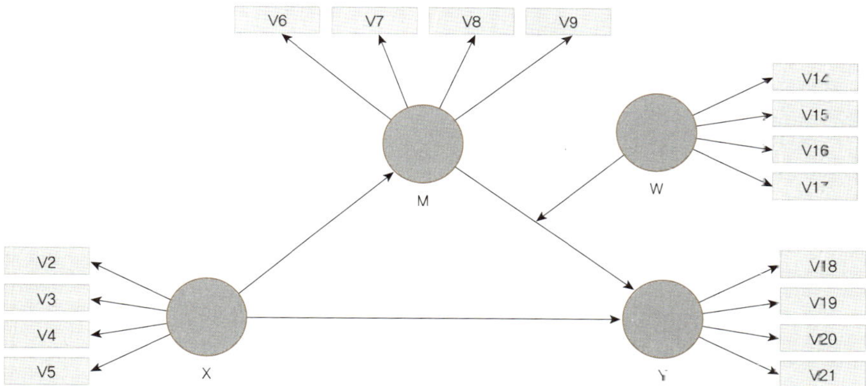

6 이 모델을 분석하기 위한 통계적 모델은 [그림 9-5]와 같다. 상호작용항은 [Two Stage]와 [Standardization]으로 만들었다.

그림 9-5 | PROCESS Model 14의 통계적 모델

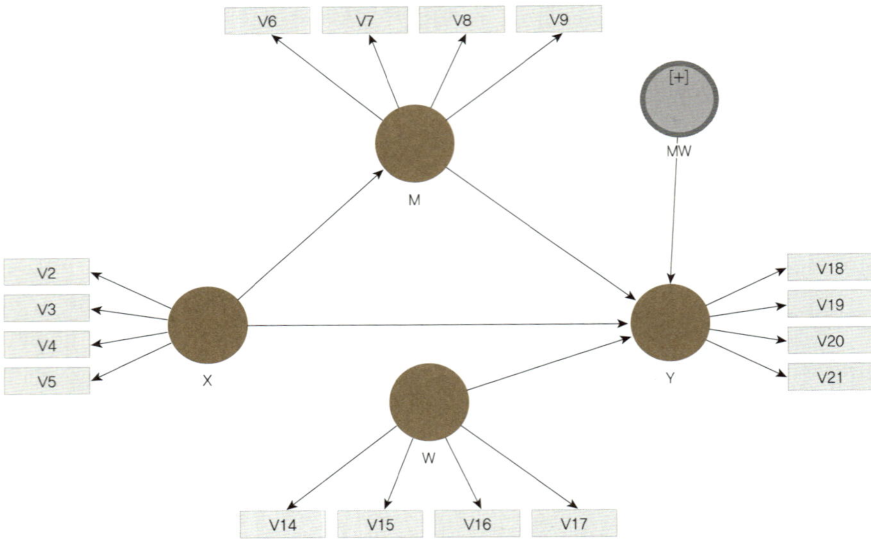

7 이 모델을 PLSc로 추정하면 [출력 9-1]의 결과를 얻는다.

출력 9-1 경로계수

Path Coefficients

Matrix | Path Coefficients

	M	MW	W	X	Y
M					0.697
MW					0.303
W					0.483
X	0.802				-0.251
Y					

8 붓스트래핑을 하면 [출력 9-2]의 결과를 얻는다.

출력 9-2 경로계수: 붓스트래핑 결과

Path Coefficients

Mean, STDEV, T-Values, P-Values	Confidence Intervals	Confidence Intervals Bias Corrected	Samples	

	Original Samp...	Sample Mean ...	Standard Devi...	T Statistics (|C...	P Values
M -> Y	0.697	0.708	0.139	5.001	0.000
MW -> Y	0.303	0.306	0.075	4.047	0.000
W -> Y	0.483	0.485	0.091	5.291	0.000
X -> M	0.802	0.802	0.045	17.939	0.000
X -> Y	-0.251	-0.263	0.124	2.028	0.043

9 [Final Results]에서 [Path Coefficients] → [Samples] 탭을 클릭하고, [Excel Format] 버튼을 클릭한다.

10 Excel을 실행한다. Excel 화면상의 적당한 위치에 마우스 포인터를 놓고 [Ctrl+v]를 이용하여 붙인다.

엑셀시트 9-1 경로계수의 붓스트래핑 결과

	A	B	C	D	E	F	G
1							
2							
3							
4							
5							
6							
7							
8			M -> Y	MW -> Y	W -> Y	X -> M	X -> Y
9		Sample 0	0.598	0.395	0.647	0.828	-0.331
10		Sample 1	0.687	0.195	0.574	0.86	-0.292
11		Sample 2	0.676	0.221	0.471	0.817	-0.223
12		Sample 3	1.014	0.415	0.437	0.753	-0.491
13		Sample 4	0.698	0.417	0.433	0.806	-0.209

11 사용하기 편리한 열너비와 셀모양으로 조정하고, C열부터 G열의 상단에 순서대로 P2, P5, P4, P1, P3로 이름을 표시한다.

엑셀시트 9-2 경로계수의 붓스트래핑 결과값 정리

	A	B	C	D	E	F	G
1							
2							
3							
4							
5							
6							
7			P2	P5	P4	P1	P3
8			M -> Y	MW -> Y	W -> Y	X -> M	X -> Y
9		Sample 0	0.598	0.395	0.647	0.828	-0.331
10		Sample 1	0.687	0.195	0.574	0.86	-0.292
11		Sample 2	0.676	0.221	0.471	0.817	-0.223
12		Sample 3	1.014	0.415	0.437	0.753	-0.491
13		Sample 4	0.698	0.417	0.433	0.806	-0.209

12 I열에 P1*P5로 이름을 표시하고 Sample 0 행부터 9999 행까지 모두 P1과 P5를 곱한 값으로 채운다.

엑셀시트 9-3 P1과 P5의 곱값 산출

I9 =F9*D9

	A	B	C	D	E	F	G	H	I
1									
2									
3									
4									
5									
6									
7			P2	P5	P4	P1	P3		P1*P5
8			M -> Y	MW -> Y	W -> Y	X -> M	X -> Y		index
9		Sample 0	0.598	0.395	0.647	0.828	-0.331		0.32706
10		Sample 1	0.687	0.195	0.574	0.86	-0.292		0.1677
11		Sample 2	0.676	0.221	0.471	0.817	-0.223		0.180557
12		Sample 3	1.014	0.415	0.437	0.753	-0.491		0.312495
13		Sample 4	0.698	0.417	0.433	0.806	-0.209		0.336102

13 K열에 Low로 이름을 표시하고 Sample 0 행부터 9999 행까지 모두 (P1*P2)+(P1*P5)*(−1SD) 값으로 채운다. 여기서 1SD는 조절변수 *W*의 표준편차값이다(6.4269).

수식입력 [K9] =(F9*C9)+(F9*D9)*(−6.4269)

14 L열에 Medium으로 이름을 표시하고 Sample 0 행부터 9999 행까지 모두 (P1*P2) 값으로 채운다. 원래의 산출식은 (P1*P2)+(P1*F5)*0SD이나, (P1*P5)*(0SD)가 0이므로 생략한다.

수식입력 [L9] =F9*C9

15 M열에 High로 이름을 표시하고 Sample 0 행부터 9999 행까지 모두 (P1*P2)+(P1*P5)*(1SD) 값으로 채운다. 여기서 1SD는 Low에서 적용한 값과 같다.

수식입력 [K9] =(F9*C9)+(F9*D9)*6.4269

엑셀시트 9-4 함수식: Low, Medium, High 값 산출

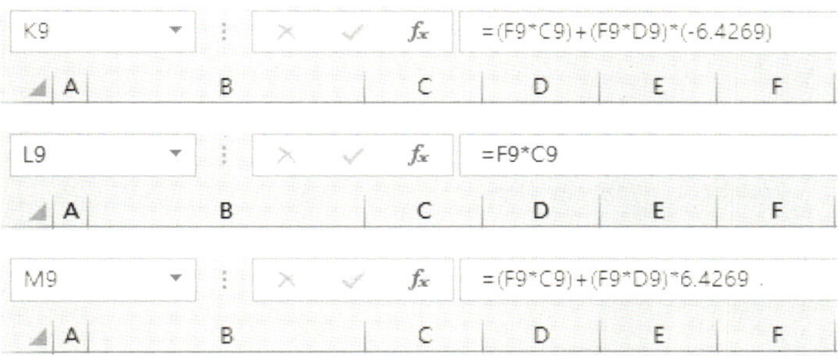

엑셀시트 9-5 Low, Medium, High 값 산출

	A	B	C	D	E	F	G	H	I	J	K	L	M
1													
2													
3													
4													
5													
6													
7			P2	P5	P4	P1	P3		P1*P5		Low	Medium	High
8			M -> Y	MW -> Y	W -> Y	X -> M	X -> Y		index		-1SD		+1SD
9		Sample 0	0.598	0.395	0.647	0.828	-0.331		0.32706		-1.60684	0.495144	2.597126
10		Sample 1	0.687	0.195	0.574	0.86	-0.292		0.1677		-0.48697	0.59082	1.668611
11		Sample 2	0.676	0.221	0.471	0.817	-0.223		0.180557		-0.60813	0.552292	1.712714
12		Sample 3	1.014	0.415	0.437	0.753	-0.491		0.312495		-1.24483	0.763542	2.771916
13		Sample 4	0.698	0.417	0.433	0.806	-0.209		0.336102		-1.59751	0.562588	2.722682

16 I열, K열, L열, M열의 1행에 전체 붓스트레핑 값의 평균을 구한다.

수식입력 [I1] =AVERAGE(I9:I10008), [K1]과 [L1], [M1]도 같다.

17 I열, K열, L열, M열의 2행에 전체 붓스트레핑 값의 하위 5% 값을 구한다.

수식입력 [I2] =PERCENTILE(I9:I10008, 0.05), [K2]와 [L2], [M2]도 같다.

18 I열, K열, L열, M열의 3행에 전체 붓스트레핑 값의 상위 95% 값을 구한다.

수식입력 [I3] =PERCENTILE(I9:I10008, 0.95), [K3]과 [L3], [M3]도 같다.

19 K열, L열, M열의 4행에 전체 붓스트레핑 값의 표준오차값을 구한다.

수식입력 [K4] =STDEV(K9:K10008), [L4]와 [M4]도 같다.

20 K열, L열, M열의 5행에 전체 붓스트레핑 값의 t-value 값을 구한다. t-value는 평균값(mean)을 표준오차(SE)로 나눈 값이다.

수식입력 [K5] =K1/K4, [L5]와 [M5]도 같다.

엑셀시트 9-6 함수식: 평균, 상·하위 5%·95%, SE, t-value 산출

K1 | =AVERAGE(K9:K10008)

	A	B	C	D	E	F	G	H	I	J	K
1		mean							0.246426		-1.01492

K2 | =PERCENTILE(K$9:K$10008, 0.05)

	A	B	C	D	E	F	G	H	I	J	K
1		mean							0.246426		-1.01492
2		Percentile Low (5%)							0.147954		-1.59741

K3 =PERCENTILE(K$9:K$10008, 0.95)

	A	B	C	D	E	F	G	H	I	J	K
1		mean							0.246426		-1.01492
2		Percentile Low (5%)							0.147954		-1.59741
3		Percentile Upper (95%)							0.354064		-0.48151

K4 =STDEV(K9:K10008)

	A	B	C	D	E	F	G	H	I	J	K
1		mean							0.246426		-1.01492
2		Percentile Low (5%)							0.147954		-1.59741
3		Percentile Upper (95%)							0.354064		-0.48151
4		Standard Error									0.339129

K5 =K1/K4

	A	B	C	D	E	F	G	H	I	J	K
1		mean							0.246426		-1.01492
2		Percentile Low (5%)							0.147954		-1.59741
3		Percentile Upper (95%)							0.354064		-0.48151
4		Standard Error									0.339129
5		*t*-Value									-2.99274

엑셀시트 9-7 작업완성 화면

	A	B	C	D	E	F	G	H	I	J	K	L	M
1		mean							0.246426		-1.01492	0.568828	2.15258
2		Percentile Low (5%)							0.147954		-1.59741	0.381264	1.393809
3		Percentile Upper (95%)							0.354064		-0.48151	0.790308	3.008455
4		Standard Error									0.339129	0.125508	0.494029
5		*t*-Value									-2.99274	4.532192	4.357194
6													
7			P2	P5	P4	P1	P3		P1*P5		Low	Medium	High
8			M -> Y	MW -> Y	W -> Y	X -> M	X -> Y		index		-1SD		+1SD
9		Sample 0	0.598	0.395	0.647	0.828	-0.331		0.32706		-1.60684	0.495144	2.597126
10		Sample 1	0.687	0.195	0.574	0.86	-0.292		0.1677		-0.48697	0.59082	1.668611
11		Sample 2	0.676	0.221	0.471	0.817	-0.223		0.180557		-0.60813	0.552292	1.712714
12		Sample 3	1.014	0.415	0.437	0.753	-0.491		0.312495		-1.24483	0.763542	2.771916
13		Sample 4	0.698	0.417	0.433	0.806	-0.209		0.336102		-1.59751	0.562588	2.722682

21 조절된 매개지수값(0.246)은 유의적이다. 조절변수의 수준이 증가할수록 매개효과가 커진다고 해석한다. 이는 K, L, M에 있는 mean 값으로도 확인할 수 있다.

2 PROCESS Model 15

2.1 PROCESS Model 15의 개요

1 PROCESS Model 15의 개념적 모델은 [그림 9-6]과 같다.

그림 9-6 | PROCESS Model 15의 개념적 모델

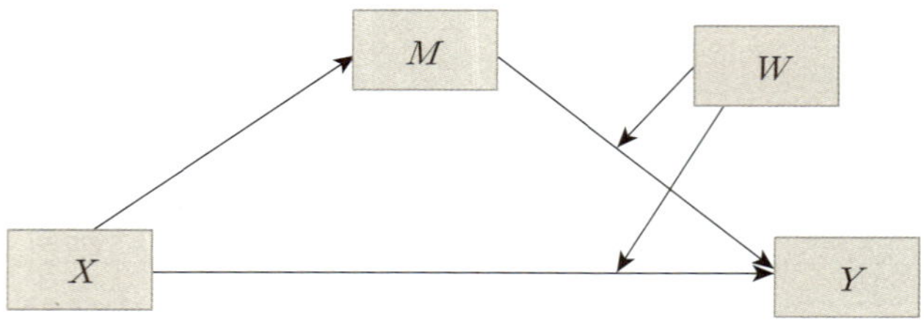

2 [그림 9-6]의 개념적 모델은 $X \rightarrow M \rightarrow Y$의 매개효과가 M과 Y 사이의 조절변수인 W에 의해 조절되는가를 살펴보고, 동시에 X와 Y 사이의 직접효과가 W에 의해 조절되는가를 살펴보는 것이다. 연구자는 이들 관계 가운데 전자에 대해 관심을 가진다. 전자가 조절된 매개효과이다. 후자는 **조건부 직접효과(conditional direct effect)**라 한다. [그림 9-6]의 개념적 모델은 [그림 9-7]과 같은 통계적 모델로 나타낼 수 있다.

그림 9-7 | PROCESS Model 15의 통계적 모델

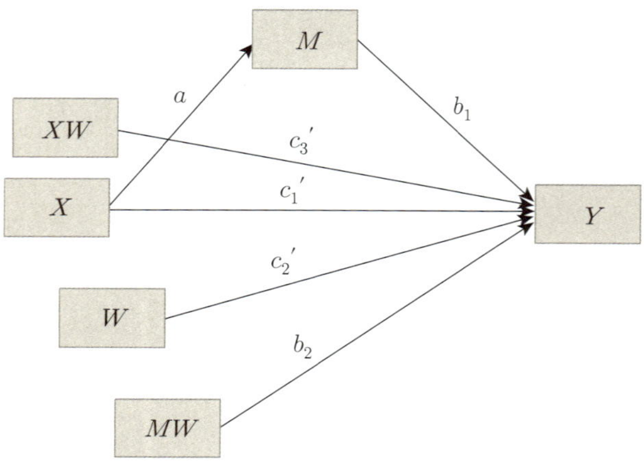

3 통계적 모델을 추정하기 위해서는 다음과 같은 2개의 회귀식이 필요하다.

$$M = i_M + aX + e_M \tag{6}$$

$$Y = i_Y + b_1 M + c_1{}' X + c_2{}' W + c_3{}' XW + b_2 MW + e_Y \tag{7}$$

4 식(6)과 식(7)을 토대로 다음과 같은 조건부 간접효과를 얻을 수 있다.

$$\omega = a(b_1 + b_2 W) \tag{8}$$

5 식(8)에서 조절된 매개지수는 ab_2이다.

6 PROCESS Model 15의 개념적 모델과 통계적 모델은 [그림 9-8(a)], [그림 9-8(b)]와 같이 나타낼 수 있다.

그림 9-8 | PROCESS Model 15의 개념적 모델(a)과 통계적 모델(b)

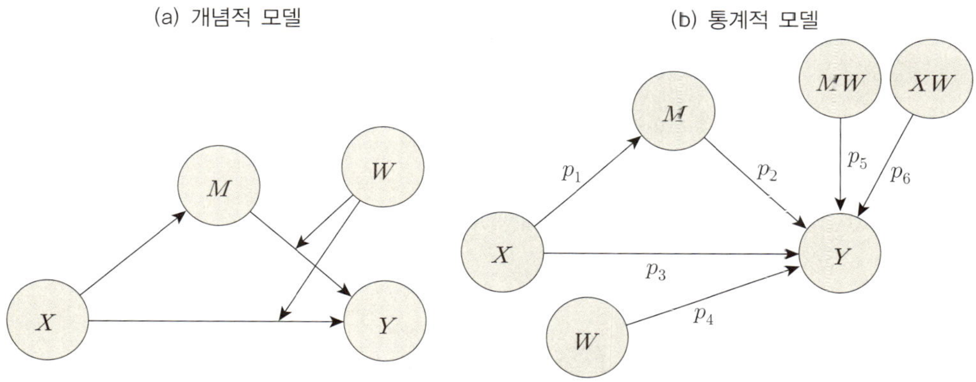

7 조건부 간접효과는 식(9)와 같다. 식(9)에서 조절된 매개지수는 $w = p_1 p_5$이다.

$$w = p_1 p_2 + p_1 p_5 W \tag{9}$$

8 조건부 직접효과는 다음과 같다.

$$\theta = p_3 + p_6 W \tag{10}$$

2.2 PROCESS Model 15의 예

1 [그림 9-9] 모델을 대상으로 PROCESS Model 15를 분석하기로 한다.

그림 9-9 | PROCESS Model 15의 개념적 모델

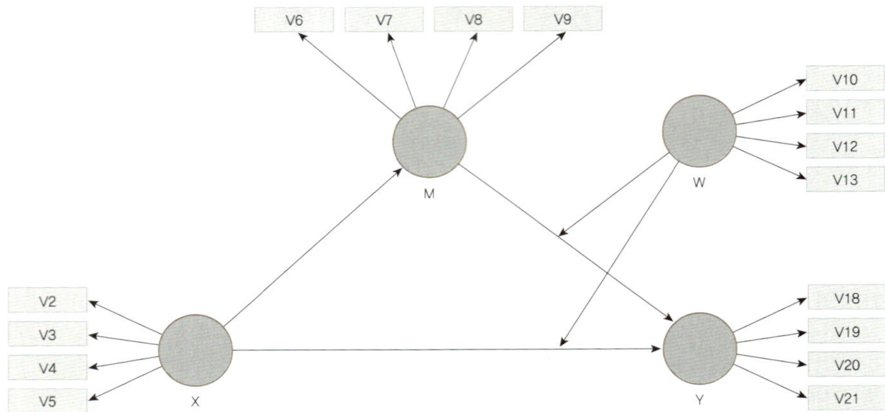

2 이 모델을 분석하기 위한 통계적 모델은 [그림 9-10]과 같다. 상호작용항은 [Two Stage]와 [Standardization]으로 만들었다.

그림 9-10 | PROCESS Model 15의 통계적 모델

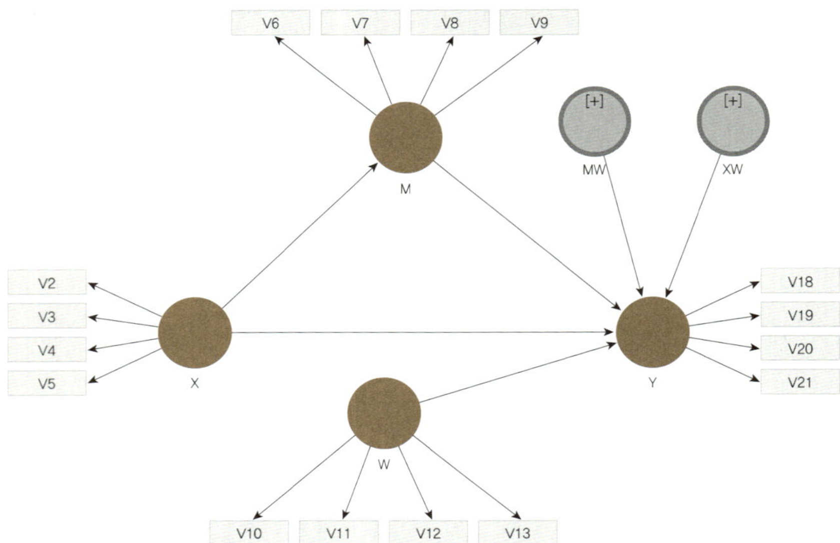

3 이 모델을 PLSc로 추정하면 다음과 같은 결과를 얻는다.

출력 9-3 경로계수

Path Coefficients

Mean, STDEV, T-Values, P-Values | Confidence Intervals | Confidence Intervals Bias Corrected

	Original Samp...	Sample Mean ...	Standard Devi...	T Statistics (|O...	P Values
M -> Y	0.734	0.754	0.172	4.260	0.000
MW -> Y	0.316	0.328	0.135	2.337	0.019
W -> Y	0.342	0.344	0.063	5.405	0.000
X -> M	0.802	0.801	0.045	17.868	0.000
X -> Y	-0.147	-0.168	0.186	0.791	0.429
XW -> Y	-0.071	-0.084	0.152	0.469	0.639

4 앞서 설명한 바에 따라 Excel에서 작업한 결과는 다음과 같다.

엑셀시트 9-8 PROCESS 15 결과

	A	B	C	D	E	F	G	H	I	J	K
1	Mean							0.263003	0.132264	0.604832	1.027399
2	Percentile Low (5%)							0.119976	-0.07108	0.430255	0.71343
3	Percentile High (95%)							0.434964	0.419756	0.826949	1.45729
4	Standard Error(SE)							0.132959	0.15292	0.175352	0.359699
5	t-value							1.978079	1.19189	3.449245	2.856276
6											
7											
8											
9											
10		p2	p5	p4	p1	p3	p6	p1*p5	Low	Medium	High
11		M -> Y	MW -> Y	W -> Y	X -> M	X -> Y	XW -> Y	Index	-1SD	0	+1SD
12	Sample 0	0.877	0.196	0.363	0.799	-0.259	-0.058	0.156604	0.449107	0.700723	0.952339
13	Sample 1	0.824	0.269	0.293	0.844	-0.206	-0.002	0.227036	0.330677	0.695456	1.060235
14	Sample 2	0.544	0.508	0.211	0.688	-0.008	-0.172	0.349504	-0.18728	0.374272	0.93582
15	Sample 3	0.801	0.453	0.247	0.77	-0.265	-0.08	0.34881	0.055337	0.61677	1.177203
16	Sample 4	0.813	0.301	0.371	0.757	-0.191	-0.138	0.227857	0.249343	0.615441	0.981539
17	Sample 5	0.648	0.187	0.345	0.783	-0.001	0.099	0.146421	0.272129	0.507384	0.742639
18	Sample 6	0.723	0.415	0.395	0.729	-0.19	-0.129	0.302535	0.040984	0.527067	1.01315
19	Sample 7	0.593	0.203	0.388	0.735	-0.041	-0.027	0.149205	0.196127	0.435855	0.675583

5 조절된 매개지수(0.263)는 유의적인 것으로 나타났다. 조건부 간접효과를 검정한 결과 조절변수의 수준이 낮을 때에는 조절된 매개효과가 없고 중간 또는 높은 수준에서는 조절된 매개효과가 있는 것으로 나타났다. 조절변수의 수준이 증가할수록 매개효과는 커지는 것으로 나타났다.

3 PROCESS Model 21

3.1 PROCESS Model 21의 개요

1 PROCESS Model 21의 개념적 모델은 [그림 9-11]과 같다. 이 모델은 X와 M 간의 관계를 조절변수 W가 조절하고, M과 Y 사이의 관계를 조절변수 Z가 조절하는 모델이므로 조절된 조절된 매개모델(moderated moderated mediation model)이라 한다.

≫그림 9-11 | PROCESS Model 21의 개념적 모델

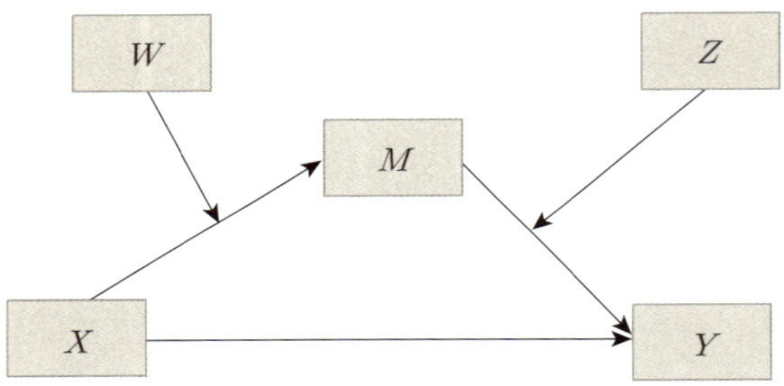

2 이 모델의 통계적 모델은 [그림 9-12]와 같다.

≫그림 9-12 | PROCESS Model 21의 통계적 모델

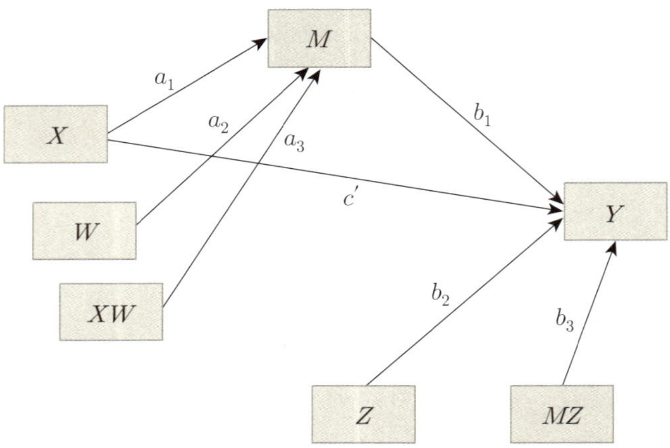

3 이 통계적 모델은 다음과 같은 회귀식으로 나타낼 수 있다.

$$M = i + a_1 X + a_2 W + a_3 XW = i + a_2 W + (a_1 + a_3 W)X \quad (11)$$

$$Y = i + c'X + b_1 M + b_2 Z + b_3 MZ = i + c'X + b_2 Z + (b_1 + b_3 Z)M \quad (12)$$

4 식(11)에서 X가 M에 미치는 조건부 효과는 다음과 같다.

$$\theta_{X \to M} = a_1 + a_3 W \quad (13)$$

5 식(12)에서 M이 Y에 미치는 조건부 효과는 다음과 같다.

$$\theta_{M \to Y} = b_1 + b_3 Z \quad (14)$$

6 X가 M을 통해 Y에 미치는 조건부 간접효과는 위 두 효과를 곱한 것이다.

$$\theta_{X \to M} \theta_{M \to Y} = (a_1 + a_3 W)(b_1 + b_3 Z) = a_1 b_1 + a_3 b_1 W + a_1 b_3 Z + a_3 b_3 WZ \quad (15)$$

7 식(15)를 통해 X가 M을 통해 Y에 미치는 간접효과는 W, Z, WZ의 함수임을 알 수 있다. 식(15)를 다음과 같이 쓸 수 있다.

$$\theta_{X \to M} \theta_{M \to Y} = a_1 b_1 + (a_3 b_1 + a_3 b_3 Z) W + a_1 b_3 Z \quad (16)$$

8 식(16)은 X의 간접효과와 W와의 관계는 Z, 즉 $a_3 b_1 + a_3 b_3 Z$의 함수라는 것을 보여준다. 여기에서 $a_3 b_1 + a_3 b_3 Z$은 W의 조건부 조절된 매개지수(index of conditional moderated mediation)이다. 이 지수는 W와 X의 간접효과의 크기가 Z의 조건 수준에 따라 달라지는 정도를 계량화한 것이다. 식(16)은 다음과 같이 쓸 수 있다.

$$\theta_{X \to M} \theta_{M \to Y} = a_1 b_1 + a_3 b_1 W + (a_1 b_3 + a_3 b_3 W) Z \quad (17)$$

9 식(17)은 X의 간접효과와 Z와의 관계는 W의 함수라는 것을 보여준다. 여기에서 $\omega = a_1b_3 + a_3b_3W$은 Z의 **조건부 조절된 매개지수(index of conditional moderated mediation)**이다. 이 지수는 Z와 X의 간접효과의 크기가 W의 조건 수준에 따라 달라지는 정도를 계량화한 것이다.

10 식(16)과 식(17)에 공통으로 포함된 조건부 조절된 매개지수는 a_3b_3이다. $\omega = a_3b_3$이 PROCESS Model 21의 **조절된 조절된 매개지수(index of moderated moderated mediation)**이다. 이 지수는 Z가 변화함에 따라 X의 간접효과가 W에 의해 조절되는 변화율과 W가 변화함에 따라 X의 간접효과가 Z에 의해 조절되는 변화율을 계량화한 것이다.

11 PROCESS Model 21을 [그림 9-13]과 같이 나타낼 수 있다.

그림 9-13 | PROCESS Model 21

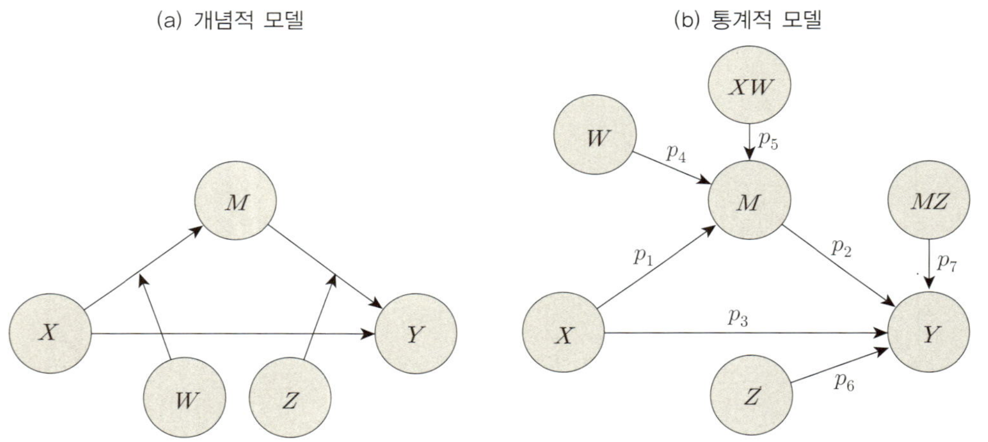

12 [그림 9-13(b)]에서 조건부 간접효과는 다음과 같다.

$$\omega = p_1p_2 + (p_2p_5)W + (p_1p_7)Z + p_5p_7WZ \tag{18}$$

13 조절된 매개지수는 $\omega = p_5p_7$이다. Cheah 등(2021)은 p. 49에서 이 모델의 조절된 매개지수를 $p_2p_5 + p_1p_7$이라고 기술하였는데 이는 잘못된 것이다. 이에 대해 Cheah와의 교신을 통해 이를 지적하였고 그도 이를 인정하였다.

3.2 PROCESS Model 21의 예

1 [그림 9-14] 모델을 분석하기로 한다.

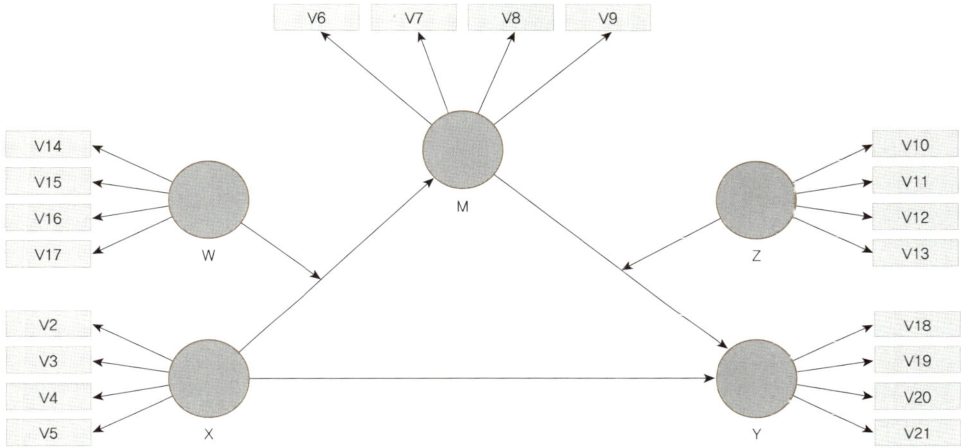

그림 9-14 | PROCESS Model 21의 개념적 모델

2 이 모델을 분석하기 위한 통계적 모델은 [그림 9-15]와 같다. 상호작용항은 [Two Stage]와 [Standardization]으로 만들었다.

그림 9-15 | PROCESS Model 21의 통계적 모델

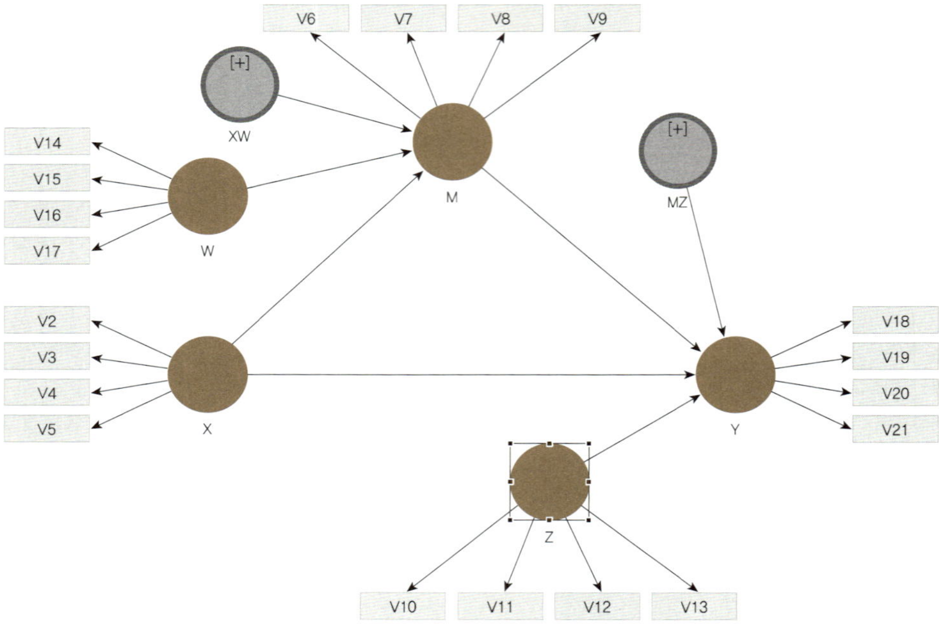

3 [Consistent PLS algorithm]으로 추정하면 [출력 9-4]를 얻는다. 이 출력은 [Basic Settings]에서 [Connect all LVs for Initial Calculation]을 체크하고 추정한 것이다.

대화상자 9-1 Consistent PLS Bootstrapping

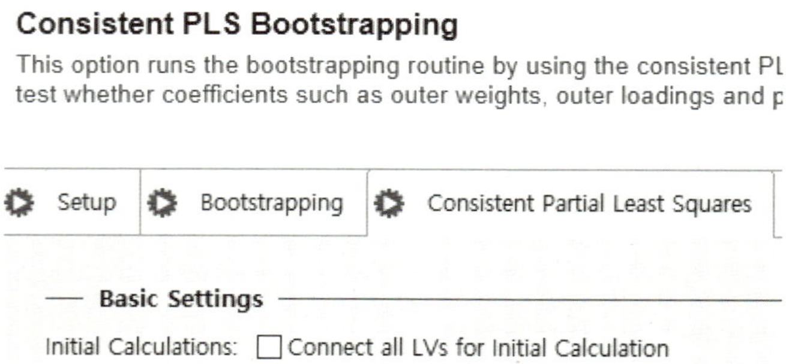

출력 9-4 [Connect all LVs for Initial Calculation]을 체크하고 추정

Path Coefficients

Mean, STDEV, T-Values, P-Values | Confidence Intervals | Confidence Intervals Bias Corrected

	Original Samp...	Sample Mean ...	Standard Devi...	T Statistics (|O...	P Values
M -> Y	0.715	0.721	0.110	6.481	0.000
MZ -> Y	0.263	0.263	0.050	5.228	0.000
W -> M	0.203	0.201	0.072	2.830	0.005
X -> M	0.643	0.646	0.079	8.120	0.000
X -> Y	-0.127	-0.134	0.116	1.095	0.273
XW -> M	-0.144	-0.139	0.069	2.077	0.038
Z -> Y	0.349	0.350	0.062	5.653	0.000

4 [출력 9-5]는 [Connect all LVs for Initial Calculation]을 체크하지 않고 추정한 것이다. [출력 9-4]와 비교해보면 값이 조금 차이가 있음을 알 수 있다.

출력 9-5 [Connect all LVs for Initial Calculation]을 체크하지 않고 추정

Path Coefficients

Mean, STDEV, T-Values, P-Values | Confidence Intervals | Confidence Intervals Bias Corrected

	Original Samp...	Sample Mean ...	Standard Devi...	T Statistics (|O...	P Values
M -> Y	0.716	0.722	0.109	6.543	0.000
MZ -> Y	0.263	0.261	0.050	5.226	0.000
W -> M	0.206	0.207	0.071	2.910	0.004
X -> M	0.641	0.642	0.079	8.090	0.000
X -> Y	-0.127	-0.133	0.117	1.093	0.275
XW -> M	-0.144	-0.140	0.068	2.129	0.033
Z -> Y	0.347	0.348	0.061	5.653	0.000

5 [Consistent PLS algorithm]으로 추정하는 경우 [Connect all LVs for Initial Calculation]을 체크하는 것이 바람직하다.

6 [출력 9-4]를 토대로 분석하기로 한다.

엑셀시트 9-9 PROCESS 21 분석 결과

	A	B	C	D	E	F	G	H	I
1	Original(O)	0.715	0.263	0.203	0.643	-0.127	-0.144	0.349	-0.03787
2	Mean(M)	0.720606	0.263867	0.200144	0.647541	-0.1324	-0.13983	0.348811	-0.03697
3	Bias(O-M)	-0.00561	-0.00087	0.002856	-0.00454	0.005402	-0.00417	0.000189	-0.0009
4	Percentile Lower(5%)								-0.07084
5	Percentile Upper(95%)								-0.00525
6	BC:P.Lower (5%)+Bias								-0.07174
7	BC:P.Upper (95%)+Bias								-0.00615
8	Standard Error(SE)								0.020088
9	t-value								-1.84053
10									
11		p2	p7	p4	p1	p3	p5	p6	p5*p7
12		M -> Y	MZ -> Y	W -> M	X -> M	X -> Y	XW -> M	Z -> Y	Index
13	Sample 0	0.592	0.277	0.176	0.679	-0.052	-0.187	0.395	-0.0518
14	Sample 1	0.623	0.229	0.254	0.572	-0.012	-0.212	0.375	-0.04855
15	Sample 2	0.863	0.269	0.28	0.567	-0.223	-0.204	0.336	-0.05488
16	Sample 3	0.971	0.176	0.131	0.712	-0.403	-0.075	0.368	-0.0132
17	Sample 4	0.663	0.324	0.202	0.665	-0.06	-0.108	0.307	-0.03499
18	Sample 5	0.642	0.192	0.131	0.699	-0.039	-0.156	0.353	-0.02995
19	Sample 6	0.504	0.355	0.286	0.554	0.029	-0.208	0.347	-0.07384

7 조절된 매개지수값 −0.03697은 95% 신뢰구간에 0을 포함하지 않으므로 조절된 매개효과가 있다고 해석한다. 신뢰구간 접근법과는 다르게 t−value 접근법은 $\alpha=0.05$ 수준에서 1.96보다 작으므로 유의적이지 않은 것으로 나타났다. 조절된 매개지수가 음수이므로 조절변수의 수준이 높을수록 매개효과는 작아진다는 것을 의미한다.

4 PROCESS Model 58

4.1 PROCESS Model 58의 개요

1 PROCESS Model 58의 개념적 모델은 [그림 9-16]과 같다.

그림 9-16 | PROCESS Model 58의 개념적 모델

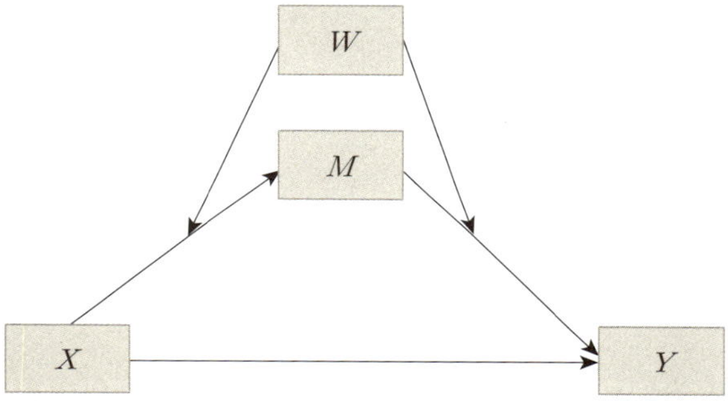

2 [그림 9-16] 모델은 $X \rightarrow M$, $M \rightarrow Y$ 사이의 관계를 조절변수인 W가 동시에 조절역할을 하는가를 살펴보는 것이다. 이 모델의 통계적 모델은 [그림 9-17]과 같다.

그림 9-17 | PROCESS Model 58의 통계적 모델

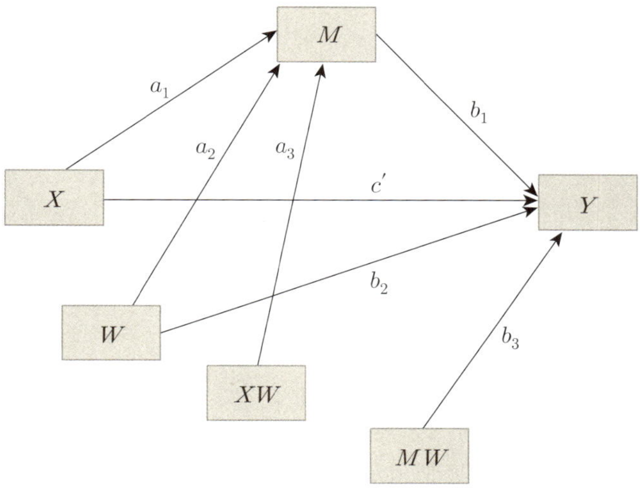

3 통계적 모델을 추정하기 위해서는 다음과 같은 2개의 회귀식이 필요하다.

$$M = i_M + a_1 X + a_2 W + a_3 XW + e_M \tag{19}$$

$$Y = i_Y + c' X + b_2 W + b_3 MW + b_1 M + e_Y \tag{20}$$

4 식(19)와 식(20)을 토대로 다음과 같은 조건부 간접효과를 얻을 수 있다.

$$\omega = (a_1 + a_3 W)(b_1 + b_3 W) \tag{21}$$

$$\omega = a_1 b_1 + a_1 b_3 W + a_3 b_1 W + a_3 b_3 W^2 \tag{22}$$

$$\omega = a_1 b_1 + (a_1 b_3 + a_3 b_1) W + a_3 b_3 W^2 \tag{23}$$

5 식(23)에서 조절된 매개지수는 $\omega = a_1 b_3 + a_3 b_1$ 이다.

6 PROCESS Model 58은 [그림 9-18]과 같이 나타낼 수 있다.

그림 9-18 | PROCESS Model 58

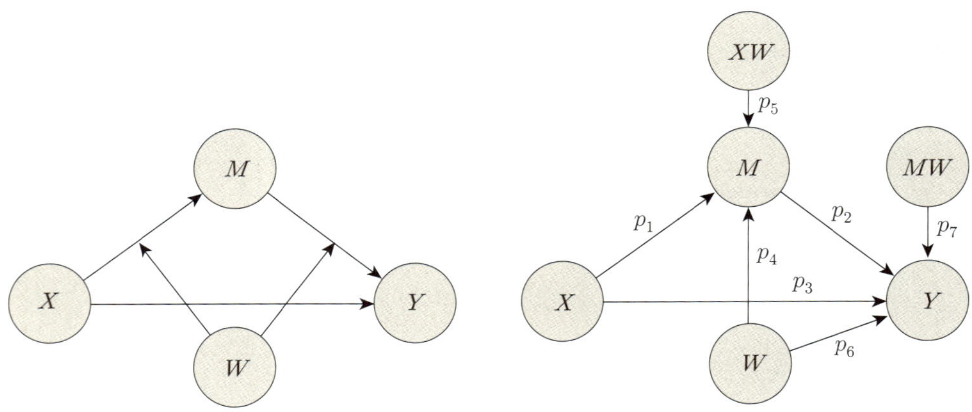

7 [그림 9-18]에서 조건부 간접효과는 다음과 같다.

$$\omega = p_1 p_2 + (p_2 p_5 + p_1 p_7) W + p_5 p_7 W^2 \tag{24}$$

8 식(24)에서 $\omega = p_2 p_5 + p_1 p_7$ 이 PROCESS Model 58의 조절된 매개지수이다.

4.2 PROCESS Model 58의 예

1 [그림 9-19]의 PROCESS Model 58을 분석하기로 한다.

그림 9-19 | PROCESS Model 58의 개념적 모델

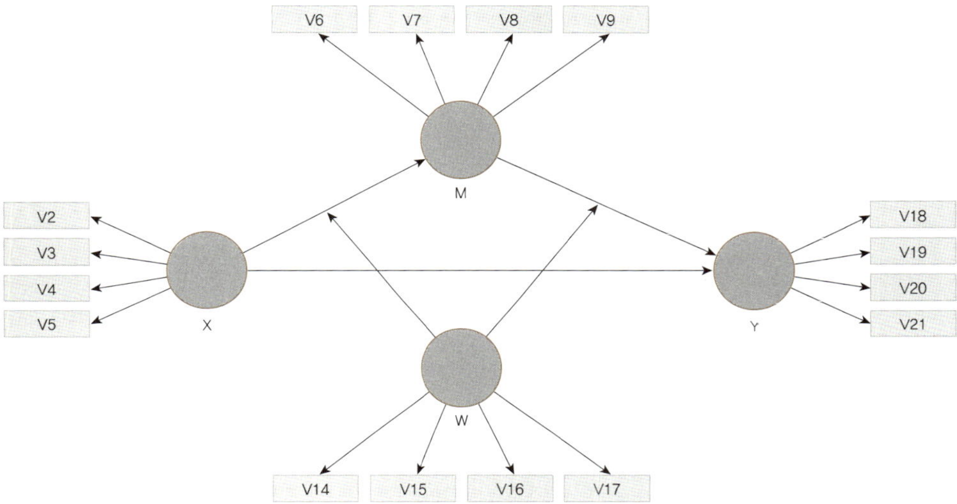

2 [그림 9-19]의 개념적 모델을 분석하기 위한 통계적 모델은 [그림 9-20]과 같다. 상호작용항(XW, MW)에 해당하는 지표는 [Two Stage]와 [Standardized] 방법을 이용하여 만들었다.

그림 9-20 | PROCESS Model 58의 통계적 모델

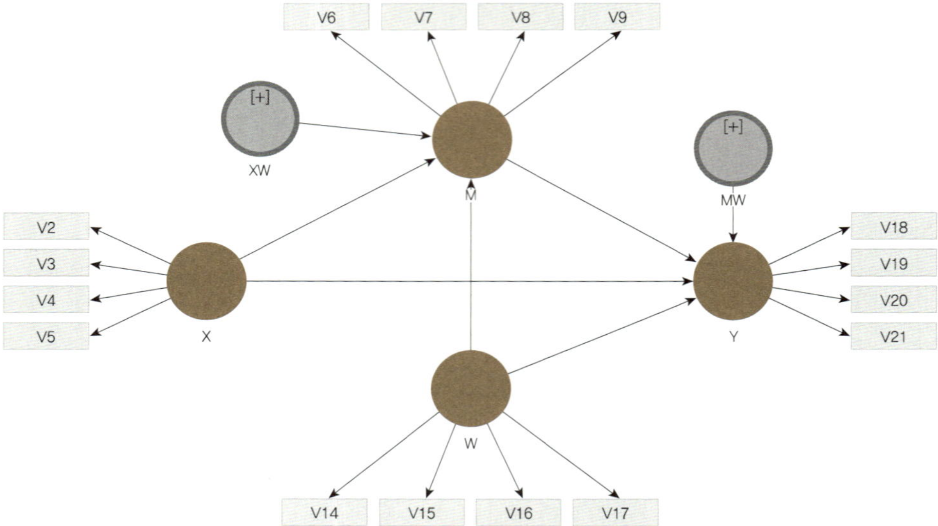

3 [Consistent PLS algorithm]으로 [Connect all LVs for Initial Calculation]을 체크하고 추정하면 [출력 9-6]을 얻는다.

출력 9-6 경로계수: 붓스트래핑 결과

Path Coefficients

Mean, STDEV, T-Values, P-Values | Confidence Intervals | Confidence Intervals Bias Corrected

	Original Samp...	Sample Mean ...	Standard Devi...	T Statistics (|O...	P Values
M -> Y	0.697	0.704	0.134	5.203	0.000
MW -> Y	0.303	0.302	0.077	3.957	0.000
W -> M	0.204	0.201	0.070	2.926	0.004
W -> Y	0.483	0.487	0.085	5.701	0.000
X -> M	0.642	0.649	0.081	7.936	0.000
X -> Y	-0.251	-0.263	0.124	2.033	0.043
XW -> M	-0.143	-0.142	0.074	1.934	0.054

4 엑셀에서 함수를 만들어 분석한 결과는 다음과 같다.

엑셀시트 9-10 PROCESS 58 분석 결과

	A	B	C	D	E	F	G	H	I
1	Original(O)								
2	Mean(M)								0.102155624
3	Bias(O-M)								
4	Percentile Lower(5%)								-0.01125445
5	Percentile Upper(95%)								0.2360648
6	BC:P.Lower (5%)+Bias								
7	BC:P.Upper (95%)+Bias								
8	Standard Error(SE)								0.076361664
9	t-value								1.337786774
10									
11		p2	p7	p4	p6	p1	p3	p5	p2*p5+p1*p7
12		M -> Y	MW -> Y	W -> M	W -> Y	X -> M	X -> Y	XW -> M	Index
13	Sample 0	0.681	0.363	0.213	0.525	0.637	-0.191	-0.146	0.131805
14	Sample 1	0.606	0.202	0.331	0.413	0.552	-0.144	-0.178	0.003636
15	Sample 2	0.647	0.275	0.24	0.546	0.609	-0.272	-0.212	0.030311
16	Sample 3	0.673	0.404	0.097	0.417	0.689	-0.221	-0.012	0.27028
17	Sample 4	0.613	0.313	0.109	0.642	0.73	-0.324	-0.264	0.066658
18	Sample 5	0.723	0.24	0.286	0.487	0.523	-0.235	-0.231	-0.041493
19	Sample 6	0.644	0.281	0.193	0.418	0.692	-0.168	-0.113	0.12168

5 조절된 매개지수 .1022는 95% 백분위 구간에 0을 포함하므로 조절된 매개효과가 없다고 해석한다.

5 PROCESS Model 83

5.1 PROCESS Model 83의 개요

1 PROCESS Model 83의 개념적 모델은 [그림 9-21]과 같다.

그림 9-21 | PROCESS Model 83의 개념적 모델

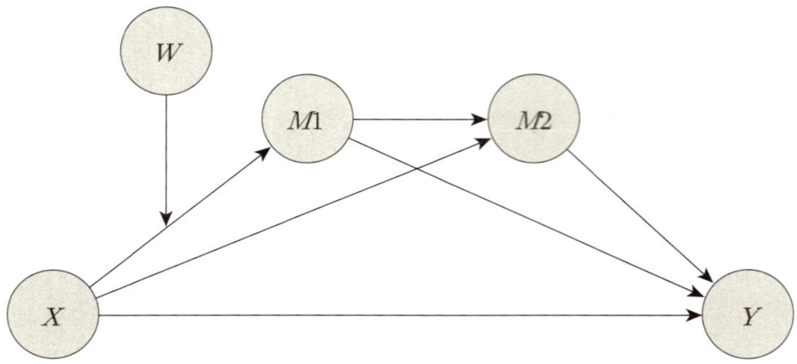

2 PROCESS Model 83은 다중매개모델에서 X와 $M1$ 간의 관계를 조절변수 W가 조절하는 모델이다. 이 모델의 조절된 매개효과는 $X \rightarrow M1 \rightarrow Y$, $X \rightarrow M1 \rightarrow M2 \rightarrow Y$의 2개가 있다.

3 이 모델의 통계적 모델은 [그림 9-22]와 같다.

그림 9-22 | PROCESS Model 83의 통계적 모델

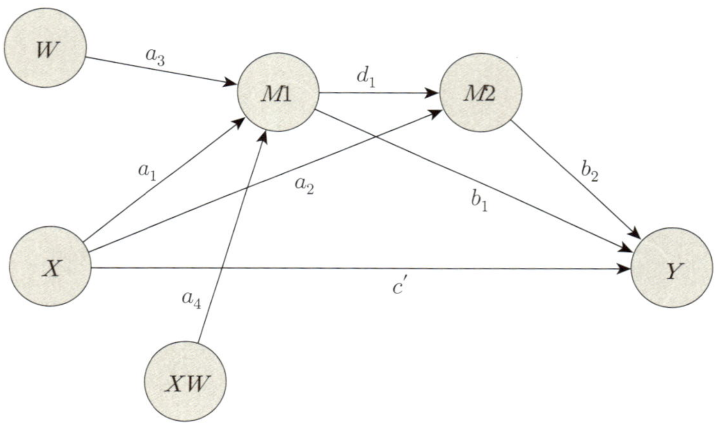

4 [그림 9-22]의 통계적 모델은 다음과 같은 회귀식으로 나타낼 수 있다.

$$M1 = a_1 X + a_3 W + a_4 XW \quad (25)$$

$$M2 = a_2 X + d_1 M1 \quad (26)$$

$$Y = c' X + b_1 M1 + b_2 M2 \quad (27)$$

5 $X \rightarrow M1 \rightarrow M2 \rightarrow Y$의 조건부 간접효과는 다음과 같다.

$$\omega = a_1 d_1 b_2 + a_4 d_1 b_2 W \qquad (28)$$

6 식(28)에서 조절된 매개지수는 $\omega = a_4 d_1 b_2$이다.

7 $X \rightarrow M1 \rightarrow Y$의 조건부 간접효과는 다음과 같다.

$$\omega = a_1 b_1 + a_4 b_1 W \qquad (29)$$

8 식(29)에서 조절된 매개지수는 $\omega = a_4 b_1$이다.

5.2 PROCESS Model 83의 예

1 [그림 9-23]의 PROCESS Model 83을 분석하기로 한다.

그림 9-23 | PROCESS Model 83의 개념적 모델

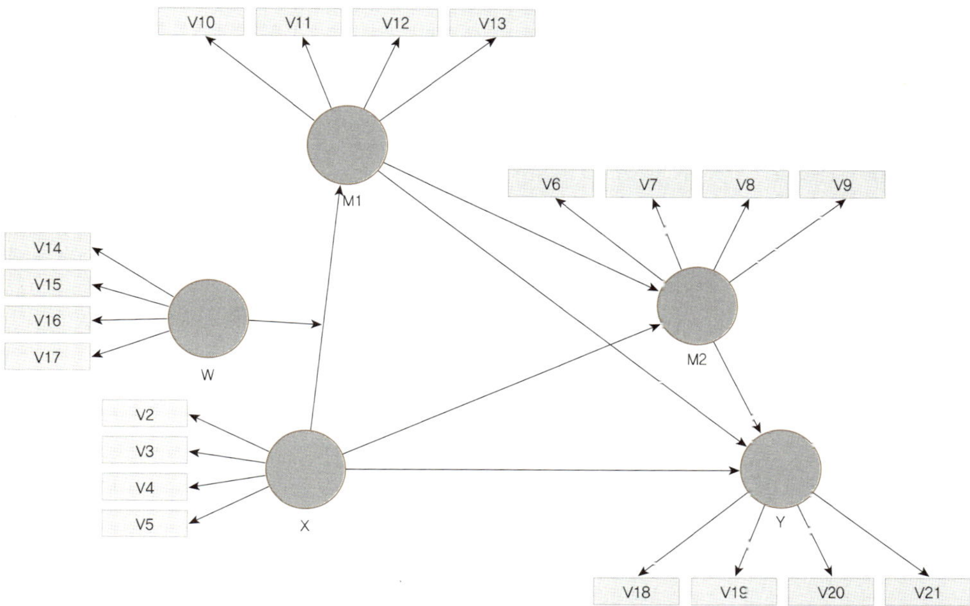

2 [그림 9-23]의 개념적 모델을 분석하기 위한 통계적 모델은 [그림 9-24]와 같다. 상호작용항(XW)에 해당하는 지표는 [Two Stage]와 [Standardized] 방법을 이용하여 만들었다.

그림 9-24 | PROCESS Model 83의 통계적 모델

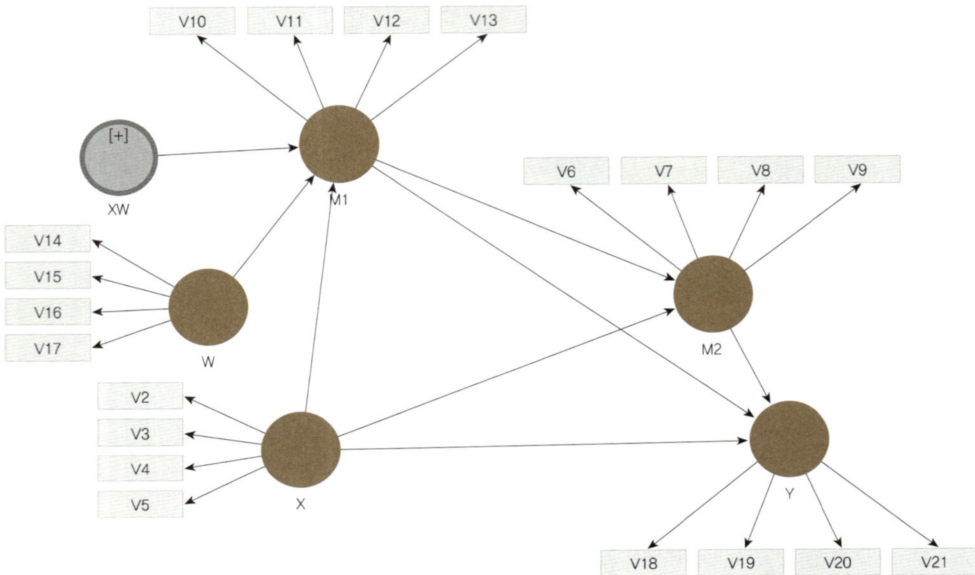

3 [Consistent PLS algorithm]으로 [Connect all LVs for Initial Calculation]을 체크하고 추정하면 [출력 9-7]을 얻는다.

출력 9-7 경로계수: 붓스트래핑 결과

Path Coefficients

Mean, STDEV, T-Values, P-Values | Confidence Intervals | Confidence Intervals Bias Corrected

	Original Samp...	Sample Mean ...	Standard Devi...	T Statistics (|O...	P Values
M1 -> M2_	-0.072	-0.071	0.055	1.311	0.190
M1 -> Y_	0.307	0.307	0.066	4.688	0.000
M2_ -> Y_	0.680	0.684	0.112	6.080	0.000
W -> M1	0.815	0.817	0.071	11.396	0.000
X -> M1	-0.186	-0.187	0.070	2.663	0.008
X -> M2_	0.824	0.824	0.047	17.446	0.000
X -> Y_	-0.089	-0.092	0.119	0.751	0.453
XW -> M1	0.239	0.243	0.073	3.256	0.001

4 [엑셀시트 9-11]은 엑셀에 붓스트래핑 [Samples]를 붙인 것이다.

엑셀시트 9-11 붓스트래핑 결과

	A	B	C	D	E	F	G	H	I
1									
2									
3									
4									
5									
6									
7									
8		M1 -> M2	M1 -> Y_	M2_ -> Y_	W -> M1	X -> M1	X -> M2_	X -> Y_	XW -> M1
9	Sample 0	-0.069	0.267	0.801	0.839	-0.242	0.874	-0.168	0.227
10	Sample 1	-0.12	0.388	0.66	0.873	-0.208	0.862	-0.075	0.287
11	Sample 2	-0.046	0.227	0.759	0.967	-0.298	0.866	-0.043	0.15
12	Sample 3	-0.091	0.274	0.463	0.887	-0.269	0.844	0.144	0.306
13	Sample 4	-0.062	0.393	0.7	0.879	-0.151	0.784	-0.189	0.214
14	Sample 5	-0.099	0.27	0.514	0.825	-0.164	0.895	0.182	0.268
15	Sample 6	-0.063	0.302	0.573	0.834	-0.175	0.774	0.031	0.194

5 조절된 매개지수 식에 맞게 2개의 조절된 매개지수를 구하면 다음과 같다. K열의 평균은 $X \rightarrow M1 \rightarrow Y$의 매개효과의 조절된 매개지수이고, L열의 평균은 $X \rightarrow M1 \rightarrow M2 \rightarrow Y$의 매개효과의 조절된 매개지수이다.

엑셀시트 9-12 조절된 매개지수 계산 결과

	A	B	C	D	E	F	G	H	I	J	K	L
1										mean	0.073795	-0.01254
2										Percentile 5%	0.034759	-0.03319
3										Percentile 95%	0.04202	0.002366
4										Standard error	0.025363	0.011297
5										t-value	2.909529	-1.10974
6												
7		d1	b1	b2	a3	a1	a2	c'	a4		a4b1	a4d1b2
8		M1 -> M2	M1 -> Y_	M2_ -> Y_	W -> M1	X -> M1	X -> M2_	X -> Y_	XW -> M1		Index1	Index2
9	Sample 0	-0.069	0.267	0.801	0.839	-0.242	0.874	-0.168	0.227		0.060609	-0.01255
10	Sample 1	-0.12	0.388	0.66	0.873	-0.208	0.862	-0.075	0.287		0.111356	-0.02273
11	Sample 2	-0.046	0.227	0.759	0.967	-0.298	0.866	-0.043	0.15		0.03405	-0.00524
12	Sample 3	-0.091	0.274	0.463	0.887	-0.269	0.844	0.144	0.306		0.083844	-0.01289
13	Sample 4	-0.062	0.393	0.7	0.879	-0.151	0.784	-0.189	0.214		0.084102	-0.00929

6 $X \rightarrow M1 \rightarrow Y$의 매개효과가 W에 의해 조절되는 것으로 나타났다. 조절된 매개지수는 $\omega = .074$로 이 값은 95% 백분위 구간에 0을 포함하지 않고 있다.

7 $X \rightarrow M1 \rightarrow Y$의 조건부 간접효과를 검정하기로 한다.

엑셀시트 9-13 조건부 간접효과

J	K	L	M	N	O	P
Mean	0.073795	-0.01254		-0.167848282	-0.05722953	0.053389214
Percentile 5%	0.034759	-0.03319		-0.261900159	-0.09973035	0.001179015
Percentile 95%	0.04202	0.002366		-0.084802522	-0.019832	0.113021592
Standard error	0.025363	0.011297		0.053871451	0.024490428	0.034473029
t-value	2.909529	-1.10974		-3.115718597	-2.33681229	1.548724199
	a4b1	a4d1b2		a1b1+a4b1W	a1b1+a4b1W	a1b1+a4b1W
	Index1	Index2		Low	Medium	High
	0.060609	-0.01255		-0.155466891	-0.064614	0.026238891
	0.111356	-0.02273		-0.247626644	-0.080704	0.086218644
	0.03405	-0.00524		-0.11868695	-0.067646	-0.01660505
	0.083844	-0.01289		-0.199388156	-0.073706	0.051976156
	0.084102	-0.00929		-0.185411898	-0.059343	0.066725898
	0.07236	-0.01364		-0.15274764	-0.04428	0.06418764
	0.058588	-0.007		-0.140673412	-0.05285	0.034973412
	0.070551	-0.0187		-0.160160949	-0.054405	0.051350949

8 조절변수 수준이 증가할수록 매개효과는 커지는 것으로 나타났다.

6 PROCESS Model 91

6.1 PROCESS Model 91의 개요

1 PROCESS Model 91의 개념적 모델은 [그림 9-25]와 같다.

그림 9-25 | PROCESS Model 91의 개념적 모델

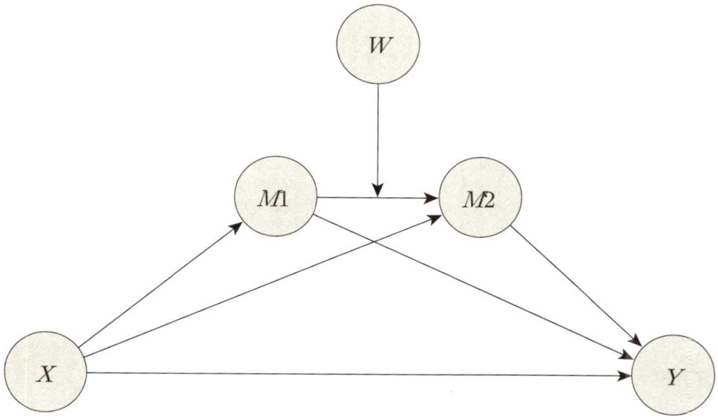

2 PROCESS Model 91의 개념적 모델은 $M1$과 $M2$ 사이의 관계를 W가 조절하는 모델이다.

3 이 모델의 통계적 모델은 [그림 9-26]과 같다.

그림 9-26 | PROCESS Model 91의 통계적 모델

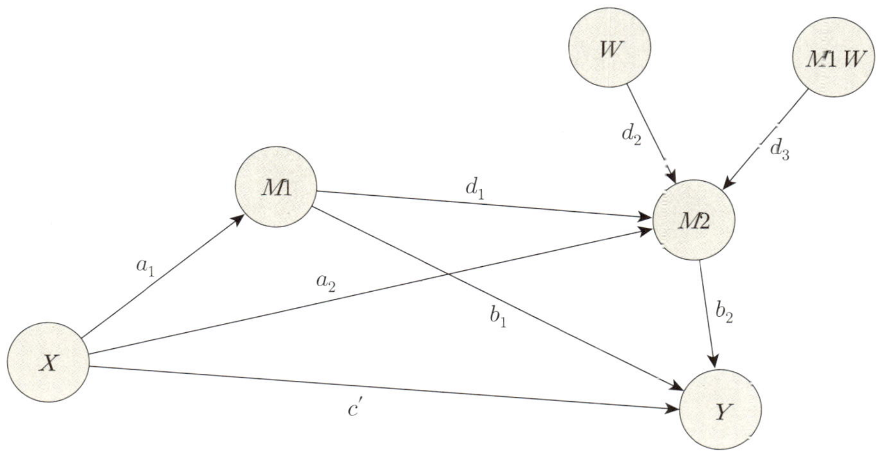

4 [그림 9-26]의 통계적 모델은 다음과 같은 회귀식으로 나타낼 수 있다.

$$M1 = a_1 X \quad (30)$$

$$M_2 = a_2 X + d_1 M1 + d_2 W + d_3 M1\,W \quad (31)$$

$$Y = c'X + b_1M1 + b_2M2 \tag{32}$$

5 $X \rightarrow M1 \rightarrow M2 \rightarrow Y$의 조건부 간접효과는 다음과 같다.

$$\omega = a_1(d_1 + d_3W)b_2 = a_1d_1b_2 + a_1d_3b_2W \tag{33}$$

6 식(33)에서 조절된 매개지수는 $\omega = a_1d_3b_2$이다.

6.2 PROCESS Model 91의 예

1 [그림 9-27]의 PROCESS Model 91을 분석하기로 한다.

그림 9-27 | PROCESS Model 91의 개념적 모델

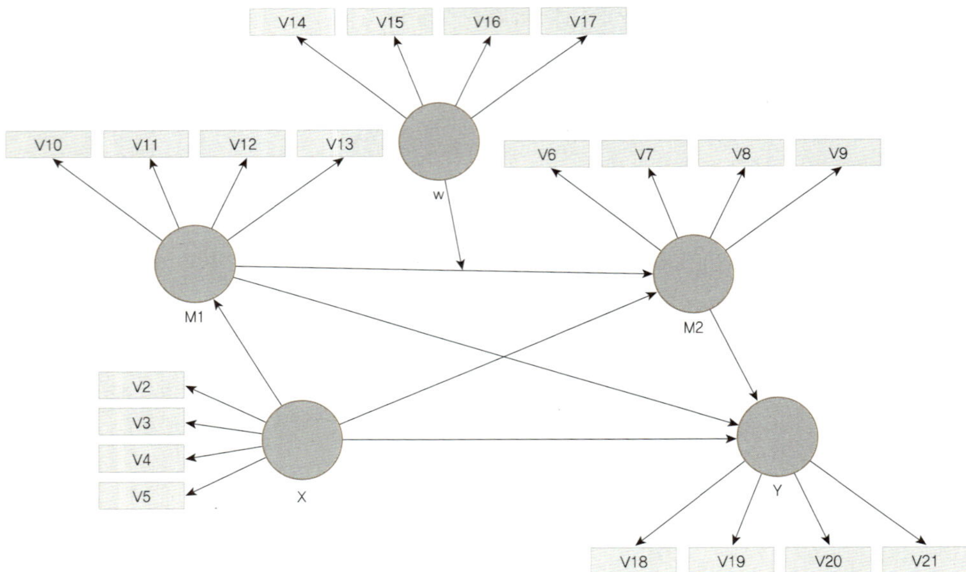

2 [그림 9-27]의 개념적 모델을 분석하기 위한 통계적 모델은 [그림 9-28]과 같다. 상호작용항($M1\ W$)에 해당하는 지표는 [Two Stage]와 [Standardized] 방법을 이용하여 만들었다.

그림 9-28 | PROCESS Model 91의 통계적 모델

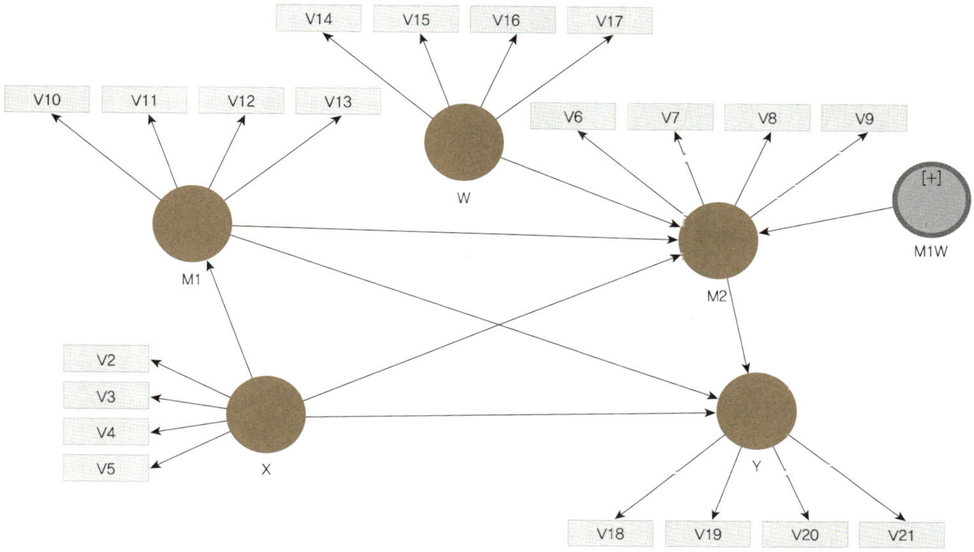

3 [Consistent PLS algorithm]으로 [Connect all LVs for Initial Calculation]을 체크하고 추정하면 [출력 9-8]을 얻는다.

출력 9-8 경로계수: 붓스트래핑 결과

Path Coefficients

Mean, STDEV, T-Values, P-Values | Confidence Intervals | Confidence Intervals Bias Corrected

	Original Samp...	Sample Mean ...	Standard Devi...	T Statistics (|O...	P Values
M1 -> M2_	-0.304	-0.308	0.088	3.456	0.001
M1 -> Y_	0.307	0.308	0.064	4.767	0.000
M1W -> M2_	-0.005	-0.006	0.064	0.071	0.943
M2_ -> Y_	0.680	0.685	0.112	6.067	0.000
W -> M2_	0.455	0.458	0.123	3.711	0.000
X -> M1	0.305	0.305	0.072	4.242	0.000
X -> M2_	0.596	0.597	0.089	6.675	0.000
X -> Y_	-0.089	-0.094	0.118	0.752	0.452

4 [엑셀시트 9-14]는 엑셀에 붓스트래핑 [Samples]를 붙인 것이다.

엑셀시트 9-14 붓스트래핑 결과

	A	B	C	D	E	F	G	H	I
1									
2									
3									
4									
5									
6									
7									
8									
9									
10		M1 -> M2	M1 -> Y_	M1W -> M	M2_ -> Y_	W -> M2_	X -> M1	X -> M2_	X -> Y_
11	Sample 0	-0.367	0.339	-0.096	0.826	0.512	0.466	0.624	-0.289
12	Sample 1	-0.271	0.273	0.054	0.707	0.406	0.369	0.539	-0.184
13	Sample 2	-0.3	0.234	-0.087	0.624	0.46	0.343	0.678	0.037
14	Sample 3	-0.413	0.297	0.024	0.723	0.65	0.361	0.42	-0.108
15	Sample 4	-0.492	0.237	-0.147	0.617	0.746	0.323	0.393	-0.071

5 엑셀에서 함수를 만들어 분석한 결과는 다음과 같다.

엑셀시트 9-15 PROCESS 91 분석 결과

	A	B	C	D	E	F	G	H	I	J
1	Mean									-0.00144
2	Percentile 5%									-0.02499
3	Percentile 95%									0.020027
4	Standard Error									0.013925
5	t-value									-0.10341
6										
7										
8										
9		d1	b1	d3	b2	d2	a1	a2	c'	a1d3b2
10		M1 -> M2_	M1 -> Y_	M1W -> M2	M2_ -> Y_	W -> M2_	X -> M1	X -> M2_	X -> Y_	index
11	Sample 0	-0.367	0.339	-0.096	0.826	0.512	0.466	0.624	-0.289	-0.03695
12	Sample 1	-0.271	0.273	0.054	0.707	0.406	0.369	0.539	-0.184	0.014088
13	Sample 2	-0.3	0.234	-0.087	0.624	0.46	0.343	0.678	0.037	-0.01862
14	Sample 3	-0.413	0.297	0.024	0.723	0.65	0.361	0.42	-0.108	0.006264
15	Sample 4	-0.492	0.237	-0.147	0.617	0.746	0.323	0.393	-0.071	-0.0293

6 조절된 매개지수(−.00144)가 95% 백분위 구간에 0을 포함하므로 조절된 매개효과가 없다고 해석한다.

참고문헌

배병렬 (2021). SPSS/PROCESS에 의한 조절효과 및 매개효과분석: 이론과 실제. 도서출판 청람.

Cheah, J. H., Nitzl, C., Roldán, J. L., Cepeda Carrión, G., & Gudergan, S. P. (2021). A primer on the conditional mediation analysis in PLS-SEM. *ACM SIGMIS Database: The DATABASE for Advances in Information Systems, 52*, Number SI, 43-100.

Dijkstra, T. K., & Henseler, J. (2015). Consistent partial least squares path modeling. *MIS Quarterly, 39*(2), 297-316.

Hair, J. F., Hult, G. T. M., Ringle, C. M., & Sarstedt, M. (2017). *A primer on partial least squares structural equation modeling(PLS-SEM)* (2nd ed.). Sage Publications.

Hayes, A. F. (2022). *Introduction to mediation, moderation, and conditional process analysis: A regression-based approach* (3rd ed.). Guilford Press.

Sarstedt, M., Hair, J. F., Nitzl, C., Ringle, C. M., & Howard, M. C. (2020). Beyond a tandem analysis of SEM and PROCESS: Use of PLSSEM for mediation analyses! *International Journal of Market Research, 62*(3), 288-299.

Sarstedt, M., Henseler, J., & Ringle, C. M. (2011). Multigroup analysis in partial least squares (PLS) path modeling: Alternative methods and empirical results. In Sarstedt, M., Schwaiger, M., & Taylor, C. R. (Eds.). *Measurement and research methods in international marketing(Advances in international marketing, Vol. 22)* (pp. 195-218). Emerald Group Publishing Limited.

Sarstedt, M., Ringle, C. M., & Hair, J. F. (2017). Treating unobserved heterogeneity in PLS-SEM: A multi-method approach. In H. Latan & R. Noonan (Eds.), *Partial least squares path modeling* (pp. 197-217). Springer.

Sarstedt, M., Ringle, C. M., Cheah, J.-H., Ting, H., Moisescu, O. I., & Radomir, L. (2020). Structural model robustness checks in PLS-SEM. *Tourism Economics, 26*(4), 531-554.

Sarstedt, M., Ringle, C. M., & Gudergan, S. (2016). Guidelines for treating unobserved heterogeneity in tourism research: A comment on Marques and Reis (2015). *Annals of Tourism Research, 57*, 279-284.

Sharma, P. N., Sarstedt, M., Shmueli, G., Kim, K. H., & Thiele, K. O. (2019). PLS-based model selection: The role of alternative explanations in information systems research. *Journal of the Association for Information Systems, 20*(4), 346-397.

| 찾아보기 |

| 저자소개 |

배병렬

전북대학교 상과대학 경영학과 교수

SmartPLS 3.3에 의한

조절효과, 매개효과 및 조절된 매개효과분석

2022년 9월 23일 1판 1쇄 인쇄
2022년 9월 28일 1판 1쇄 발행

저　　자 | 배병렬
발 행 인 | 이수영
발 행 처 | 도서출판 청람
서울시 마포구 독막로 288(대흥동, 세양상가 109호)
전　　화 | 02) 3272－2601~2
팩　　스 | 02) 3272－2603
홈페이지 | http://www.crbooks.co.kr
이 메 일 | crbooks@daum.net
등　　록 | 2000년 8월 26일 제6－0509호

ISBN 978-89-5972-889-3 93310 [정가 27,000원]

DISCRETE MATHEMATICS

컴퓨터 활용을 위한

이산수학

김선옥 · 서재성 · 홍석미 지음

Mathematics

KYOWOOSA 教友社

머리말

컴퓨터의 발달과 공학의 중요한 핵심은 수학이다. 수학은 복잡하고 어려운 문제를 단순화하여 논리적으로 판단하는 방법을 제시하여 문제를 해결하는 중요한 도구이다.

이산수학은 컴퓨터의 발달로 중요해지고 있으며 컴퓨터에서 바로 사용될 수 있는 수학에 기초한 과목으로 개발되었다. 이산수학은 집합, 명제, 대수, 관계, 그래프 그리고 트리 등의 내용을 다루고 있으며 이 분야는 공학에 응용되어 실생활에 적용되고 있다.

또한 이산수학은 IT공학도와 컴퓨터 관련 학문이나 인문학을 전공하는 학생들에게 사고의 폭을 넓히고 실생활에 적용할 수 있는 지식을 제공해준다. 따라서 컴퓨터가 발달할수록 이산수학의 필요성은 높아지고 있으며 학문적 기반으로 중요해지고 있다.

이 책의 목표는 이산수학의 기초가 되는 이론을 소개하여 이와 관련된 분야의 적절한 활용에 도움이 되고자 한다.

이 책의 내용과 응용분야는 다음과 같다.

제1장에서는 순서를 고려하지 않은 개체들의 모임인 집합과 참과 거짓 중에서 하나의 논리값을 갖는 명제를 소개한다. 집합과 명제는 컴퓨터의 기본 동작 원리가 되는 논리와 관계 그리고 그래프 등 이산구조의 개념으로 확장된다.

제2장에서는 1장에서 소개된 집합에서 두개 이상의 집합들 간에는 많은 관계가 있으므로 집합을 구성하는 원소들 간의 관계를 소개한다. 관계는 프로그램의 구조나 계산 이론 또는 알고리즘의 분석 등에 응용되어 다양한 분야에서 적용된다.

제3장에서는 논리적 성질을 표현하는 수학적 기호로 부울 대수를 소개한다. 부울 대수의 논리규칙은 회로를 설계하는데 이용되며 컴퓨터에 적용되어 복잡한 문제를 해결할 수 있는 도구로 사용된다.

제4장에서는 컴퓨터 관련 학문에 있어서 중요한 개념인 그래프를 소개한다. 그래프는 쾨니히베르게 다리문제에 이용되었으며 최단거리 순회문제, 컴퓨터 네트워크 그리고 방송국에서 텔레비전 채널을 할당하는데 사용된다.

제5장에서는 그래프의 특수한 형태인 트리에 대해 소개한다. 컴퓨터의 UNIX나 Windows의 파일 구조는 트리로 구성되어 있으며, 특히 이진트리는 산술적 표현, 자료 구조 등을 매우 간단하게 표현할 수 있다. 이 장에서는 트리와 관련된 기본 용어, 이진트리와 이진트리의 표현과 순회 방법 등을 공부한다.

제6장에서는 숫자나 문자를 가로와 세로로 배열하여 직사각형 형태로 표시한 행렬을 소개한다. 행렬은 컴퓨터 분야에서 자료의 저장에 사용되는 배열에 응용되며, 두 벡터 사이의 각을 구할 때도 사용되며 공학 문제의 해결에 중요한 연립방정식의 해를 구하는 데 사용된다.

이 책이 완성되기까지 든든한 버팀목이 되어준 남편과 사랑하는 딸 정수와 따뜻한 사랑으로 격려해준 가족들에게 고마운 마음을 전합니다. 그리고 이 책이 독자들에게 많은 도움이 되길 바랍니다.

2014년 2월

저자

차 례

Chapter 02 관계(Relation) / 41

Chapter 03 부울 대수(Boolean Algebra) / 69

Chapter 04 그래프(Graphs) / 99

Chapter 05 트리(Trees) / 137

CHAPTER 1

집합과 명제논리

(Set, Proposition and Logic)

집합이란 순서를 고려하지 않은 개체(Object)들의 모임이다. 이러한 집합의 개념은 컴퓨터의 기본 동작 원리가 되는 논리와 관계 그리고 그래프 등 이산구조의 개념으로 확장될 수 있다.

1.1 집합(Sets)

집합에 속한 개체를 원소(element)라 하며, 포함되는 원소에 다라 집합의 성질이 다르다. 집합을 정의하면 다음과 같다.

> 정의 1.1
>
> **집합(set)**
>
> 집합이란 어떤 성질을 가지는 개체들(objects)의 모임이며, 그 개체들을 집합의 **원소**라 한다.

집합을 표시할 때는 알파벳 대문자 A, B, C, $\cdots$, Z 등으로 나타내며, 집합을 구성하는 원소(element 또는 member)는 소문자 a, b, c, $\cdots$, z 등으로 나타낸다. 집합을 S라 하고 그 집합에 속한 원소를 a라 하면, $a \in S$로 표시된다. 또한 $a \notin S$는 원소 a가 집합 S의 원소가 아님을 나타낸다.

집합을 어떻게 표현할까? 우리가 사용할 수 있는 형식적인 집합의 표현에는 두 가지가 있다. 첫 번째는 집합의 원소를 단순히 열거하거나 나열하는 방법이고, 두 번째는 술어를 사용하여 집합의 특징을 나타내는 원소들의 성질을 서술하는 것이다.

다음은 집합의 표현방법에 대한 소개이다.

- **원소 나열법** : 집합의 원소들을 모두 나열하는 방법이다.
- **조건 제시법** : 집합의 원소들이 가지고 있는 특정한 성질을 나타내는 방법으로, $S=\{x \mid p(x)\}$와 같이 표시된다. 여기서 x는 원소를 나타내고, $p(x)$는 원소들이 가지고 있는 성질을 기술하는 술어이다.

[예제 1.1] 다음 집합을 원소 나열법으로 표현하여라.

(1) 영문 소문자의 처음 세 개의 집합

(2) 5의 배수인 집합

(3) 대한민국 수도의 집합

풀이 (1) $A = \{a,\ b,\ c\}$

(2) $B = \{5,\ 10,\ 15,\ \cdots\}$

(3) $C = \{\text{서울}\}$

[예제 1.2] 다음 집합을 조건 제시법으로 표현하여라.

(1) 4에서 5사이에 있는 무리수의 집합

(2) 10보다 큰 3의 배수인 집합

풀이 (1) $S = \{x \mid x\text{는 무리수이고}, 4 \le x \le 5\}$

(2) $S = \{x \mid x\text{은 3의 배수이고},\ x > 10\}$

$= \{x \mid n\text{은 자연수이고}, x = 3n \text{ 이고 } x > 10\}$

집합에서 특별한 집합과 그들의 표기법을 소개한다. 이 집합들은 자주 쓰이며 따라서 그들을 나타내기 위해서는 항상 같은 기호를 사용한다.

- N는 자연수들의 집합을 나타낸다.
- Z는 정수들의 집합을 나타낸다.
- Q는 유리수들의 집합을 나타낸다.
- R는 실수들의 집합을 나타낸다.

집합에서 원소의 개수가 자연수이면 유한집합이라 하고, 원소의 개수가 자연수가 아니면 무한집합이라 한다.

〈예제 1.1〉에서 집합 A와 C는 유한 집합이고, 집합 B는 무한 집합이다.

정의 1.2

상등집합(equal set)

집합 A, B는 다음과 같을 때 상등 집합이라 하고, $A = B$로 표기한다.

$$A = B \Leftrightarrow \mathrm{A} \subseteq \mathrm{B} \text{ 그리고 } \mathrm{B} \subseteq \mathrm{A}$$

집합 A와 B가 상등하지 않으면 $A \neq B$로 표기한다.

[예제 1.3] $A = \{1, 2, 3\}$이고 $B = \{1, 1, 2, 3, 2, 3\}$일 때, 다음 물음에 답하시오.

(1) 집합A와 집합B는 상등집합인가?

(2) 집합A의 개수를 구하시오.

(3) 집합B의 개수를 구하시오.

풀이 (1) A의 모든 원소는 B의 원소가 된다. 그러므로 $A \subseteq B$이다. 또한 B의 모든 원소는 A의 원소가 된다. 그러므로 $B \subseteq A$이다. 따라서 $A = B$이다.

(2) 집합 A의 개수는 3이다.

(3) 집합 A와 집합 B는 (1)에 의해 서로 상등하므로, 집합 B의 개수는 집합 A의 개수와 같다.

정의 1.3

전체 집합(universal set)과 공집합(empty set)

모든 원소를 포함하는 집합을 전체 집합이라 하고 U로 표기한다. 어떤 원소도 포함하지 않는 집합을 공집합이라 하며, $\varnothing$ 또는 $\{\ \}$로 표시한다.

전체집합으로부터 새로운 집합을 정의하는 방법을 소개한다.

정의 1.4

부분 집합(subset)과 진부분 집합(proper subset)

$A \subseteq B$: 집합 A는 집합 B의 부분 집합이라 하며, 집합 A의 모든 원소는 집합 B의 원소이다. 이때, 집합 A는 집합 B에 포함된다.

$A \nsubseteq B$: 집합 A는 집합 B의 부분 집합이 아니다.

$A \subset B$: 집합 A는 B의 진부분 집합이라 하며, $A \subseteq B$ 이고 $A \neq B$이다.

$A \not\subset B$: 집합 A는 B의 진부분 집합이 아니다.

[예제 1.4] 집합 $A=\{1,2,3\}$에 대하여 다음 물음에 답하시오.

(1) 집합 A의 부분 집합을 구하라.

(2) 집합 A의 진부분 집합을 구하라.

풀이 (1) 원소가 없는 A의 부분 집합 : $\{\}$

원소가 한 개인 A의 부분 집합 : $\{1\},\{2\},\{3\}$

원소가 두 개인 A의 부분 집합 :$\{1,2\},\{1,3\},\{2,3\}$

원소가 세 개인 A의 부분 집합 :$\{1,2,3\}$

따라서 집합 A의 부분집합은

$\{\{\},\{1\},\{2\},\{3\},\{1,2\},\{1,3\},\{2,3\},\{1,2,3\}\}$

(2) 집합 A의 진부분집합은 $\{\{\},\{1\},\{2\},\{3\},\{1,2\},\{1,3\},\{2,3\}\}$이다.

집합 S의 원소가 n개 있으면, 집합 S의 부분 집합의 개수는 2^n개이며, 집합 S의 진부분 집합의 개수는 (2^n-1)개이다. 위의 예제에서 집합 A의 원소의 개수가 3이므로, 집합 A의 부분집합의 개수는 $2^3=8$개이고, 집합 A의 진부분 집합의 개수는 $2^3-1=7$개다.

정리 1.5

임의의 집합 A, B, C와 전체 집합 U에 대하여 다음이 성립한다.

(1) $\varnothing \subseteq A$

(2) $A \subseteq A$

(3) $A \subseteq U$

(4) $A \subseteq B$ 이고 $B \subseteq C$ 이면 $A \subseteq C$ 이다.

(5) $A \subseteq B$ 이고 $B \subseteq A$ 이면 $A = B$ 이다.

위의 정리를 자세히 살펴보면 다음과 같다.

(1) 공집합은 모든 집합의 부분집합이다.
(2) 자기 자신은 자기집합의 부분집합이다.
(3) 전체집합은 임의의 부분집합을 포함한다.
(4) 집합 A의 원소가 집합 B의 원소이고, 집합 B의 원소가 집합 C의 원소이면, 집합 A의 원소는 집합 C의 원소이다.
(5) 집합 A의 원소가 집합 B의 원소이고, 집합 B의 원소가 집합 A의 원소이면, 집합 A의 원소는 집합 B의 원소와 같다.

[예제 1.5] 다음 집합 $S=\{\varnothing,\ 1,\ 2\}$에 대하여 옳은 것을 모두 고르시오.

(1) $\varnothing \in S$
(2) $1 \in S$
(3) $\varnothing \subseteq S$
(4) $1 \subseteq S$

풀이 (1), (2), (3)
(4) 1은 S의 부분집합이 아니고, 1은 S의 원소이다.

정의 1.6

여집합(complement)

$\overline{A}$: 집합 A의 여집합을 나타내며, 전체 집합 U에 속하면서 A에 속하지 않는 원소들의 집합이다. A의 여집합은 아래와 같이 나타낸다.

$$\overline{A}=\{x|x\in U, x\notin A\}$$

[예제 1.6] 전체 집합 $U=\{1,2,3,4,5,6,7\}$의 부분 집합 A, B, C가 $A=\{1,2,3\}$, $B=\{1,4,6,7\}$, $C=\{1,2,3,4,5,6,7\}$로 주어졌을 때 다음 물음에 답하시오.

(1) A의 여집합 $\overline{A}$을 구하시오.
(2) B의 여집합 $\overline{B}$을 구하시오.
(3) C의 여집합 $\overline{C}$을 구하시오.

풀이 (1) $\overline{A} = \{4,5,6,7\}$

(2) $\overline{B} = \{2,3,5\}$

(3) $\overline{C} = \varnothing$

1.2 집합의 연산 (Operations of Sets)

주어진 집합들을 결합하여 새로운 집합을 만드는 집합의 연산들에 대하여 살펴보자. 새로운 집합은 주어진 집합의 원소들을 이용하여 집합의 연산에 의해 새롭게 만들어질 수 있다.

주어진 집합들 사이의 연산에 대하여 이해를 돕기 위하여 그림으로 설명할 수 있다. 이러한 연산에 대한 관계를 그림으로 나타낸 것을 벤다이어그램(Venn diagram)이라 한다. 벤다이어그램에서 전체집합은 직사각형으로 표시하고 집합들은 원으로 표시한다. 주어진 연산에 따라 적용한 새로운 집합에 대한 결과는 다음과 같다.

(1) $A \cup B$: A와 B의 합집합(Union)

임의의 두 집합 A, B에 대하여 이들의 합집합은 집합 A의 원소이거나 또는 집합 B에 속하는 원소의 집합을 말하며, $A \cup B$로 표기한다.

$$A \cup B = \{x | x \in A \ \text{or} \ x \in B\}$$

합집합 $A \cup B$을 벤 다이어그램으로 표현하면 〈그림 1.1〉과 같다.

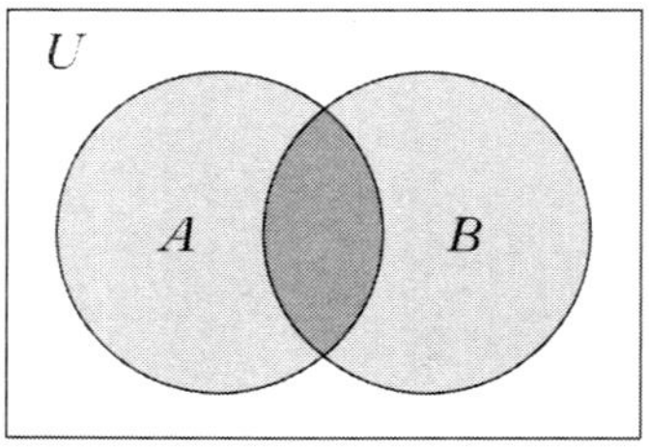

[그림 1.1] 합집합($A \cup B$)

[예제 1.7] $A=\{1,2,3,4\}$, $B=\{3,a,b\}$, $C=\{a,b,c\}$ **일 때 다음 물음에 답하시오.**

(1) $A\cup B$

(2) $B\cup C$

(3) $A\cup C$

풀이 (1) $A\cup B=\{1,2,3,4,a,b\}$

(2) $B\cup C=\{3,a,b,c\}$

(3) $A\cup C=\{1,2,3,4,a,b,c\}$

(2) $A\cap B$: A와 B의 교집합(Intersection)

임의의 두 집합 A, B에 대하여 이들의 교집합은 집합 A의 원소이고 집합 B의 원소에 속하는 집합으로, $A\cap B$로 표기한다.

$$A\cap B = \{x|x\in A \text{ and } x\in B\}$$

교집합 $A\cap B$에 대한 벤 다이어그램은 〈그림 1.2〉와 같다.

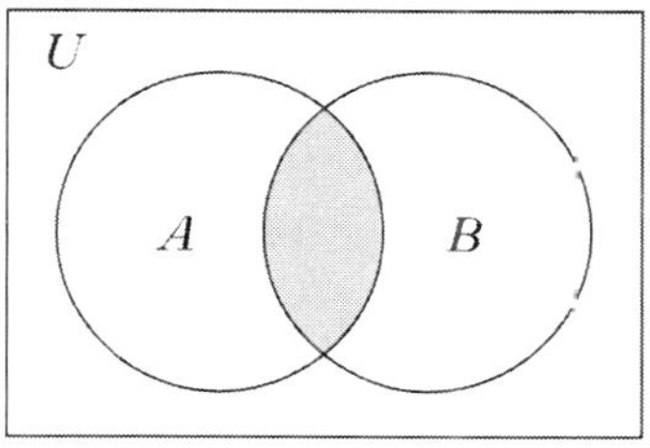

[그림 1.2] 교집합($A\cap B$)

[예제 1.8] $A=\{0,1,2\}$, $B=\{1,2,3,4\}$, $C=\{3,a,b\}$**일 때 다음 물음에 답하시오.**

(1) $A\cap B$

(2) $B\cap C$

(3) $A\cap C$

풀이 (1) $A \cap B = \{1, 2\}$
(2) $B \cap C = \{3\}$
(3) $A \cap C = \varnothing$

(3) $A - B$: A와 B의 차집합(Difference)

임의의 두 집합 A, B에 대하여 이들 간의 차집합은 집합 A의 원소 중에서 집합 B에 속하는 원소를 제외한 원소들의 집합으로, $A - B$로 표기한다.

$$A - B = \{x | x \in A \text{ and } x \notin B\}$$

$A - B$에 대한 벤 다이어그램은 〈그림 1.3〉과 같다.

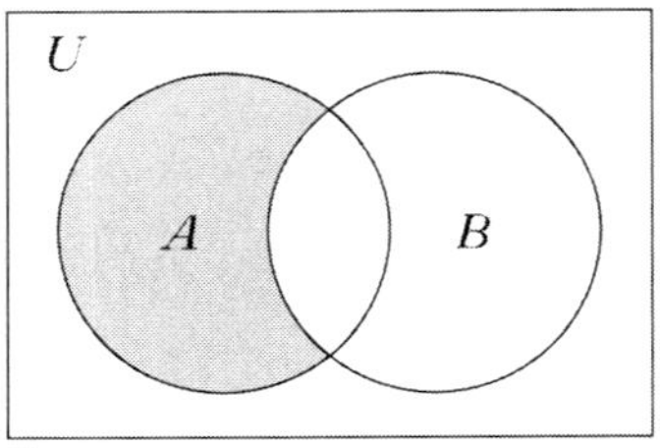

[그림 1.3] 차집합 $(A - B)$

[예제 1.9] $A = \{1, 2, 3, 4, 5\}$, $B = \{1, 3, 5\}$, $C = \{3, a, b\}$**일 때 다음 물음에 답하시오.**

(1) $A - B$
(2) $B - C$
(3) $A - C$

풀이 (1) $A - B = \{2, 4\}$
(2) $B - C = \{1, 5\}$
(3) $A - C = \{1, 2, 4, 5\}$

(4) $A \oplus B$: A와 B의 대칭 차집합(Symmetric difference)

임의의 두 집합 A, B에 대하여 이들의 대칭 차집합은 $A \cup B$의 원소 중에서 $A \cap B$의 원소를 제외한 원소들의 집합을 말하며, $A \oplus B$로 표시한다.

$$\begin{aligned} A \oplus B &= \{x | x ((A \cup B) - (A \cap B))\} \\ &= \{x | x \in A - B \text{ or } x \in B - A\} \end{aligned}$$

대칭 차집합 $A \oplus B$에 대한 벤 다이어그램은 〈그림 1.4〉와 같다.

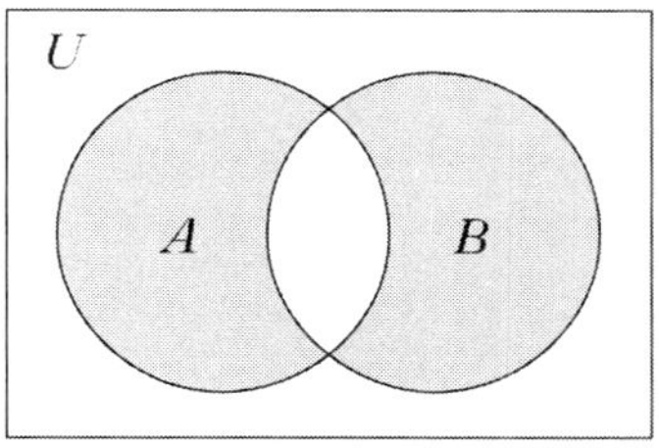

[그림 1.4] 대칭 차집합($A \oplus B$)

[예제 1.10] $A = \{1, 2, 3, 4, 5\}$이고 $B = \{1, 3, 5, a, b\}$일 때 다음 물음에 답하시오.

(1) $A \cup B$

(2) $A \cap B$

(3) $A - B$

(4) $B - A$

(5) $A \oplus B$

풀이 (1) $A \cup B = \{1, 2, 3, 4, 5, a, b\}$

(2) $A \cap B = \{1, 3, 5\}$

(3) $A - B = \{2, 4\}$

(4) $B - A = \{a, b\}$

(5) $A \oplus B = \{2, 4, a, b\}$

(5) $A \times B$: A와 B의 곱집합(Cartesian product)

곱집합은 순서쌍(ordered pair)으로 설명할 수 있으며, 순서쌍은 순서로 구별할 수 있는 개체 (a, b)의 쌍으로 나타낸다. 순서쌍 (a, b)는 쌍의 원소들 간의 순서에 의해서 정해지므로 순서는 중요하다. 따라서 $a \neq b$이면 $(a, b) \neq (b, a)$이다. 그리고 두 순서쌍 $(a, b) = (c, d)$ 일 필요충분조건은 $a = c$이고 $b = d$이다. 따라서 순서쌍은 두 원소를 갖는 집합과 구별된다.

[예제 1.11] 다음 중 옳은 것을 모두 고르시오.

(1) $\{a, b\} = \{b, a, b\}$

(2) $\{a\} = \{a, a\} = \{a, a, a, a\}$

(3) $(a, b) \neq (b, a, b)$

(4) $(a, b) \neq (b, a, a)$

(5) $(b) \neq (b, b)$

풀이 (1), (2), (3), (4), (5)

> **정의 1.7**
>
> **곱집합(cartesian product)**
>
> 임의의 두 집합 A, B의 곱집합은 집합 A의 원소와 집합 B의 원소에 대한 모든 순서쌍의 집합 (a, b)을 말하며 $A \times B$로 표기한다.
>
> $$A \times B = \{(a, b) \mid a \in A, b \in B\}$$

[예제 1.12] $A = \{1, 2, 3\}$이고 $B = \{a, b\}$일 때 다음 물음에 답하시오.

(1) $A \times B$　　　　(2) $B \times A$

풀이 (1) $A \times B = \{(1, a), (1, b), (2, a), (2, b), (3, a), (3, b)\}$

(2) $B \times A = \{(a, 1), (b, 1), (a, 2), (b, 2), (a, 3), (b, 3)\}$

집합 A에 대한 곱집합 $A \times A$는 A^2로 표시된다. 그리고 집합 A가 n번의 곱집합으로 이루어졌으면 A^n으로 표시한다.

[예제 1.13] $A = \{1, 2, 3\}$이고 $B = \{a, b\}$일 때 다음 물음에 답하시오.

(1) $A \times A$　　　　(2) $B \times B$

(3) $A \times B$　　　　(4) $B \times A$

풀이 (1) $A \times A = \{(1, 1), (1, 2), (1, 3), (2, 1), (2, 2), (2, 3), (3, 1), (3, 2), (3, 3)\}$

(2) $B\times B=\{(a,a),(a,b),(b,a),(b,b)\}$
(3) $A\times B=\{(1,a),(1,b),(2,a),(2,b),(3,a)(3,b)\}$
(4) $B\times A=\{(a,1),(a,2),(a,3),(b,1),(b,2)(b,3)\}$

(6) 집합의 기수(cardinality)

집합 S의 기수는 그 집합의 원소 개수를 나타내며 $|S|$로 표기한다. 여기서는 집합의 연산에 의해 새로 만들어진 집합들에 대한 기수에 대하여 알아보기로 하자. 집합 A, B, C가 유한집합일 때 다음 식들이 성립한다.

- $|A\cup B|=|A|+|B|-|A\cap B|$
- $|A\cap B|=|A|+|B|-|A\cup B|$
- $|A\cup B\cup C|=|A|+|B|+|C|-|A\cap B|-|A\cap C|-|B\cap C+|A\cap B\cap C|$
- $|A-B|=|A|-|A\cap B|$
- $|A\times B|=|A|\cdot|B|$

[예제 1.14] 집합 A, B, C 가 유한집합이고 $|A|=5$, $|B|=8$, $|C|=10$, $|A\cap B|=3$, $|A\cap C|=4$, $|B\cap C|=5$, $|A\cup B\cup C|$=17 일 때, 다음 물음에 답하시오.

(1) $|A\cap B\cap C|$
(2) $|A\times C|$
(3) $|A-C|$
(4) $|A\times B\times C|$
(5) $|A-B|$

풀이 (1) $|A\cup B\cup C|=|A|+|B|+|C|-|A\cap B|-|A\cap B|-|B\cap C|+|A\cap B\cap C|$

$17=5+8+10-3-4-5+|A\cap B\cap C|$

$|A\cap B\cap C|=6$

(2) $|A\times C|=|A|\cdot|C|=50$
(3) $|A-C|=|A|-|A\cap C|=1$
(4) $|A\times B\times C|=|A|\cdot|B|\cdot|C|=400$
(5) $|A-B|=|A|-|A\cap B|=2$

[예제 1.15] 정수네 반 학생 중 적어도 한 과목을 좋아하는 학생이 70명이다. 수학을 좋아하는 학생이 45명이고, 역사를 좋아하는 학생이 30명일 때, 수학만 좋아하는 학생은 몇 명인가?

풀이 수학을 좋아하는 학생의 집합을 A, 역사를 좋아하는 학생의 집합을 B라고 하면

$$|A \cup B| = 70,\ |A| = 45,\ |B| = 30$$

이다. 따라서

$$|A \cap B| = |A| + |B| - |A \cup B| = 45 + 30 - 70 = 5$$

이다. 우리가 구하려는 것은 $|A - B|$이므로

$$|A - B| = |A| - |A \cap B| = 45 - 5 = 40$$

가 된다. 그러므로 수학만 좋아하는 학생은 40명이다.

(7) 집합의 연산 법칙

집합에서 여러 개의 집합은 연산과 결합되어 새로운 집합으로 만들 수 있다. 새로운 집합을 간단하게 만드는 방법은 집합의 동치 관계를 이용한다. 이러한 집합의 동치관계는 기본법칙에 따라 간소한 집합으로 표현될 수 있다.

집합의 연산을 이용한 동치관계의 기본법칙은 〈표 1.1〉에 나타나 있다.

[표 1.1] 집합의 연산 법칙

법칙 이름	집합의 동치관계
멱등 법칙(idempotent law)	$A \cup A = A$ $A \cap A = A$
항등 법칙(identity law)	$A \cup \varnothing = A$, $\varnothing \cap A = \varnothing$ $U \cup A = U$, $A \cap U = A$
교환 법칙(commutative law)	$A \cup B = B \cup A$ $A \cap B = B \cap A$
결합 법칙(associative law)	$(A \cup B) \cup C = A \cup (B \cup C)$ $(A \cap B) \cap C = A \cap (B \cap C)$ $(A \oplus B) \oplus C = A \oplus (B \oplus C)$

분배 법칙(distributive law)	$A\cup(B\cap C)=(A\cup B)\cap(A\cup C)$ $A\cap(B\cup C)=(A\cap B)\cup(A\cap C)$
흡수 법칙(absorption law)	$(A\cap B)\cup A=A$ $(A\cup B)\cap A=A$
이중 부정 법칙(complement law)	$\overline{\overline{A}}=A$
여 법칙(inverse law)	$A\cup\overline{A}=U,\ A\cap\overline{A}=\varnothing$ $\overline{U}=\varnothing,\ \overline{\varnothing}=U$
드모르간 법칙(DeMorgan's law)	$\overline{(A\cup B)}=\overline{A}\cap\overline{B}$ $\overline{(A\cap B)}=\overline{A}\cup\overline{B}$

[예제 1.16] 드모르간 법칙 중 $\overline{(A\cup B)}=\overline{A}\cap\overline{B}$를 벤 다이어그램을 사용하여 식이 성립함을 보여라.

풀이 $\overline{(A\cup B)}$에 대한 벤 다이어그램을 그리면 다음과 같다.

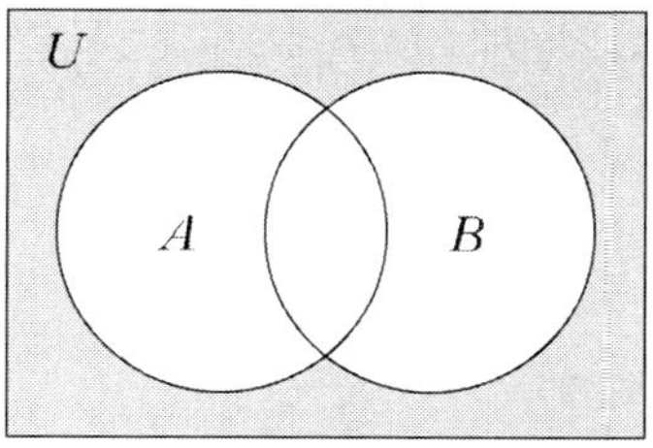

$\overline{A}$와 $\overline{B}$의 벤다이어그램은 각각 다음과 같다.

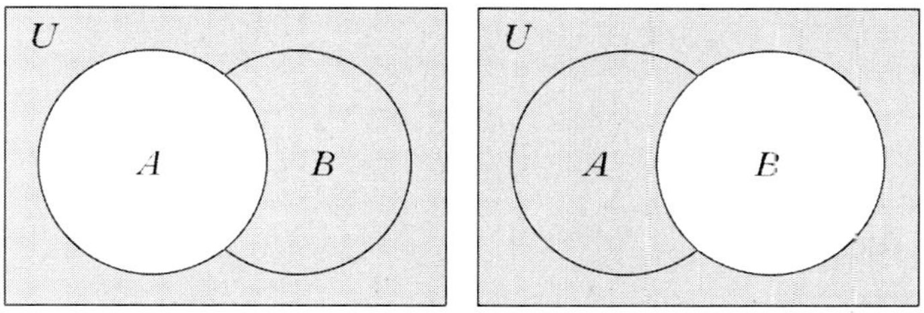

그러므로 $\overline{A}\cap\overline{B}$의 벤 다이어그램은 $\overline{(A\cup B)}$의 벤 다이어그램과 같다.

정의 1.8

쌍대(duality)
집합에서 그 집합 안에 있는 교집합을 합집합으로 바꾸고, 전체 집합을 공집합으로 서로 바꾸어 만들어진 새로운 집합을 원래 집합의 쌍대라고 한다.

쌍대에 대한 원리를 사용하여, 드모르간의 법칙에서 ∩을 ∪로 바꾸면 다음과 같다.

$$\overline{A} \cap \overline{B} = \overline{(A \cup B)}$$

또한, 드모르간의 법칙에서 ∪을 ∩로 바꾸어 쌍대의 원리를 적용하면 다음과 같다.

$$\overline{A} \cup \overline{B} = \overline{(A \cap B)}$$

그리고 전체집합과 공집합에 쌍대의 원리를 적용하면

$$\overline{U} = \varnothing, \quad \overline{\varnothing} = U$$

임을 알 수 있다.

1.3 명제(Proposition)

참과 거짓을 뚜렷이 판별할 수 있는 근거는 실생활 뿐 아니라 컴퓨터를 이용한 문제 해결을 위해 필요하다. 이 절에서는 참 또는 거짓에 관련된 정의와 법칙에 대하여 소개한다.

정의 1.9

명제(proposition)
참(true)이거나 거짓(false)을 정확히 판정할 수 있는 문장이나 식을 명제라 한다.

명제는 영문 소문자 p, q, r, … 등으로 표시하여 나열하며, 참 또는 거짓 중에서 하나의 값만을 가질 수 있다. 이때 참 또는 거짓의 값을 그 명제의 진리값(truth value)이라 하며,

참일 때는 T (true), 거짓일 때는 F (false)로 각각 표시한다.

[예제 1.17] 다음 문장이나 식은 명제가 되는지 판정하시오.

(1) 몇 시 입니까?

(2) $x+y \leq 2$

(3) 아이패드는 값이 비싸다.

(4) 전자책은 종이책보다 보기 편하다.

풀이 (1)과 (2)는 참, 거짓 중에서 하나의 값을 가질 수 없다. (3)과 (4)는 생각하는 사람에 따라서 참이 될 수도 있고 거짓이 될 수도 있다. 그러므로 (1), (2), (3), (4)는 모두 명제가 아니다.

[예제 1.18] 다음 명제들의 참과 거짓을 판정하시오.

(1) $3+3=9$

(2) 선덕여왕은 고려의 왕이었다.

(3) 나이지리아의 수도는 아부자이다.

(4) 삼각형은 네 변으로 이루어졌다.

풀이 (1), (2) 그리고 (4)는 거짓이고, (3)은 참이다.

[예제 1.19] 다음의 문장이나 식에서 명제를 찾아 명제의 진리 값을 구하라.

(1) x가 유리수일 때 $x^2=4$이면, x는 2또는 -2이다.

(2) 인터넷 게임은 재미있다.

(3) 정삼각형은 두 각의 크기가 같다.

(4) $x+y=x-2$

풀이 (1) 참인 명제이고, 진리값은 T이다.

(2) 사람마다 사고의 차이가 있으므로, 참 또는 거짓을 판별할 수 없다. 그러므로 명제가 아니다.

(3) 정삼각형은 세 각의 크기가 같아야 하므로 거짓인 명제이다. 그 진리값은 F이다.

(4) 변수의 값에 따라 참이 될 수도 있고 거짓이 될 수도 있으므로 명제가 아니다.

Chapter 01

1.4 명제의 논리 연산 (Logical Operations)

명제는 문장이나 식의 형태에 따라 단순명제와 합성명제로 분류할 수 있다. 하나의 문장이나 식으로 구성되어 참이나 거짓을 구분할 수 있는 명제를 단순 명제(simple proposition)라고 하고, 여러 개의 단순 명제가 결합되어 만들어진 명제를 합성 명제(composition proposition)라고 한다. 이 때, 여러 개의 단순 명제들을 연결시키는 역할을 하는 것을 논리 연산자(logical operators)라고 한다. 이렇게 단순명제로부터 만들어진 합성명제의 참 또는 거짓의 값을 결정하기 위하여 진리표(true table)를 이용한다.

진리표에는 먼저 단순 명제들을 표시하고 그 명제들이 가질 수 있는 모든 경우의 진리값을 표시한다. 하나의 단순 명제는 T 또는 F의 값을 가지므로, n개의 단순 명제가 있을 때 진리값의 경우 수는 2^n개다. 합성 명제의 진리값은 연결된 단순명제의 진리값과 논리 연산자에 의하여 결정된다.

(1) 부정(Negation)

p가 명제이면 그에 대한 부정도 역시 명제이다. 이것을 p의 부정이라 하고 $\neg p$로 표기한다. $\neg p$의 진리값은 〈표 1.2〉와 같다.

[표 1.2] 부정에 대한 진리표

p	$\neg p$
T	F
F	T

[예제 1.20] 부정의 부정은 원래의 명제와 같은 진리값을 가짐을 보여라

풀이 p가 명제이면 p의 진리값은 T 또는 F의 값을 가지므로 p와 $\neg(\neg p)$에 대한 진리표는 다음과 같다.

p	$\neg p$	$\neg(\neg p)$
T	F	T
F	T	F

따라서 p와 $\neg(\neg p)$의 진리값은 같다. 즉, 부정의 부정은 원래의 명제와 진리 값이 같다.

(2) 논리곱(Conjunction)

p와 q가 명제라 하면 "p 그리고(AND) q" 도 명제이며 $p \wedge q$로 표시한다. 이 명제는 두 명제가 모두 참인 경우만 전체가 참이 되는 명제이다. 그 외의 경우에는 모두 거짓이 된다. $p \wedge q$는 p와 q 논리곱이라고도 한다. $p \wedge q$에 대한 진리표는 다음과 같다.

[표 1.3] 논리곱에 대한 진리표

p	q	$p \wedge q$
T	T	T
T	F	F
F	T	F
F	F	F

[예제 1.21] 다음의 합성 명제를 단순 명제로 구분하여 단순 명제의 진리값을 구하고, 합성 명제의 진리값을 구하라.

(1) $4 > 2$이고, $3 \times 2 = 4$이다.

(2) 런던은 프랑스의 수도이고, 베이징은 일본의 수도이다.

풀이 (1) 두 개의 단순 명제로 구분하면 명제 p와 명제 q로 나타낼 수 있다. 즉,

$$p : 4 > 2$$
$$q : 3 \times 2 = 4$$

명제 p의 진리값은 T이고, 명제 q의 진리값은 F이다.
따라서 $p \wedge q$의 진리값은 F이다.

(2) 두 개의 단순 명제로 구분하면 명제 p와 명제 q로 나타낼 수 있다. 즉,

p : 런던은 프랑스의 수도이다.
q : 베이징은 일본의 수도이다.

명제 p의 진리값과 명제 q의 진리값은 모두 F이다.
따라서 $p \wedge q$의 진리값은 F이다.

(3) 논리합(Disjunction)

p와 q가 명제라 하면 "p 또는(OR) q" 도 명제이며 $p \vee q$로 표시한다. 이 명제는 두 명제가 모두 거짓인 경우만 전체가 거짓이 되는 명제이다. 그 외의 경우에는 모두 참이 된다. $p \vee q$는 p와 q 논리합이라고 하며, $p \vee q$에 대한 진리표는 다음과 같다.

[표 1.4] 논리합에 대한 진리표

p	q	$p \vee q$
T	T	T
T	F	T
F	T	T
F	F	F

[예제 1.22] 다음의 합성 명제를 단순 명제로 구분하여 단순 명제의 진리값을 구하고, 위의 진리표를 사용하여 합성 명제의 진리값을 구하라.

(1) $5 \geq 2$, 또는 $3-2=5$이다.

(2) 고양이는 조류이거나, 개는 양서류이다.

풀이 (1) 단순 명제 $5 \geq 2$는 T이고, 단순 명제 $3-2=5$는 F이므로 합성 명제는 T이다.

(2) 두 단순 명제는 모두 진리값이 F이므로, 합성 명제의 진리값은 F이다.

(4) 배타적 논리합(Exclusive OR)

p와 q가 명제라 하면 "p 익스크루시브OR(exclusive OR) q" 도 명제이며 $p \oplus q$로 표시한다. 이 명제는 p, q 중 어느 하나만이 참일 때 전체가 참이 되는 명제이다. 즉, 둘 다 모두 거짓이거나, 둘 다 모두 참 일 때는 전체명제가 거짓이 된다. $p \oplus q$는 p와 q의 배타적 논리합이라고도 하며, XOR이라고도 읽는다. 배타적 논리합 $p \oplus q$에 대한 진리표는 다음과 같다.

[표 1.5] 배타적 논리합에 대한 진리표

p	q	$p \oplus q$
T	T	F
T	F	T
F	T	T
F	F	F

(5) 조건(Implication)

p와 q가 명제라 하면, 조건 "$p \rightarrow q$" 도 명제이다. 이 명제는 p가 참이고 q가 거짓인 경우에만 전체명제가 거짓이 되며, 다른 경우에는 모두 참이 된다. 이때 앞에 위치한 p를 가정(hypothesis) 또는 전제(premise)라고 하며, 뒤에 위치한 q를 결론(conclusion) 또는 결과(consequence)라고 한다. 조건 $p \rightarrow q$에 대한 진리표는 다음과 같다.

[표 1.6] 조건에 대한 논리표

p	q	$p \rightarrow q$
T	T	T
T	F	F
F	T	T
F	F	T

조건은 수학적 추론에서 광범위하게 쓰이기 때문에, 조건 연산자 →는 다양한 표현으로 나타내어진다. 같은 의미를 갖는 다른 표현들을 살펴보면 아래와 같다.

Chapter 01

- p이면 q이다.
- p는 q의 충분 조건이다.
- q는 p의 필요 조건이다.
- p는 q를 함축(함의/암시/의미/뜻)한다.

$p \rightarrow q$는 p가 참이고 q가 거짓인 경우에만 거짓이다. p와 q가 참일 때는 참이며, p가 거짓일 때는 q의 진리값에 상관없이 항상 참이다.

$p \rightarrow q$의 진리값에서 p가 거짓이고 q가 참일 때 $p \rightarrow q$의 진리값이 왜 참이 되는가에 대하여 약간의 의문을 가질 것으로 생각되므로 예를 들어 설명을 하도록 한다.

어떤 교수가

"기말시험에서 100점을 맞는다면 A학점을 받을 수 있다." 라고 했다고 하자. 만약 기말고사에서 100점을 맞았다면 A학점을 기대할 것이고, 100점을 맞지 않았다면 학점 A를 기대하지 않을 것이다. 그런데 100점을 받았음에도 교수가 A학점을 주지 않았다면 속았다고 생각할 것이다.

100점을 받았다(참) → A학점 받았다(참) : 약속이행(참)
100점을 받았다(참) → A학점 받지 못했다(거짓) : 속았다, 약속 불이행(거짓)
100점을 받지 못했다(거짓) → A학점 받았다(참) : 기대도 안함(참)
100점을 받지 못했다(거짓) → A학점 받지 못했다(거짓) : 기대도 안함(참)

한 가지 중요한 것은, 조건은 조건을 표현한 자연언어(한국어) 문장의 실제 의미 또는 상식과는 별개로 생각하여야 한다는 것이다. 예를 들면,

"오늘이 수요일이면, 이산수학 강의가 있다"

라는 문장은 가정과 결과에 상식적인 인과관계가 존재한다. 하지만 다음과 같은 문장을 보자.

"오늘이 일요일이면, 3+6=9"

라는 문장은 가정과 결과에 상식적인 인과관계가 없으나 그 진리값은 참이다. 왜냐하면 결론부분이 참이기 때문이다.

위에서 알 수 있듯이 가정과 결과의 인과관계가 없는 문장들로서 실세계에서는 사용하지 않는 문장이지만 수학적 관점에서는 고려할 수 있는 것이다. 즉, 조건 연산자의 수학적 개념은 가정과 결론 사이가 실세계에 있어서 상식적인 원인-결과의 관계인지 아닌지는 별개의 문제이다.

[예제 1.23] 다음의 명제에 대하여 진리값을 구하라.

(1) 베토벤이 프랑스의 왕이라면, 인간은 하늘을 날 수 있다.

(2) $10-3>5$이면, $13-12>5$이다.

풀이 (1) 명제 p : '베토벤이 프랑스의 왕이다'는 F이고, 명제 q : '인간은 하늘을 날 수 있다' 또한 F이다. 그러므로 합성 명제 $p \rightarrow q$의 진리값은 T이다.

(2) 명제 p : $10-3>5$는 T이고, 명제 q : $13-12>5$ 는 F이다. 그러므로 명제 $p \rightarrow q$의 진리값은 F이다.

조건 연산자는 $p \rightarrow q$는 진리표에 의해 $\neg p \vee q$로 나타낼 수 있다. 즉, $p \rightarrow q$와 $\neg p \vee q$는 같은 진리표를 갖는다. 조건 명제 $p \rightarrow q$에서 이 명제의 역명제(inverse)은 $q \rightarrow p$로 표시하고, 이명제(reverse)는 $\neg p \rightarrow \neg q$, 그리고 대우명제(contraposition)는 $\neg q \rightarrow \neg p$로 표시한다. 대우명제는 $p \rightarrow q$의 진리값과 같으므로, 어떤 조건 명제를 증명할 때 대우명제를 사용하여 증명하기도 한다. 주어진 조건 명제의 진위를 파악하기 위해 그 명제의 대우명제를 이용하기도 한다.

[예제 1.24] 다음 명제의 역명제, 이명제, 대우명제를 구하여라.

(1) 베토벤이 프랑스의 왕이라면, 인간은 하늘을 날을 수 있다.

(2) $10-3>5$이면, $13-12>5$이다.

풀이 (1) 역명제 :인간이 하늘을 날 수 있으면, 베토벤이 프랑스의 왕이다.

이명제 : 베토벤이 프랑스의 왕이 아니라면, 인간은 하늘을 날 수 없다.

대우명제 : 인간이 하늘을 날 수 없으면, 베토벤이 프랑스의 왕이 아니다.

(2) 역명제 : $13-12>5$이면, $10-3>5$이다.

이명제 : $10-3 \leq 5$이면, $13-12 \leq 5$이다.

대우명제 : $13-12 \leq 5$이면, $10-3 \leq 5$이다.

(6) 쌍방 조건

p와 q가 명제라 하면 $p \leftrightarrow q$도 명제이며, "p이면 q이고, q이면 p이다" 라고 읽는다. 우리는 $p \leftrightarrow q$를 쌍방조건명제라 부르며, p와 q가 같은 진리값을 가질 때 참이 되며, 다른 진리값을 가질 경우에는 거짓이 된다. $p \leftrightarrow q$에 대한 진리표는 다음과 같다.

[표 1.7] 쌍방 조건에 대한 진리표

p	q	$p \leftrightarrow q$
T	T	T
T	F	F
F	T	F
F	F	T

쌍방 조건도 조건 연산자의 경우와 같이 다른 표현으로도 나타내어진다. 쌍방 조건 $p \leftrightarrow q$는 "p이면 q이고, q이면 p이다" 이므로, 이것을 명제 p와 명제 q와의 연산자로 표시하면 $(p \to q) \wedge (q \to p)$와 같다. 이것을 진리표로 증명하면 다음과 같다.

p	q	$p \leftrightarrow q$	$p \to q$	$q \to p$	$(p \to q) \wedge (q \to p)$
T	T	T	T	T	T
T	F	F	F	T	F
F	T	F	T	F	F
F	F	T	T	T	T

논리 연산자들을 이용하여 합성 명제를 만들 때 하나의 연산자를 이용할 수도 있지만 여러 개의 연산자들을 사용할 수도 있다. 이와 같은 경우 앞에서 소개된 연산자들의 진리표와 그에 따르는 진리값을 이용하여, 연산의 순서대로 명제 연산의 진리값을 구하면, 합성 명제의 진리값을 찾을 수 있다.

[예제 1.25] p, q, r이 명제일 때 다음의 합성 명제에 대한 진리표를 만들어라.

(1) $p \wedge (q \vee r)$

(2) $(q \wedge p) \to (p \vee r)$

풀이 (1)

p	q	r	$q \vee r$	$p \wedge (q \vee r)$
T	T	T	T	T
T	T	F	T	T
T	F	T	T	T
T	F	F	F	F
F	T	T	T	F
F	T	F	T	F
F	F	T	T	F
F	F	F	F	F

(2)

p	q	r	$q \wedge p$	$p \vee r$	$(q \wedge p) \rightarrow (p \vee r)$
T	T	T	T	T	T
T	T	F	T	T	T
T	F	T	F	T	T
T	F	F	F	T	T
F	T	T	F	T	T
F	T	F	F	F	T
F	F	T	F	T	T
F	F	F	F	F	T

(7) 논리 연산자의 우선순위

부정 연산자나 그 밖의 논리 연산자를 이용하여 합성명제를 만들 수 있다. 합성 명제를 구성하는 연산자가 어떤 순서로 적용되어야 하는지를 명확히 하기 위해 일반적으로 괄호를 사용하며, 우선순위는 다음과 같다.

논리연산자	우선순위
$\neg$	1
$\wedge$ $\vee$	2
$\rightarrow$ $\leftrightarrow$	3

1.5 명제의 동치관계

수학적 풀이에서 하나의 명제 표현을 동일한 진리값을 갖는 다른 명제로 바꾸는 것은 중요한 과정이다. 이와 같은 과정을 거쳐 주어진 합성명제를 보다 간소화 하거나 해결하기 쉬운 형태로 만들 수 있기 때문이다.

명제 p와 명제 q가 같은 논리값을 가질 때, 두 명제 p와 q에 관한 관계는 다음과 같다.

정의 1.10

논리적 동치(logical equivalence)

명제 p와 명제 q의 쌍방 조건 $p \leftrightarrow q$가 항진 명제이면, 명제 p와 명제 q는 논리적 동치라 하고, $p \Leftrightarrow q$ 또는 $p \equiv q$라고 표기한다.

두 명제가 논리적 동치일 때, 두 명제의 진리값이 서로 같으므로 하나의 명제를 다른 명제로 대신하여 사용할 수 있다. 따라서 복잡한 명제를 논리적 동치관계를 이용하여 보다 간단한 명제로 대치시킬 수 있다.

[예제 1.26] 명제 $p \wedge (p \vee q)$ 와 p이 논리적 동치임을 보여라.

풀이 두 명제 $p \wedge (p \vee q)$와 p에 대한 진리표는 다음과 같다.

p	q	$p \vee q$	$p \wedge (p \vee q)$
T	T	T	T
T	F	T	T
F	T	T	F
F	F	F	F

여기서 동치 관계에 대한 여러 가지 기본 법칙들을 이용하여 두 명제의 동치를 판단하려 한다. 다음은 논리적 동치 관계에 대한 기본 법칙이다.

[표 1.2] 명제의 동치 관계에 대한 기본 법칙

기본 법칙	명제의 동치 관계
멱등 법칙	$p \vee p \Leftrightarrow p$ $p \wedge p \Leftrightarrow p$
항등 법칙	$p \vee F \Leftrightarrow p$ $p \wedge T \Leftrightarrow p$ $T \vee p \Leftrightarrow T$ $F \wedge p \Leftrightarrow F$
여 법칙	$\neg T \Leftrightarrow F$ $\neg F \Leftrightarrow T$ $p \vee (\neg p) \Leftrightarrow T$ $p \wedge (\neg p) \Leftrightarrow F$
이중 부정 법칙	$\neg(\neg p) \Leftrightarrow p$
교환 법칙	$p \vee q \Leftrightarrow q \vee p$ $p \wedge q \Leftrightarrow q \wedge p$ $p \leftrightarrow q \Leftrightarrow q \leftrightarrow p$
결합 법칙	$(p \vee q) \vee r \Leftrightarrow p \vee (q \vee r)$ $(p \wedge q) \wedge r \Leftrightarrow p \wedge (q \wedge r)$
분배 법칙	$p \vee (q \wedge r) \Leftrightarrow (p \vee q) \wedge (p \vee r)$ $p \wedge (q \vee r) \Leftrightarrow (p \wedge q) \vee (p \wedge r)$
흡수 법칙	$p \vee (p \wedge q) \Leftrightarrow p$ $p \wedge (p \vee q) \Leftrightarrow p$
드모르간 법칙	$\neg(p \vee q) \Leftrightarrow (\neg p) \wedge (\neg q)$ $\neg(p \wedge q) \Leftrightarrow (\neg p) \vee (\neg q)$
조건 법칙	$p \rightarrow q \Leftrightarrow \neg p \vee q$

두 명제의 관계가 동치인 것을 증명하는 방법은 두 명제에 대한 진리표를 구하여 두 명제의 진리값이 같음을 증명하는 것이다. 이 방법은 합성명제가 단순명제의 간단한 합성으로 이루어졌을 경우에 사용된다. 하지만 단순명제의 복잡한 결합으로 이루어진 합성명제는 다른 방법으로 구하는 것이 효율적이다. 이 방법은 하나의 명제로부터 논리적 동치 관계의 기본 법칙을 이용하여 다른 명제로 유도해 내는 방법이다.

Chapter 01

[예제 1.27] 명제 $(p \rightarrow \neg q) \vee r$과 $(p \rightarrow r) \vee (q \rightarrow r)$이 논리적 동치임을 진리표를 이용하여 증명하라.

풀이 두 명제에 따른 진리표를 그려보면 다음과 같다.

p	q	r	$\neg q$	$p \rightarrow \neg q$	$(p \rightarrow \neg q) \vee r$	$p \rightarrow r$	$q \rightarrow r$	$(p \rightarrow r) \vee (q \rightarrow r)$
T	T	T	F	F	T	T	T	T
T	T	F	F	F	F	F	F	F
T	F	T	T	T	T	T	T	T
T	F	F	T	T	T	F	T	T
F	T	T	F	T	T	T	T	T
F	T	F	F	T	T	T	F	T
F	F	T	T	T	T	T	T	T
F	F	F	T	T	T	T	T	T

위의 진리표에서 명제 $(p \rightarrow \neg q) \vee r$의 진리값과 명제 $(p \rightarrow r) \vee (q \rightarrow r)$의 진리값이 같으므로 두 명제는 논리적 동치이다.
또, 다른 방법인 기본법칙을 이용하면 다음과 같다.

$$
\begin{aligned}
& (p \rightarrow \neg q) \vee r & \\
\Leftrightarrow\ & (\neg p \vee \neg q) \vee r & \text{조건 법칙} \\
\Leftrightarrow\ & (\neg p \vee r) \vee (\neg q \vee r) & \text{멱등 법칙} \\
\Leftrightarrow\ & (p \rightarrow r) \vee (q \rightarrow r) & \text{조건 법칙}
\end{aligned}
$$

따라서 두 명제 $(p \rightarrow \neg q) \vee r$과 $(p \rightarrow r) \vee (q \rightarrow r)$는 논리적 동치이다.

[예제 1.28] 다음의 명제를 간단한 식으로 나타내어라.

$$p \wedge (p \vee q)$$

풀이 $p \wedge (p \vee q)$

$$
\begin{aligned}
& \Leftrightarrow (p \vee F) \wedge (p \vee q) & \text{항등 법칙} \\
& \Leftrightarrow p \vee [(F \wedge p) \vee (F \wedge q)] & \text{분배 법칙} \\
& \Leftrightarrow p \vee [F \vee F] & \text{항등 법칙} \\
& \Leftrightarrow p \vee F & \text{멱등 법칙} \\
& \Leftrightarrow p & \text{여 법칙}
\end{aligned}
$$

정의 1.11

항진 명제(tautology)
합성 명제에서 진리값이 항상 참일 때, 그 명제를 항진 명제라 한다.

모순 명제(contradiction)
합성 명제의 진리값이 항상 거짓일 때, 그 명제를 모순 명제라 한다.

[예제 1.29] p**가 단순 명제일 때** $p \vee (\neg\neg\neg p)$**는 모순 명제이고,** $p \wedge (\neg\neg\neg p)$**는 항진 명제임을 보여라.**

풀이 합성 명제 $p \vee (\neg\neg\neg p)$와 $p \wedge (\neg\neg\neg p)$에 대한 진리표는 다음과 같다.

p	$\neg p$	$\neg\neg p$	$\neg\neg\neg p$	$p \vee (\neg\neg\neg p)$	$p \wedge (\neg\neg\neg p)$
T	F	T	F	T	F
F	T	F	T	T	F

$p \vee (\neg\neg\neg p)$의 진리값은 항상 참이므로 항진 명제이고, $p \wedge (\neg\neg\neg p)$의 진리값은 항상 거짓이므로 모순 명제이다.

1.6 술어논리 (predicate logic)

변수를 포함하는 문장이 수학이나 컴퓨터 프로그램에 나타나는 경우가 있다. 이 문장들은 변수 값이 결정되지 않으면 참인지 거짓인지 판정할 수 없다. 변수를 포함하는 문장과 명제와의 관계를 예를 들어 살펴보면 다음과 같다.

수식 $x^2+2x-3=0$는 x의 값이 -3 또는 1인 경우에만 참의 값을 갖는다. 이런 경우 $x^2+2x-3=0$을 만족시키는 변수가 있다고 한다. 따라서 변수의 값에 따라 그 문장이나 수식은 명제가 될 수도 있고 안 될 수도 있다.

'정수는 여자다'라는 문장에 대하여 생각해 보자. 정수는 이 문장에서의 주어이며, 문장의 객체이다. 이 문장의 술어(predicate)부분은 '여자다'이다. 이러한 형태의 문장은 객체를 x라고 하면 다음과 같이 표현된다.

'x는 … 이다'

이런 형태의 문장은 그 명제를 p라고 할 때, 변수 x에 참인 값을 대입하면 $p(x)$는 참인 명제가 되고 변수 x에 거짓인 값을 대입하면 $p(x)$는 거짓인 명제가 된다. 이러한 $p(x)$를 변수 x에 대한 명제 술어(propositional predicate)라고 한다. 따라서 명제 술어는 값을 대입하면 명제가 된다.

[예제 1.30] $p(x)$가 $x^2+5x+4=0$일 때 다음 물음에 답하시오.

(1) $p(2)$는 명제인가? 명제가 되면 진리값을 구하시오.

(2) $p(4)$는 명제인가? 명제가 되면 진리값을 구하시오.

풀이 (1) $p(2)$는 명제술어에 특정한 값을 대입하였으므로, 명제가 된다. 또한 $p(x)$에서 x에 2를 대입하면 식이 성립하지 않으므로 거짓인 명제가 된다.

(2) $p(4)$는 명제술어에 특정한 값을 대입하였으므로, 명제가 된다. 또한 $p(x)$에서 x에 4를 대입하면 식이 성립하므로 참인 명제가 된다.

[예제 1.31] x가 자연수일 때, 명제술어 $p(x)$가 $x^3+1>0$ 이면 다음 물음에 답하시오.

(1) $p(2)$는 명제인가? 명제가 되면 진리값을 구하시오.

(2) $p(x)$의 진리값이 거짓인 x의 값은 무엇인가?

풀이 (1) $p(2)$는 명제술어에 특정한 값을 대입하였으므로, 명제가 된다. 또한 $p(x)$에서 x에 2를 대입하면 식이 성립하므로 참인 명제가 된다.

(2) x가 자연수일 경우 $x^3+1>0$은 모든 x에 대하여 참이므로, $p(x)$의 진리값은 항상 참이다. 그러므로 $p(x)$의 진리값이 거짓인 x는 없다.

위의 예제에서 보듯이 명제술어에서 객체를 나타내는 변수의 값에 특정한 값을 대입하면 참이나 거짓을 판정할 수 있는 명제가 된다. 이 방법 외에 명제술어를 명제로 바꾸는 다른 방법으로 한정기호를 사용하는 방법이 있다. 한정기호에는 전체 수량과 존재 수량이라고 하는 두 가지 종류가 있으며, 이들은 기호를 사용하여 나타낼 수가 있다.

정의 1.12

전체 수량

전체수량은 모든 또는 임의의 라는 뜻을 포함하고 있으며, 기호 ∀로 표시된다. 변수 x가 가질 수 있는 모든 값에 대한 $p(x)$의 전체 수량은 다음과 같다.

'정의역에 속하는 모든 x에 대하여 $p(x)$는 참이다'

명제술어 $p(x)$에 대한 전체 수량은 $\forall x p(x)$로 표시될 수 있다.
전체수량 $\forall x p(x)$가 참인 명제가 되기 위한 필요충분 조건은 명제술어 $p(x)$가 전체 집합 U에 대하여 모든 x에 대하여 성립하여야 한다.

정의 1.13

존재 수량

존재수량은 존재한다 라는 뜻을 포함하고 있으며, 기호 ∃로 표시된다.
변수 x가 가질 수 있는 모든 값에 대한 $p(x)$의 존재 수량은 다음과 같다.

'정의역에 속하는 어떤 x에 대하여 $p(x)$가 참인 x가 존재한다.'

명제술어 $p(x)$에 대한 존재 수량은 $\exists xp(x)$로 표시될 수 있다.
$\exists xp(x)$가 참인 명제가 되기 위한 필요충분 조건은 전체 집합 U에서 명제술어 $p(x)$를 만족시키는 x가 적어도 한 개 이상 존재하여야 한다.

[예제 1.32] x가 자연수이고 $p(x)$가 '$2x = x + 4$'이라고 할 때 다음 물음에 답하시오.

(1) $p(3)$가 명제라면 진리값을 구하시오.
(2) $\forall xp(x)$가 명제라면 진리값을 구하시오.
(3) $\exists xp(x)$가 명제라면 진리값을 구하시오.

풀이 (1) 명제술어 $p(x)$에서 x의 값에 3을 대입 하였으므로, $p(3)$는 명제가 된다. 또한 대입한 값이 6=7이 되므로 등식이 성립하지 않아 거짓 명제가 된다.
(2) 모든 자연수 x를 $2x = x + 4$에 대입하면 항상 성립해야 하는데 $x = 4$일 때만 성립하므로 거짓인 명제이다.
(3) $2x = x + 4$를 만족하는 자연수가 존재하므로 참인 명제이다.

[예제 1.33] x가 정수일 때 다음과 같은 명제술어가 주어졌을 때, 한정기호의 의미를 문장으로 서술하시오.

$p(x)$: x는 3의 배수이다　　$q(x)$: x는 홀수이다
$r(x)$: x는 짝수이다　　$s(x)$: x는 소수이다

(1) $\exists x p(x)$
(2) $\forall x(p(x) \vee q(x))$
(3) $\exists x(q(x) \rightarrow s(x))$
(4) $\neg(\forall x\, q(x))$
(5) $\forall x(r(x) \wedge s(x) \rightarrow x = 2)$

풀이 (1) 3의 배수인 정수가 존재한다.
(2) 모든 정수는 3의 배수이거나 홀수이다.
(3) 홀수이면 소수인 정수가 존재한다.
(4) 모든 정수가 홀수는 아니다.
(5) 모든 정수에 대하여, 짝수이고 소수인 정수는 2이다.

[예제 1.34] x의 대상은 학생이고 명제술어가 다음과 같이 주어졌을 때, 다음의 문장들을 한정기호로 표시하시오.

$p(x)$: x는 공부한다.　　$q(x)$: x는 잠을 잔다.

(1) 모든 학생은 잠을 잔다.
(2) 공부하는 학생이 존재한다.
(3) 모든 학생은 공부하고 잠도 잔다.
(4) 공부하지 않는 학생도 있다.

풀이 (1) $\forall x q(x)$
(2) $\exists x p(x)$
(3) $\forall x(p(x) \wedge q(x))$
(4) $\exists x \neg p(x)$

한정기호의 전체 수량 또는 존재 수량의 부정에 대해 살펴보면 다음과 같다.

- 전체 수량에서 '모든 x에 대하여 $p(x)$가 성립한다'고 하면, 그에 대한 부정을 기호로 나타내면 다음과 같다.

$$\neg(\forall x p(x)) \Leftrightarrow \text{어떤 } x\text{에 대해 } p(x)\text{는 거짓이다.}$$
$$\Leftrightarrow p(x)\text{가 성립하지 않는 } x\text{가 존재한다.}$$
$$\Leftrightarrow \exists x(\neg p(x))$$

- 존재 수량에서 '$p(x)$가 성립하는 x가 존재한다'라고 하면, 그에 대한 부정을 기호로 나타내면 다음과 같다.

$$\neg(\exists x p(x)) \Leftrightarrow p(x)\text{가 참이 되는 } x\text{가 존재하지 않는다.}$$
$$\Leftrightarrow \text{모든 } x\text{에 대하여 } p(x)\text{는 거짓이다.}$$
$$\Leftrightarrow \forall x(\neg p(x))$$

[예제 1.35] x는 '동물'이고, $p(x)$는 'x는 잠을 잔다'일 때 다음 문장의 부정을 서술하고, 그 부정을 기호로 표시하시오.

(1) 모든 동물은 잠을 잔다.

(2) 잠을 자는 동물이 존재한다.

(3) 모든 동물이 잠을 자지 않는다.

풀이 (1) 이 명제의 부정은 '잠을 자지 않는 동물도 있다'이다. 이것을 기호로 표시하면, $\neg(\forall x p(x)) \Leftrightarrow \exists x(\neg p(x))$ 이 된다.

(2) 이 명제의 부정은 '모든 동물은 잠을 자지 않는다'가 된다. 기호로 표시하면, $\neg(\exists x p(x)) \Leftrightarrow \forall x(\neg p(x))$ 이 된다.

(3) 이 명제의 부정은 '잠을 자는 동물도 있다'가 되므로, (2)의 문제와 같다. 이것을 한정기호로 표시하면 다음과 같다.

$$\neg(\forall_x \neg p(x)) \Leftrightarrow \exists x \neg\neg p(x)$$
$$\Leftrightarrow \exists x\, p(x)$$

Chapter 01

1.7 추론(Argument)

주어진 명제 p_1, p_2, $\cdots$, p_n 를 근거로 하여 주어진 명제가 참일 때, 다른 명제 q가 참이 되도록 유도해 내는 방법을 추론이라 한다. 여기서 주어진 명제들을 이용하여 참과 거짓인지 유도하는 명제와의 관계를 표시하면 다음과 같다.

$$p_1,\ p_2,\ \cdots,\ p_n\ \vdash q$$

다음은 주어진 명제를 이용하여 유효추론과 허위추론에 대한 관계를 설명한 것이다.

정의 1.14

(1) 유효추론

p_1, p_2, $\cdots$, p_n $\vdash q$ 에서 주어진 가정 p_1, p_2, $\cdots$, p_n가 모두 참이고, 결론 q가 참인 추론을 유효추론이라 한다.

(2) 허위추론

p_1, p_2, $\cdots$, p_n $\vdash q$ 에서 주어진 가정 p_1, p_2, $\cdots$, p_n가 모두 참이고, 결론 q가 거짓인 추론을 허위추론이라 한다.

[예제 1.36] 다음의 추론 $p \to q$, $p \vdash q$ 에서 명제를 이용하여 서술하시오.

풀이 두 개의 명제 p, q를 서술하면 다음과 같다.

p : 오늘은 목요일이다.
q : 나는 공부를 한다.

따라서 가정과 결론으로 나누어 추론하면 다음과 같이 서술할 수 있다.

오늘이 목요일면 나는 공부를 한다.
오늘은 목요일이다.
그러므로 나는 공부를 한다.

위의 예제처럼 추론은 주어진 명제들로부터 결론을 얻는 것이기 때문에, 유도된 명제는 '그러므로'로 시작한다.

[예제 1.37] 다음 추론이 유효 추론인지 허위 추론인지를 결정하여라.

(1) $p\to q$, $\neg p\vdash q$

(2) 공부를 잘하면 장학금을 받는다.

강의에 출석하면 공부를 잘한다.

나는 장학금을 받지 않았다.

그러므로 나는 강의에 출석하지 않았다.

풀이 (1) 추론 $p\to q$, $q\vdash p$에 대한 진리표를 만들면 다음과 같다.

p	q	$p\to q$	$\neg p$
T	T	T	F
T	F	F	F
F	T	T	T
F	F	T	T

q
T
F
T
F

진리표에서 가정 $p\to q$와 $\neg p$가 참인 경우는 세 번째와 네번째 행이다. 이 때 추론의 결론인 q의 진리값을 살펴보면 세 번째 행은 참이고 네 번째 행의 진리값은 거짓이다. 그러므로 이 추론은 허위 추론이다.

(2) 먼저 추론을 가정과 결론에 대한 명제로 나타내면 다은과 같다.

p : 공부를 잘한다.

q : 장학금을 받는다.

r : 강의에 출석한다.

추론을 식으로 나타내면, $p\to q$, $r\to p$, $\neg q\vdash\neg r$이 된다. 이 식을 진리표로 나타내면 다음과 같다.

p	q	r	$p\to q$	$r\to p$	$\neg q$
T	T	T	T	T	F
T	T	F	T	T	F
T	F	T	F	T	T
T	F	F	F	T	T
F	T	T	T	F	F
F	T	F	T	T	F
F	F	T	T	F	T
F	F	F	T	T	T

$\neg r$
F
T
F
T
F
T
F
T

진리표에서 살펴보면 가정인 명제들 $p\to q$, $r\to p$, $\neg q$이 모두 참인 진리값은 맨 마지막에 행에 나타난다. 이때 추론의 결론인 $\neg r$의 진리값 또한 참이므로, 이 추론은 유효 추론이다.

Chapter 01

[예제 1.38] 다음 추론이 유효 추론인지 허위 추론인지를 결정하여라.

(1) $p \to q,\ p \vdash q$ (2) $p \to q,\ \neg p \vdash q$ (3) $p \to q,\ p \vdash \neg q$

(4) $p \to q,\ p \vdash p \wedge q$ (5) $p \to q,\ p \vdash p \vee q$

풀이 (1) 추론 $p \to q$, $p \vdash q$를 진리표로 만들면 다음과 같다.

p	q	$p \to q$	p	q
T	T	T	T	T
T	F	F	T	F
F	T	T	F	T
F	F	T	T	F

진리표에서 가정 $p \to q$와 p가 참인 경우는 첫 번째 행이다. 이때 추론의 결론인 q의 진리값은 참이다. 그러므로 이 추론은 유효추론이다.

(2) 추론에 대한 진리표는 다음과 같다.

p	q	$p \to q$	$\neg p$	q
T	T	T	F	T
T	F	F	F	F
F	T	T	T	T
F	F	T	T	F

진리표에서 가정 $p \to q$, $\neg q$가 참인 경우는 세 번째와 네 번째 행이다. 하지만 추론의 결론인 네 번째 행의 진리값이 거짓이다. 따라서 위의 추론은 허위추론이다.

(3) 진리표는 다음과 같다.

p	q	$p \to q$	p	$\neg q$
T	T	T	T	F
T	F	F	T	T
F	T	T	F	F
F	F	T	F	T

진리표는 살펴보면, 추론의 가정 $p \to q$와 p가 참인 경우는 첫 번째 행이고, 결론은 진리값이 거짓이다. 따라서 위의 추론은 허위추론이다.

(4) 추론에 대한 진리표는 다음과 같다.

p	q	$p \to q$	p	$p \wedge q$
T	T	T	T	T
T	F	F	T	F
F	T	T	F	F
F	F	T	F	F

추론의 가정 $p \to q$와 p가 모두 참인 경우는 첫 번째 행이고, 이행의 $p \wedge q$인 진리값도 참이다. 따라서 유효추론이다.

(5) 진리표는 다음과 같다.

p	q	$p \to q$	p	$p \vee q$
T	T	T	T	T
T	F	F	T	T
F	T	T	F	T
F	F	T	F	F

진리표에서 추론의 가정 $p \to q$와 p가 참인 경우는 첫 번째행이고, 추론의 결론인 $p \vee q$의 첫 번째행의 진리값도 참이다. 따라서 유효추론이다.

추론에 대한 참, 거짓은 위의 예제처럼 명제들과 그의 진리값을 비교해 보면 그 추론이 유효 추론인지 허위 추론인지를 알 수 있다. 하지만 합성명제인 경우와 가정이 복잡한 경우에는 추론에 제공하는 법칙을 사용하면 유효추론인지의 여부를 진리표를 이용하는 경우보다 쉽게 판정할 수 있다. 추론의 법칙 중에서 가장 많이 사용되고, 잘 알려진 법칙 몇 가지를 소개하면 다음과 같다.

(a) 삼단 논법 : $p \to q,\ q \to r \vdash p \to r$

(b) 긍정 논법 : $p,\ p \to q \vdash q$

(c) 부정 논법 : $\neg q,\ p \to q \vdash \neg p$

[예제 1.39] 삼단 논법이 유효추론임을 증명하시오.

풀이

p	q	r	$p \to q$	$q \to r$	$p \to r$
T	T	T	T	T	T
T	T	F	T	F	F
T	F	T	F	T	T
T	F	F	F	T	F
F	T	T	T	T	T
F	T	F	T	F	T
F	F	T	T	T	T
F	F	F	T	T	T

진리표에서 가정의 첫 번째, 다섯 번째, 일곱 번째 그리고 여덟 번째 행의 진리값은 참이다. 그리고 결론의 $p \to r$의 진리값도 첫 번째, 다섯 번째, 일곱 번째 그리고 여덟 번째 행에서 참이다. 따라서 유효 추론이다.

Chapter 01

연습문제

01. 청도에 있는 감에 관한 정보를 갖고 있는 웹페이지를 찾으려면 어떤 논리 연산자를 사용하여야 하는가? 중국에 있는 청도의 감에 관한 정보를 갖고 있는 웹페이지를 찾으려면 어떤 논리 연산자를 사용하여야 하는가?

02. '정수는 우등생이다'를 명제 p로 '정수는 행복하다'를 명제 q로 놓을 때, 다음 논리식으로 작성하시오.

(1) 정수는 우등생이고 행복하다.

(2) 정수는 우등생은 아니지만 행복하다.

(3) 정수는 우등생이지만 행복하지 않다.

03. 다음 합성 명제에 대한 진리표를 작성하여라.

(1) $\neg(\neg p)$

(2) $(p \vee \neg q) \wedge r$

(3) $\neg(p \wedge \neg q)$

(4) $p \rightarrow (p \wedge \neg q)$

(5) $(p \rightarrow q) \vee (q \rightarrow r)$

(6) $(p \oplus q) \wedge (\neg q \rightarrow p)$

04. (1) $p \vee q$를 $\wedge$와 $\neg$를 사용하여 나타내어라.

(2) $p \wedge q$를 $\vee$와 $\neg$를 사용하여 나타내어라.

05. 논리 연산자 $\overline{\wedge}$를 부정곱(NAND) 연산자라 하고, 그에 대한 진리표는 다음과 같다.

p	q	$p \overline{\wedge} q$
T	T	F
T	F	T
F	T	T
F	F	T

(1) $p \overline{\wedge} p$와 $\neg p$가 동치임을 보여라.

(2) $(p \overline{\wedge} p) \overline{\wedge} (q \overline{\wedge} q)$와 $p \vee q$가 동치임을 보여라

(3) $p \wedge q$를 $\overline{\wedge}$만을 사용하여 나타내어라.

06. 다음 식을 간소화하여라.

(1) $\neg(\neg p \wedge \neg q)$

(2) $\neg(p \rightarrow \neg q)$

(3) $\neg(\neg p \vee (p \rightarrow \neg q))$

(4) $(p \rightarrow q) \wedge (p \rightarrow \neg q)$

(5) $p \wedge (p \vee \neg q)$

(6) $(p \wedge q \wedge r) \vee (q \wedge r)$

07. x는 "북극곰"를 $p(x)$는 "x는 헤엄을 잘 친다."을 각각 나타낼 때, 다음 문장을 기호로 나타내시오.

(1) 모든 북극곰은 헤엄을 잘 친다.

(2) 헤엄을 못 치는 북극곰도 있다.

(3) 헤엄을 못 치는 북극곰은 없다.

(4) 모든 북극곰은 헤엄을 못 친다.

08. 다음 추론이 유효 추론인지 허위 추론인지를 결정하여라.

(1) $\neg p \wedge q,\ q \vdash \neg p$

(2) $\neg p \rightarrow q,\ q \vdash \neg p$

(3) $p \rightarrow \neg q,\ \neg r \rightarrow p \vdash q \rightarrow \neg r$

(4) $p \rightarrow q,\ r \rightarrow \neg q \vdash \neg p \vee r$

09. 다음 추론을 논리 연산자를 이용하여 논리식으로 타나내고, 유효 추론인지 허위 추론인지를 판별하여라.

(1) 오늘 비가 오면, 체육수업을 하지 않는다.
나는 체육수업을 하거나 공부를 하지 않았다.
나는 체육수업을 하지 않았다.
―――――――――――――――
따라서 오늘 비가 오지 않았다.

(2) 나는 공부를 하면, 기분이 좋다.
나는 도서관에 가거나 미술관에 갔다.
오늘은 기분이 좋다.
―――――――――――――――
따라서 오늘은 미술관에 갔다.

10. $A=\{a,\ c,\ e,\ g,\ m\}$, $B=\{b,\ d,\ f,\ g,\ m\}$, $C=\{a,\ b\}$일 때 다음 집합의 연산을 계산하여라.

(1) $A\cup B$ (2) $A\cap B$

(3) $A-C$ (4) $B\times C$

(5) $A\cup(B\cup C)$ (6) $(A\cup B)\cap(A\cup C)$

11. 다음의 벤 다이어그램에 표시된 집합 A, B, C에 대하여 다음 집합의 연산 결과를 빗금으로 표시하여라.

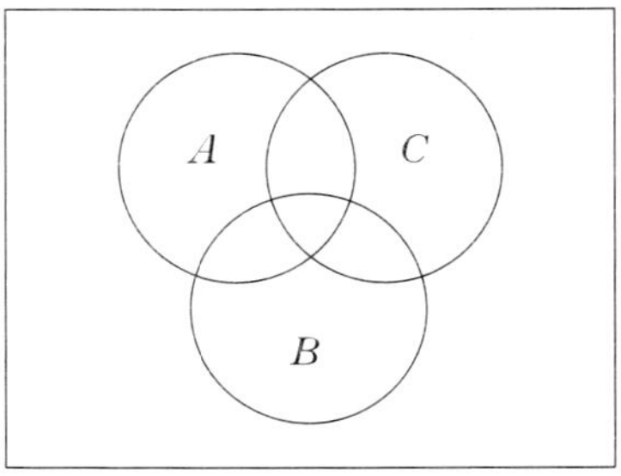

(1) $A\cap B\cap C$ (2) $\overline{A}\cup B\cup C$

(3) $A\cup(B\cap C)$ (4) $A-(B\cup C)$

(5) $(A\cup B)-C$ (6) $\overline{A}\cap\overline{B}\cap C$

(7) $\overline{A}\cap(B\cup C)$ (8) $(\overline{A}\cap B)-C$

12. 다음의 벤 다이어그램을 참조하여, 다음에 대하여 참, 거짓으로 답하여라.

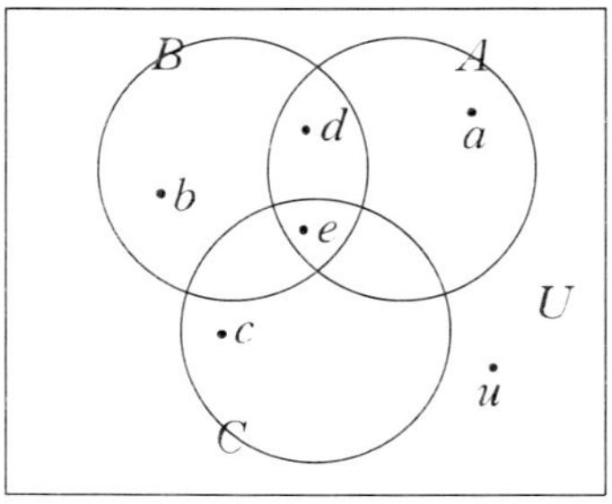

(1) $a\in A\cap B$ (2) $e\in B\cup C$

(3) $b\in B\cap C$ (4) $u\not\in C$

(5) $e\in A\cap B\cap C$ (6) $a\in A\cup B\cup C$

(7) $d\in A\cap C$ (8) $c\in B\cap C$

CHAPTER 2

관계

(Relation)

앞장에서 소개된 집합에 대한 2개 이상의 원소들 간에는 수많은 관계가 있을 수 있으므로 2장에서는 집합을 구성하는 원소들 간의 관계를 소개한다. 예를 들어 사람들 간에는 '동창 관계', '부자 관계', '친구 관계' 등의 관계가 있을 수 있다.

이와 같이 관계는 다양한 응용 분야에서 널리 적용되는 매우 중요한 개념이다. 자료 구조에서 데이터들 간에 관계를 표현하기 위한 수학적 모델로 쓰이고 있으며, 프로그램의 구조나 계산 이론(computation theory) 또는 알고리즘의 분석 등에서도 응용된다.

이 장에서는 관계의 이론적 배경이 되는 곱집합의 개념에서부터 관계의 가장 간단하면서 일반적으로 널리 사용되는 형태인 이항관계의 개념, 관계를 표현하는 방법과 관계의 성질에 따른 동치 관계에 대하여 소개한다. 그리고 관계를 이용하여 데이터베이스에 적용한다.

2.1 곱집합

순서쌍(ordered pair)은 집합에서 원소를 순서로 구분하여 원소의 쌍인 (a, b)으로 표시한다. 순서쌍은 $a \neq b$일 때 $(a, b) \neq (b, a)$라는 점에서 두 개의 원소로 이루어진 집합 $\{a, b\}$와는 다른 개념이다. 즉 임의의 두 순서쌍에 대하여 $(a, b)=(c, d)$는 $a=c$, $b=d$인 것과 서로 동치관계이다.

[예제 2.1] 두 순서쌍이 $(2x-3,\ 3y-1)=(5,\ 5)$일때 x와 y의 값을 구하시오.

풀이 $2x-3=5$, $3y-1=5$이므로 $x=4$, $y=2$이다.

집합 A, B에 대하여, A와 B의 곱집합(product, Cartesian product)은 $a \in A$이고 $b \in B$인 모든 순서쌍 $(a,\ b)$의 집합으로서 $A \times B$로 표기한다.

$$A \times B = \{(a,\ b) \mid a \in A \text{ 이고 } b \in B\}$$

곱집합 $A \times A$는 간단히 A^2로 표기하기도 한다.

따라서 두 집합 $A=\{a,\ b\}$, $B=\{1,\ 2,\ 3\}$에 대하여

$$A \times B = \{(a,\ 1),\ (a,\ 2),\ (a,\ 3),\ (b,\ 1),\ (b,\ 2),\ (b,\ 3)\}$$
$$B \times A = \{(1,\ a),\ (1,\ b),\ (2,\ a),\ (2,\ b),\ (3,\ a),\ (3,\ b)\}$$
$$A \times A = A^2 = \{(a,\ a),\ (a,\ b),\ (b,\ a),\ (b,\ b)\}$$

곱집합은 위에서 살펴본 것과 같이 교환법칙이 성립하지 않는다.

$$A \times B \neq B \times A$$

특히 집합 A나 집합 B 또는 집합 A, B 모두가 공집합이면, 곱집합 $A \times B$도 공집합이다. 곱집합에서 원소의 개수를 구하면 다음과 같다.

정의 2.1

공집합이 아닌 임의의 두 유한집합 A, B에 대하여

$$|A \times B| = |A| \cdot |B|$$

집합 A, B에 대하여 곱집합 $A \times B \neq B \times A$이지만 곱집합의 원소의 개수는

$$|A \times B| = |B \times A| \text{이다.}$$
$$|A \times B| = |A| \cdot |B| = 2 \times 3 = 6$$
$$|B \times A| = |B| \cdot |A| = 3 \times 2 = 6$$
$$|A \times B| = |B \times A|$$

곱집합의 정의는 유한개의 집합으로 확장시킬 수 있다. 집합 A_1, A_2, $\cdots$, A_n에 대하여, 집합들의 곱집합은 $a_1 \in A_1$, $a_2 \in A_2$, $\cdots$, $a_n \in A_n$인 모든 원소의 n-트플(n-tuple)

$$(a_1,\ a_2,\ \cdots,\ a_n)$$

로 이루어진 집합이며, $\prod_{i=1}^{n} A_i$로 표기한다.

$$\prod_{i=1}^{n} A_i = A_1 \times A_2 \times \cdots \times A_n = \{(a_1,\ a_2,\ \cdots,\ a_n) : a_i \in A_i,\ i = 1,\ 2,\ \cdots,\ n\}$$

A^2를 $A \times A$로 표기하였듯이, $A \times A \times \cdots \times A$는 간단히 A^n으로 표기한다.

[예제 2.2] 집합 $A = \{0,\ 1\}$에 대하여

$$A^n = \{(a_1,\ a_2,\ \cdots,\ a_n) : a_i = 0 \text{ 또는 } 1,\quad 1 \le i \le n\}$$

일 때 다음 물음에 답하시오.

(1) A^3를 구하시오.

(2) $|A^3|$를 구하시오.

풀이 (1) $A^3 = \left\{ \begin{matrix} (0,\ 0,\ 0),\ (0,\ 0,\ 1),\ (0,\ 1,\ 0),\ (0,\ 1,\ 1), \\ (1,\ 0,\ 0),\ (1,\ 0,\ 1),\ (1,\ 1,\ 0),\ (1,\ 1,\ 1) \end{matrix} \right\}$

(2) $|A^3| = 8$

2.2 관계와 역관계

집합 A, B의 곱집합 $A \times B$에 대하여 순서쌍 $(a,\ b)$의 첫 번째 원소인 a와 두 번째 원소인 b간에 특정한 연관집합 R을 이항관계(binary relation) 또는 관계(relation)라고 한다.

특히 R이 A에서 A로의 관계, 즉 관계 R이 $A \times A$의 부분집합이면 R을 A에 관한 관계(relation on A)라고 한다.

[예제 2.3] 집합 $A=\{1,2\}$ 에서 관계가 다음과 같을 때 관계에 대한 원소를 구하시오.

(1) $R_1 = \{(a,\ b) |\ a=b\}$

(2) $R_2 = \{(a, b)\ |\ a \le b\}$

풀이 (1) A에 관한 관계 R_1는

$$R_1 = \{(1,\ 1),\ (2,\ 2)\}$$

이다.

(2) A에 관한 관계 R_2는

$$R_2 = \{(1,\ 1),\ (1,\ 2),\ (2,\ 2)\}$$

이다.

곱집합 $A \times B$의 원소인 임의의 순서쌍 $(a,\ b)$에 대하여 $(a,\ b) \in R$이면 'a는 b에 대하여 R관계가 있다.'라고 하며 aRb로 표기한다. a와 b가 서로 관계가 없을 때는 $(a,\ b) \not\in R$라 하며 $a \not R\, b$로 표기한다.

집합 A에서 B로의 관계 R은 $A \times B$의 부분집합으로, $A \times B$의 순서쌍에서 첫 번째 원소의 집합을 관계 R의 정의역(domain)이라 하고 Dom(R)로 표기하며, 두 번째 원소의 집합을 치역(range)이라고 하고 Ran(R)로 표기한다.

집합 $A=\{1,2\}$ 에 대한 관계 $R=\{(a,b)\ |\ a \le b\}$을 원소나열법으로 표시하면 다음과 같다.

$$R = \{(1,\ 1),\ (1,\ 2),\ (2,\ 2)\ \}$$

위의 관계에 대한 표현을 정의에 따라 나타내면 관계 R은 다음과 같다.

$$1R1,\ \ 1R2,\ \ 2R2$$

또한 (2,1)은 관계 R의 원소가 아니므로, $2 \not R\, 1$로 표시할 수 있다. 그리고 관계 R의 정의역은 Dom(R)= $\{1,2\}$ 이고, 치역도 Ran(R)=$\{1,2\}$ 이다.

집합 A에서 B로의 관계 R에 대하여, 관계 R의 역관계(inverse relation)는 B에서 A로의 관계로 나타내며, R^{-1}로 표기한다.

$$R^{-1} = \{(b, a) \mid (a, b) \in R\}$$

또한, 임의의 관계 R에 대하여, $(R^{-1})^{-1} = R$이다.

[예제 2.4] 집합 $A = \{1,2,3\}$과 집합 $B = \{2,3\}$에 대하여 관계 R이 아래와 같이 주어졌을 때 물음에 답하시오.

$$R = \{(a, b) \mid a < b, \ a \in A, \ b \in B\}$$

(1) 곱집합 $A \times B$의 원소들을 구하시오.

(2) 관계 R의 원소들을 나열하시오.

(3) 관계 R의 원소들을 정의로 구하시오.

(4) 관계 R의 정의역을 구하시오.

(5) 관계 R의 치역을 구하시오.

(6) 관계 R의 역관계 R^{-1}을 나타내시오.

풀이 (1) $A \times B = \{(1, 2), (1, 3), (2, 2), (2, 3), (3, 2), (3, 3)\}$

(2) $R = \{(1, 2), (1, 3), (2, 3)\}$

(3) $1R2$, $1R3$, $2R3$

(4) $\mathrm{Dom}(R) = \{1,2,3\}$

(5) $\mathrm{Ran}(R) = \{2, 3\}$

(6) 관계 R의 역관계 R^{-1}은 관계 R에서 원소의 순서만 바꾸면 된다. 따라서

$$R^{-1} = \{(2, 1), (3, 1), (3, 2)\}$$

이고 $R^{-1} = \{(a, b) : a > b\}$이다.

2.3 관계의 표현

관계를 서술하는 방법은 집합을 서술하는 방법과 마찬가지로 다양하며, 관계의 성질을 서술하는 방법과 원소로 나열하는 방법 등으로 나누어 앞장에서 소개하였다. 또한 집합에서는 집합을 알기 쉽게 표현하는 방법으로 벤다이어그램을 사용하였으며 관계도 이와 같이 그림으로 표현하는 다양한 방법이 있다.

2.3.1 좌표 표현

원소 $a \in A$이고 $b \in B$인 모든 순서쌍 (a, b)에서 관계 R의 좌표 표현은 집합 A의 원소는 수평선의 점으로 집합 B의 원소는 수직선의 점으로 나타낸다. 이때 이 원소들 간에 관계가 성립할 때마다 평면 그래프 위에 수평선과 수직선의 점이 만나는 곳을 함께 표시한다.

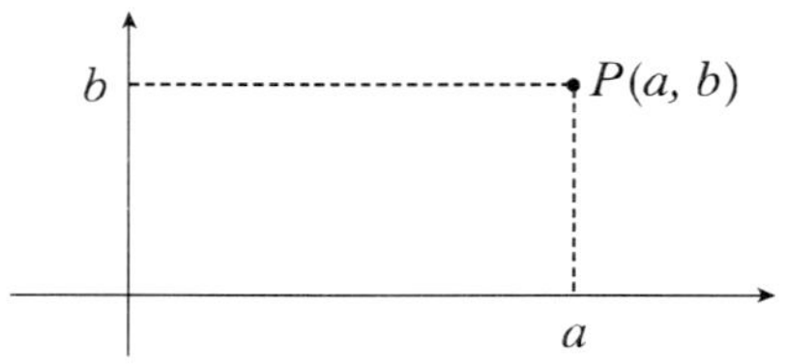

[그림 2.1] 평면 상의 점 P

2.3.2 화살표 표현

관계에 대한 화살표 표현은 정의역과 치역으로 나누어진다. 정의역을 앞부분에 치역을 뒤에 배치하여, 이들 원소 간에 관계가 성립될 때 화살표를 그리는 방식으로 화살표 표현은 표시된다. 다음은 화살표를 이용한 관계 표현에 대한 예제이다.

[예제 2.5] 집합 $A = \{1, 2, 3\}$에 관한 관계 $R_1 = \{(a, b) \mid a = b\}$이고,

$$R_2 = \{(a, b) : a \leq b\}$$

일 때 다음 물음에 답하시오.

(1) 관계 R_1의 원소를 나열하시오.

(2) 관계 R_2의 원소를 나열하시오.

(3) 관계 R_1과 R_2을 화살표 표현으로 나타내시오.

풀이 (1) $R_1 = \{(1, 1), (2, 2), (3, 3)\}$

(2) $R_2 = \{(1, 1), (1, 2), (1, 3), (2, 2), (2, 3), (3, 3)\}$

(3) 관계 R_1과 R_2에 대한 화살표 표현은 다음과 같다.

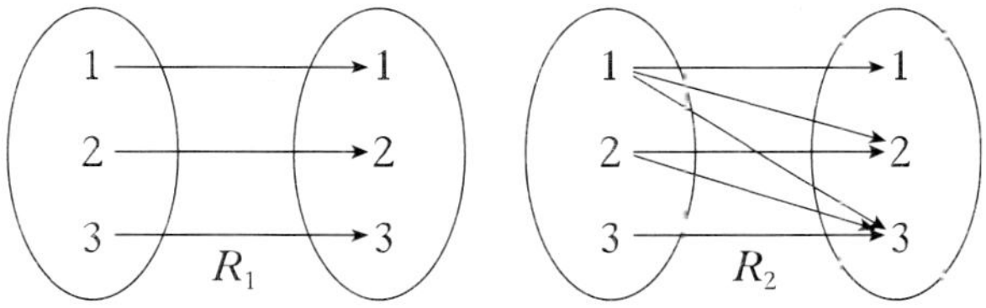

[그림 2.2] 화살표 표현

위와 같이 〈예제 2.5〉에서 관계 R_1 및 R_2와 같이 집합 A에서 A로의 관계, 즉 A에 관한 관계는 보다 효율적인 방법을 사용하여 화살표 표현으로 나타낼 수 있다.

2.3.3 유향그래프 표현

관계 R은 하나의 집합에만 연관이 되며, 주어진 집합의 각 원소를 하나의 정점으로 표시하고 원소들 간에 관계가 맺어지면 이들 원소를 유향그래프로 그려 표현한다.

다음 〈그림 2.3〉은 〈예제 2.5〉의 관계

$$R_2 = \{(1, 1), (1, 2), (1, 3), (2, 2), (2, 3), (3, 3)\}$$

을 유향 그래프로 표현한 것이다.

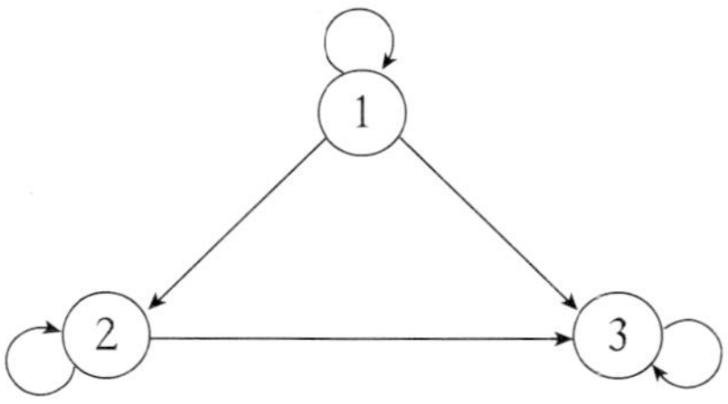

[그림 2.3] R_2의 유향 그래프

2.3.4 행렬 표현

화살표 표현과 유향 그래프를 이용한 관계를 표현하는 방법은 관계의 성질을 시각적으로 표현하는 것으로는 매우 유용하지만, 컴퓨터에 적용하거나 관계 간의 연산 등에 적용될 때는 번거롭다. 따라서 이러한 단점을 보완하기 위해 관계에 행렬을 적용한 행렬표현을 소개한다.

집합 $A=\{a_1, a_2, \cdots, a_m\}$과 $B=\{b_1, b_2, \cdots, b_n\}$에 대하여 R을 A에서 B로의 관계라고 할 때, 관계 R의 행렬 표현은 다음과 같은 $m\times n$ 행렬 M_R이다.

$$M_R=(m_{ij})_{m\times n}$$

여기서, $(m_{ij})=\begin{cases}(a_i, b_j)\in R \text{ 이면 } m_{ij}=1\\(a_i, b_j)\notin R \text{ 이면 } m_{ij}=0\end{cases}$

[예제 2.6] 집합 $A=\{1, 2, 3\}$, $B=\{a, b, c, d\}$에 관한 관계

$$R=\{(1, a), (1, b), (2, a), (3, b), (3, d)\}$$

에 대한 행렬 표현을 나타내시오.

풀이

A \ B	a	b	c	d
1	1	1	0	0
2	1	0	0	0
3	0	1	0	1

로부터 $M_R=\begin{pmatrix}1&1&0&0\\1&0&0&0\\0&1&0&1\end{pmatrix}$이다.

[예제 2.7] 집합 $A = \{1, 2, 3\}$에 관한 관계 R 이 아래와 같은 행렬 표현으로 나타날 때 다음 물음에 답하시오.관계의 원소를 나타내시오.

$$M_R = \begin{pmatrix} 0 & 1 & 1 \\ 1 & 0 & 1 \\ 1 & 0 & 1 \end{pmatrix}$$

(1) 관계 R을 원소로 나타내시오.

(2) 관계 R을 유향그래프로 표현하시오.

풀이 (1) $R = \{(1, 2), (1, 3), (2, 1), (2, 3), (3, 1), (3, 3)\}$

(2)관계 R에 대한 유향그래프 표현은 다음과 같다.

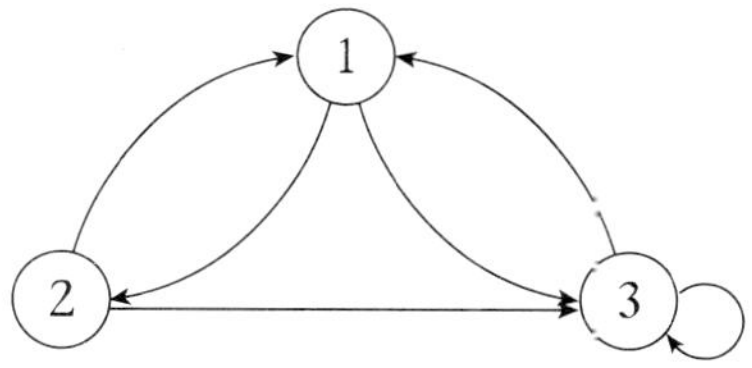

[그림 2.4] 유향 그래프

2.4 관계의 합성

집합 A, B, C에 대하여 R은 A에서 B로의 관계이고 S는 B에서 C로의 관계라고 할 때, 관계 R과 S의 합성 관계(composition relation)는 A에서 C로의 관계로서 $S \circ R$로 표기하고 다음과 같이 정의한다.

$S \circ R = \{(x, z) \mid x \in A$와 $z \in C$에 대하여, $(x, y) \in R$이고 $(y, z) \in S$ 인 $y \in B$가 존재$\}$

[예제 2.8] 집합 $A = \{a, b, c\}$, $B = \{1, 2, 3, 4\}$, $C = \{x, y, z\}$에 대하여 아래와 같이 관계가 주어질 때 다음 물음에 답하시오.

$$R = \{(a, 1), (a, 2), (b, 2)\ (c, 4)\}$$
$$S = \{(1, y), (3, x), (3, y).\ (4, z)\}$$

(1)합성 관계 $S \circ R$ 을 원소로 나타내시오.

(2)합성 관계 $S \circ R$을 화살표 표현으로 나타내시오.

풀이 (1) $S \circ R = \{(a, y), (c, z)\}$

(2)

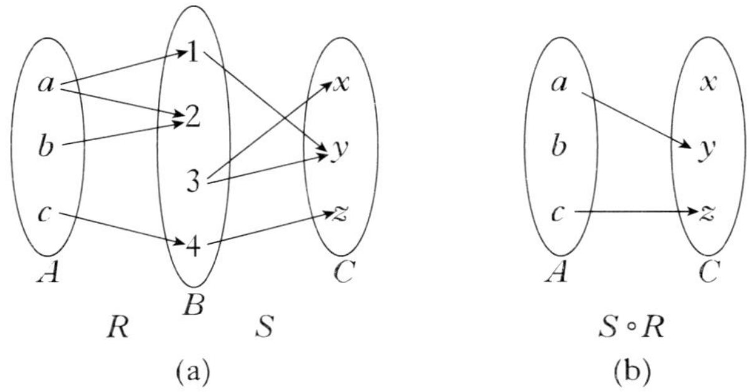

[그림 2.5] 합성 관계 $S \circ R$에 대한 화살표 표현

관계 R과 S의 합성 관계 $S \circ R$ 은 A에서 B 로 대응되고 다시 B에서 C로 대응하는 화살표를 따라가면 된다. 예를 들어 〈그림 2.5〉 (a)에서 c는 4로 대응되고 다시 4는 z로 대응되므로 즉, $(c, 4) \in R$이고, $(4, z) \in S$ 이므로 $(c, z) \in S \circ R$이다.

관계 R와 S의 합성 관계를 찾기 위하여 행렬 표현을 이용하면 편리하다. 집합 $A=\{a_1, a_2, \cdots, a_l\}$, $B=\{b_1, b_2, \cdots, b_m\}$, $C=\{c_1, c_2, \cdots, c_n\}$에 대하여, R은 A에서 B로의 관계이고 S는 B에서 C로의 관계라고 하면, R의 행렬 표현 M_1은 $l \times m$ 행렬이고 S의 행렬 표현 M_2는 $m \times n$행렬이다. 이 때 S의 합성 관계 $S \circ R$의 행렬 표현 M_3는 행렬 M_1과 M_2의 논리곱으로 $l \times n$행렬이다.

$$M_3 = M_1 \bullet M_2$$

[예제 2.9] 2×3 행렬 M_1과 3×4 행렬 M_2이 각각 관계 R과 S의 행렬 표현으로 아래와 같이 표현된다.

$$M_1 = \begin{pmatrix} 1\,1\,0 \\ 0\,1\,0 \end{pmatrix}, \quad M_2 = \begin{pmatrix} 1\,0\,1\,1 \\ 1\,0\,0\,0 \\ 0\,1\,0\,1 \end{pmatrix}$$

이 때, R과 S의 합성 관계 M_3를 행렬 표현으로 나타내시오.

$$M_1 = \begin{pmatrix} 1\,1\,0 \\ 0\,1\,0 \end{pmatrix}, \qquad M_2 = \begin{pmatrix} 1\,0\,1\,1 \\ 1\,0\,0\,0 \\ 0\,1\,0\,1 \end{pmatrix}$$

풀이 R과 S의 합성 관계는 행렬 M_1과 M_2의 곱으로 나타날 수 있다. 따라서 행렬 M_1과 M_2의 곱인 M_3은

$$M_3 = M_1 \cdot M_2 = \begin{pmatrix} 1\,1\,0 \\ 0\,1\,0 \end{pmatrix} \cdot \begin{pmatrix} 1\,0\,1\,1 \\ 1\,0\,0\,0 \\ 0\,1\,0\,1 \end{pmatrix} = \begin{pmatrix} 1\,0\,1\,1 \\ 1\,0\,0\,0 \end{pmatrix}$$

이다. 여기에서

$$\begin{aligned} c_{11} &= 1 + 1 + 0 = 1 + 0 = 1 \\ c_{12} &= 0 + 0 + 0 = 0 \\ c_{13} &= 1 + 0 + 0 = 1 \\ c_{14} &= 1 + 0 + 0 = 1 \\ c_{21} &= 0 + 1 + 0 = 1 \\ c_{22} &= 0 + 0 + 0 = 0 \\ c_{23} &= 0 + 0 + 0 = 0 \\ c_{24} &= 0 + 0 + 0 = 0 \end{aligned}$$

이다.

집합 A에 관한 항등 관계는 I_A로 표기하고 다음과 같이 정의한다.

$$I_A = \{(x, x) \mid x \in A\}$$

정의 2.2

관계 R이 집합 A에서 B로의 관계라고 할 때 다음이 성립한다.

$$R \circ I_A = I_B \circ R = R$$

2.5 관계의 성질

집합 A에 관한 관계 R은 정해진 특성에 따라 다음과 같이 정의될 수 있다.

(1) 모든 $x \in A$에 대하여 xRx이면, R은 반사적(reflexive)이다.
(2) 모든 $x \in A$에 대하여 $x \not{R} x$이면, R은 비반사적(irreflexive)이다.
(3) xRy일 때 yRx이면, R은 대칭적(symmetric)이다.
(4) xRy이고 yRx일 때 $x = y$이면, R은 반대칭적(anti-symmetric)이다.
(5) xRy이고 yRz일 때 xRz이면, R은 추이적(transitive)이다.

위에서 정의된 관계 R의 성질은 다음과 같은 사실을 주의해야 한다.

① 한 가지라도 해당 성질이 성립되지 않는 경우가 있으면, 주어진 관계는 그 성질을 가지지 않는다고 정의한다.
② 해당 성질이 성립되지 않는 경우를 주어진 관계에서 밝힐 수 없다면, 그 특성을 가지는 것으로 정의한다.

집합 A에 관한 관계 R이 반사 관계이면 $Dom(R) = Ran(R) = A$이다.

[예제 2.10] 다음 관계를 관계의 성질에 따라 분류하여 보자. 집합 $A = \{1, 2, 3\}$에 관한 관계가 다음과 같이 주어질 때 다음 물음에 답하시오.

$$R = \{(1, 2), (1, 3), (2, 2), (2, 3), (3, 1), (3, 3)\}$$

(1) 관계 R은 반사적인가?
(2) 관계 R은 대칭적인가?
(3) 관계 R은 반대칭적인가?
(4) 관계 R은 추이적인가?
(5) 관계 R은 비반사적인가?

풀이 (1) $1 \in A$에 대하여 $(1, 1) \not\in R$이므로, 반사적이 아니다.
(2) $(1, 2) \in R$일 때 $(2, 1) \not\in R$이므로, 대칭적이 아니다.
(3) $(1, 3) \in R$일 때 $(3, 1) \in R$일 때 $1 \neq 3$이므로, 반대칭적이 아니다.
(4) $(1, 3) \in R$이고 $(3, 1) \in R$일 때 $(1, 1) \not\in R$이므로, 추이적이 아니다.

(5) $2 \in A$에 대하여 $(2, 2) \in R$이므로, 비반사적이 아니다.

[예제 2.11] 다음 관계를 관계의 성질에 따라 분류하여 보자. 집합 $A = \{a, b, c, d\}$에 관한 관계가 다음과 같이 주어질 때 다음 물음에 답하시오.

$$R = \{(a, b), (c, d)\}$$

(1) 관계 R은 반사적인가?
(2) 관계 R은 대칭적인가?
(3) 관계 R은 반대칭적인가?
(4) 관계 R은 추이적인가?
(5)관계 R은 비반사적인가?

풀이 (1) $a \in A$에 대하여 $a \not R a$이므로, 반사적이 아니다.
(2) aRb일 때 $b \not R a$이므로, 대칭적이 아니다.
(3) 주어진 관계는 xRy이나 $x \not R y$이므로 가정이 거짓이다. 따라서 조건에서의 무의미한 참이므로 이 관계는 반대칭적이다.
(4) 추이적이다. (3)과 마찬가지로 aRb인 순서쌍 (a, b)는 있으나 $bR*$ 인 순서쌍 $(b, *)$가 없으므로 $aR*$ 인 순서쌍$(a, *)$의 존재 유무에 관계없이 이 관계는 추이적이다.
(5) 비반사적이다.

관계의 성질을 행렬로 표현하였을 때 다음과 같은 특징을 갖는다.

- 반사적 관계의 행렬 표현은 대각 원소가 모두 1이어야 한다.
- 비반사적 관계의 행렬 표현은 대각 원소가 모두 0 이어야 한다.
- 대칭적 관계의 행렬 표현은 대각선을 중심으로 마주보는 원소가 같아야 한다.
- 반대칭적 관계의 행렬 표현은 대각선을 제외한 모든 원소가 0 이어야 한다.

[예제 2.12] 관계가 다음과 같이 행렬표현으로 주어질 때 다음 물음에 답하시오.

$$M = \begin{pmatrix} 1 & 1 & 0 & 0 \\ 1 & 1 & 0 & 0 \\ 0 & 0 & 1 & 1 \\ 0 & 0 & 1 & 1 \end{pmatrix}$$

(1) 관계의 행렬표현 M은 반사적인가?
(2) 관계의 행렬표현 M은 비반사적인가?

(3) 관계의 행렬표현 M은 대칭적인가?

(4) 관계의 행렬표현 M은 반대칭적인가?

풀이 (1) 대각 원소가 모두 1이므로 반사적이다.

(2) 대각 원소가 모두 0 이 아니므로 비반사적이 아니다.

(3) 대각선을 중심으로 마주보는 원소가 같으므로 대칭적이다.

(4) 대각선을 제외한 원소가 모두 원소가 모두 0 이 아니므로 반대칭적이 아니다.

2.6 닫힘 관계

동치관계는 중요한 개념이다. 따라서 주어진 관계가 동치관계인지 동치관계가 아닌지를 판정하는 것은 필요하다. 이장에서는 동치관계가 성립하지 않는 관계들에 대해 동치관계가 되도록 확장하는 방법을 설명한다. 이것은 닫힘(closure)이라는 개념으로 설명할 수 있다.

정의 2.3

관계 R이 집합 A에서 A로의 관계라고 할 때 다음의 세 가지 조건을 만족하면 반사닫힘이라 하며, 기호 $r(R)$로 표시된다.

(1) 반사닫힘 $r(R)$는 반사관계이다.

(2) 반사닫힘 $r(R)$는 관계 R을 포함한다.

(3) 반사닫힘 $r(R)$는 관계 R을 포함하는 반사관계 중 가장 작은 집합이다.

[예제 2.13] 집합 $A = \{a, b, c\}$에 관한 관계 $R = \{(a, b), (b, c), (c, a)\}$에 대하여 다음 물음에 답하시오.

(1)관계 R은 반사적인가?

(2)관계 R의 반사닫힘 $r(R)$을 구하시오.

풀이 (1) (a, a)의 원소가 포함되지 않았으므로 반사적이 아니다.

(2) $r(R)$ = $(a, b), (b, c), (c, a), (a, a), (b, b), (c, c)\}$

정의 2.4

관계 R이 집합 A에서 A로의 관계라고 할 때 다음의 세 가지 조건을 만족하면 대칭닫힘이라 하며, 기호 $s(R)$로 표시된다.

(1) 대칭닫힘 $s(R)$는 대칭관계이다.

(2) 대칭닫힘 $s(R)$는 관계 R을 포함한다.

(3) 대칭닫힘 $s(R)$는 관계 R을 포함하는 대칭관계 중 가장 작은 집합이다.

[예제 2.14] 집합 $A=\{a, b, c\}$에 관한 관계 $R=\{(a, b), (b, c), (c, a)\}$에 대하여 다음 물음에 답하시오.

(1) 관계 R은 대칭적인가?

(2) 관계 R의 대칭닫힘 $s(R)$을 구하시오.

풀이 (1) $(a, b) \in R$에 대하여 $(b, a) \notin R$이므로 대칭적이 아니다.

(2) $s(R)$ = {(a, b), (b, c), (c, a), (b, a), (c, b), (a, c)}

정의 2.5

관계 R이 집합 A에서 A로의 관계라고 할 때 다음의 세 가지 조건을 만족하면 추이닫힘이라 하며, 기호 $t(R)$로 표시된다.

(1) 추이닫힘 $t(R)$는 추이관계이다.

(2) 추이닫힘 $t(R)$는 관계 R을 포함한다.

(3) 추이닫힘 $t(R)$는 관계 R을 포함하는 추이관계 중 가장 작은 집합이다.

[예제 2.15] 집합 $A=\{a, b, c\}$에 관한 관계 $R=\{(a, b), (b, c), (c, a)\}$에 대하여 다음 물음에 답하시오.

(1) 관계 R은 추이적인가?

(2) 관계 R의 추이닫힘 $t(R)$을 구하시오.

풀이 (1) $(b, c) \in R$, $(c, a) \in R$에 대하여 $(b, a) \notin R$이므로 추이적이 아니다.

(2) $t(R)=\{(a, a), (a, b), (a, c), (b, a), (b, b), (b, c), (c, a), (c, b), (c, c)\}$

정리 2.6

관계 R이 집합 A에서 A로의 관계라고 할 때 다음이 성립한다.

(1) 반사닫힘 $r(R)=R\cup I$, 여기서 I는 단위행렬이다.

(2) 대칭닫힘 $s(R)=R\cup R^{-1}$

(3) 추이닫힘 $t(R)=\bigcup_{i=1}^{\infty}R^i$

위의 정리를 이용하면 닫힘관계를 쉽게 구할 수 있다.

[예제 2.16] 집합 $A=\{a,b,c\}$에 관한 관계 $R=\{(a,b),(b,c),(c,a)\}$에 대하여 다음 물음에 답하시오.

(1) 관계 R의 반사닫힘 $r(R)$을 구하시오.

(2) 관계 R의 대칭닫힘 $s(R)$을 구하시오.

(3) 관계 R의 추이닫힘 $t(R)$을 구하시오

풀이 (1) $r(R)=R\cup I=\{(a,b),(b,c),(c,a)\}\cup\{(a,a),(b,b),(c,c)\}$

$\{(a,b),(b,c),(c,a),(a,a)\,(b,b),(c,c)\}$

(2) $s(R)=R\cup R^{-1}=\{(a,b),(b,c),(c,a)\}\cup\{(b,a),(c,b),(a,c)\}$

$\{(a,b),(b,a),(b,c),(c,b)\,(c,a),(a,b)\}$

(3) $R^2=\{(a,c),(b,a),(c,b)\}$

$R^3=\{(a,a),(b,b),(c,c)\}$

$R^4=R,\ R^5=R^2,\ R^6=R^3\cdots$

따라서, $R=R^4=R^7=\cdots$

$R^2=R^5=R^8=\cdots$

$R^3=R^6=R^9=\cdots$

그러므로 $t(R)=R\cup R^2\cup R^3\cup R^4\cdots$

$=R\cup R^2\cup R^3$

$=\{(a,b),(b,c),(c,a),(a,c),(b,a),(c,b),(a,a),$

$(b,b),(c,c)\}$

2.7 동치 관계

집합 A에 관한 관계 R이 반사적, 대칭적, 추이적이면 관계 R을 동치 관계(equivalence relation)라고 한다.

관계 R이 동치 관계이면, 각 $x \in A$에 대하여 R에 관한 x의 동치류(equivalence class)는 $[x]$로 표기하고, 다음과 같이 정의한다.

$$[x] = \{y \mid (x, y) \in R\}$$

여기에서 주어진 동치 관계 R은 반사적 관계이므로 $x \in [x]$이다. 따라서 동치류 $[x]$는 절대로 공집합이 될 수 없다.

[예제 2.17] 집합 $A = \{1, 2, 3\}$에 관한 관계 R이 다음과 같다.

$$R = \{(1, 1), (1, 3), (2, 2), (3, 3), (3, 1)\}$$

이 때 다음 물음에 답하시오.

(1) 관계 R은 반사적인가?
(2) 관계 R은 대칭적인가?
(3) 관계 R은 추이적인가?
(4) 관계 R은 동치 관계인가?
(5) 1의 R에 관한 동치류 $[1]$을 구하시오.
(6) 2의 R에 관한 동치류$[2]$를 구하시오.

풀이 (1) (1, 1), (2,2) 그리고 (3,3)은 모두 관계 R 의 원소이므로, 반사적이다.
(2) $(1,3) \in R$ 일 때 $(1, 3) \in R$ 이므로 관계 R은 대칭적이다.
(3) $(1,1) \in R$ 이고 $(1,3) \in R$ 일 때 $(1, 3) \in R$ 이다.
$(1,3) \in R$ 이고 $(3,1) \in R$ 일 때 $(1, 1) \in R$ 이다.
$(1,3) \in R$ 이고 $(3,3) \in R$ 일 때 $(1, 3) \in R$ 이다.
따라서 관계 R은 추이적이다.
(4) 관계 R 은 반사적, 대칭적 그리고 추이적이므로 동치관계이다.
(5) $[1] = \{1, 3\}$
(6) $[2] = \{2\}$

정리 2.7

집합 A에 관한 동치 관계 R에 대하여 다음이 성립한다.

i) $[x]=[y] \Leftrightarrow xRy$
ii) $[x] \neq [y]$이면 $[x] \cap [y] = \varnothing$

관계 R에 의한 집합 A의 몫 집합(quotient)은 A의 동치류의 모임으로서 A/R로 표기하며 다음과 같이 정의한다.

$$A/R = \{[x] : x \in A\}$$

정리 2.8

집합 A에 관한 동치 관계 R에 대하여, 몫집합 $A/R = \{[x] : x \in A\}$는 A의 분할이다. 역으로 A의 분할 π에 대하여 A에 관한 관계 R_π가 정의될 수 있으며, 이 관계 R_π는 A에 대한 동치관계이다. 여기서 R_π는 다음과 같다.

$$R_\pi = \{(\mathrm{x}, \mathrm{y}) \mid [\mathrm{x}] = [\mathrm{y}]\}$$

[예제 2.18] (1) $A=\{1, 2, 3\}$에 관한 관계 R이 다음과 같다.

$$R = \{(1, 1), (1, 3), (2, 2), (3, 3), (3, 1)\}$$

이 때 다음 물음에 답하시오.

(1) 관계 R은 동치 관계인가?
(2) 관계 R에 의한 원소들의 동치류를 구하시오.
(3) 관계 R에 의한 집합 A의 몫집합을 구하시오.
(4) 집합 A의 분할을 구하시오.

풀이 (1) 관계 R은 앞의 예제에 의해 동치관계이다.
(2) $[1]=\{1, 3\}$, $[2]=\{2\}$, $[3]=\{3, 1\}$
(3) $A/R = \{[1]=[3], [2]\} = \{\{1, 3\}, \{2\}\}$
(4) 집합 A의 분할은 A/R 이다.

[예제 2.19] (1) 정수 집합에 관한 관계 R이 다음과 같다.

$R = \{(x, y) \mid x \equiv y \pmod 5\} = \{(x, y) \mid x - y$는 5로 나누어 떨어진다.$\}$

이 때 다음 물음에 답하시오.

(1) 관계 R은 동치 관계인가?

(2) 관계 R에 의한 원소들의 동치류를 구하시오.

(3) 관계 R에 의한 집합 Z의 몫집합을 구하시오.

(4) 집합 Z의 분할을 구하시오.

풀이 (1) 모든 $x \in Z$에 대하여 $x \equiv x \pmod 5$이므로 반사적이다.

$x \equiv y \pmod 5$이면 $y \equiv x \pmod 5$이므로 대칭적이다.

$x \equiv y \pmod 5$이고 $y \equiv z \pmod 5$이면

$(x-z)/5 = (x-y+y-z)/5 = (x-y)/5 + (y-z)/5$이므로

$x \equiv z \pmod 5$이다. 따라서 추이적이다.

위의 결과로부터 관계 $x \equiv y \pmod 5$는 동치 관계이다.

(2) 동치 관계 $x \equiv y \pmod 5$는 다음과 같은 5개의 동치류를 가진다.

$[0] = \{x \in Z \mid x - 0$ 가 5로 나누어 짐$\} = \{\cdots, -10, -5, 0, 5, 10, \cdots\}$

$[1] = \{x \in Z \mid x - 1$ 가 5로 나누어 짐$\} = \{\cdots, -9, -4, 1, 6, 11, \cdots\}$

$[2] = \{x \in Z \mid x - 2$ 가 5로 나누어 짐$\} = \{\cdots, -8, -3, 2, 7, 12, \cdots\}$

$[3] = \{x \in Z \mid x - 3$ 가 5로 나누어 짐$\} = \{\cdots, -7, -2, 3, 8, 13, \cdots\}$

$[4] = \{x \in Z \mid x - 4$ 가 5로 나누어 짐$\} = \{\cdots, -6, -1, 4, 9, 14, \cdots\}$

(3) $Z/R = \{[0], [1], [2], [3], [4]\}$

(4) $[0] \cup [1] \cup [2] \cup [3] \cup [4] = Z$이므로 R에 의한 Z의 몫 집합 Z/R은 Z의 분할이다.

[예제 2.20] 집합 $A = \{1, 2, 3\}$의 분할 π가 다음과 같이 주어졌다.

$$\pi = \{\{1, 3\}, \{2\}\}$$

이 때 집합 A의 동치관계 R_π을 구하시오.

풀이 집합 A의 동치관계 R_π는 다음과 같다.

$$R_\pi = \{(1, 1), (1, 3), (2, 2), (3, 3), (3, 1)\}$$

집합A에 관한 관계 R이 반사적, 반대칭적, 추이적이면 R을 반순서 관계(partially ordered relation)라 한다.

[예제 2.21] (1) 실수의 집합 R에 관한 관계 R이 다음과 같다.

$$R = \{ (x,y) \mid x \le y \}$$

이 때 다음 물음에 답하시오.

(1) 관계 R은 반사적인가? (2) 관계 R은 반대칭적인가?

(3) 관계 R은 추이적인가? (4) 관계 R은 반순서 관계인가?

풀이 (1) $a \in R$에 대하여, $a \le a$이므로 반사적이다.

(2) $a, b \in R$에 대하여, $a \le b$이고 $b \le a$일 때 $a = b$이므로 반대칭적이다.

(3) $a, b, c \in R$에 대하여, $a \le b$이고 $b \le c$일 때 $a \le c$이므로 추이적이다

(4) 이 관계는 (1), (2) 그리고 (3)에 의하여 반순서 관계이다.

2.8 관계형 데이터베이스

미국 SDC(System Development Corporation)라는 회사가 1963년 6월 개최한 "컴퓨터 중심의 데이터베이스 개발과 관리" 라는 심포지엄 제목에서 데이터베이스(database)는 처음으로 사용되었다. 데이터 파일로부터 정보를 쉽게 검색하는 문제에 관한 논문이 대부분인 이 심포지엄에서 데이터베이스라는 용어는 자기 테이프와 같은 저장 장치에 저장된 데이터 파일을 의미했다. 이에 바크만(Charles W. Bachman)은 1963년 IDS(Integrated Data Store)라는 데이터베이스 관리 시스템을 만들어 데이터베이스 환경을 확립했다.

데이터베이스는 같은 데이터가 상이한 목적을 가진 응용에 여러 번 중복되어 사용될 수 있다는 공용의 개념에 기초를 두고 있다. 따라서 데이터베이스(database)란 어느 한 조직의 여러 응용 시스템들이 공용할 수 있도록 통합, 저장된 운영 데이터의 집합이라 할 수 있다.

이러한 데이터베이스를 응용 프로그램 등이 공용으로 사용할 수 있게 관리해 주는 시스템을 데이터베이스 관리 시스템(database management system)이라고 한다.

〈그림 2.6〉은 이러한 데이터베이스 관리 시스템의 구조를 설명한 것이다.

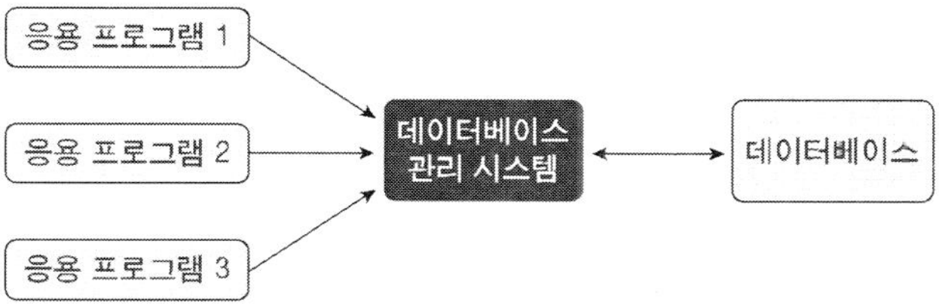

[그림 2.6] 데이터베이스 관리 시스템의 구조

데이터베이스 관리 시스템의 중요한 역할은 사용자로 하여금 실질적으로 데이터가 컴퓨터 속에 저장되어진 형태로 사용하게 하기 보다는 추상적인 관점에서 사용자가 데이터를 다룰 수 있게 해주는 것이다.

데이터를 모델화하는 방법으로, 추상적인 관점의 데이터 구조를 테이블의 형태로 만드는 것인데 이를 관계형 데이터베이스라고 한다. 〈표 2.1〉의 학생 성적표는 관계형 데이터베이스에 대한 예이다. 이 관계에서 각 항목 A_1, A_2, A_3, $\cdots$, A_n은 하나의 부분집합이 되고 이러한 집합을 n-항 관계(n-ary relation)라고 한다.

A_1은 학번의 집합이고, A_2는 학과의 집합, A_3는 과돈번호의 집합, A_4는 성적의 집합이라 할 때, (1004, 기계과, C503, 77)과 같은 관계를 구성하는 요소들을 4-투플(4-tuple)이라 한다.

이와 같은 테이블은 다양한 형태의 데이터를 효율적으로 다루는 방법을 보여주는데, 관계형 데이터베이스 모델의 기본적인 형태가 된다.

[표 2.1] 학생 성적표

학번	학과	과목번호	성적
1001	정보통신공학과	C501	70
1003	정보통신공학과	C502	70
1004	기계과	C503	77
1008	방송공학과	C504	87
1010	방송공학과	C505	90

n-항 관계를 나타내는 테이블은 데이터를 저장하는데 사용되므로, 저장된 정보를 검색하기 위하여 연산자들을 정의하여야 한다. 관계 연산에서 사용되는 기본적인 3가지의 n-항 관계 연산자는 다음과 같다.

selection : 이 연산자는 테이블에서 선택 기준을 만족하는 행(row)을 선택하는데 사용된다. 예를 들어 〈표 2.1〉에서 80점이 넘는 성적을 요구하는 4-투플을 찾고 싶다면, 다음과 같이 기술한다.

"학생 성적표에서 성적>80인 모든 행을 select 하여라."

이러한 요구에 대한 결과는 〈표 2.2〉와 같다.

[표 2.2] 특정 점수의 성적표

학번	학과	과목번호	성적
1008	방송공학과	C504	87
1010	방송공학과	C506	90

projection : 때로는 특정 열(column)을 선택하여 새로운 n-항 관계 테이블을 만들 수도 있다. 예를 들어 〈표 2.1〉에서, 학과와 과목번호를 선택하면 〈표 2.3〉과 같다.

[표 2.3] 학과별 과목번호

학과	과목번호
정보통신공학과	C501
정보통신공학과	C502
기계과	C503
방송공학과	C504
방송공학과	C506

join : 세 번째 연산자로 두 개의 테이블을 결합시켜 새로운 테이블을 만들 수 도 있다. 만약 두 개의 테이블이 한 개 이상의 같은 열을 가지고 있다면, 서로 결합시킬 수가 있다. 보통 열을 가지는 테이블에서 join 연산은 두 테이블에서 특정 열을 가지는 항목을 모든 행으로 결합한다. 물론 join 되는 두 개의 테이블에 같은 열을 가지고 있지 않으면 생성되는 테이블은 비게 된다.

[표 2.4] 학과별 지도교수

학과	지도교수
정보통신 공학과	유정수
기계과	고경진
방송 공학과	김정환
방송 공학과	김일주
전기 전자과	이새론

다음은 학생 성적표에서 학생의 학번과 학과별 지도교수의 join연산 결과로서, 〈표 2.1〉과 〈표 2.4〉를 join 시키면 다음 〈표 2.5〉를 얻을 수 있다.

[표 2.5] join 결과

학번	학과	과목번호	성적	지도교수
1001	정보통신공학과	C501	70	유정수
1003	정보통신공학과	C502	70	유정수
1004	기계과	C503	77	고명진
1008	방송공학과	C504	87	김정환
1018	방송공학과	C504	87	김일주
1010	방송공학과	C506	90	김정환
1010	방송공학과	C506	90	김일주

연습문제

01. 집합 $A=\{1, 2\}$, $B=\{a, b, c\}$, $C=\{r, s\}$라 할 때, 곱집합 $A\times B\times C$를 구하시오.

02. 집합 $A=\{1, 2, 3, 4\}$상에서의 관계 R은 〈그림 2.7〉과 같은 유향그래프로 나타내질 때 다음 물음에 답하시오.

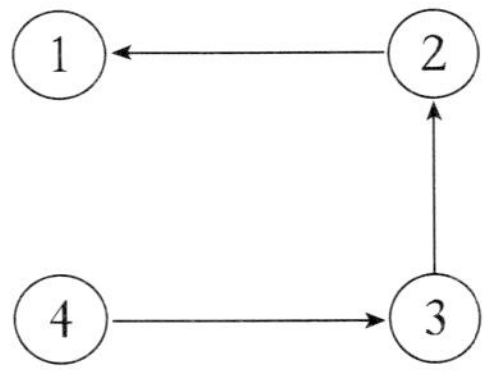

[그림 2.7] 유향그래프

(1) 관계 R의 원소를 나열하시오.

(2) 관계 R을 행렬 M_R 로 나타내시오.

03. 집합 $A=\{1, 2, 3, 4\}$상에서의 관계 $R=\{(1, 2), (1, 1), (1, 3), (2, 4), (3, 2)\}$과 관계 S가 $S=\{(1, 4), (1, 3), (2, 3), (3, 1), (4, 1)\}$로 주어졌을 때 물음에 답하시오.

(1) 합성관계 $R\circ S$ 를 구하시오.

(2) 합성관계 $R\circ S$의 역관계를 구하시오.

(3) 합성관계 $R\circ R$ 를 구하시오.

04. 다음 그림의 가계도를 보고 관계를 나타내시오.

(1) R={(x, y)| x는 y의 할머니이다}

(2) S={(x, y)| x는 y의 엄마이다}

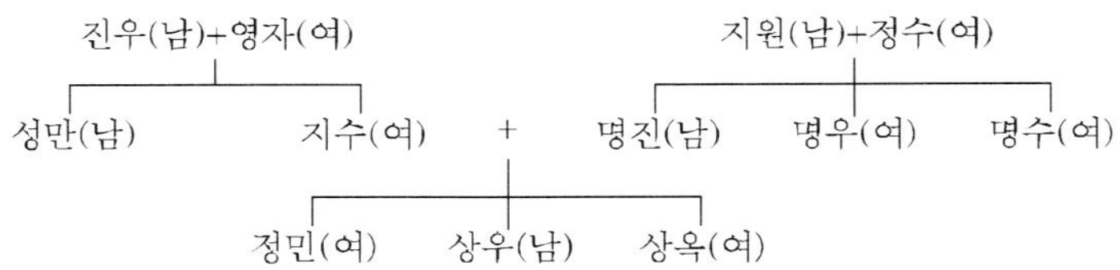

05. 다음과 같은 관계가 집합 $A=\{1, 2, 3\}$에서 주어질 때 물음에 답하시오.

$$R=\{(1,\ 1),\ (1,\ 2),\ (1,\ 3),\ (3,\ 3)\}$$
$$S=\{(1,\ 1,)\ ,(1,\ 2)\ ,(2,\ 1)\ ,(2,\ 2)\ ,(3,\ 3)\}$$
$$T=\{(1,\ 1)\ ,(1,\ 2)\ ,(2,\ 2)\ ,(2,\ 3)\}$$

(1) 반사관계인 것은?
(2) 비반사 관계인 것은?
(3) 대칭관계인 것은?
(4) 반대칭 관계인 것은?
(5) 추이관계인 것은?

06. 사람들의 집합에서 다음 관계들이 반사적, 대칭적 혹은 추이적 관계인지를 판단하시오.
(1) x는 y와 나이가 같다.
(2) x는 y보다 나이가 많다.
(3) x와 y는 같은 부모를 가진다.
(4) x는 y의 형이나 남동생이다.

07. 집합 $A=\{a,b,c\}$에서의 관계 $R=\{(a,a),(a,b),(b,b),(c,a)\}$이 주어졌을 때 다음 물음에 답하시오.
(1) 관계 R의 반사적 닫힘을 구하시오.
(2) 관계 R의 대칭적 닫힘을 구하시오.
(3) 관계 R의 추이적 닫힘을 구하시오.

CHAPTER 3

부울 대수
(Boolean Algebra)

1854년 영국의 수학자 부울(George Boole)은 논리적 성질을 표현하는 수학적 기호로 부울 대수(Boolean Algebra)를 소개하였다. 이것을 1938년 샤논(Claude Elwood Shannon)은 부울 대수의 논리규칙이 회로를 설계하는데 사용될 수 있음을 증명하였다.

논리적 상태인 명제는 참(true) 또는 거짓(false)의 드 가지로 표현되며, 숫자 1 또는 0으로 대치되어 두 가지 상태를 나타내는 장치로 표현될 수 있다. 이것은 전기의 흐름에서의 켜짐과 꺼짐, 스위치의 열림과 닫힘 그리고 회로의 흐름과 막힘 등의 실생활에 적용될 수 있으며 무엇보다도 컴퓨터에 적용되어 복잡한 문제를 해결할 수 있는 도구로 사용될 수 있다.

이 장에서는 부울식(Boolean Expression)의 정의와 부울식의 표현을 설명하고, 카노우맵(Karnaugh Map)을 이용하여 부울 함수(Boolean Function)를 간소화하는 방법을 소개한다. 이러한 최소화된 부울 함수는 논리 회로에 적용된다.

3.1 부울식(Boolean Expression)

부울 대수는 다음과 같이 두 개의 원소를 갖는 집합과 단항연산자 그리고 이항연산자로 구성된다.

$$\langle B = \{0, 1\},\ +(\text{OR}),\ \bullet(\text{AND}),\ '(\text{Complement})\rangle$$

부울식은 부울대수에서 표현되는 식으로, 부울식에서 연산자의 우선 순위는 다음과 같다.

우선순위	연산자
1	괄호
2	'(Complement)
3	• (AND)
4	+ (OR)

부울식의 연산자는 다음과 같다.

1) '(Complement)

p	p'
0	1
1	0

2) • (AND)

•	0	1
0	0	0
1	0	1

3) +(OR)

+	0	1
0	0	1
1	1	1

따라서 부울식은 0과 1로 이루어진 입력 값을 부울 연산자의 처리 과정을 거쳐 0 또는 1의 출력 값으로 나타낼 수 있다. 부울 연산자에서 • 는 논리 연산의 $\wedge$ 와 같으며, +는 논리 연산의 $\vee$ 와 같은 의미로 사용할 수 있다. 또한 '(Complement)는 논리 연산의 ¬(부정) 와 같음을 알 수 있다.

[예제 3.1] 다음 부울 식의 결과 값을 구하라.

(1) $0+0'$ (2) $1 \cdot 0 \cdot 1 + 1' \cdot 0$

(3) $(1+0')' + 0 \cdot 1$ (4) $1 \cdot 0 + (0 \cdot 1' + 0' \cdot 0')$

(5) $(1+0)' \cdot 0$

풀이 (1) $0+0' = 0+1$

$= 1$

(2) $1 \cdot 0 \cdot 1 + 1' \cdot 0 = 0 \cdot 1 + 0 \cdot 0$

$= 0 + 0$

$= 0$

(3) $(1+0')' + 0 \cdot 1 = (1+1)' + 0$

$= 1' + 0$

$= 0 + 0$

$= 0$

(4) $1 \cdot 0 + (0 \cdot 1' + 0' \cdot 0') = 0 + (0 \cdot 0 + 1 \cdot 1)$

$= 0 + (0 + 1)$

$= 0 + 1$

$= 1$

(5) $(1+0)' \cdot 0 = (1)' \cdot 0$

$= 0 \cdot 0$

$= 0$

정의 3.1

부울식은 다음과 같이 정의된다.

1) 상수 0과 1는 부울식이다.
2) 부울 변수는 부울식이다.
3) f_1과 f_2가 부울식일 때 다음 식들은 모두 부울식이다.

$$f'_1,\ f_1 + f_2,\ f_1 \cdot f_2,\ (f_1)$$

부울 변수가 x, y, z라 할 때 다음 식들은 부울식이 된다.

$$1' + y \cdot 0 + (x + y + z)'$$
$$(x' \cdot y)' + x' + 0 \cdot y$$

위와 같이 부울 변수 x, y 로 이루어지는 부울식은 무수히 많다. 하지만 부울식은 각각의 부울변수에 0 또는 1값을 대입하여 유한개의 값을 얻을 수 있다. 이때 두 부울식이 같은 진리값을 갖는다면 두 부울식을 동치라고 한다. f_1과 f_2가 동치인 부울식이라면 $f_1=f_2$라 쓴다.

부울식에 대하여 많은 유용한 항등식을 얻을 수 있는데, 이것은 부울식의 기본법칙을 이용하여 구할 수 있다. 다음은 부울식의 기본법칙에 관한 설명이다.

[표 3.1] 부울식의 기본법칙

p,q,r을 부울 변수라 하면 다음이 성립한다.	
멱등 법칙(idempotent law)	$p \cdot p = p$ $p + p = p$
항등 법칙(idemtity law)	$p + 0 = p$ $p + 1 = 1$ $p \cdot 1 = p$ $p \cdot 0 = 0$
교환 법칙(commutative law)	$p + q = q + p$ $p \cdot q = q \cdot p$
결합 법칙(associative law)	$p + (q + r) = (p + q) + r$ $p \cdot (q \cdot r) = (p \cdot q) \cdot r$
분배 법칙(distributivelaw)	$p + (q \cdot r) = (p + q) \cdot (p + r)$ $p \cdot (q + r) = (p \cdot q) + (p \cdot r)$
흡수 법칙(absorption law)	$p + (p \cdot q) = p$ $p \cdot (p + q) = p$
여 법칙(inverse law)	$p + p' = 1$ $p \cdot p' = 0$
이중 부정 법칙(complement law)	$(p')' = p$
드모르간 법칙(DeMorgan's law)	$(p+q)' = p' \cdot q'$ $(p \cdot q)' = p' + q'$

부울 법칙들은 명제의 동치관계에 대한 기본법칙과 마찬가지로 진리표를 만들어 두 진리표의 진리값이 같다는 것을 보인다. 부울식에서 연산자 • 는 부울 변수들 사이에서 생략할 수 있다. 즉 $x \cdot y$은 간단히 xy로 나타낸다.

[예제 3.2] p, q, r이 부울 변수일 때 부울식 $(p'+r)'q = pqr'$이 성립함을 증명하여라.

풀이

$(p'+r)'q = (p')'r'q$	드모르간 법칙
$= pr'q$	이중 부정 법칙
$= pqr'$	교환 법칙

[예제 3.3] 다음 부울식을 기본법칙을 이용하여 간소화하시오.

(1) $w+yw$

(2) $xy+wy+xz+wz$

(3) $wx+(x'z)'+yz'$

풀이 (1) $w+yw = 1w+yw$ 항등 법칙

$= (1+y)w$ 분배 법칙

$= 1w$ 항등 법칙

$= w$ 항등 법칙

(2) $xy+wy+xz+wz = (x+w)y+(x+w)z$ 분배 법칙

$= (x+w)(y+z)$ 분배 법칙

(3) $wx+(x'z)'+yz' = wx+((x')'+z')+yz'$ 드모르간 법칙

$= wx+(x+z')+yz'$ 이중 부정 법칙

$= (wx+x)+z'+yz'$ 결합 법칙

$= x+z'$ 흡수 법칙

[예제 3.4] 다음 두 부울식이 동치관계임을 진리표와 법칙을 이용하여 증명하시오.

$y+xz = (y+x)(y+z)$

풀이 (1) 진리표를 이용하면 다음과 같다.

x	y	z	xz	$y+x$	$y+z$	$y+xz$	$(y+x)(y+z)$
0	0	0	0	0	0	0	0
0	0	1	0	0	1	0	0
0	1	0	0	1	1	1	1
0	1	1	0	1	1	1	1
1	0	0	0	1	0	0	0
1	0	1	1	1	1	1	1
1	1	0	0	1	1	1	1
1	1	1	1	1	1	1	1

(2) 법칙을 이용하면 다음과 같다.

$$(y+x)(y+z) = (y+x)y+(y+x)z$$

$$= yy+xy+yz+xz$$

$$= y+xy+yz+xz$$

$$= y+yz+xz$$

$$= y+xz$$

3.2 부울식의 표현 (Representation of boolean Expressions)

부울 변수를 이용한 부울식은 무한히 많은 방법으로 표현할 수 있다. 하지만 일정한 수를 변수로 사용하는 부울식의 값은 언제나 일정하다. 부울 변수들을 정의역으로 정한 후 함수로 표현하는 방법에 대하여 알아보자.

부울 변수 $b_i \in B$, $i = 1, 2, \cdots, n$에 대한 부울 함수(Boolean function) f는

$$f : B \times B \times B \times \cdots \times B \rightarrow B$$

로 나타내지며, $f(b_1, b_2, \cdots, b_n) \in B$이다.

$B = \{0, 1\}$이므로 $B^n = \{(b_1, b_2, \cdots, b_n) \mid b_i \in B, 1 \leq i \leq n\}$은 0과 1로 구성된 n개의 쌍으로 이루어진 집합이다. 이때 변수 b_i $(i = 1, 2, \cdots, n)$는 0과 1만을 가질 수 있으며 이러한 변수를 부울변수(Boolean variable)라 한다.

정리 3.2

부울변수 $x = (b_1, b_2, \cdots, b_n) \in B^n$에 대하여 부울함수 f, g 의 연산은 다음과 같이 정의된다.

$$f : B^n \rightarrow B, \quad g : B^n \rightarrow B$$

1) $(f + g)(x) = f(x) + g(x)$
2) $(f \cdot g)(x) = f(x) \cdot g(x)$
3) $(f')(x) = (f(x))'$

n차 부울함수는 다음과 같이 정의되고

$$F^n = \{ \mathrm{f} \mid \mathrm{f} : \mathrm{B}^n \rightarrow \mathrm{B} \}$$

n차 부울함수의 개수는 다음과 같다.

$$| F^n | = 2^{2^n}$$

[예제 3.5] 부울 변수 $x, y, w, z \in B$일 때 부울 함수를 찾으시오.

(1) $f(y,\ w)\ =\ w + yw$

(2) $f(y,\ w)\ =\ w + yw + 1$

(3) $f(x,\ y,\ w,\ z)\ =\ wxy + wy' + z + 3$

(4) $f(x,\ y,\ w,\ z)\ =\ wxy + wy + xz + wz$

(5) $f(x, y, w, z) = wx + (x'z)' + (yz')$

풀이 (1), (2), (4) 그리고 (5)는 부울함수이다.

하나의 부울 변수 $b \in B = \{0, 1\}$ 에서 표현될 수 있는 부울 함수는 2^{2^1}=4개 이다. 이 부울 함수의 원소를 f_1, f_2, f_3, f_4라 하면 다음과 같이 나타낼 수 있다.

b	f_1	f_2	f_3	f_4
0	0	0	1	1
1	0	1	0	1

따라서 이것을 함수형태로 나타내면 다음과 같다.

$$f_1(0)=f_1(1)=0,$$
$$f_2(0)=0,\ f_2(1)=1,$$
$$f_3(0)=1,\ f_3(1)=0,$$
$$f_4(0)=f_4(1)=1$$

[예제 3.6] 부울 변수를 두 개 사용할 때 부울 함수의 원소를 구하시오.

풀이 두 개의 부울변수에 대한 부울 함수의 수는 $2^{2^2}=2^4$=16개이다.
이 부울 함수의 원소를 f_1, f_2, $\cdots$, f_{16}라 하면 다음과 같다.

x	y	f_1	f_2	f_3	f_4	f_5	f_6	f_7	f_8	f_9	f_{10}	f_{11}	f_{12}	f_{13}	f_{14}	f_{15}	f_{16}
0	0	1	0	1	0	1	0	1	0	1	0	1	0	1	0	1	0
0	1	0	1	1	0	0	1	1	0	0	1	1	0	0	1	1	0
1	0	0	0	0	1	1	1	1	0	0	0	0	1	1	1	1	0
1	1	0	0	0	0	0	0	0	1	1	1	1	1	1	1	1	0

위의 예제에서 부울 함수를 살펴보면, $f_8(x,y)$=1인 경우는 $x=y=1$ 이다. 그러므로 $f_8(x,y)$=xy로 표시된다. $f_9(x,y)$=1인 경우는 x=y=0 이거나 x=y=1 일 경우이므로 $f_5(x,y)$=$x'y'+xy$으로 표현할 수 있다. 모든 부울 함수는 두 개의 부울 변수와 부울 연산자로 표현할 수 있다.

또한, 부울 함수들도 부울 연산자를 이용하여 다른 함수들로 표현할 수 있다. 예를 들면, $f_3=f_1+f_2$, $f_{16}=f_1 \cdot f_2$로 표시할 수 있다.

위의 예제에서 두 개의 부울 변수로 표현되는 최소의 부울 함수는 16개이다. 하지만 두 개의 부울 함수와 부울 연산자를 이용한 부울 함수는 많이 만들어진다. 그리고 부울 변수의 수가 늘수록 부울 함수는 보다 더 많이 만들 수 있다.

다음은 부울 변수에 의한 부울 함수를 표현하는 새로운 방법을 소개한다.

정의 3.3

최소항

부울 변수에 의한 부울함수의 값이 1일 때, 이 부울변수를 최소항이라 한다.

최소항의 논리곱

최소항의 부울변수들을 논리곱의 결합으로 나타내는 방법을 최소항의 논리곱이라 한다. 이때 부울변수의 값이 0이면 그 부울변수에 부정을 한 후 논리곱으로 나타낸다.

모든 부울함수는 최소항의 논리곱으로 유일하게 표현된다.

[예제 3.7] $x=0$, $y=0$, $z=1$일 때 부울 함수 $f(x,y,z)$의 값은 1이 되고, 다른 경우에는 0의 값일 때, 부울 함수에 대한 진리표를 구하고, $f(x,y,z)=1$인 최소항을 부울 변수의 곱으로 나타내어라.

풀이 부울 변수가 3개이므로, $2^3=8$개의 항이 만들어진다.

x	y	z	$f(x, y, z)$
0	0	0	0
0	0	1	1
0	1	0	0
0	1	1	0
1	0	0	0
1	0	1	0
1	1	0	0
1	1	1	0

위의 진리표에서 $x=0$, $y=0$, $z=1$일 때 $f(x, y, z)=1$이므로 $f(x, y, z)=x'y'z$이다.

부울 함수는 함수값이 1인 부울 변수의 항들 중에서 1의 값을 갖는 변수들의 논리합으로 표현하여 간단히 나타낼 수 있다. 이때 각각의 최소항들은 부울 변수의 곱으로 나타내며 해당되는 변수가 x일 때 그 값이 1이면 x, 0이면 x'으로 표시한다. 부울변수가 $x=1$, $y=0$, $z=1$이라면 그에 해당하는 최소항을 변수들의 곱으로 나타내면 $xy'z$가 된다.

정의 3.4

논리곱의 합

최소항이 한 개 이상일 경우 부울함수을 최소항의 논리합으로 나타낸다. 즉, 부울 함수는 부울 변수의 곱의 합으로 표현된다.

[예제 3.8] 부울 변수에 대한 진리표가 다음과 같을 때 부울 함수 $f(x,\ y,\ z)$를 구하여라.

x	y	z	$f(x, y, z)$
0	0	0	1
0	0	1	1
0	1	0	0
0	1	1	0
1	0	0	1
1	0	1	0
1	1	0	1
1	1	1	0

풀이 부울 함수는 $f(x, y, z)=1$인 최소항들의 합이므로

$$f(x, y, z)=x'y'z'+x'y'z+xy'z'+xyz'$$

이다.

[예제 3.9] 다음의 부울 함수를 부울 변수의 곱의 합으로 나타내어라.

(1) $f(x, y)=x \cdot y$

(2) $f(x, y)=x'+y'$

(3) $f(x, y, z)=x \cdot y+z'$

풀이 (1) $f(x, y)=x \cdot y$에 대한 진리표를 나타내면 다음과 같다.

x	y	$x \cdot y$
0	0	0
0	1	0
1	0	0
1	1	1

따라서 부울함수 $x \cdot y$의 값이 1인 최소항들을 곱의 합으로 나타내면

$$f(x, y)=xy$$

이다.

(2) $f(x, y)=x'+y'$에 대한 진리표를 나타내면 다음과 같다.

x	y	x'	y'	$x'+y'$
0	0	1	1	1
0	1	1	0	1
1	0	0	1	1
1	1	0	0	0

위의 진리표에서 부울함수 $x'+y'$의 값이 1인 최소항들을 곱의 합으로 나타내면

$$f(x, y)=x'y'+x'y+xy'$$

이다.

(3) $f(x, y, z) = x \cdot y + z'$의 진리표는 다음과 같다.

x	y	z	$x \cdot y$	z'	$x \cdot y + z'$
0	0	0	0	1	1
0	0	1	0	0	0
0	1	0	0	1	1
0	1	1	0	0	0
1	0	0	0	1	1
1	0	1	0	0	0
1	1	0	1	1	1
1	1	1	1	0	1

위의 진리표에서 $f(x, y, z)$의 곱의 합을 구하면

$$f(x, y, z) = x'y'z' + x'yz' + xy'z' + xyz' + xyz$$

이다.

3.3 부울 함수의 간소화 (Minimization of Boolean Furction)

부울 변수에 의한 부울 함수는 좀 더 간단한 형태의 식으로 표현하면 경제적으로 사용할 수 있다. 부울 함수를 간단히 표현하는 방법에는 부울식의 기본법칙을 이용하거나 카노우 맵을 이용한다.

3.3.1 기본 법칙을 이용한 부울식

부울식의 기본법칙을 이용하여 부울 함수를 간단히 하는 방법은 부울 대수의 기본 성질을 이용하는 것이다. 부울식이 간단한 경우에는 쉽게 결과를 표현할 수 있지만 부울변수가 많을 경우 그 과정이 복잡하다.

[예제 3.10] 다음 부울 함수를 부울식의 기본 법칙을 이용하여 간단히 하여라.

$$f(x, y, z) = x'yz' + xy'z' + xyz'$$

풀이
$$\begin{aligned} f(x, y, z) &= x'yz' + xy'z' + xyz' \\ &= xy'z' + x'yz' + xyz' && \text{교환 법칙} \\ &= xy'z' + yz'(x' + x) && \text{분배 법칙} \\ &= xy'z' + yz' \cdot 1 && \text{여 법칙} \\ &= xy'z' + yz' && \text{항등 법칙} \end{aligned}$$

3.3.2 카노우 맵

모든 부울식은 최소항에 대한 곱의 합으로 유일하게 표현됨을 알았다. 그리고 이러한 표현은 진리표와 유일하게 대응됨을 보였다. 이제는 유일하게 표현된 부울함수를 가장 간단한 식으로 표현하는 도구를 소개한다. 이 도구는 카노우 맵으로 알려져 있으며, 논리회로 설계를 돕기 위해 1950년에 고안되었다.

카노우맵은 부울함수에서 부울 변수들을 사각형안에 적은 후, 인접한 최소항들을 서로 묶어 부울 함수를 간소화하는 방법이다. 카노우맵을 그릴 때는 최소항들에 대한 부울 변수들을 이용하여 최소항들 중 1의 값을 해당되는 변수의 사각형 안에 '1'로 표시한다. 그리고 '1'로 표시된 사각형들의 부울식을 연결하여 규칙에 따라 부울 함수로 나타낸다. 이 때 n 개의 부울 변수가 있으면 2^n개의 사각형이 필요하다. 카노우맵은 변수의 개수에 따라 맵을 만든 후 규칙을 이용하여 간소화된 부울 함수를 구한다.

(1) 두 변수에 대한 카노우맵

두 변수를 x와 y라 할 때, 이 변수들이 가질 수 있는 모든 경우인 $2^2 = 4$개의 사각형이 필요하다. 두 변수에 대한 카노우맵은 다음과 같다.

$x \backslash y$	0	1
0	$x'y'$	$x'y$
1	xy'	xy

[그림 3.1] 두 변수에 대한 카노우맵

두 변수 카노우 맵에서 부울 변수가 $x=y=0$일 때 그에 해당되는 브울 함수는 $x'y'$이 되고, $x=y=1$일 때 부울 함수는 xy이다. 또한 $x=1$, $y=0$일 때는 xy'인 부울 함수가 된다. 그리고 $x=0$, $y=1$일 때의 부울 함수는 xy'이다.

[예제 3.11] 다음과 같은 카노우맵이 주어질 때, 부울함수를 구하시오.

$x \backslash y$	0	1
0		1
1		1

풀이 위의 카노우 맵에서 $x=0$이고 $y=1$일 때와 $x=1$이고 $y=1$일 때만 부울함수가 1의 값을 가지므로 부울함수로 표현하면 $f(x, y) = x'y + xy$이다.

카노우 맵의 사각형에서 부울함수의 값이 1이면 '1'로 표시하고, 부울함수가 0이면 사각형을 공백으로 놓는다. '1'로 표시된 사각형이 인접하였으면 함께 묶어서 다음에 제시된 규칙에 따라 간단히 표현될 수 있다.

정리 3.5

두변수 카노우맵에 대한 규칙은 다음과 같다.

1) 카노우맵에서 인접한 1은 결합되어 하나의 변수로 표현된다.
2) 카노우맵에서 개별적인 1은 두 변수의 논리곱으로 표현된다.
3) 카노우맵에서 1에 대응되는 모든 부울식은 논리합으로 결합되어 표현된다.

[예제 3.12] 다음과 같이 카노우 맵이 주어질 때, 부울 함수를 간단히 표현하시오.

(1)

x \ y	0	1
0	1	
1		1

(2)

x \ y	0	1
0		1
1	1	1

풀이 (1) $f(x,\ y) = x'y' + xy$

(2) $f(x,\ y) = x + y$

[예제 3.13] 다음 부울 함수를 카노우 맵을 이용하여 간단히 표현하시오.

(1) $f(x, y) = x'y' + x'y$

(2) $f(x, y) = xy' + xy + x'y$

풀이 (1)

x \ y	0	1
0	1	1
1		

$f(x, y) = x'y' + x'y = x'$

(2)

x \ y	0	1
0	1	1
1	1	

$f(x, y) = x'y' + xy' + x'y = x' + y'$

(2) 세 변수에 대한 카노우맵

부울 변수가 세 개 이면, 이 변수들이 가질 수 있는 모든 경우가 $8(=2^3)$이므로 8개의 사각형이 필요하다. 세 변수에 대한 카노우 맵은 다음과 같다.

x \ yz	00	01	11	10
0	$x'y'z'$	$x'y'z$	$x'yz$	$x'yz'$
1	$xy'z'$	$xy'z$	xyz	xyz'

[그림 3.2] 세 변수에 대한 카노우맵

세 변수 카노우 맵에서 부울 변수가 $x=y=z=0$일 때 그에 해당되는 부울 함수는 $x'y'z'$이 되고, $x=y=z=1$일 때 부울 함수는 xyz이다. 세 변수에 대한 카노우 맵도 두 변수에 대한 카노우 맵과 마찬가지로 부울 변수에 따라 사각형에 표시되며, 주의해야 할 것은 사각형에서 01 다음에 10 이 아니라 11이라는 것이다. 그리고 왼쪽 끝의 사각형들은 오른쪽 끝의 사각형들과 인접되어 있다고 가정한다.

정리 3.6

세 변수 카노우맵에 대한 규칙은 다음과 같다.

1) 카노우맵에서 4개의 인접한 사각형의 모임은 결합되어 하나의 변수로 표현된다.
2) 카노우맵에서 2개의 인접한 사각형의 모임은 결합되어 2개의 변수로 표현된다.
3) 카노우맵에서 하나의 1을 가진 개별적인 사각형은 3개의 변수로 표현된다.

카노우 맵이 아래와 같을 때, 4개의 인접한 사각형은 한 개로 묶어 하나의 변수 x'로 표시된다.

x \ yz	00	01	11	10
0	1	1	1	1
1				

[그림 3.3] 세 변수의 카노우맵

[예제 3.14] 다음의 진리표를 이용하여 물음에 답하시오.

(1) 다음의 진리표를 갖는 부울함수를 나타내시오.
(2) 다음의 진리표를 갖는 카노우맵을 그리시오.
(3) 다음의 진리표를 갖는 부울함수를 (2)를 이용하여 간단히 표현하시오.

x	y	z	$f(x,\ y,\ z)$
0	0	0	1
0	0	1	1
0	1	0	0
0	1	1	1
1	0	0	1
1	0	1	1
1	1	0	0
1	1	1	1

풀이 (1) $f(x,y,z) = x'y'z' + x'y'z + x'yz + xy'z' + xy'z + xyz$

(2) 진리표로부터 카노우맵을 그리고 인접한 사각형을 묶으면 다음과 같다.

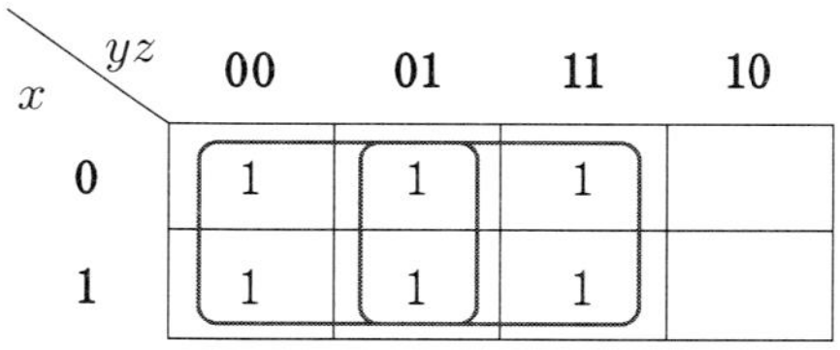

(3) 4개의 사각형은 묶어 하나의 변수 y'으로 표시되며, 또다시 4개의 사각형은 하나로 묶어 z으로 나타낸다. 따라서 $f(x, y, z) = y' + z$이다.

[예제 3.15] 다음과 같이 부울 함수가 주어졌을 때 물음에 답하시오.

$$f(x,y,z) = x'y'z' + xy'z' + x'yz' + xyz'$$

(1) 부울 함수를 진리표로 나타내시오.

(2) 부울 함수를 카노우 맵으로 그리시오.

(3) 카노우 맵을 사용하여 부울 함수를 간단히 표현하시오.

풀이 (1) 부울 함수 $f(x,\ y,\ z)$를 진리표로 나타내면 다음과 같다.

x	y	z	$f(x,\ y,\ z)$
0	0	0	1
0	0	1	0
0	1	0	1
0	1	1	0
1	0	0	1
1	0	1	0
1	1	0	1
1	1	1	0

(2) 부울 함수 $f(x,\ y,\ z)$를 카노우 맵으로 그리면 다음과 같다.

x \ yz	00	01	11	10
0	1			1
1	1			1

(3) 네 개의 인접한 사각형은 묶어 하나의 변수 z'으로 표현된다. 따라서 부울 함수 $f(x,\ y,\ z)$는 $f(x,\ y,\ z) = z'$ 이다.

(3) 네 변수에 대한 카노우맵

부울 변수가 네 개이며 이 변수가 x, y, z, w일 때, 이 변수들이 가질 수 있는 모든 경우는 $16(=2^4)$이므로 16개의 사각형이 필요하다. 네 변수에 대한 카노우 맵은 다음과 같다.

xy \ zw	00	01	11	10
00	$x'y'z'w'$	$x'y'z'w$	$x'y'zw$	$x'y'zw'$
01	$x'yz'w'$	$x'yz'w$	$x'yzw$	$x'yzw'$
11	$xyz'w'$	$xyz'w$	$xyzw$	$xyzw'$
10	$xy'z'w'$	$xy'z'w$	$xy'zw$	$xy'zw'$

[그림 3.4] 네 변수에 대한 카노우 맵

네 변수 카노우 맵에서 부울 변수가 $x=y=z=w=0$일 때 그에 해당되는 부울 함수는 $x'y'z'w'$이 되고, $x=y=z=w=1$일 때 부울 함수는 $xyzw$이다. 네 변수에 대한 카노우 맵도 세 변수 카노우 맵과 마찬가지로 부울 변수에 따라 사각형에 표시되며, 01 다음에 11이 오고, 왼쪽 끝 사각형들과 오른쪽 끝 사각형들이 인접되어 있다고 가정한다. 그리고 위쪽 사각형들과 아래쪽 사각형들도 인접되어 있다고 가정한다.

정리 3.7

네 변수 카노우맵에 대한 규칙은 다음과 같다.

1) 카노우맵에서 8개의 인접한 사각형의 모임은 결합되어 하나의 변수로 표현된다.
2) 카노우맵에서 4개의 인접한 사각형의 모임은 결합되어 2개의 변수로 표현된다.
3) 카노우맵에서 2개의 인접한 사각형의 모임은 결합되어 3개의 변수로 표현된다.
4) 카노우맵에서 하나의 1을 가진 개별적인 사각형은 4개의 변수로 표현된다.

[예제 3.16] 다음과 같이 부울 함수가 주어졌을 때 물음에 답하시오.

$$f(x, y, z, w) = xyz'w' + xyz'w + xyzw + xy'z'w + xy'zw$$

(1) 부울 함수를 카노우 맵으로 그리시오.

(2) 카노우 맵을 사용하여 부울 함수를 간단히 표현하시오.

풀이 (1)부울 함수 $f(x,\ y,\ z,\ w)$를 카노우 맵으로 그리면 다음과 같다.

xy \ zw	00	01	11	10
00				
01				
11	1	1	1	
10		1	1	

(2) 네 개의 인접한 사각형을 하나로 묶어서 표현하면 두 개의 변수 xw로 표시된다. 두 개의 인접한 사각형은 묶어 세 개의 변수 xyz'로 표시된다.
그러므로 $f(x, y, z, w) = xw + xyz'$이다.

[예제 3.17] 다음의 진리표를 보고 물음에 답하시오.

(1) 다음의 진리표를 갖는 부울 함수 $f(x, y, z, u)$를 표시하시오.

(2) 다음의 진리표를 갖는 카노우 맵을 그리시오.

(3) 다음의 진리표를 갖는 부울 함수를 (2)를 이용하여 간단히 표현하시오.

x	y	z	w	$f(x, y, z, w)$
0	0	0	0	1
0	0	0	1	0
0	0	1	0	1
0	0	1	1	0
0	1	0	0	0
0	1	0	1	1
0	1	1	0	0
0	1	1	1	1
1	0	0	0	1
1	0	0	1	0
1	0	1	0	1
1	0	1	1	0
1	1	0	0	0
1	1	0	1	1
1	1	1	0	0
1	1	1	1	1

풀이 (1) $f(x, y, z, w) = x'y'z'w' + x'y'zw' + x'yz'w + x'yzw$
$+ xyz'w + xyzw + xy'z'w' + xy'zw'$

(2) 부울 함수에 대한 카노우 맵을 그리면 다음과 같다.

xy \ zw	00	01	11	10
00	1			1
01		1	1	
11		1	1	
10	1			1

(3) 네 개의 인접한 사각형은 묶어 두개의 변수 yw으로 표현되며, 인접한 네 개의 사각형은 $y'w'$로 표현된다. 따라서 부울 함수 $f(x, y, z, w)$는

$$f(x, y, z, w) = yw + y'w'$$

이다.

3.4 스위치 이론

부울 함수로 표현된 식은 컴퓨터의 전자회로를 설계하는데 사용할 수 있다. 컴퓨터의 전자회로 설계에서 입력은 부울 변수를 사용하며, 출력은 부울 함수로 나타낸다. 입력에 대한 처리과정은 부울 연산자를 이용하며 연산자는 게이트로 표현된다.

3.4.1 논리회로 설계

전기회로에서 스위치(switch)가 닫힌 상태이면 전류는 흐르고, 스위치가 열린 상태이면 전류는 차단된다.

열린 스위치

[그림 3.5] 전류의 차단

닫힌 스위치

[그림 3.6] 전류의 흐름

이렇게 스위치가 연결된 상태일 때 부울 함수의 값은 1이라 정하고, 차단된 상태일 때는 부울 함수의 값을 0이라 정한다. 일반적으로 전자회로를 설계할 때 부울 연산을 수행하는 장치는 논리게이트를 사용하여 나타낸다.

스위치의 연결 상태가 직렬인지 병렬인지에 따라 부울 함수의 결과 값은 다양하게 나타난다. 스위치가 직렬로 연결되면 부울 연산자 AND를 AND 게이트로 정의하며, 이때 연산자 AND를 수행하는 장치인 AND 게이트는 다음과 같다.

x \ y	0	1
0	0	0
1	0	1

AND 연산자

AND 스위치

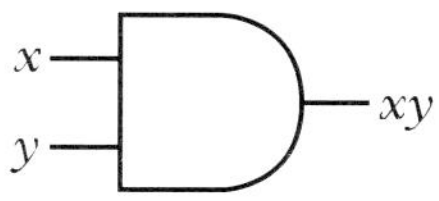

AND 게이트

[그림 3.7] 연산자 AND에 대한 스위치와 게이트

AND 게이트는 두 스위치 x와 y가 모두 연결될 때 부울 함수가 1의 값을 갖는다.

병렬로 연결된 스위치의 부울 연산자 OR은 OR 게이트로 정의한다. 이때 연산자 OR를 수행하는 장치인 OR 게이트는 다음과 같다.

x \ y	0	1
0	0	1
1	1	1

OR 연산자

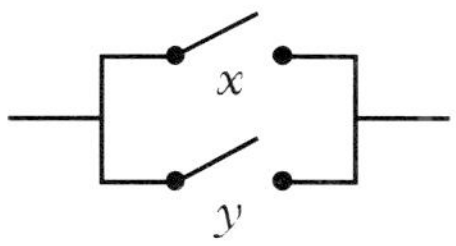

OR 스위치

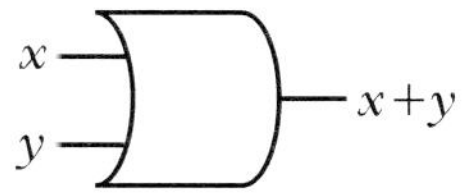

OR 게이트

[그림 3.8] 연산자 OR에 대한 스위치와 게이트

OR 게이트는 두 스위치 x와 y 중에서 하나만 연결되어도 부울 함수가 1의 값을 갖는다.

부울 연산자 '(Complement)은 NOT 게이트로 정의되며, 이때 연산자 '(Complement)를 수행하는 장치인 NOT 게이트는 다음과 같다.

x	x'
0	1
1	0

Complement 연산자

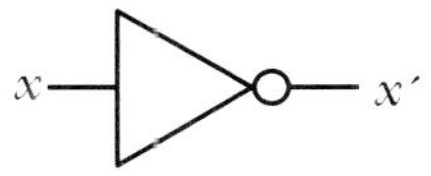

NOT 게이트

[그림 3.9] 연산자 '(Complement)에 대한 게이트

부울 연산자 NOT 과 AND의 결합인 NAND 연산자에 관한 NAND 게이트는 다음과 같이 정의된다.

x	y	$(xy)'$
1	1	0
1	0	1
0	1	1
0	0	1

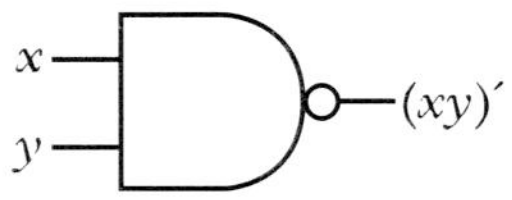

[그림 3.10] 연산자 NAND에 대한 NAND 게이트

부울 연산자 NOT 과 OR의 결합인 NOR 연산자에 관한 NOR게이트는 다음과 같다.

x	y	$(x+y)'$
1	1	0
1	0	0
0	1	0
0	0	1

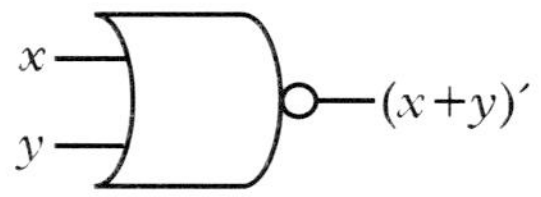

[그림 3.11] 연산자 NOR에 대한 NOR 게이트

부울 연산자 XOR에 관한 XOR게이트는 다음과 같다.

x	y	$x \oplus y$
1	1	0
1	0	1
0	1	1
0	0	0

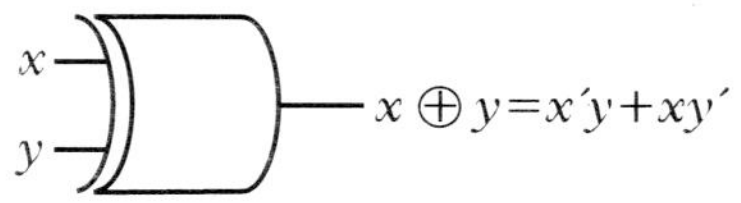

[그림 3.12] 연산자 XOR에 대한 XOR 게이트

XOR 게이트는 익스크루시브(Exclusive) OR 게이트라고 읽고, 두 부울 변수가 서로 다른 경우에만 부울함수의 값은 1이다.

NAND 게이트를 드모르간 법칙을 이용하면 다음과 같이 표현된다.

$$(xy)' = x' + y'$$

[그림 3.13] NAND 게이트

$x' + y'$를 구현하기 위해서는 x'과 y'에 대한 두 개의 NOT 게이트와 한 개의 OR 게이트가 필요하다. 하지만 $(xy)'$는 NAND 게이트 한 개로 구현이 가능하다.

또한, NOR 게이트는 드모르간 법칙을 이용하면 다음과 같다.

$$(x+y)' = x'y'$$

[그림 3.14] NOR 게이트

3.4.2 스위치 이론(Design of Logic Circuit)

논리 회로 설계는 디지털로 이루어진 컴퓨터를 만드는 전자회로 설계에 중요하며, 스위치 이론은 논리회로 설계에 부울 대수를 응용한 것이다. 부울 함수를 단순화하기 위해서는 카노우 맵을 이용하며, 단순화된 부울 함수는 가능한 적은 수의 게이트로 논리 회로를 설계할 수 있게 해준다. 적게 사용된 논리 게이트는 훨씬 간단한 회로를 만들 수 있기 때문에 경제적이다. 논리게이트들이 상호 연결된 것을 논리회토라 한다.

[예제 3.18] 다음 부울함수 $f(x, y, z)$를 보고 물음에 답하시오.

$$f(x, y, z) = xyz + xyz'$$

(1) 부울함수 $f(x, y, z)$를 논리회로로 나타내시오.

(2) 부울함수 $f(x, y, z)$를 기본법칙을 이용하여 간단히 표현하시오.

(3) 부울함수 $f(x, y, z)$를 카노우 맵을 이용하여 간단히 표현하시오.

(4) (3)에서 주어진 부울 함수를 논리회로로 나타내시오.

풀이 (1)

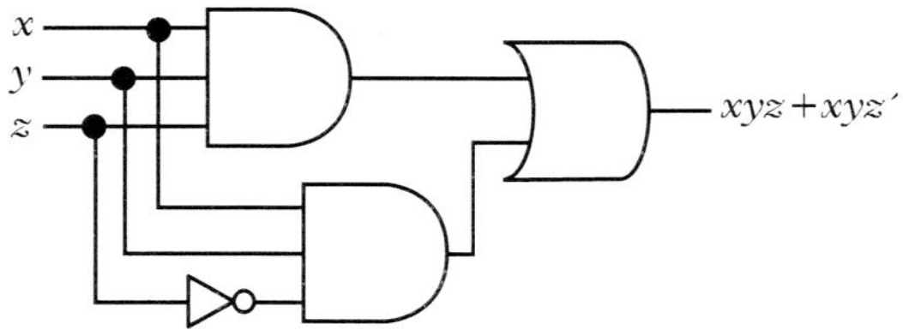

(2) $f(x, y, z) = xyz + xyz'$

$= xy(z + z')$ 결합법칙

$= xy$ 여법칙

(3) 부울 함수 $f(x, y, z)$는 세 변수에 대한 카노우 맵을 이용하면 인접한 두 개의 사각형은 두 개의 부울 변수로 표시된다. 따라서 $f(x, y, z) = xy$ 이다.

x \ yz	00	01	11	10
0				
1			1	1

(4)

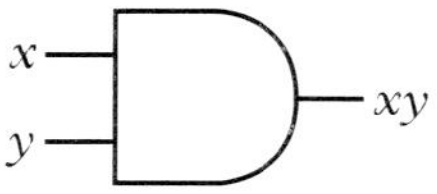

부울 함수를 카노우 맵을 이용하면 복잡한 회로를 간단한 회로로 표현 할 수 있다. 그러므로 전자회로를 설계하기 전에 먼저 부울 함수를 단순화하는 것은 경제적으로 필요하다.

[예제 3.19] 다음 부울함수 $f(x, y, z)$를 보고 물음에 답하시오.

$$f(x, y, z) = xyz + xy'z + x'yz + x'yz'$$

(1) 부울함수 $f(x, y, z)$를 논리회로로 나타내시오.

(2) 부울함수 $f(x, y, z)$를 카노우 맵을 이용하여 간단히 표현하시오.

(3) (2)을 이용한 간단한 부울 함수를 논리회로로 나타내시오.

풀이 (1)

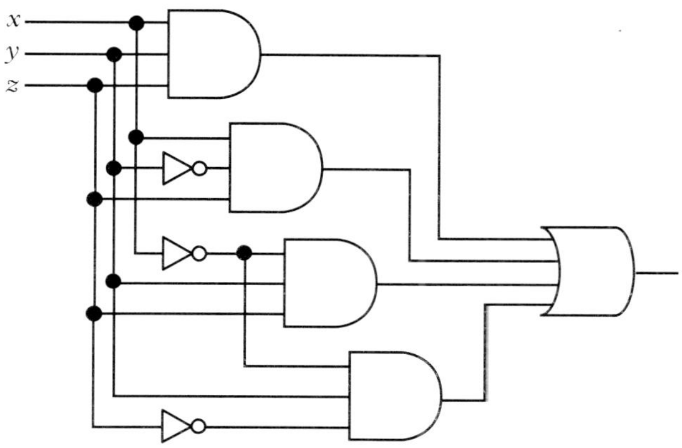

(2) 카노우 맵을 사용하면 $f(x, y, z) = x'y + xz$ 가 된다.

x \ yz	00	01	11	10
0			1	1
1		1	1	

(3) 논리 회로로 나타내면 다음과 같다.

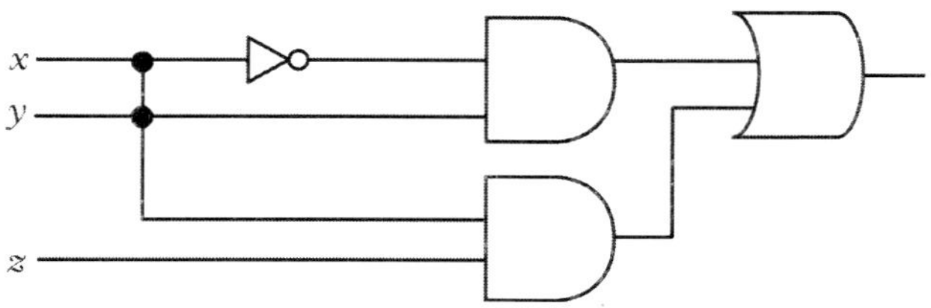

연습문제

01. 다음 부울식의 결과 값을 구하시오.

(1) $1' + 0 + 1$　　(2) $(1 \cdot 0)' + (1 \cdot 1')'$

(3) $1 + (0' + 1)' + 1$　　(4) $0 + 1' \cdot (1 + 1)' + 0' \cdot 1'$

02. 다음 부울식을 진리표로 나타내시오.

(1) $x' + y + z'$

(2) $xy' + x'y'$

(3) $xy' + (z + y)'$

03. 다음에 주어진 진리표를 부울 함수로 나타내시오.

(1)

x	y	$f(x,y)$
0	0	1
0	1	1
1	0	1
1	1	1

(2)

x	y	z	$f(x,y,z)$
0	0	0	0
0	0	1	0
0	1	0	0
0	1	1	1
1	0	0	1
1	0	1	1
1	1	0	0
1	1	1	1

(3)

x	y	z	w	$f(x, y, z, w)$
0	0	0	0	0
0	0	0	1	1
0	0	1	0	0
0	0	1	1	1
0	1	0	0	0
0	1	0	1	0
0	1	1	0	1
0	1	1	1	0
1	0	0	0	0
1	0	0	1	1
1	0	1	0	0
1	0	1	1	1
1	1	0	0	0
1	1	0	1	1
1	1	1	0	0
1	1	1	1	1

04. 세 변수에 대한 카노우 맵을 사용하여 다음의 부울 함수를 간소화하여라.

(1) $f(x, y, z) = x'y'z + xy'z + xy'z'$

(2) $f(x, y, z) = xyz + x'yz + x'yz' + xy'z' + xy'z + xyz'$

(3) $f(x, y, z) = x'y'z + x'yz + xyz + xyz'$

05. 다음의 카노우 맵을 보고 다음 물음에 답하시오.

$xy \backslash zw$	00	01	11	10
00	1	1	1	
01				
11				
10	1	1	1	

(1) 부울함수 $f(x, y, z, w)$를 구하여라.

(2) 카노우 맵을 이용하여 간소화된 부울함수 $f(x, y, z, w)$를 구하여라.

(3) 간소화된 부울함수 $f(x, y, z, w)$에 대한 논리회로를 그리시오.

CHAPTER 4

그래프
(Graphs)

그래프는 오늘날 컴퓨터 관련 학문에 있어서 매우 중요한 위치를 차지하고 있다. 18세기 스위스 수학자 Euler에 의해 처음으로 소개된 그래프는 쾨니히베르게 다리 문제에 이용되었으며 지금도 그래프는 여러 분야의 문제들을 해결하는데 사용되고 있다. 예를 들면, 회로를 평면회로 보드로 구현할 수 있는지의 여부와 월드와이드웹 구조를 연구하는데 그래프를 사용한다. 최단거리 순회문제, 컴퓨터 네트워크의 그래프 모델을 사용하여 두 대의 컴퓨터에 통신 링크를 사용하여 연결할 것인지를 결정할 수도 있다. 또한 시험시간들을 스케줄링하고 텔레비전 방송국들에 채널들을 할당하는데 그래프가 사용되고 있다.

4.1 그래프의 소개

쾨니히베르게(Konigsberg)다리 문제는 두 개의 섬과 강둑 사이를 연결하는 7개의 다리에서 각 다리를 정확히 한번만 지나가는 경로를 찾는 문제이다. 많은 사람들이 이 문제를 풀기 위해 노력하였으며 마침내 수학자인 오일러가 그래프이론을 이용하여 이 문제를 해결하였다.

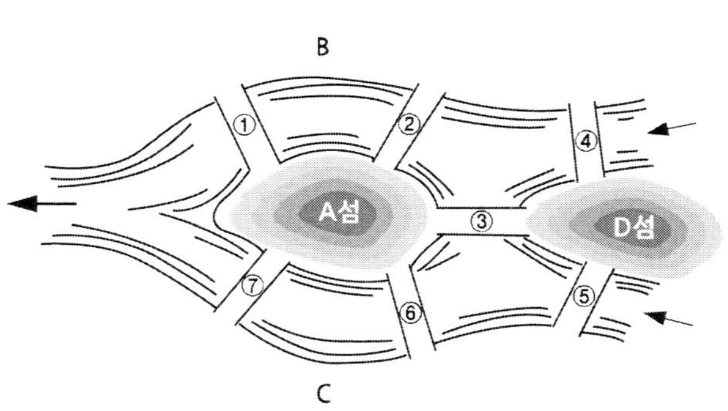

[그림 4.1] 쾨니히베르게 다리 문제

이 문제를 해결하는 방법은 다중그래프로 모델링하는 것이다. 다중그래프는 두 개의 원소들로 구성되는데 이중 하나는 '정점'(vertex) 또는 '노드'(node)라고 불리는 원소들의 집합과 정점들을 연결하는 '연결선'(edge)이라는 원소들의 집합이다. 다중그래프는 두 점 사이의 연결선들의 중복을 허용한다.

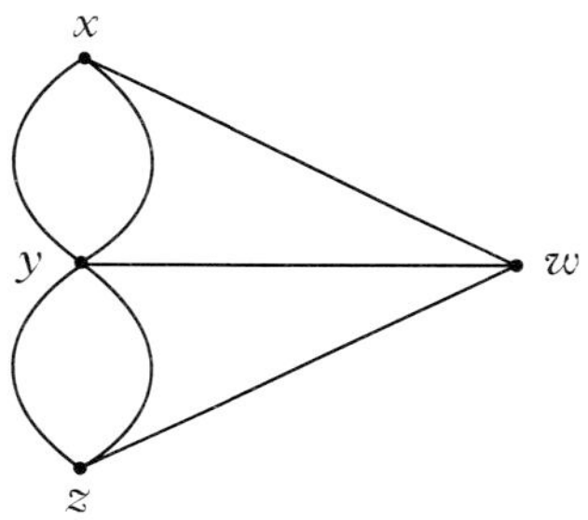

[그림 4.2] 쾨니히베르게 다리문제의 그래프적인 표현

쾨니히베르게 다리문제에서 두 섬은 정점 y과 정점 w로 나타내며 정점 x와 z는 두 섬과 연결된 지역을 의미한다. 그리고 7개의 다리는 정점들 사이의 선들인 연결선으로 나타낸다. 다중그래프에서 모든 연결선들을 정확히 한 번씩만 통과하는 경로를 오일러 경로(Eulerian path)라고 한다. 다중그래프에서 연결선의 수가 홀수인 정점의 수가 0 또는 2개이면 오일러 경로이다. 쾨니히베르게 다리문제를 그래프를 이용하여 해결하면 모든 4개의 정점들은 모두 홀수 개의 연결선을 가지므로 오일러 경로가 없다.

4.2 그래프의 정의

그래프는 $G=(V,E)$로 표현되며, 유한개의 '정점'(vertex) 또는 '노드'(node)들의 집합인 V와 '연결선'(edge)의 집합인 E로 이루어졌다.

집합 $V=\{1, 2, 3, 4\}$에 대한 연결선들의 집합 $E=\{(1, 3), (3, 2), (3, 4)\}$에 대한 그래프 $G=(V,E)$는 다음과 같다.

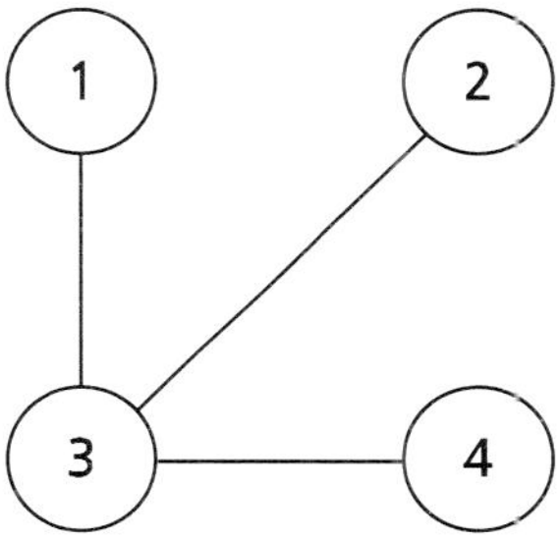

[그림 4.3] 그래프 $G=(V,E)$

위의 그림에서 그래프의 경로는 (1, 3, 2), (1, 3, 4), (4, 3, 1) 그리고 (2, 3, 4)로 나타낼 수 있다.

[예제 4.1] 집합 $V=\{1, 2, 3, 4\}$**에 대한 연결선의 집합을**

$$E=\{(1, 3), (2, 4), (3, 2), (3, 4)\}$$

라 할 때 그래프의 경로인 것을 찾으시오.

(1) (1, 2, 3)

(2) (1, 3, 4)

(3) (1, 4, 2)

(4) (2, 4, 3, 2)

풀이 (2), (4)는 그래프의 경로가 되고, (1), (3)은 연결선이 없으므로 그래프의 경로가 아니다.

> **정의 4.1**
>
> **경로(path)**
> 그래프에서 한 정점 v_1에서 다른 정점 v_n까지 연결선으로 연결된 것을 경로라 한다. 이 때, 정점 v_1에서 정점 v_n로 가는 경로는 연결선 $(v_1, v_2, \cdots, v_n)$로 표시된다.
>
> **사이클(cycle)**
> 그래프에서 시작점과 끝점이 같은 경로를 사이클이라 한다.
>
> **방향 그래프(Directed graph)**
> 방향그래프 $G=(V, E)$에서 V는 공집합이 아닌 정점들의 집합이고, E는 연결선으로 방향이 있는 정점들의 쌍으로 이루어진 집합이다.

그래프 $G=(V, E)$에서 각 $i=1,2, \cdots, n$에 대한 정점 $v_i \in V$의 경로가 $(v_1, v_2, \cdots, v_n)$으로 주어지면 경로의 길이는 $n-1$이다.

집합 $V=\{1, 2, 3, 4\}$에 대한 연결선들의 집합 $E=\{(1,4), (2,4), (3,2), (3,4)\}$에 대한 방향그래프 $G=(V, E)$는 다음과 같다.

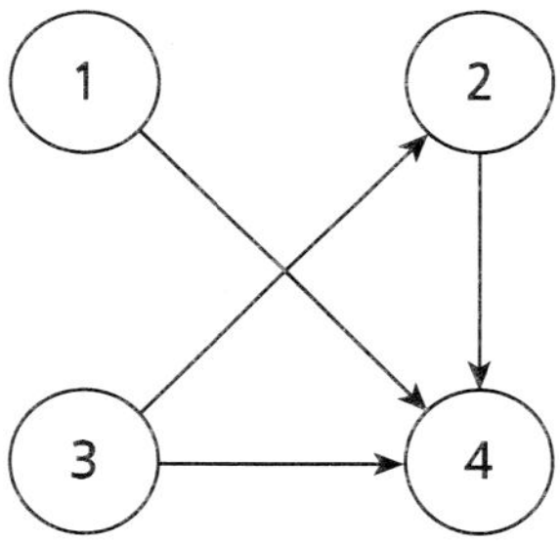

[그림 4.4] 방향 그래프 $G=(V, E)$

위의 그림에서 (1, 4), (2, 4), 그리고 (3, 4)는 길이가 1인 방향그래프의 경로이며, (3, 2, 4)는 길이가 2인 방향그래프의 경로이다.

정의 4.2

루프(Loop)

그래프 $G=(V, E)$에서 하나의 정점만을 갖는 연결선들의 집합이다.

단순 그래프(Simple graph)

단순그래프 $G=(V, E)$에서 V는 공집합이 아닌 정점들의 집합이고, E는 연결선의 집합으로 중복연결선과 루프가 없는 정점들의 쌍의 집합이다.

다중그래프(multi graph)

다중그래프 $G=(V, E)$는 정점들의 집합인 V, 연결선의 집합인 E에서 중복의 연결선을 포함하는 그래프이다.

가중 그래프(weighted graph)

그래프 G의 각 연결선에 0보다 큰 수가 할당되었을 때 이 값을 가중값(weight)이라고 하며, 가중값을 포함하는 그래프를 가중 그래프(weighted graph)라고 한다.

[그림 4.5] 단순 그래프

[그림 4.6] 다중그래프

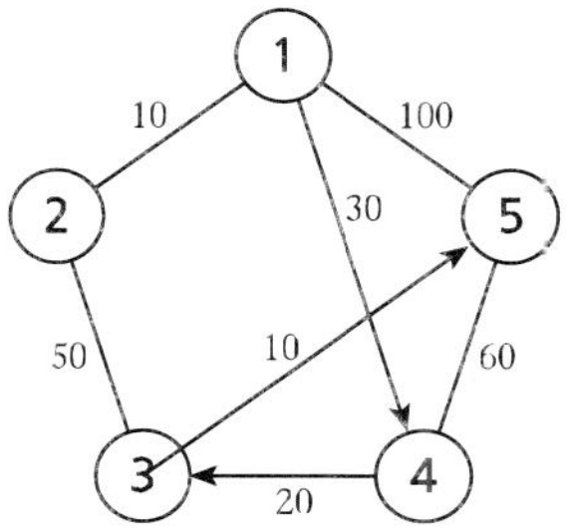

[그림 4.7] 가중 그래프

[예제 4.2] 집합 $V = \{1, 2, 3, 4, 5, 6\}$에 대하여 다음과 같은 그래프가 주어질 때 물음에 답하시오.

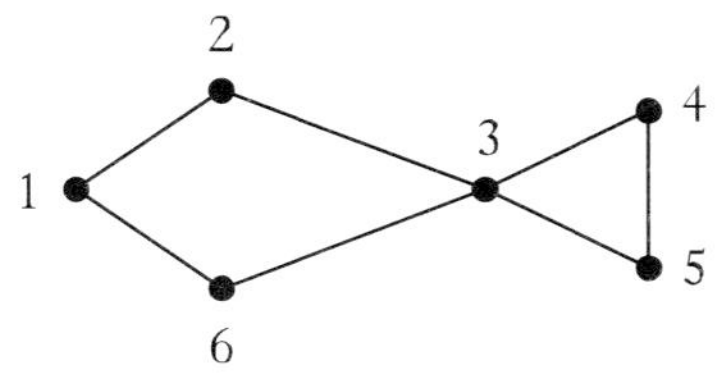

[그림 4.8] 그래프 G_1

(1) (1, 2, 3, 4, 5, 3, 6, 1)은 경로인가?

(2) (1, 2, 3, 4, 5, 3, 6, 1)은 사이클인가?

(3) 그래프 G_1은 단순그래프인가?

풀이 (1) 연결선으로 연결되므로 길이가 7인 경로이다.

(2) 시작점과 끝점이 같은 경로이므로 길이가 7인 사이클이다.

(3) 연결선이 중복되지 않고 루프도 아니므로 단순그래프이다.

정의 4.3

(1) $G = (V, E)$가 그래프이고 v가 정점이라 할 때 v의 차수(degree)는 $d(v)$로 표시하며, 이것은 정점 v에 인접하는 연결선들의 개수를 말한다.

(2) 두 개의 그래프 $G = (V, E)$, $G' = (V', E')$에서 $V' \subseteq V$, $E' \subseteq E$일 때 그래프 $G' = (V', E')$를 G의 부분 그래프(subgraph)라고 한다.

[예제 4.3] 위의 그래프 G_1의 부분 그래프는 다음과 같다.

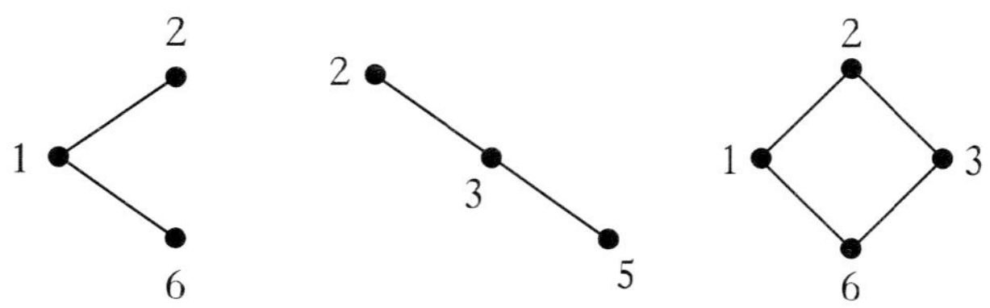

[그림 4.9] G_1의 부분 그래프

4.3 그래프의 행렬 표현

그래프를 표현하는 방법 중 우리가 이해하기 가장 쉬운 방법은 그림을 이용하는 것이다. 하지만 컴퓨터는 그림으로 표현된 정보를 이해할 수 없기 때문에 행렬을 이용한다. 행렬을 이용한 그래프의 표현은 두 가지 방법이 있다. 하나는 두 개의 정점이 연결되는지를 알아보는 방법이고 다른 하나는 하나의 정점이 어느 연결선과 연결되는지를 나타내는 방법이다. 첫 번째는 인접 행렬(adjacency matrix)을 이용하며 두 번째는 접속 행렬(incidence matrix)을 이용한 방법이다.

(1) 인접 행렬(adjacency matrix)

두 개의 정점이 연결되어 있으면 1, 연결되지 않으면 0으로 정하여 그래프를 행렬로 표현할 때 이 행렬을 인접행렬이라 한다. 즉 n 개의 정점을 갖는 그래프 $G=(V, E)$에서 행렬 $A=(a_{ij})_{n\times n}$의 원소를

$$a_{ij}=\begin{cases}1 & (v_i, v_j)\in E\\ 0 & (v_i, v_j)\notin E\end{cases}$$

라 하면, 행렬 A를 그래프 G의 인접행렬이라 한다.

[예제 4.4] 그래프 G_1가 다음과 같이 주어질 때 인접행렬을 구하시오.

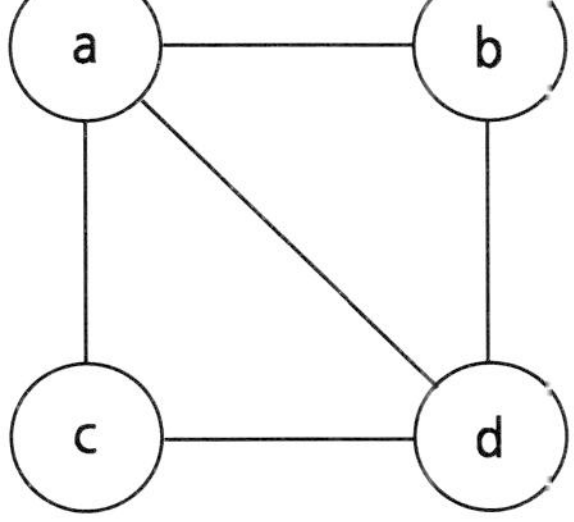

[그림 4.10] 그래프 G_1

풀이

	a	b	c	d
a	0	1	1	1
b	1	0	0	1
c	1	0	0	1
d	1	1	1	0

[그림 4.11] 그래프 G_1의 인접 행렬

배열을 이용한 그래프 표현

```
int matrix[3][3] = { { 0, 1, 1, 1},
                     { 1, 0, 0, 1},
                     { 1, 0, 0, 1},
                     { 1, 1, 1, 0} }
```

링크드 리스트를 이용한 그래프 표현

```
#define numNode    4
struct strNode {
        int node;
        struct strNode *link;
}

struct strNode *graph[numNode];

void init_list()
{
    struct strNode *newNode;
    int i;
    for(i=0; i<numNode ; I++)
        graph[i] = null;
    newNode = (struct strNode*)malloc(sizeof(newNode));
    newNode->link = graph[0];
    graph[0] = newNode;
    newNode->node = 2;
    newNode = (struct strNode*)malloc(sizeof(newNode));
    newNode->link = graph[0];
    graph[0] = newNode;
    newNode->node = 3;
    newNode = (struct strNode*)malloc(sizeof(newNode));
    newNode->link = graph[0];
    graph[0] = newNode;
    newNode->node = 4;
          :
          :
}
```

(2) 접속 행렬(incidence matrix)

모든 정점이 연결되어 있고 루프가 없는 그래프 $G=(V, E)$에서 $v_i \in V$, $e_j \in E$에 대한 행렬 $A=(a_{ij})_{n\times n}$의 원소를

$$a_{ij} = \begin{cases} 1 & v_i \in e_j \\ 0 & v_i \notin e_j \end{cases}$$

라 하면, 행렬 $A=(a_{ij})_{n\times n}$ 을 그래프 G의 접속행렬이라 한다. 즉, 행은 정점을 나열하고 열은 연결선을 나열하여 관계가 있는 행과 열에 1로, 관계가 없는 행과 열에 0으로 표시된 행렬이다.

[예제 4.5] 그래프 G_2가 다음과 같이 주어질 때 접속행렬을 구하시오.

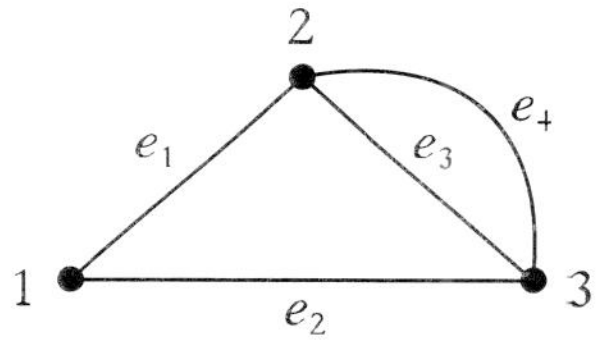

[그림 4.12] 그래프 G_2

풀이

$$\begin{array}{c} \\ 1 \\ 2 \\ 3 \end{array} \begin{array}{c} \begin{array}{cccc} e_1 & e_2 & e_3 & e_4 \end{array} \\ \begin{bmatrix} 1 & 1 & 0 & 0 \\ 1 & 0 & 1 & 1 \\ 0 & 1 & 1 & 1 \end{bmatrix} \end{array}$$

[그림 4.13] 그래프 G_2의 접속 행렬

4.4 특수 그래프

정점과 연결선으로 이루어진 그래프 G의 정점에 대한 성질과 연결선에 대한 성질을 소개한다. 그래프에서 연결선의 성질은 오일러에 의해서 제안되었고 해길턴은 정점에 대한 법칙을 소개하였다.

정의 4.4

오일러에 의해 소개된 오일러 경로와 오일러 순회는 다음과 같다.

(1) 오일러 경로(Eulerian path)란 그래프에서 각 연결선을 단 한 번씩만 통과하는 경로를 말한다.
(2) 오일러 순회(Eulerian circuit)란 그래프에서 각 연결선을 단 한 번씩만 통과하는 사이클을 말한다.

위에서 정의한 그래프 G가 오일러 경로를 가지기 위한 필요충분조건은 G가 연결 그래프이고 정점에 대한 홀수점이 0개 또는 2개인 경우이다. 그래프 G가 오일러 순회를 가지기 위한 필요충분조건은 G가 연결 그래프이고 모든 정점들이 짝수점을 가지는 경우이다. 정점에 대한 연결선의 수가 홀수 개 일 때 그 정점을 홀수점이라 하며, 연결선의 수가 짝수 개 일 때 그 정점을 짝수점이라 한다.

[예제 4.6] 그래프 G_1과 G_2가 다음과 같이 주어질 때 오일러 경로를 갖는지 조사하시오.

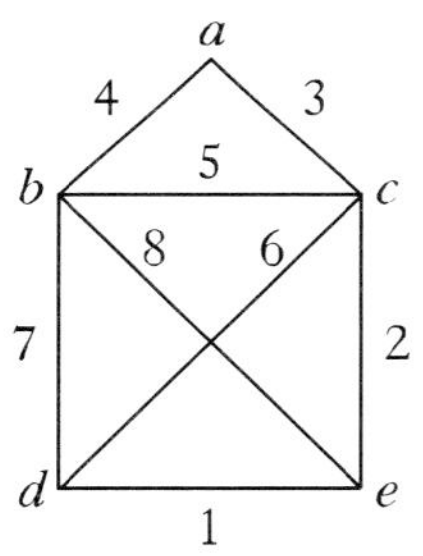

[그림 4.14] 그래프 G_1

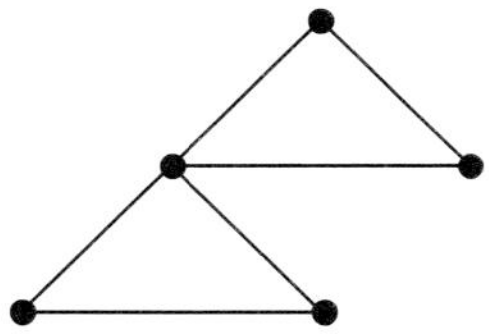

[그림 4.15] 그래프 G_2

풀이 그래프 G_1는 홀수점이 2개이므로 오일러 경로이고, 그래프 G_2는 홀수점이 없으므로 오일러 경로이다.

[예제 4.7] 그래프 G가 다음과 같이 주어질 때 오일러 회로를 갖는지 조사하시오.

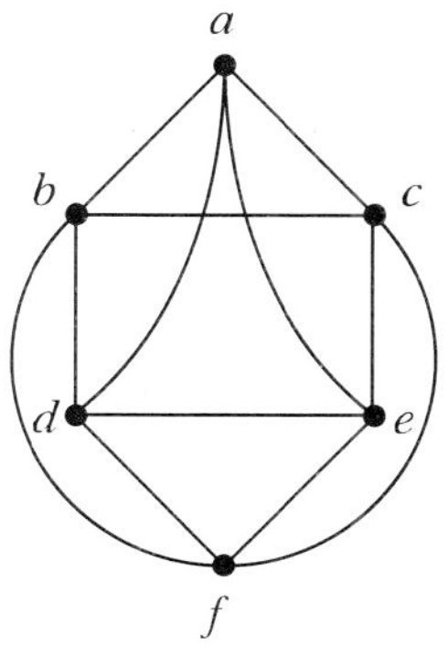

[그림 4.16] 그래프 G

풀이 그래프에서 모든 정점은 홀수점이 0개이므로 오일러 경로를 갖고, 또한 오일러 순회도 갖게 된다.

해밀턴에 의해 소개된 해밀턴 경로와 해밀턴 순회는 다음과 같다.

정의 4.5

(1) 해밀턴 경로(Hamiltonian path)
그래프에서 각 정점들을 단 한 번씩만 통과하는 경로를 말한다.

(2) 해밀턴 순회(Hamiltonian circuit)
그래프에서 각 정점들을 단 한 번씩만 통과하는 순회를 말한다.

[예제 4.8] 그래프 G가 다음과 같이 주어질 때 해밀턴 순회를 갖는지 조사하시오.

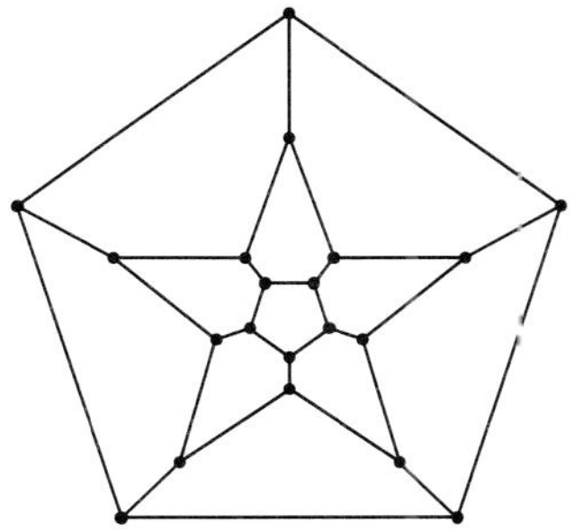

[그림 4.17] 그래프 G

풀이 아래의 그림과 같이 모든 정점을 단 한번씩만 통과하므로 해밀턴 순회를 갖는다.

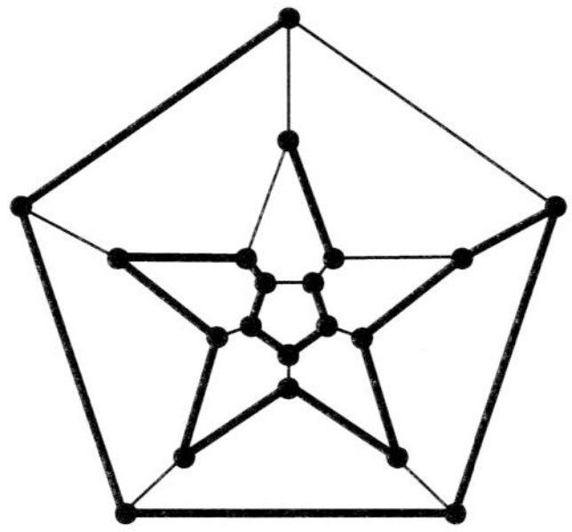

그래프가 해밀톤 순회가 존재하는지 판별하는 것은 매우 어려우며, 해밀톤 순회의 존재에 대한 문제는 아직도 미해결로 남아있다. 하지만 해밀톤 순회와 관련된 응용으로 방문판매원 문제(traveling salesman problem)가 있다. 이 문제는 어느 한 도시에서 시작해서 모든 도시를 정확하게 한 번씩만 방문하고 마지막으로 처음 출발했던 도시로 다시 돌아오는 문제이다. 이와 같이 방문하는 경로를 찾는 문제는 그래프에서 해밀톤 순회를 찾는 문제에 해당한다. 또한 도시를 연결하는 도로를 통과하는데 드는 비용이 도로마다 차이가 있으며, 여러 개의 해밀톤 순회가 존재한다면 방문 판매원은 여러 해밀톤 순회 중에서 가장 비용이 적게 드는 순회를 택하게 될 것이다. 방문 판매원 문제는 최근접 이웃 방법(nearest neighbor method)을 통하여 최소값은 아니더라도 근접한 값을 구할 수 있으며, 알고리즘이 최상이라기보다는 더 좋은 해밀턴 순회를 찾는다는 것을 의미한다. 이 방법은 임의로 선택한 정점에서 출발하여 그 정점과 가장 가까운 정점을 찾아서 연결하고 그 경로를 추가하는 과정을 반복하며 마지막에 순회를 형성하도록 하는 알고리즘이다.

〈알고리즘 1〉 최근접 이웃 방법 $G(V, E)$

{이 알고리즘은 방문 판매원 문제의 근접한 최소값을 구한다.
따라서 가중치의 합 w가 최소값을 의미하지는 않으며, 경로는 정점의 목록 T로 나타나고 가중치는 변수 w에 저장된다.}

```
begin
    초기값 v1 ∈ V 을 선택한다.
    v' ← v1
    w ← 0
    경로 목록 T 에 v'를 추가한다.
    while T ≠ V do
        begin
            v'를 표시한다.
            T에 없는 정점 중 v'에 가장 가깝게 인접한 정점 u를 찾는다.
            경로 목록 T에 u를 추가한다.
            w ← w +{(v', u)의 가중치}
            v' ← u
        end
      경로 목록 T 에 v1를 추가한다.
        w ← w +{( v', v1)의 가중치}
    end
```

[예제 4.9] 그래프 G가 다음과 같이 주어질 때 최근접 이웃방법의 알고리즘을 이용하여 해밀턴 순회에 대한 최적의 경로를 구하시오.

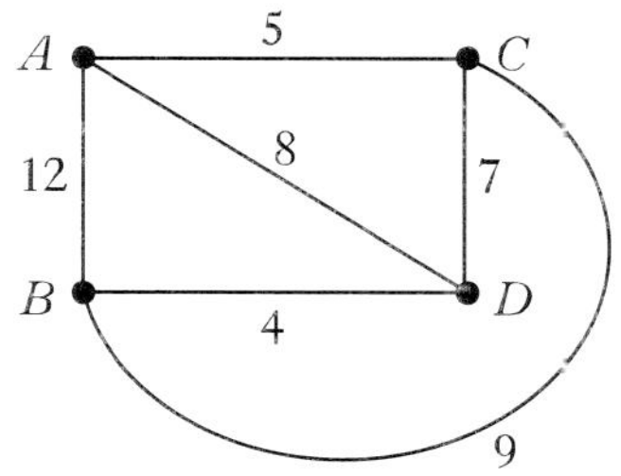

[그림 4.18] 그래프 G

풀이 먼저 초기값 v_1을 정점 A로 정하고 최근접 이웃 알고리즘을 적용한 결과는 다음과 같다.

순서	v_1	v'	w	T
0	A	A	0	{A}
1		C	5	{A, C}
2		D	12	{A, C, D}
3		B	16	{A, C, D, B}
4			28	{A, C, D, B, A}

[그림 4.19] 초기값이 정점 A인 해밀턴 순회

초기값 v_1을 정점 B로 정하고 최근접 이웃 알고리즘을 적용한 결과는 다음과 같다.

순서	v_1	v'	w	T
0	B	B	0	{B}
1		D	4	{B, D}
2		C	11	{B, D, C}
3		A	16	{B, D, C, A}
4			28	{B, D, C, A, B}

[그림 4.20] 초기값이 정점 B인 해밀턴 순회

초기값이 정점 A와 정점 B인 해밀턴 순회에서 최적의 가중치의 합은 28이다. 초기값 v_1을 정점 C로 정하고 최근접 이웃 알고리즘을 적용한 결과는 다음과 같다.

순서	v_1	v'	w	T
0	C	C	0	{C}
1		A	5	{C, A}
2		D	13	{C, A, D}
3		B	17	{C, A, D, B}
4			26	{C, A, D, B, C}

[그림 4.21] 초기값이 정점 C인 해밀턴 순회

초기값 v_1을 정점 D로 정하고 최근접 이웃 알고리즘을 적용한 결과는 다음과 같다.

순서	v_1	v'	w	T
0	D	D	0	{D}
1		B	4	{D, B}
2		C	13	{D, B, C}
3		A	18	{D, B, C, A}
4			26	{D, B, C, A, D}

[그림 4.22] 초기값이 정점 D인 해밀턴 순회

초기값이 정점 C와 정점 D인 해밀턴 순회에서 최적의 가중치의 합은 26이다. 따라서 정점 C나 정점 D에서 시작하는 최근접 이웃 알고리즘은 최적의 경로지만, 정점 A나 정점 B에서 시작하는 최근접 이웃 알고리즘은 차상의 경로임을 알 수 있다.

4.5 그래프의 응용

그래프의 개념은 단순하지만 많은 응용분야에서 다양하게 응용되고 있다. 예를 들어 한붓그리기와 색칠문제 등에 응용되어 사용되고 있다. 그래프는 이외에도 비행 항로로, 통신 네트워크(Communication network), 화학분자구조, 플로우차트(Flow chart), 정렬(sorting), 탐색(searching), 논리회로 설계(Logic circuit design)등에 폭넓게 활용되고 있다.

여기서는 그래프를 이용한 최단경로 찾기에 대하여 소개한다.

4.5.1 최단경로

항공기의 비행시간에 응용되는 그래프에서 정점은 도시를, 연결선은 도시들 간의 비행 거리를 나타낸다. **최단경로(shortest path)** 문제는 도시 A에서 도시 B로 가는 가장 짧은 거리의 경로를 찾는 문제이다. 최단경로(shortest path) 문제를 해결하기 위해서는 다음과 같은 선행조건이 있다. 첫째, 도시 A에서 도시 B로 가는 경로의 존재성이다. 둘째, 도시 A에서 도시 B의 다양한 경로인 경우 어떤 경로가 가장 짧은 거리인가 하는 점이다.

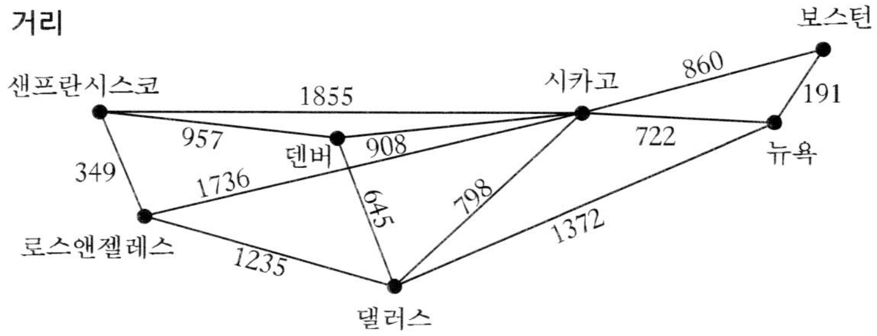

[그림 4.23] 비행시간에 대한 가중 그래프

샌프란시스코에서 뉴욕까지의 경로는 다양하다. 시카고만 경유하는 경로, 덴버와 시카고를 지나는 경로, 덴버와 달라스를 경유하는 경로 등 여러 가지 경로가 존재한다. 하지만 샌프란시스코에서 뉴욕까지의 최단 경로는 이 중 시카고를 경유하는 경로로 최단경로의 값은 2577이다.

[예제 4.10] 다음 그래프에서 연결선들의 값은 두 정점 사이의 거리를 표시할 때 물음에 답하시오.

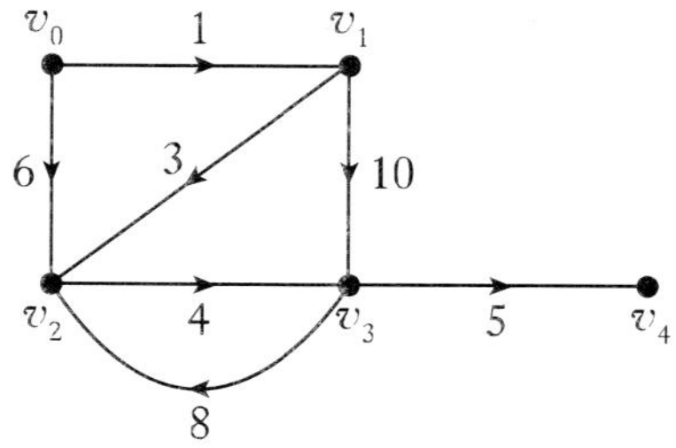

[그림 4.24] 주어진 가중 방향 그래프

(1) 정점 v_0에서 정점 v_4 까지 세 가지 경로를 구하시오.

(2) 정점 v_0에서 정점 v_4 까지 최단경로를 구하시오.

(3) 정점 v_1에서 정점 v_4 까지 두 가지 경로를 구하시오.

(4) 정점 v_1에서 정점 v_4 까지 최단경로를 구하시오.

풀이 (1) 정점 v_0에서 v_4까지 경로는 (v_0, v_1, v_3, v_4)이고 경로의 거리는 $1+10+5=16$가 된다. 다른 경로는 $(v_0, v_1, v_2, v_3, v_4)$이며 경로의 거리는 $1+3+4+5=13$이다. 또 다른 경로는 (v_0, v_2, v_3, v_4)이고 이 때 경로의 거리는 $6+4+5=15$이다.

(2) 정점 v_0에서 정점 v_4까지 최단경로는 $(v_0, v_1, v_2, v_3, v_4)$이며 최단거리는 13이다.

(3) 정점 v_1에서 v_4까지 경로는 (v_1, v_2, v_3, v_4)이며 경로의 거리는 $3+4+5=12$이다. 또 다른 경로는 (v_1, v_3, v_4)이고 이 때 경로의 거리는 $10+5=15$이다.

(4) 정점 v_1에서 정점 v_4까지 최단경로는 (v_1, v_2, v_3, v_4)이며 최단거리는 12이다.

4.5.2 다익스트라 알고리즘

최단경로 문제는 다익스트라 알고리즘(Dijkstra algorithm)을 이용하여 해결할 수 있다. 이 알고리즘은 주어진 시작점에서 출발하여 거리가 최소인 정점들을 추가하면서 가장 짧은 거리를 가지는 나머지 정점들을 추가하여 최소거리를 찾는 방법이다.

먼저 방향 그래프 $G=(V, E)$에서 정점의 집합인 V는 n 개의 원소를 가지고 있으며 $v \in V$ 이다. 정점 $v \in \{1, 2, \cdots, n\}$로 표시하고 정점 $\{1\}$은 출발점이다. 정점 i에서 j로 가는 가중값이 있는 연결선을 $g(i, j)$로 나타내고, i에서 j로 가는 경로가 없으면 거리는 ∞로 표시한다. 즉,

$$g(i, j) = \begin{cases} 0 & \text{if } i = j \\ \text{가중값} & \text{if } i \neq j, (i, j) \in E \\ \infty & \text{if } i \neq j, (i, j) \notin E \end{cases}$$

이다. 그리고 $d(i)$는 현재의 정점 i까지 가장 짧은 거리를 나타낸다.

〈알고리즘 2〉 다익스트라 알고리즘 $G(V, E)$

{n개의 꼭지를 가진 무게함수가 g인 유향그래프 G에서 정점 v_0로부터 모든 정점을 지나는 가장 짧은 경로의 길이를 찾는다.
T는 v_0로부터 가장 짧은 경로의 길이를 알아낸 정점들의 모임이다.}

for $u \in V$ do $d(u) \leftarrow g(v_0, u)$
$T \leftarrow \{v_0\}$
while $T \neq V$ do
  T에 포함되지 않는 정점 중 $d(u)$의 값이 가장 작은 정점 u를 찾는다
  $T \leftarrow T \cup \{u\}$
  for $w \notin T$ do $d(w) \leftarrow \min\{d(w), d(u) + g(u, w)\}$

[예제 4.11] 그래프 G에 대하여 물음에 답하시오.

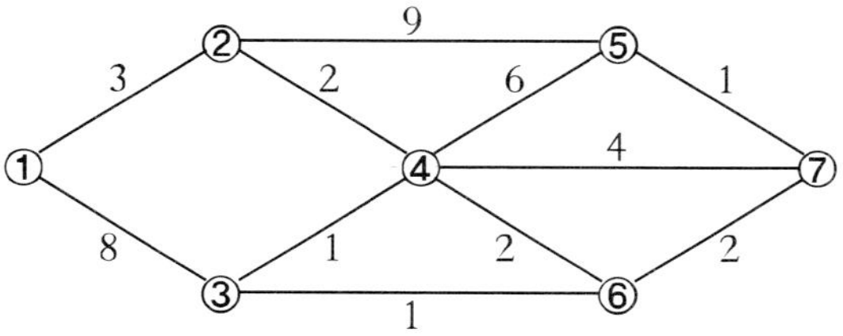

[그림 4.25] 그래프 G

(1) 그래프 G를 정점 i에서 j로 가는 가중값이 있는 연결선 $g(i, j)$로 나타내시오.
(2) 그래프 G 에 대한 다익스트라 알고리즘의 계산 과정을 쓰시오.
(3) 그래프 G 에 대한 최단경로와 최단경로의 값을 구하시오.

풀이 (1) [표 4.1] 그래프 G의 $g(i, j)$ 행렬

$$g(i,j) = \begin{pmatrix} 0 & 3 & 8 & \infty & \infty & \infty & \infty \\ 3 & 0 & \infty & 2 & 9 & \infty & \infty \\ 8 & \infty & 0 & 1 & \infty & 1 & \infty \\ \infty & 2 & 1 & 0 & 6 & 2 & 4 \\ \infty & 9 & \infty & 6 & 0 & \infty & 1 \\ \infty & \infty & 1 & 2 & \infty & 0 & 2 \\ \infty & \infty & \infty & 4 & 1 & 2 & 0 \end{pmatrix}$$

(2) [표 4.2] 그래프 G의 다익스트라의 계산과정

순환단계	$d(1)$	$d(2)$	$d(3)$	$d(4)$	$d(5)$	$d(6)$	$d(7)$	u	T
0	0	3	8	∞	∞	∞	∞		$\{1\}$
1			8	5	12	∞	∞	2	$\{1, 2\}$
2			6		11	7	9	4	$\{1, 2, 4\}$
3					11	7	9	3	$\{1, 2, 4, 3\}$
4					11		9	6	$\{1, 2, 4, 3, 6\}$
5					11			7	$\{1, 2, 4, 3, 6, 7\}$
6					10			5	$\{1, 2, 4, 3, 6, 7, 5\}$

(3) 최단경로는 (1,2,4,3,6,7,5) 이고 최단경로의 값은 10이다.

4.5.3 그래프의 탐색

지금까지는 정점을 한 번씩만 사용하여 그래프 G을 그릴 수 있는가? 그래프 G의 각 정점을 한 번씩만 방문하여 시작한 정점에서 끝나는 경르가 존재하는가? 등의 그래프 G에 대한 존재성에 대하여 소개하였다.

이번 절은 단순 연결 그래프 G에서 도달 가능한 모든 정점을 방문하는 과정을 다룬다. 이것은 해밀턴 경로의 확장된 개념으로 각 정점을 최소 한 번 이상 방문하는 경로를 찾아야 하는 것을 의미하며 방법에 따라 방문된 연결선을 다시 방문하는 과정을 반복할 수 도 있다. 이러한 과정을 **그래프 탐색**이라 하며, 일반화된 그래프 탐색은 두 가지 방법이 있다.

먼저 그래프 탐색의 방법 중에서 깊이우선 탐색 알고리즘을 소개한다.

(1) 깊이우선 탐색(Depth First Search : DFS)

그래프에서 **깊이 우선 탐색**(Depth First Search : DFS)은 현재 방문 중인 정점과 인접한 정점들 중에서 임의의 한 정점을 우선적으로 선택하여 방문한 후에, 이 정점과 연결된 다른 정점을 방문하는 과정을 반복한다. 인접한 모든 정점들이 이미 방문된 경우에는 이전에 마지막으로 방문된 정점으로 되돌아가서 위의 과정을 반복하며, 모든 정점이 모두 방문이 되면 탐색을 종료한다.

깊이우선 탐색 문제는 다음과 같은 알고리즘을 이용하면 쉽게 해결할 수 있다. 이 알고

리즘은 단순 연결 그래프 G와 시작점 v을 입력으로 하여, v을 시작으로 하여 G의 모든 정점들을 단 한 번씩만 방문하는 방법이다.

〈알고리즘 3〉 깊이우선 탐색 알고리즘

```
{정점 v를 시작으로 모든 정점을 방문한다.}
 G= (V, E), v ∈ V
        초기값 v를 방문한다.
        write(v)
        for each node w adjacent to v do
                if w not visited then
                        DepthFirst(G, w)
                end if
        end for
end DepthFirst
void DepthFirst(int v)
{
   int w;
   visted[v] = true;       // 방문된 노드
   do {
       w = graph[v] -> vertex;
       graph[v] = graph[v]->link;
       if(!visted[w]) DepthFirst[w];
   } while(graph[v] != null);
}
```

[예제 4.12] 그래프 G가 다음과 같을 때 깊이우선 탐색 알고리즘을 이용하여 그래프를 탐색하시오.

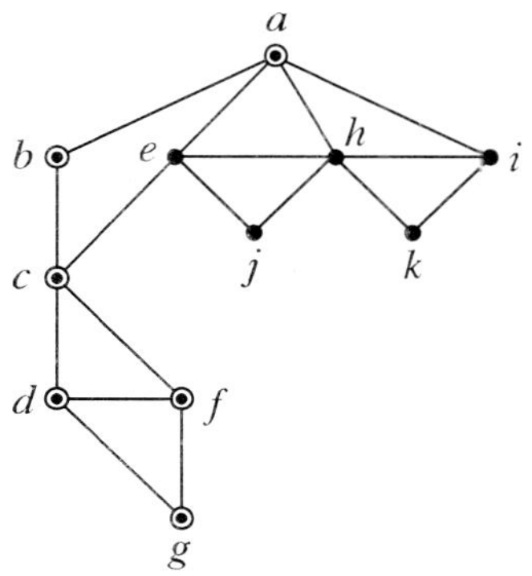

[그림 4.26] 그래프 G

풀이 그래프 G에서 정점 a을 시작점으로 하자. 이때 a의 인접한 여러 정점들 중에서 b을 임의로 선택하여 방문한다. 다음에는 b의 인접한 정점들 중에서 c을 선택하여 방문한다. 이러한 식으로 d, f, g을 차례로 방문하게 되면 g에서 더 이상 방문할 정점이 없게 되는데, 이는 g에 인접한 정점들이 이미 다 방문한 상태이기 때문이다. 여기서는 g 바로 이전에 방문한 정점인 f로 돌아간 후, 이에 인접한 정점들 중에서 새로이 방문할 정점을 찾아야 한다. 그러나 f에 인접한 정점들은 역시 이미 다 방문한 상태이므로, 다시 c로 돌아가야 한다. 이러한 식으로 방문한 경로를 되돌아가면서, c에서 결국 방문할 새로운 정점을 찾게 된다. c에서 방문되지 않은 정점 e를 방문하고, 정점 e에서 방문되지 않은 정점 j를 방문한다. 마찬가지로 정점 j에서 방문되지 않은 정점 h를 방문하고, 방문되지 않은 정점 k를 방문하고 마지막 방문되지 않은 정점 i를 방문하고 그래프 탐색을 마친다. 깊이우선 탐색 알고리즘을 이용한 방문 정점을 순서대로 적어보면 다음과 같다.

$$a,\ b,\ c,\ d,\ f,\ g,\ e,\ j,\ h,\ k,\ i$$

다음은 그래프 탐색의 방법 중에서 너비우선 탐색 알고리즘을 소개한다.

(2) 너비우선 탐색(Breadth First Search : BFS)

너비 우선 탐색(Breadth First Search)은 깊이 우선 탐색과는 달리 처음 방문한 정점과 인접한 정점들을 차례로 모두 방문한다. 즉 현재 방문 중인 정점의 인접한 정점들을 우선적으로 모두 방문한 후에만, 다음의 정점을 방문할 수 있다. 위의 〈그림 4.26〉의 그래프를 너비우선 탐색으로 방문하면 정점 a를 시작으로 a의 인접한 정점들 b, e, h, i을 우선적으로 다 방문하여야 한다. a의 인접한 정점들을 모두 방문하였기에 방금 방문한 정점들 중에서 b을 임의로 선택한다. 정점 b의 인접한 정점들을 중 방문되지 않은 c을 방문한다. 정점 b의 인접한 정점들은 모두 방문하였으므로 다시 a에 인접한 정점들 중에서 임의 정점 e을 선택한다. 정점 e의 인접한 정점들을 중 방문되지 않은 j을 방문한다. 또다시 방문한 a에 인접한 정점들 중 임의의 노드 h을 선택한 후 방문되지 않은 정점 k 을 방문하고 위의 과정을 반복하여 모든 정점들을 모두 방문한다.

너비 우선 탐색 알고리즘은 **큐**(queue)라는 구조를 이용한다. 큐는 순서 리스트(ordered list)의 구조로서, 데이터 원소의 삽입은 리스트의 뒤(rear)에서만, 원소의 삭제는 앞(front)에서만 이루어지는 구조이다. 각 정점을 방문할 때마다 그 정점에 인접하면서 방문이 안 된 정점들을 큐에 차례로 삽입한다. 이제 이렇게 삽입된 정점들을 다 방문하고 난 후에는, 큐의 앞에서 한 정점을 꺼내 그 정점에 인접하면서 방문이 안 된 정점들을 같은 방법으로 큐에 삽입한다. 이런 식으로 계속 탐색하면서 큐가 비게 되면 탐색은 종료한다. 이를 위해 큐 Q의 뒤에 원소 v를 삽입하는 함수 enqueue(v, Q)와 Q의 앞에 있는 원소를 제거하는 함수 dequeue(Q)가 알고리즘에서 이용된다.

〈알고리즘 4〉 너비 우선 탐색 알고리즘

```
{정점 v를 시작으로 모든 정점을 방문한다.}
queue of nodes Q
    initialize Q to be empty
    초기값 v를 방문한다.
    write(v)
    enqueue(v, Q)
    While Q is not empty do
        for each node w adjacent to front(Q) do
            if w not visited then
```

```
                    mark w visited
                    write(w)
                    enqueue(w, Q)
                end if
            end for
            dequeue(Q)
        end while
end BreadthFirst
#define maxQueue  11
int front=0, tail=0, count=0;
int queue[maxQueue];
int visited[maxQueue];

void BreadthFirst(int v)
{
   int mNode, lNode;
   enqueue(v);
   visited[v]=TRUE;
   while((mNode=dequeue()) >= 0) {
      for(lNode=0; lNode<maxQueue; ++lNode) {
         if(nearNode[mNode][lNode]==1 && !visited[lNode]) {
           enqueue(lNode);
            visited[lNode] = TRUE;
         }
      }
   }
}

void enqueue(int data)
{
   if(count == maxQueue)
      printf(" Full Queue\n");
```

```
    else {
        queue[tail] = data;
        tail = ++tail % maxQueue;
        ++count;
    }
}

void dequeue()
{
    int valFront;
    if(count==0)
        return -1;
    valFront = queue[front];
    front = ++front % maxQueue
    --count;
    return(valFront);
}
```

[예제 4.13] 그래프 G가 〈그림 4.26〉과 같을 때 너비우선 탐색 알고리즘을 이용하여 그래프를 탐색하시오.

풀이 그래프에서 정점 a을 시작으로 하면, 빈 상태인 큐 Q에 방문한 정점 a를 큐에 넣는다. 정점 a와 인접한 아직 방문하지 않은 정점 b, e, h, i 을 찾아 큐의 뒤에 삽입한다. 따라서 큐에는 정점들 a, b, e, h, i 이 있다. 정점 a를 큐의 앞에서 제거하면 정점들 b, e, h, i 이 있다. 큐의 앞에 있은 정점 b에 인접한 정점 중 방문하지 않은 모든 정점을 탐색한 후 이전에 방문한 적이 없는 정점 c를 큐에 삽입한 후 b를 제거한다. 이 때 큐에는 정점들 e, h, i, c가 있다. 정점 e가 큐의 앞에 있고 정점 e와 인접한 정점 중 방문되지 않는 j 를 큐에 삽입하고 정점 e를 큐에서 제거하면, 정점들 h, i, c, j가 큐에 있다. 정점 h에 인접한 정점 k를 삽입하고 정점 h를 큐에서 제거하면 i, c, j, k 가 큐에 있다. 정점 i 에 인접한 정점들은 이미 방문이 되었으므로 큐에 삽입할 새로운 정점이 없으므로 정점 i 를 제거한 후에 정점들 c, j, k가 큐에 있다. 정점 c는 큐의 맨 앞에 있으며 c에 인접한 정점은 d와 f이므로 이들을 큐에 삽입하고 c를 제거하면 j, k, d, f의 정점들이 큐에 남아있다. 큐의 앞에 있는 정점들 j, k는 인접한 정점이 없으므로 큐에 삽입할 정점이 없다. 정점들 j, k를 제거하면 d, f가 큐에 있다. 큐의 앞에 있는 정점 d에 인접한 정점 g를 큐에 삽입한 후 정점 d를 제거하면 정점 f, g가 큐에 있다. 정점 f와 g에는 더 이상 처리할 정점이 없으므로 정점 f와 g를 제거하면 큐는 빈상태가 되고 알고리즘은 종료된다. 너비우선 탐색 알고리즘을 이용한 방문 정점을 순서대로 적어보면 다음과 같다.

a, b, e, h, i, c, j, k, d, f, g

너비 우선 탐색은 정점을 방문하면서 이전에 방문한 적이 있는지와 큐의 현재 정점들을 확인하면서 탐색하면 된다.

4.6 그래프의 종류

그래프를 종이와 같은 평면 위에서 그릴 수 있다면 이 그래프를 평면그래프라 한다. 평면 그래프는 정점들이 평면 위에서 서로 교차하지 않아야 한다. 다음은 평면 그래프와 비평면 그래프의 정의이다.

> **정의 4.6**
>
> **평면 그래프(Planar graph)**
> 평면상에서 교차하는 연결선이 없는 그래프
>
> **비평면 그래프**
> 평면상에서 교차하는 연결선이 적어도 하나 이상 있는 그래프

다음 그림들은 모두 평면그래프이다.

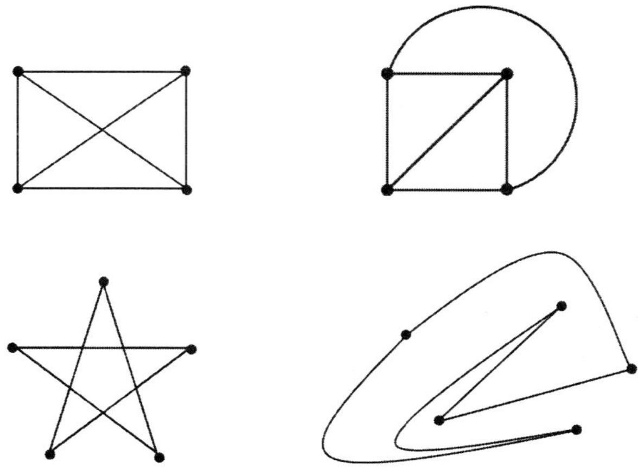

[그림 4.27] 평면 그래프

다음 그림들은 비평면그래프의 예제들이다.

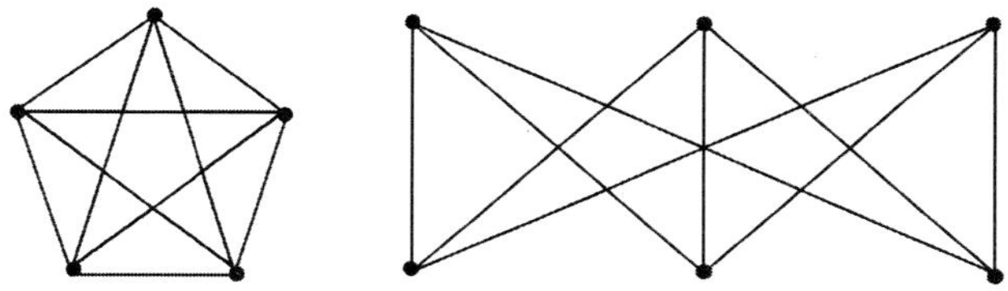

[그림 4.28] 비평면 그래프

두 개의 그래프가 모양은 다르지만, 그래프의 정점과 연결선을 구성하는 구조가 서로 같은 경우가 있다. 예를 들면, 〈그림 4.29〉와 〈그림 4.30〉의 두 그래프 G_1과 G_2는 모양은 다르지만 구조는 같은 그래프이다.

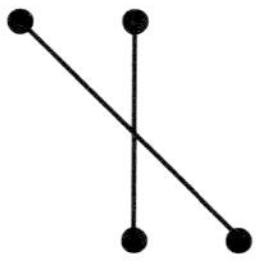

[그림 4.29] 그래프 G_1

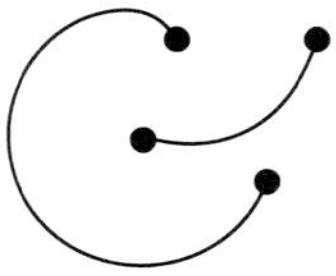

[그림 4.30] 그래프 G_2

이와 같이 두 그래프가 모양은 다르지만 정점과 연결선의 이름을 제외하고, 두 그래프의 구조가 같은 경우 동형그래프라 하며 다음과 같이 정의 한다.

정의 4.8

동형 그래프(Isomorphic graph)

그래프 $G_1 = (V_1, E_1)$과 $G_2 = (V_2, E_2)$에서 전단사함수 $f: V_1 \to V_2$가 존재하며 $v_1, v_2 \in V_1$ 에 대하여

$$(v_1, v_2) \in E_1 \;\Rightarrow\; (f(v_1), f(v_2)) \in E_2$$

을 만족하면 그래프 G_1과 G_2을 동형그래프라 하며 $G_1 \cong G_2$ 로 나타낸다.

입사행렬

행에는 연결선을 열에는 정점을 나열하여 관계가 있는 행과 열에 1로, 관계가 없는 행과 열에 0으로 표시된 행렬이다.

다음의 두 그래프는 모양은 다르지만 동형그래프이다.

[그림 4.31] 동형 그래프의 예

다음은 두 그래프가 동형이 되는지를 알려주는 내용들이다.

정리 4.9

다음은 동형그래프의 성질을 나열한 것이다.

(1) 두개의 그래프는 동형이다. $\Leftrightarrow$ 한 그래프의 입사행렬이 다른 그래프의 행과 열의 교환으로 입사행렬을 얻을 수 있다.
(2) 두개의 그래프가 동형이면 두 그래프의 정점과 연결선의 수는 같다.
(3) 두개의 그래프가 동형이면 대응하는 정점의 차수는 같다.

[예제 4.14] 다음 두 그래프 G_1과 G_2에 대하여 다음 물음에 답하시오.

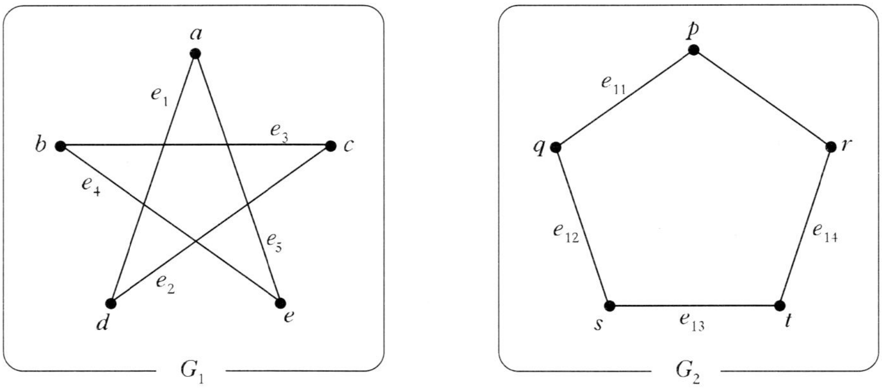

[그림 4.32] 그래프 G_1과 G_2

(1) 그래프 G_1과 G_2가 동형이 되는지 정의를 이용하여 조사하시오.

(2) 그래프 G_1과 G_2가 동형이 됨을 입사행렬을 이용하여 보이시오.

풀이 그래프 $G_1 = (V_1, E_1)$에서 V_1={a, b, c, d, e} 이고
$E_1 = \{e_1, e_2, e_3, e_4, e_5\}$이다.
그래프 $G_2 = (V_2, E_2)$에서 V_2={p, q, s, t, r}이고
$E_2 = \{e_{11}, e_{12}, e_{13}, e_{14}, e_{15}\}$이다.

(1) 두 그래프가 동형임을 보이기 위해서는 전단사함수 $f: V_1 \rightarrow V_2$가 존재하여야 하므로 이들 관계는 다음과 같이 정할 수 있다.

E_1	(a, e)	(e, b)	(b, c)
$f(E_1) \subset E_2$	(f(a), f(e))=(p, q)	(f(e), f(b))=(q, s)	(f(b), f(c))=(s, t)
	(c, d)	(d, a)	
	(f(c), f(d))=(t, r)	(f(d), f(a))=(r, p)	

따라서 함수 $f: V_1 \rightarrow V_2$는 전단사 함수이며, 그래프 G_1과 G_2는 $G_1 \cong G_2$이다.

(2) 그래프 G_1과 G_2의 입사행렬은 다음과 같다.

	a	b	c	d	e
e_1	1	0	1	1	0
e_2	0	0	1	1	0
e_3	0	1	0	0	0
e_4	0	1	0	0	0
e_5	1	0	0	0	1

[그림 4.33] 그래프 G_1의 입사행렬

	p	q	s	t	r
e_{11}	1	1	0	0	0
e_{12}	0	1	1	0	0
e_{13}	0	0	1	1	0
e_{14}	0	0	0	1	1
e_{15}	1	0	0	0	1

[그림 4.34] 그래프 G_2의 입사행렬

따라서 그래프 G_1의 입사행렬과 그래프 G_2의 입사헝렬은 같으므로 두 그래프 G_1과 G_2는 동형이다.

[예제 4.15] 다음의 그래프 G_1과 G_2가 동형이 되는ㅈ를 밝히시오.

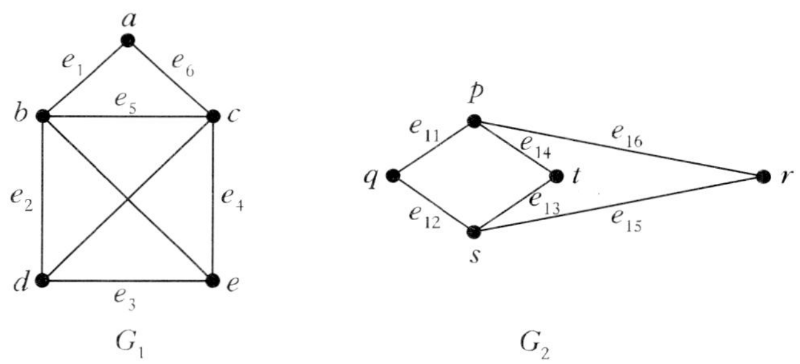

[그림 4.35] 동형이 아닌 두 그래프

풀이 그래프 $G_1 = (V_1, E_1)$에서 V_1={a, b, c, d, e}이고 $E_1 = \{e_1, e_2, e_3, e_4, e_5,, e_6\}$이다. 그래프 $G_2 = (V_2, E_2)$에서 V_2={p, q, s, t, r} 이고 $E_2 = \{e_{11}, e_{12}, e_{13}, e_{14}, e_{15}, e_{16}\}$이다. 이 두 그래프 G_1과 G_2의 입사행렬은 다음과 같다.

	a	b	c	d	e
e_1	1	1	0	0	0
e_2	0	1	1	0	0
e_3	0	0	1	1	0
e_4	0	0	0	1	1
e_5	0	1	0	0	1
e_6	1	0	0	0	1

[그림 4.36] 그래프 G_1의 입사행렬

	p	q	s	t	r
e_{11}	1	1	0	0	0
e_{12}	0	1	1	0	0
e_{13}	0	0	1	1	0
e_{14}	1	0	0	1	0
e_{15}	0	0	1	0	1
e_{16}	1	0	0	0	1

[그림 4.37] 그래프G_2의 입사행렬

하지만 그래프 G_1의 입사행렬은 행(또는 열)을 바꾸어 그래프 G_2의 입사행렬로 바꿀 수 없으므로 그래프 G_1과 그래프 G_2는 동형이 아니다.

정점과 연결선으로 이루어진 단순그래프에서 모든 정점이 다른 정점들과 관계를 갖는 그래프에 대하여 소개한다.

정의 4.10

완전 그래프(Complete graph)

단순그래프 $G=(V, E)$에서, 각각의 정점이 다른 모든 정점과 관계있는 그래프를 완전그래프라 한다. 즉, 각 정점이 다른 모든 정점들과 연결된 그래프이며, n개의 정점으로 구성된 완전 그래프는 K_n으로 표기한다.

다음은 완전그래프에 대한 예제이다.

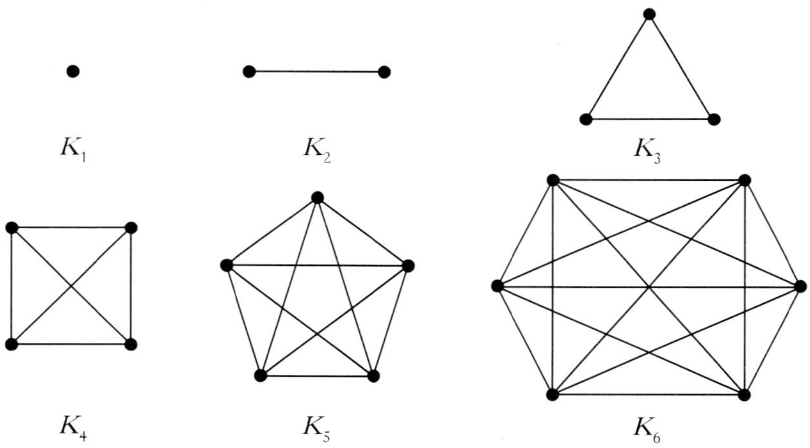

[그림 4.38] 완전 그래프

[예제 4.16] 다음의 그래프들이 완전그래프가 되는지 판단하시오.

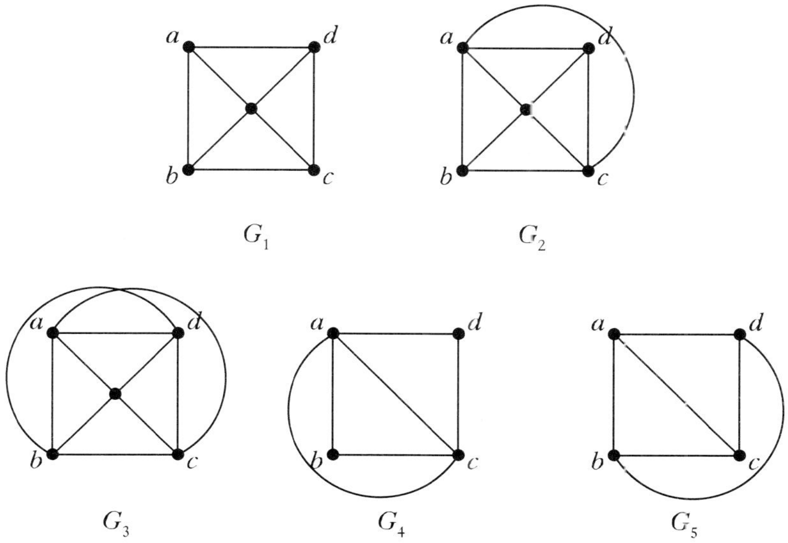

[그림 4.39] 그래프 G_1, G_2, G_3, G_4, G_5

풀이 (1) 그래프 G_1에서 정점 a와 정점 c는 연결되지 않고, 정점 b와 정점 d도 연결되지 않으므로 그래프 G_1은 완전그래프가 아니다.

(2) 그래프 G_2는 정점 b와 정점 d는 연결되지 않으므로, 그래프 G_2은 완전그래프가 아니다.

(3) 그래프 G_3에서 각 정점은 모두 연결되고 간순그래프이므로 그래프 G_3은 완전그래프이다.

(4) 그래프 G_4에서 정점 a와 정점 c가 두 번 연결된 다중그래프이므로 그래프 G_4은 완전그래프가 아니다.

(5) 그래프 G_5에서 각 정점은 모든 정점과 연결되어 있으므로 그래프 G_5은 완전그래프이다.

정리 4.11

그래프 $G=(V, E)$가 완전 그래프이면 다음이 성립한다.

(1) 그래프 G는 루프가 없다.
(2) 만약 정점 V가 n개이면 연결선은 ${}_nC_2$개 있다. 즉,

$$|V| = n \text{ 이면, } |E| = {}_nC_2 = \frac{n!}{(n-2)!\,2!} \text{ 이다.}$$

다음은 정점과 연결선으로 구성된 그래프에서 연결선에 관한 성질을 소개한다.

정의 4.12

k차 정규그래프
그래프 $G=(V, E)$의 모든 정점의 차수(degree)가 k이면 G를 k차 정규그래프라 한다.

다음 그림은 정규그래프를 나타낸 것이다.

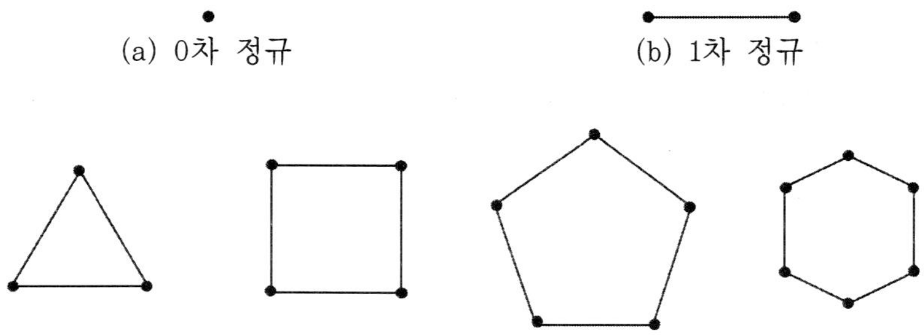

(a) 0차 정규　　(b) 1차 정규

(c) 2차 정규

[그림 4.40] k차 정규 그래프

정의 4.13

그래프 $G=(V, E)$의 공집합이 아닌 부분집합 V_1과 V_2가 다음 두 가지 조건을 만족하면, 그래프 G를 **이분 그래프(Bipartite graph)**라고 한다.

- $V = V_1 \cup V_2$
- 그래프 G의 각 연결선은 V_1과 V_2의 정점으로 연결되어 있다.

다음 그림은 이분그래프를 나타낸 것이다.

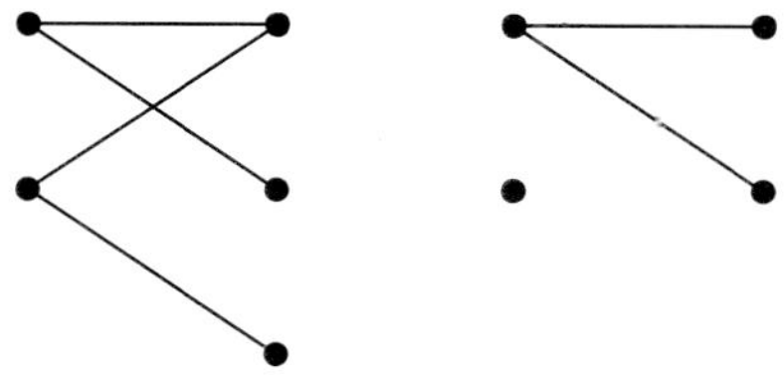

[그림 4.41] 이분 그래프

완전이분 그래프는 다음과 같다.

정의 4.14

그래프 $G=(V, E)$의 공집합이 아닌 부분집합 V_1과 V_2가 다음 세 가지 조건을 만족하면, 그래프 G를 **완전이분 그래프**(Complete bipartite graph)라고 한다.

- $|V_1| = m$, $|V_2| = n$
- $V_1 \cap V_2 = \varnothing$, $V = V_1 \cup V_2$
- $v_1 \in V_1$, $v_2 \in V_2$이면, $(v_1, v_2) \in E$

V_1에서 정점의 개수가 m이고, V_2에서 정점의 개수가 n일 때 완전이분 그래프는 $K_{m,n}$으로 나타낸다. 다음은 완전이분 그래프의 예이다.

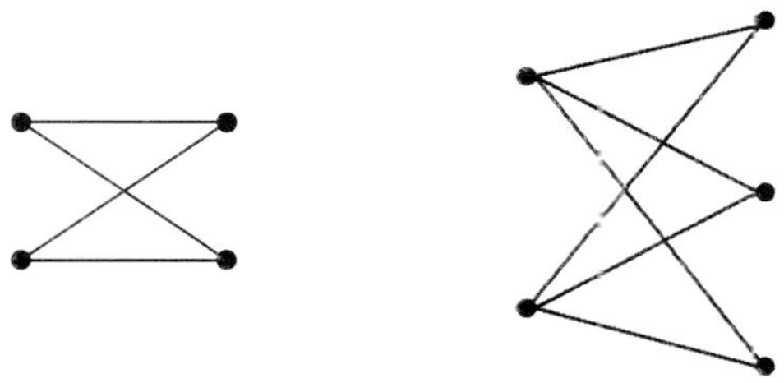

(a) $K_{2,2}$　　(b) $K_{2,3}$

[그림 4.42] 완전이분 그래프

4.7 오일러 공식

다음은 그래프의 정점과 연결선을 활용하여 새로운 개념인 평면을 소개한다. 이것은 오일러 정리로 나타낼 수 있다.

정리 4.15

오일러의 정리

연결된 평면 그래프에서 정점의 수를 v, 연결선의 수를 e, 면의 수를 f라고 할 때 다음 식이 성립한다.

$$v - e + f = 2$$

[예제 4.17] 다음 그래프들은 오일러 정리가 성립되는지 조사하시오.

(1) (2) (3) (4)

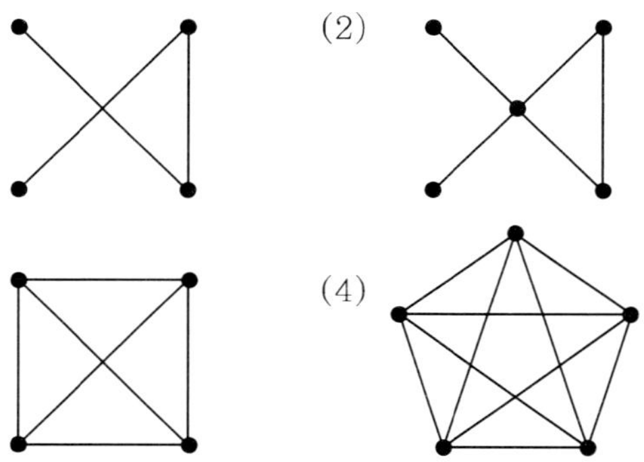

풀이 (1) 그래프의 정점의 개수 $v=4$, 연결선의 개수 $e=3$, 면의 개수 $f=1$이므로 $v - e + f = 2$인 오일러 공식이 성립한다.

(2) 정점의 개수 $v=5$, 연결선의 개수 $e=5$, 면의 개수 $f=2$인 그래프이므로 $v - e + f = 2$인 오일러 공식이 성립한다.

(3) 그래프의 정점의 개수 $v=4$, 연결선의 개수 $e=6$, 면의 개수 $f=4$이므로 $v - e + f = 2$인 오일러 공식이 성립한다.

(4) 이 그래프는 비평면 그래프이므로 오일러 공식이 성립하지 않는다.

연습문제

01. 다음의 그래프를 보고 물음에 답하시오.

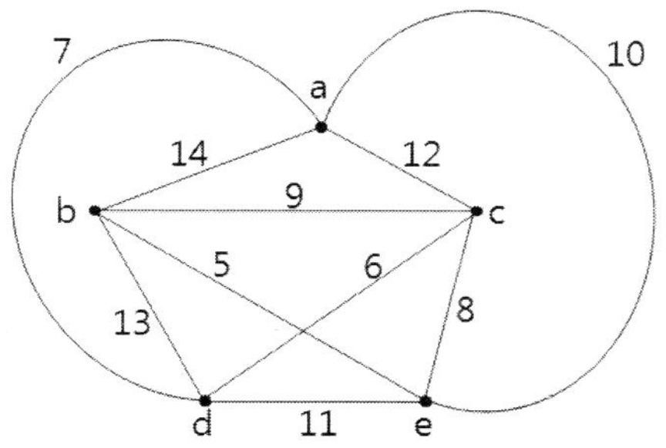

(1) 오일러 경로가 되는가?
(2) 오일러 순회가 되는가?
(3) 가중그래프인가?
(4) 해밀턴 경로가 되는가?
(5) 해밀턴 순회가 되는가?
(6) 평면그래프인가?
(7) 부분그래프를 3개만 그리시오.

02. 다음 그래프에서 a에서 f까지의 경로를 구하시오.

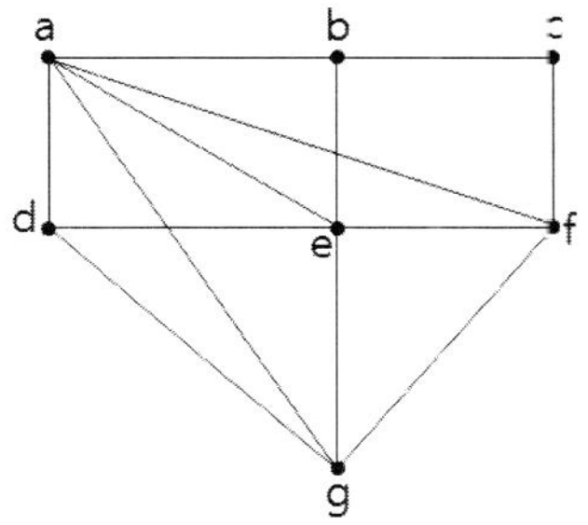

03. 다음의 그래프를 그리시오.

(1) K_5

(2) $K_{3,3}$

04. 다음의 그래프를 보고 물음에 답하시오.

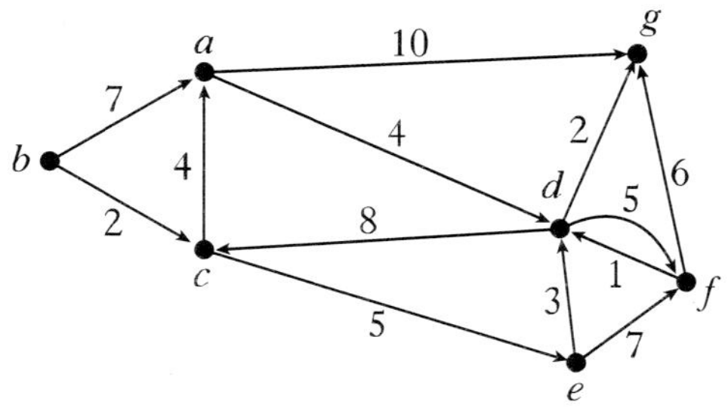

(1) 꼭지점 b에서 g까지의 최단경로를 구하시오.

(2) 꼭지점 b에서 g까지의 최단길이를 구하시오.

05. 다음의 그래프를 보고 물음에 답하시오.

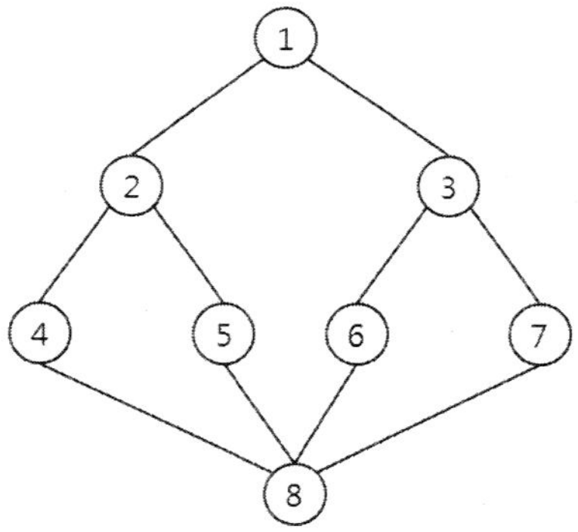

(1) 깊이우선 탐색의 결과를 쓰시오.

(2) 너비우선 탐색의 결과를 쓰시오.

06. 다음 그래프가 〈그림 4.31〉로 주어졌을 때, 두 그래프가 동형그래프인지 보이시오.

CHAPTER 5

트리
(Trees)

트리는 그래프의 특수한 형태로 컴퓨터를 비롯한 여러 응용분야에 널리 사용되고 있다. 책의 목차와 회사의 조직도등도 트리를 활용한 분야이다. 그리고 컴퓨터의 UNIX나 Windows의 파일 구조도 트리로 구성되어 있음을 알 수 있다. 특히 이진트리는 산술적 표현, 자료 구조 등을 매우 간단하게 표현할 수 있는 장점을 가지고 있다.

이 장에서는 트리와 관련된 기본 용어, 이진트리와 이진트리의 표현과 순회 방법 등을 다룰 것이다.

5.1 기본 용어

정의 5.1

무방향 그래프 $G=(V, E)$에서 모든 정점의 쌍이 연결되어 있고, 순환(cycle)을 갖지 않은 단순그래프 G을 **트리**(tree)라고 한다.

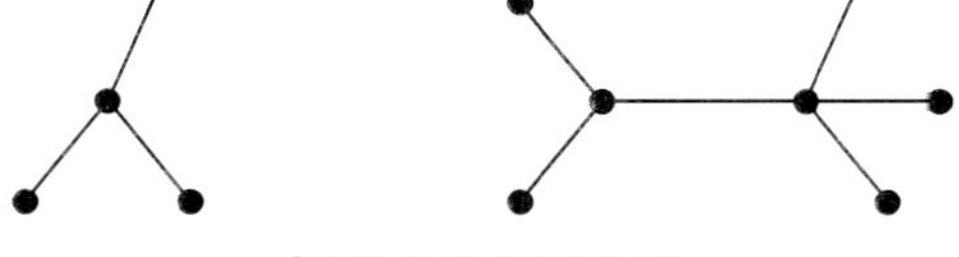

[그림 5.1] 트리의 예

일반적으로 트리의 가장 상위에 있는 정점을 뿌리로 지정한다. 다음은 트리에서 기본적으로 사용되는 용어이다.

정의 5.2

트리에서 사용되는 용어들은 다음과 같다.

(1) **뿌리(root)** : 주어진 트리의 시작 정점
(2) **차수(degree)** : 주어진 정점의 서브트리 개수
(3) **잎 정점(leaf node)** : 차수가 0인 정점
(4) **부모 정점(parent node)** : 주어진 정점의 상위트리의 루트 정점
(5) **자식 정점(children node)** : 주어진 정점의 서브트리 정점
(6) **형제 정점(sibling)** : 동일한 부모를 가지는 정점
(7) **조상(ancestor)** : 루트로부터 그 정점에 이르는 경로에 나타난 모든 정점
(8) **자손(descendant)** : 그 정점으로부터 잎정점에 이르는 경로에 나타난 모든 정점
(9) **레벨(level)** : 뿌리에서 시작하여 정점들이 연결되는 단계의 표현으로 루트를 레벨1로 해서 하나씩 증가한다.
(10) **트리의 높이(height)** : 트리에서 정점이 가질 수 있는 최대 레벨로서 트리의 깊이(depth)라고도 한다.
(11) **숲(forest)** : 서로 교차하지 않은 트리들의 집합으로서 트리에서 루트를 제거하면 숲을 얻을 수 있다.
(12) n**-트리(n-ary tree)** : 모든 중간 정점들이 최대 n개의 자식정점을 갖는 트리
(13) **이진트리(binary tree)** : n-트리에서 n이 2인 트리

[예제 5.1] 다음 트리에 대해 물음에 답하시오.

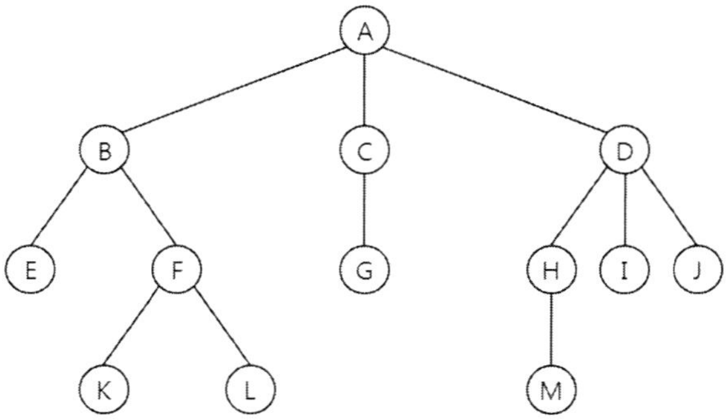

[그림 5.2] 트리

(1) 트리의 뿌리는 무엇인가?

(2) 정점 A의 차수는?

(3) 트리에서 잎 정점은 무엇인가?

(4) 정점 D의 부모정점은 무엇인가?

(5) 정점 A의 자식정점은 무엇인가?

(6) 정점 C의 형제정점은 무엇인가?

(7) 정점 F의 조상은 무엇인가?

(8) 정점 D의 자손은 무엇인가?

(9) 이 트리의 높이는 무엇인가?

(10) 이 트리는 몇 개의 숲을 가지고 있나요?

(11) 이 트리는 이진트리인가?

풀이 (1) A

(2) 서브트리의 개수가 3이므로 d(A)=3.

(3) E, K, L, G, M, I, J

(4) A

(5) B, C, D

(6) B, C, D

(7) B, A

(8) H, I, J, M

(9) 이 트리의 높이는 4이다.

(10) 이 트리의 숲은 3개이다.

(11) 최대의 정점인 D가 3개의 자식정점을 가지므로 3진 트리이다.

다음은 트리의 레벨에 대한 설명이다.

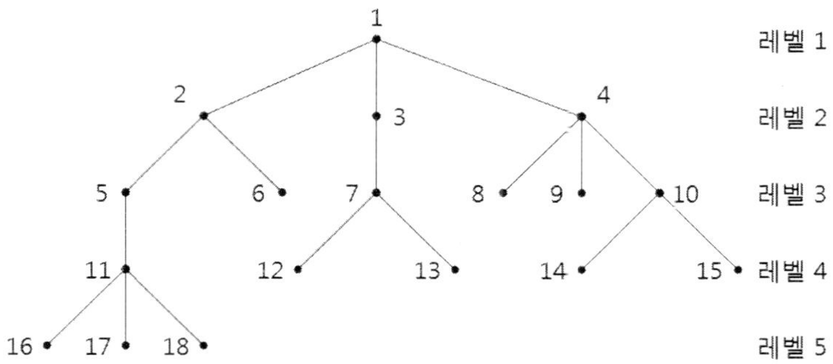

[그림 5.3] 트리와 레벨

n개의 정점을 가진 트리는 $n-1$개의 연결선을 가진다. 다음은 트리에 대한 일반적인 성질이다.

정리 5.3

그래프 $G=(V, E)$에서 $|V|=n$이고 $|E|=m$일 때 다음의 문장들은 모두 동치이다.

(1) G는 트리이다.
(2) G는 연결되어 있고 $m=n-1$이다.
(3) G는 연결되어 있고 어느 한 연결선만을 제거하더라고 G는 연결되지 않는다.
(4) G는 사이클을 가지지 않으며 $m=n-1$이다.
(5) G는 사이클을 가지지 않으며 어느 한 연결선만 첨가하더라도 사이클을 형성하게 된다.

[예제 5.2] 다음 그래프가 트리가 되는지 조사하시오.

(1)

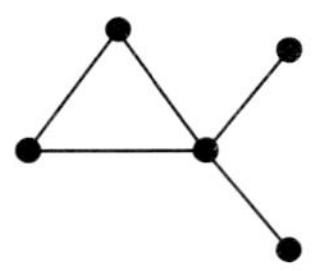

(2)

풀이 (1) 트리가 아니다. 이유는 $|V|=5$이므로 $|E|=4$이어야 하는데 이 그래프는 $|E|=5$이다.
(2) 트리이다. 이유는 $|V|=3$이고 $|E|=2$이므로 이 그래프는 트리이다.

5.2 이진트리

이진트리는 가장 널리 사용하는 트리의 형태이다. 이진트리는 구성이 단순하고 컴퓨터로 구현하기 쉽기 때문에 많은 응용문제의 문제를 해결한다.

트리의 자식이 최대 n개가 존재하면 n-트리(n-ary tree)라고 하며, $n=2$인 트리를 이진트리라 한다. 만약 모든 부모의 자식들이 정확히 n개씩 존재하고 그 정점들이 중간에 비지 않고 채워진 트리를 완전 n-트리(complete n-tree)라고 한다. 이진트리에서는 모든 부모정점이 왼쪽 자식과 오른쪽 자식을 갖고 있고, 왼쪽부터 채워진 형태의 트리를 완전 이진트리(complete binary tree)라고 한다.

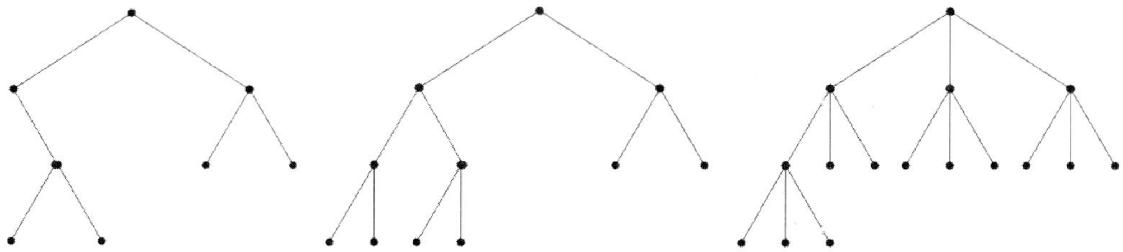

(a)이진트리　　　　(b)완전 이진트리　　　　(c) 완전 3-트리

[그림 5.4] 이진트리와 완전 n-트리

> **정의 5.4**
>
> **이진트리(binary tree)**
> 유한개의 정점들의 집합인 트리에서 각 정점은 반드시 두 개 이하의 자식정점으로 이루어진다.

이진트리는 루트와 왼쪽 서브트리, 오른쪽 서브트리로 이루어진다.

일반적인 n-트리는 이진트리로 변환하여 사용할 수 있다. n-트리를 이진트리로 변환하는 방법은 다음과 같다. 일반 트리의 정점을 v라고 하고 v의 자식을 $v_1, v_2, \cdots, v_n$이라고 하면 v_1은 v의 왼쪽 자식으로 하고, v_2는 v_1의 오른쪽 자식으로 하고, v_3는 v_2의 오른쪽 자식으로 한다. 이와 같이 v_{i+1}는 $v_i(i>1)$의 오른쪽 자식으로 하면 이진트리가 구성된다.

[예제 5.3] 다음 트리를 이진트리로 변환하시오.

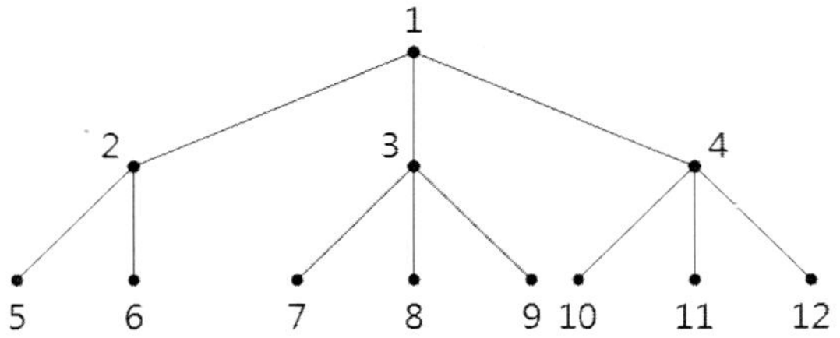

풀이 3진 트리를 이진트리로 변환하는 과정은 다음과 같다.

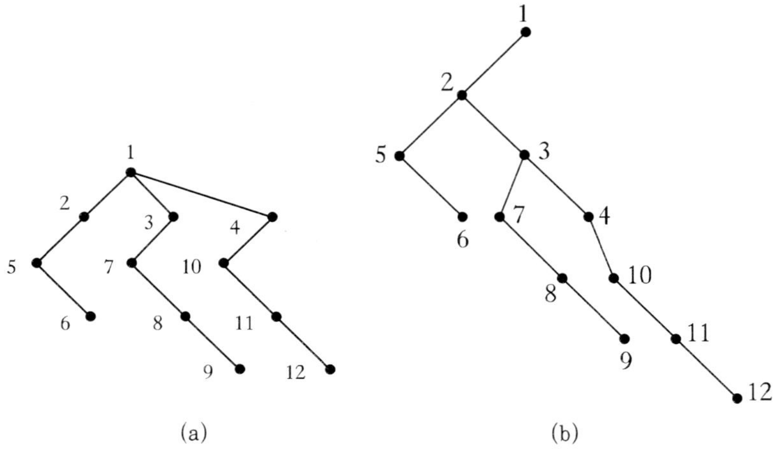

[그림 5.5] 트리를 이진트리로 변환

> **정리 5.5**
>
> 이진트리가 레벨 i에서 가질 수 있는 최대 정점의 수는 $2^{(i-1)}$이고, 레벨 i인 이진트리의 최대 정점의 수는 $2^i - 1$이다.

[예제 5.4] 다음 이진트리의 최대 정점의 수를 구하시오.

(1) 레벨 1인 이진트리

(2) 레벨 2인 이진트리

(3) 레벨 3인 이진트리

풀이 (1) 최대 정점의 수는 $2^1 - 1 = 1$이므로 1개이다.

(2) 최대 정점의 수는 $2^2 - 1 = 3$이므로 3개이다.

(3) 최대 정점의 수는 $2^3 - 1 = 7$이므로 7개이다.

다음은 이진트리에서 잎 정점의 개수를 알면 차수가 2인 정점의 개수를 알 수 있는 정리이다.

정리 5.5

이진트리에서 잎 정점의 개수를 n_0, 차수가 2인 정점의 개수를 n_2라고 하면 다음식이 성립한다.

$$n_0 = n_2 + 1$$

[예제 5.5] 다음 이진트리에서 차수가 2인 정점의 수를 구하시오.

(1)

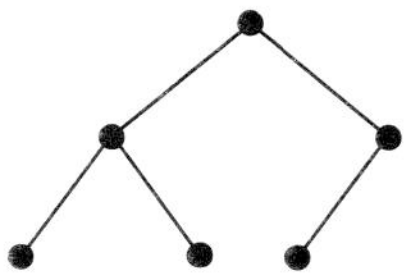

(2)

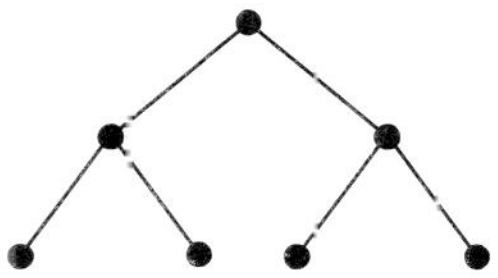

풀이 (1) 잎 정점의 개수가 3개이므로, 차수가 2인 정점의 개수는 2개이다.
(2) 잎 정점은 4개이므로, 차수가 2인 정점의 개수는 3개이다.

5.3 이진트리의 표현

이진트리는 그래프와 같이 배열과 연결리스트를 이용할 수 있지만 좀 더 특별한 주의가 필요하다. 즉, 각 정점에 대하여 왼쪽 정점과 오른쪽 정점을 구별할 수 있어야한다. 이진트리를 컴퓨터에서 사용하기 위한 표현 방법은 크게 세 가지로 나눌 수 있다. 단순 연결리스트(singly linked list), 이중 연결 리스트(doubly linked list) 그리고 배열(array)등이 이진트리에 사용되는 표현 방법이다.

5.3.1 단순 연결 리스트

단순 연결 리스트는 각 정점을 하나의 포인터를 사용하여 자식들을 가리키는 방법이다. 각 정점을 배열에 저장한 후 각 정점마다 자식들을 연결 리스트로 표시한다.

[예제 5.6] 이진트리가 다음과 같이 주어졌을 때 단순 연결 리스트로 나타내시오.

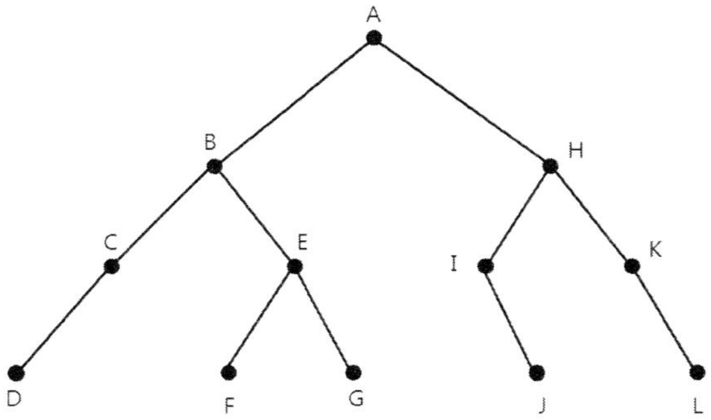

[그림 5.6] 이진트리

풀이 이진트리는 다음과 같은 단순 연결 리스트로 나타난다.

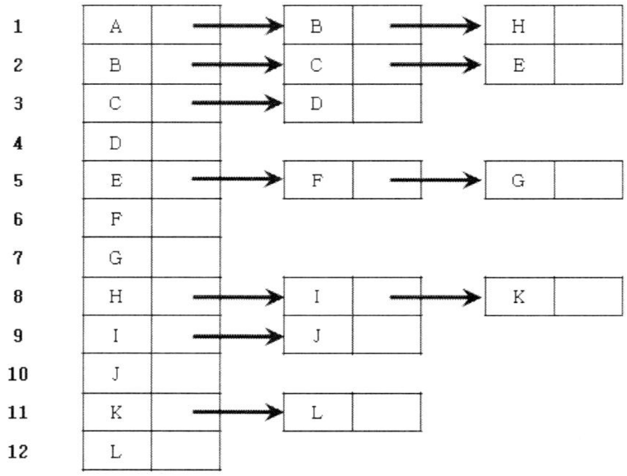

[그림 5.7] 단순 연결 리스트로 표현한 이진트리

5.3.2 이중 연결 리스트

이중 연결 리스트는 이진트리의 세 가지 표현방법 중 가장 널리 사용된다. 이중 연결 리스트에서 각 정점은 왼쪽 자식과 오른쪽 자식을 가리키는 두 개의 포인터를 가지고 있어야한다. 여기서 오른쪽 포인터는 그 정점의 오른쪽 자식을, 왼쪽 포인터는 그 정점의 왼쪽 자식을 가리킨다. 이진트리의 포인터 start는 뿌리를 의미하며, 각 리스트 정점의 포인터들은 뿌리로부터 각 정점들로 연결되는 것을 나타낸다. 자식이 없는 잎 정점의 포인터는 널(null) 값을 갖는다.

노드의 구조와 C언어를 이용한 정의는 다음과 같다.

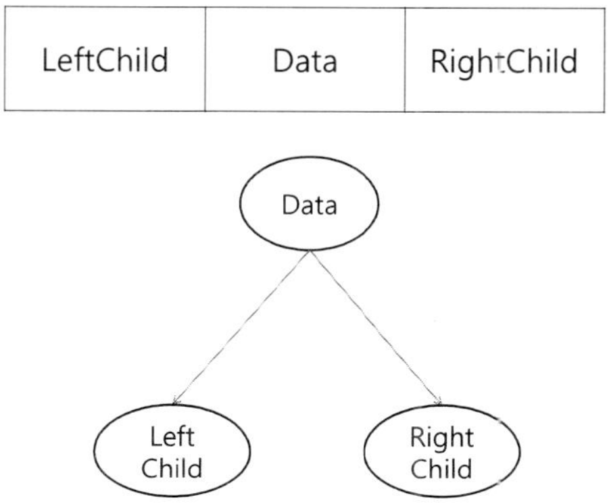


```
typedef struct tree {
    struct tree *LeftChild;
    char Data;
    struct tree *RightChild;
} TREE;
```

[예제 5.7] 이진트리가 〈그림 5.6〉일 때 이중 연결 리스트로 나타내시오.

풀이

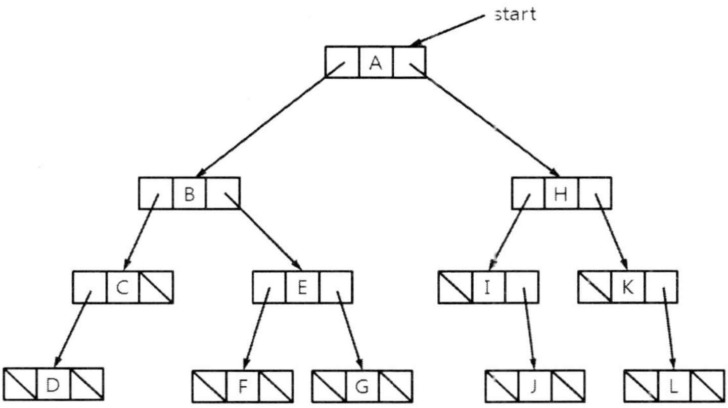

[그림 5.8] 이중연결 리스트로 표현한 이진트리

5.3.3 배열

이진트리를 배열로 표현하는 방법은 여러 개의 행과 두 개의 열을 사용하며, 각 행은 정점의 데이터를 나타내고, 이 정점의 자식 위치는 두 개의 열을 사용하여 나타낸다. 두 개의 열에서 왼쪽은 그 정점의 왼쪽 자식 정점을 오른쪽은 그 정점의 오른쪽 자식 정점을 나타낸다. 첫 번째 행의 첫 번째 열에는 트리의 뿌리를 적는다.

[예제 5.8] 이진트리가 〈그림 5.6〉일 때 배열로 나타내시오.

풀이 이진트리에서 배열의 첫 번째 열의 값 2는 뿌리의 위치를 나타낸다. 뿌리 A는 배열의 2열에 있으며 뿌리의 왼쪽 자식 B은 배열의 3열에, 오른쪽 자식 H는 배열의 9열에 위치한다. 그리고 자식이 없을 경우 배열에는 0의 값을 기록한다.

정점	왼쪽 자식	오른쪽 자식
A	B	H
B	C	E
C	D	0
D	0	0
E	F	G
F	0	0
G	0	0
H	I	K
I	0	J
J	0	0
K	0	L
L	0	0

(a)

1	2	☒	0
2	3	A	9
3	4	B	6
4	5	C	0
5	0	D	0
6	7	E	8
7	0	F	0
8	0	G	0
9	10	H	12
10	0	I	11
11	0	J	0
12	0	K	13
13	0	L	0

(b)

[그림 5.9] 배열로 표현한 이진트리

배열에 의한 방법은 트리의 중간에 새로운 정점을 삽입하거나 기존의 정점을 삭제할 때 번거롭다. 따라서 일반적으로 가장 많이 쓰이는 방법은 연결 리스트에 의한 방법이다.

5.4 이진트리의 순회

그래프의 탐방과 마찬가지로 트리에 속한 모든 정점을 방문할 필요성은 자주 발생한다. 모든 정점을 빠짐없이 방문하기 위한 방법에 대한 연구는 중요하며 따라서 일정한 규칙에 따라 방문하는 것이 필요하다. 이러한 방법 중 하나는 트리 순회 방법이 있으며, 전위 순회(preorder traverse), 중위 순회(inorder traverse) 그리고 후위 승회(postorder traverse)의 세 가지 방법을 이용한다.

5.4.1 전위 순회

전위 순회는 다음과 같이 정의한다.

정의 5.6

전위 순회(preorder traverse)는 다음과 같다.

(1) 트리의 뿌리를 방문한다.
(2) 트리의 왼쪽 서브트리를 방문한다.
(3) 트리의 오른쪽 서브트리를 방문한다.

〈알고리즘 1〉 전위 순회 알고리즘

```
  Preorder(tree T)
  {뿌리를 r로 시작하여 전위순회로 정점들을 추가한다.}
          write(r)
          for  i =1 to t do
              Preorder( T_i)
          end for
  end Preorder
void Preorder(Tree *root)
{
   if(root != NULL) {
       printf("%c \n", root->Data);
       Preorder(tree->LeftChild);
       Preorder(tree->RightChild);
   }
}
```

[프로그램 5.1] preorder

[예제 5.9] 다음 이진트리에 대해 전위순회로 방문하시오.

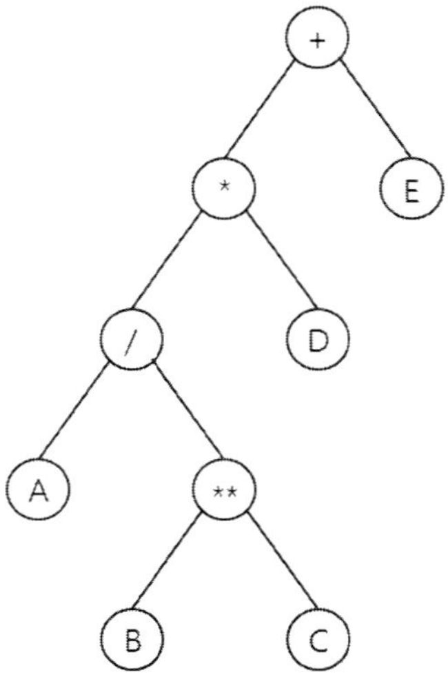

[그림 5.10] 이진트리 T_1

풀이 이진트리를 전위 순회(prefix)로 표시하면 다음과 같은 절차로 표시된다.

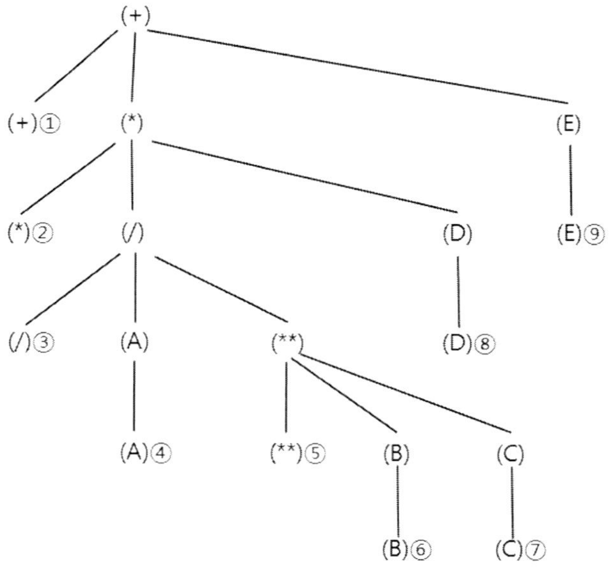

[그림 5.11] 이진트리 T_1의 전위 순회

이진트리의 알고리즘 작동 결과는 $+*/A**BCDE$ 이다.

5.4.2 중위 순회

중위 순회는 다음과 같이 정의한다.

정의 5.7

중위 순회(inorder traverse)는 다음과 같다.

(1) 트리의 왼쪽 서브트리를 방문한다.
(2) 트리의 뿌리를 방문한다.
(3) 트리의 오른쪽 서브트리를 방문한다.

〈알고리즘 2〉 중위 순회 알고리즘

```
Inorder(tree T)
{뿌리를 r로 시작하여 중위순회로 정점들을 추가한다.}
        Inorder( T_1 )
        write(r)
        for  i =2 to t do
            Inorder( T_i )
        end for
end Inorder
void Inorder(Tree *root)
{
    if(root != NULL) {
        Inorder(tree->LeftChild);
        printf("%c \n", root->Data);
        Inorder(tree->RightChild);
    }
}
```

[프로그램 5.2] inorder

[예제 5.10] 위에서 제시된 이진트리 T_1을 중위순회로 방문하시오.

풀이 이진트리를 중위 순회(prefix)의 결과는 $A/B**C*D+E$ 이며, 다음과 같은 절차로 표시된다.

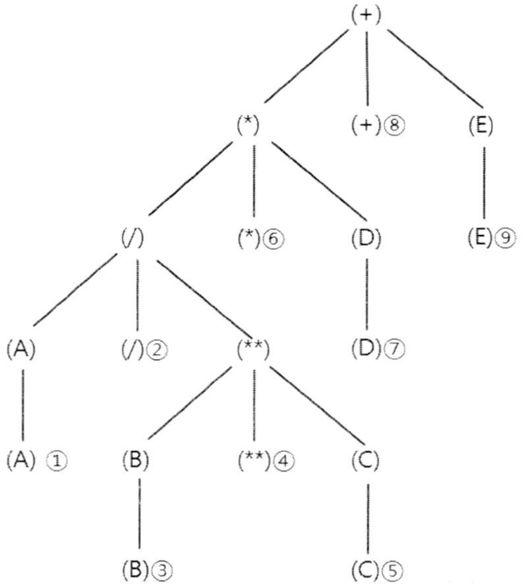

[그림 5.12] 이진트리 T_1의 중위 순회

5.4.3 후위 순회

후위 순회는 다음과 같이 정의된다.

정의 5.8

후위 순회(postorder traverse)는 다음과 같다.

(1) 트리의 왼쪽 서브트리를 탐방한다.
(2) 트리의 오른쪽 서브트리를 탐방한다.
(3) 트리의 뿌리를 방문한다.

〈알고리즘 3〉 후위 순회 알고리즘

```
  Postorder(tree T)
  {뿌리를 r로 시작하여 후위순회로 정점들을 추가한다.}
        for  i =1 to t do
            Postorder( T_i )
        end for
        write(r)
  end Postorder
void Postorder(Tree *root)
{
   if(root != NULL) {
      Postorder(tree->LeftChild);
      Postorder(tree->RightChild);
      printf("%c \n", root->Data);
   }
}
```

[프로그램 5.3] postorder

[예제 5.11] 위에서 제시된 이진트리 T_1을 후위 순회로 방문하시오.

풀이 이진트리의 후위 순회(prefix)에 대한 작동 결과는 $ABC^{**}/D^{*}E+$이며, 후위 순회(postfix)의 절차는 다음과 같다.

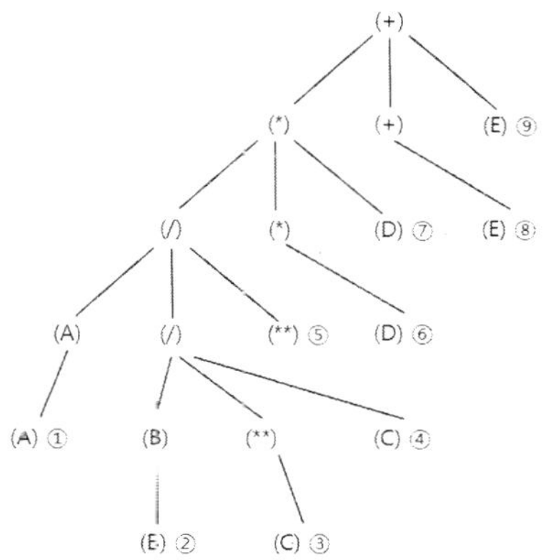

[그림 5.13] 이진트리 T_1의 후위 순회

[예제 5.12] 다음 이진트리를 보고 물음에 답하시오.

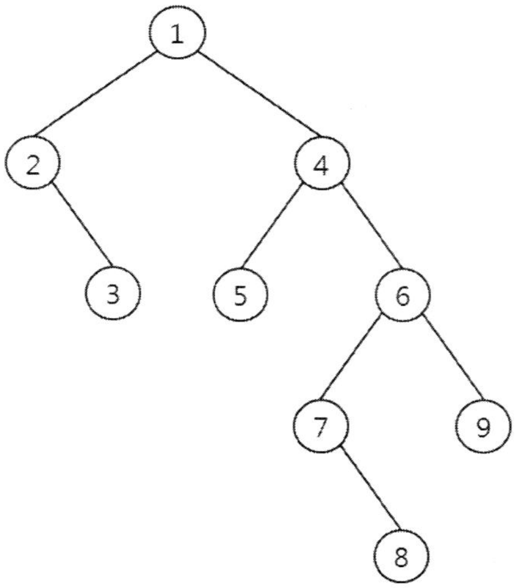

[그림 5.14] 이진 트리

(1) 이진트리에서 전위 순회로 방문한 결과를 쓰시오.
(2) 이진트리에서 중위 순회로 방문한 결과를 쓰시오.
(3) 이진트리에서 후위 순회로 방문한 결과를 쓰시오.

풀이 (1) 전위 순회의 결과는 1, 2, 3, 4, 5, 6, 7, 8, 9 이다.
(2) 중위 순회의 결과를 알고리즘에 따라 방문하면 2, 3, 1, 5, 4, 7, 8, 6, 9 이다.
(3) 후위 순회의 결과는 3, 2, 5, 8, 7, 9, 6, 4, 1이다.

전위 순회와 후위 순회는 괄호를 사용할 필요가 없다는 장점이 있다. 실제로 컴퓨터에서의 연산은 전위 순회 또는 후위 순회의 표기법으로 이루어지고 있다. 후위 순회를 이용한 컴퓨터에서의 적용방법은 왼쪽에서 오른쪽으로 읽으면서 식의 값을 구하는 방법을 제공하며, 계산은 스택(stack)을 사용한다. 스택의 함수들은 수직으로 배열된 것으로 간주한다.

다음은 후위 순회를 이용하여 만든 계산기 원리인 역폴리쉬 방법을 소개한다.

정리 5.9

역폴리쉬 방법은 다음과 같다.

(1) 공집합에서 시작하고, 식은 왼쪽에서 오른쪽으로 읽어간다.
(2) 변수를 만날 때마다, 스택에 변수 값을 push한다.
(3) 단항 연산자를 만나면 스택에서 한 개의 값을 pop하고, 연산 수행 후에 그 결과를 push 한다.
(4) 이항 연산자를 만나면 스택에서 두 개의 값을 pop하고, 연산 수행 후에 그 결과를 push 한다.

[예제 5.13] 역폴리쉬 방법을 이용하여 A=2, B=3, C=4, D=2, E=−3, F=9 일 때, ABC*+DE−F+* 의 결과를 쓰시오.

풀이 연산 ABC*+DE−F+*의 계산 결과는 196이다.

5.5 신장트리와 최소 신장트리

5.5.1 신장트리

대학 캠퍼스와 건물의 네트워크는 다수의 이더넷(Ethernet) 망들이 브리지(bridge) 혹은 스위치들을 통해 상호 연결되어 있다. 다음은 근거리 통신망(LAN)의 예이다.

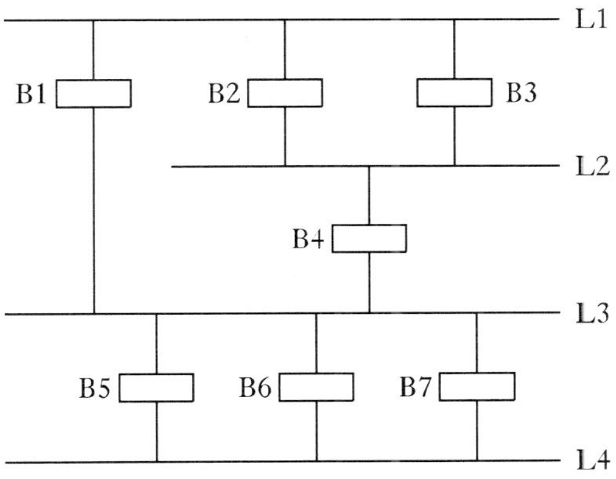

[그림 5.15] 근거리 통신(LAN)의 구성

위의 그림에서 각각의 LAN들은 이더넷 세그먼트(단위 망)를 나타내며, 4개의 이더넷 세그먼트들(L1, L2, L3, L4)이 7개의 브리지(B1, B2, B3, B4, B5, B6, B7)를 통해 연결되어 다. 이 근거리 통신망은 그래프로 표현되어 데이터의 전달에 응용될 수 있다.

[예제 5.14] 근거리 통신망을 나타내는 〈그림 5.15〉를 그래프로 나타내시오.

풀이 근거리 통신망을 LAN과 브리지를 정점으로 그래프로 표현하면 다음과 같다.

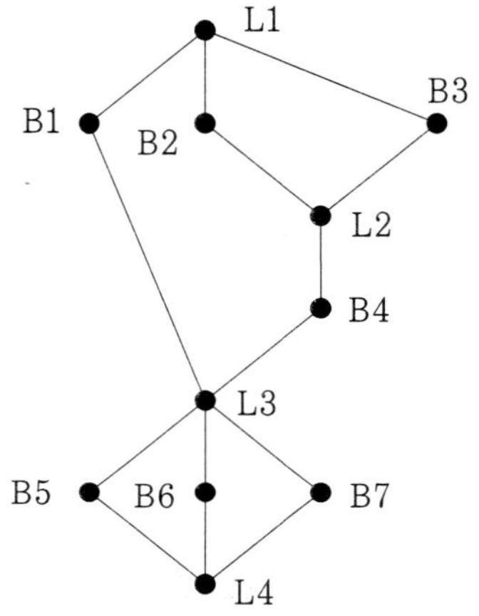

[그림 5.16] 근거리 통신망의 그래프 표현

근거리 통신망의 그래프 표현을 살펴보면 L1에 있는 컴퓨터에서 데이터를 전송하여 목적지에 도착하기 위해서는, 브리지가 망에서 순환하지 않고 하나의 경로로 데이터가 전달되도록 해야 한다. 하지만 근거리 통신망의 그래프 표현은 여러 개의 사이클이 존재한다. 따라서 모든 정점을 포함하는 순환이 없는 부분그래프를 만들어야한다. 이 문제를 해결하기 위한 방안은 그래프에서 신장트리(spanning tree)를 찾는 문제로 바꿀 수 있다.

정의 5.10

그래프 $G=(V,E)$에서 V의 모든 정점을 포함하는 순환(cycle)이 없는 부분 그래프(subgraph)를 신장트리(spanning tree)라고 한다.

[예제 5.15] 근거리 통신망을 나타내는 〈그림 5.15〉를 신장트리로 나타내시오.

풀이

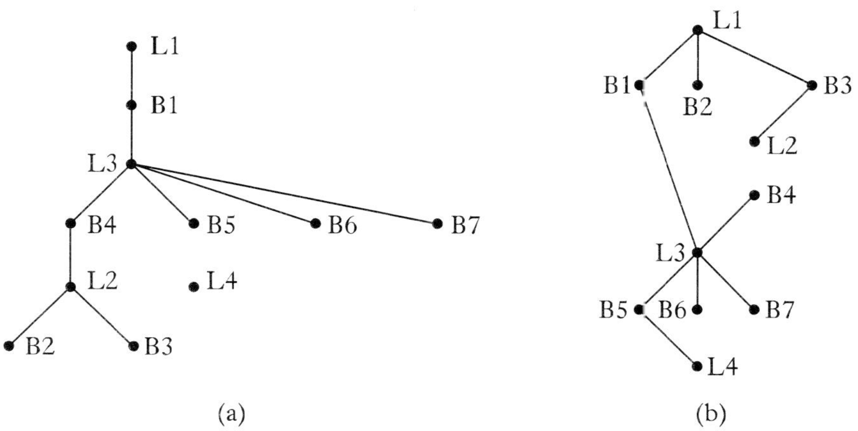

[그림 5.17] 근거리 통신망의 신장트리들

근거리 통신망에서 신장트리를 이용하면 망을 구성될 경우 LAN 간에는 유일한 경로가 존재한다. 따라서 전송된 데이터는 더 이상 망 내부에서 순환되지 않고 유일한 경로를 통해서 목적지에 도달할 수 있다.

5.5.2 최소 신장 트리(Minimum Spanning Tree)

근거리 통신망에서 각 브리지와 LAN을 연결하는 망에 가중치가 있다면 가중치의 합을 최소로 하는 경로를 통해서 데이터를 전송하는 것이 바람직하다. 그리고 네트워크에서 케이블, 수송관 그리고 연결 매체가 최소로 존재한다면 경제적으로 많은 도움이 된다. 다음은 가중치가 있는 그래프에서 최단 거리를 찾는 방법을 소개한다.

> **정의 5.11**
>
> **최소신장트리(Minimal spanning tree)**
> 최소의 가중치를 가지는 신장트리

가중치를 최소로 하는 최소 신장 트리는 깊이 우선 탐색이나 넓이 우선 탐색에 의한 방법으로는 구할 수 없다. 이러한 최소 신장 트리는 Prim 알고리즘과 Kruskal 알고리즘을 이용하여 구할 수 있다. 먼저 Prim 알고리즘을 소개한다.

〈알고리즘 1〉 Prim의 최소 신장 트리 알고리즘

입력 : 그래프 $G=(V, E)$

결과 : 최소 신장 트리 $G^T=(U, T)$, T: 연결선의 집합, U:정점의 집합

초기값 : $T=\varnothing$, $U=\{s\}$ ($s \in V$, 즉 G의 임의의 노드)

while(U $\neq$ V)

두 정점을 연결하는 모든 연결선 (u, v) 중에서 가장 적은 가중치를 고른다.

T=T∪{(u, v)}

U=U∪{v}

Prim 알고리즘은 그래프에서 연결선의 수에 비해서 정점의 수가 적을 경우 사용하면 효과적이다.

[예제 5.16] 다음 그래프를 Prim 알고리즘을 이용하여 최소신장트리로 나타내시오.

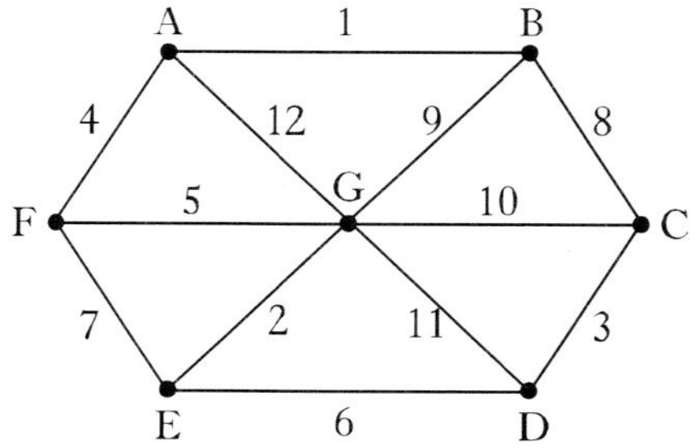

[그림 5.18] 그래프 $G=(V, E)$

풀이 그래프 $G=(V, E)$에서 Prim 알고리즘을 사용한 최소 신장 트리는 그래프 $G^T=(U, T)$가 된다. Prim 알고리즘을 단계별로 나타내면 다음과 같다.

	T	U
1	(A, B)	A, B
2	(A, B), (A, F)	A, B, F
3	(A, B), (A, F), (F, G)	A, B, F, G
4	(A, B), (A, F), (F, G), (G, E)	A, B, F, G, E
5	(A, B), (A, F), (F, G), (G, E), (E, D)	A, B, F, G, E, D
6	(A, B), (A, F), (F, G), (G, E), (E, D), (C, D)	A, B, F, G, E, D, C

따라서 Prim 알고리즘을 사용한 최소 신장 트리를 그림으로 나타내면 다음과 같다.

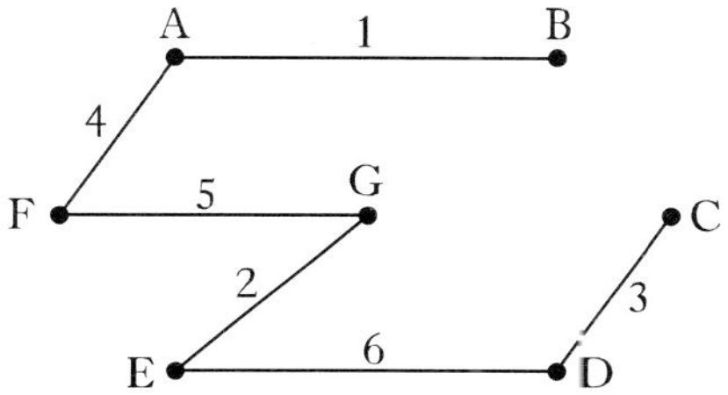

[그림 5.19] 그래프 G의 최소 신장 트리(Prim의 알고리즘)

다음은 Kruskal의 알고리즘을 소개한다. Kruskal 알고리즘은 정점의 수에 비해 연결선의 수가 적은 경우 사용하면 효과적이다.

Kruskal의 알고리즘은 모든 연결선을 순서대로 정렬하여 작은 가중치를 갖는 연결선부터 차례대로 선택하여 신장 트리를 만들어간다. 이때 순환(cycle)이 되지 않도록 유의한다. Kruskal 알고리즘은 이러한 절차를 계속 반복하다가 T의 연결선의 수가 V의 정점의 수보다 하나 작으면 종료된다.

〈알고리즘 2〉 Kruskal의 최소 신장 트리 알고리즘

입력 : 그래프 $G=(V, E)$
결과 : 최소 신장 트리 $G^T=(U, T)$, T:연결선의 집합, U:정점의 집합

초기값 : $T=\varnothing$
E의 모든 연결선을 비용이 적은 순서대로 정렬한다.
while(|T| < |V|−1)
    순서대로 정렬된 E의 연결선 중에서 차례대로 (u, v)를 선택한다.
  이때 (u, v)는 T에서 순환(cycle)이 되지 않아야 한다.
    T=T∪{(u, v)}
    U=U∪{u,v}

[예제 5.17] 다음 〈그림 5.18〉에서 주어진 그래프 $G=(V, E)$를 Kruskal 알고리즘을 이용하여 최소신장트리로 나타내시오.

풀이 그래프 $G=(V, E)$에서 Kruskal 알고리즘을 사용한 최소 신장 트리를 단계별로 나타내면 다음과 같다.

	T	U
1	(A, B)	A, B
2	(A, B), (G, E)	A, B, G, E
3	(A, B), (G, E), (C, D)	A, B, G, E, C, D
4	(A, B), (G, E), (C, D), (A, F)	A, B, G, E, C, D, F
5	(A, B), (G, E), (C, D), (A, F), (F, G)	A, B, G, E, C, D, F
6	(A, B), (G, E), (C, D), (A, F), (F, G), (E, D)	A, B, G, E, C, D, F

따라서 Kruskal 알고리즘을 사용한 최소 신장 트리를 그림으로 나타내면 다음과 같다.

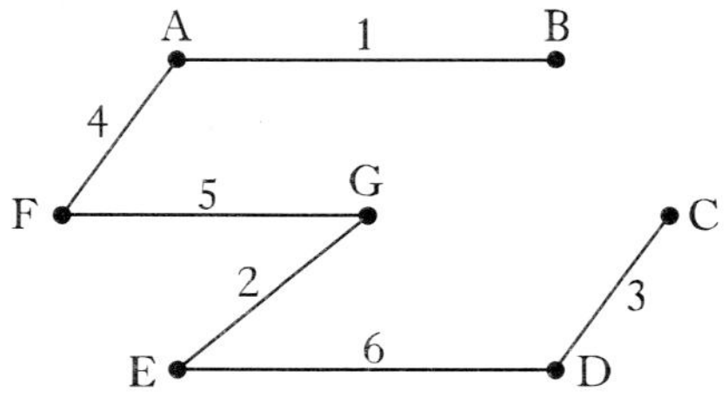

[그림 5.20] 그래프 G의 최소 신장 트리(Kruskal 알고리즘)

5.6 허프만 코드(Huffman code)

David Huffman에 의해 1951년에 발표된 허프만 코드는 영상처리의 복원과 변조에 중요하게 사용되는 데이터 압축의 기본 알고리즘이다. 이 알고리즘은 정보를 표현하는데 필요로 하는 비트수를 최소화하는 방법을 제공한다. 허프만 코드는 문서에서 비트스트림의 압축에 사용되며 오디오와 이미지 파일의 압축에도 사용된다. 다음은 알파벳 빈도수에 따른 허프만 코드의 간단한 예이다.

알파벳	빈도수	허프만 코드
A	8.24%	0000
B	1.24%	110000
E	12.32%	101
T	8.39%	111
Z	0.08%	11000100001

허프만 코드는 가장 빈도수가 높은 데이터에게 가장 짧은 비트스트림을 할당하고, 빈도수가 낮은 데이터에는 긴 비트스트링을 할당하는 방법이다.

다음은 허프만 코드에 이용되는 접두어 코드를 소개한다.

5.6.1 접두어코드

비트 스트링을 사용하여 영문 알파벳 26개의 문자를 코드화하기 위한 방법 중 하나는 문자를 5비트의 비트 스트링으로 표현하는 것이다. 각 문자를 5비트로 코드화 할 때 사용되는 총 비트수는 문서에 있는 문자수의 5배이다. 따라서 데이터를 코드화할 때 더 작은 비트로 코드화할 수 있다면 메모리를 절약하고 전송시간을 감소할 것이다.

자주 발생하는 문자는 짧은 비트 스트링을 사용하고 드물게 발생하는 문자는 긴 비트 스트링을 사용하여 문자를 코드화하는 방법을 생각하자.

같은 수의 비트 수를 사용하여 문자를 코드화할 때 여러 가지 방법이 있다. 예를 들어 e를 0, a를 1, t를 01로 코드화하면 비트 스트링 0101은 eat, tea, eaea 또는 tt라는 문자로 표현될 수 있다. 하지만 이것은 많은 혼란을 가져온다. 따라서 비트 스트링이 하나 이상의 문자에 대응하지 않도록 하기 위한 방법 중 하나는 한 문자의 비트 스트링이 다른 문자의 첫 번째 부분과 같지 않도록 문자를 코드화하는 것이다. 이러한 코드를 접두어 코드라 한다. 즉 접두어를 가지지 않는 코드가 접두어 코드이다. 특히, 접두어와 접두어 코드를 혼동하지 말아야 한다. 예를 들면, e를 0, a를 10 그리고 t를 11로 코드화 한 것은 접두어 코드이다. 예를 들어 비트 스트링 10110은 ate를 코드화한 것이다. 여기서 첫 번째 문자 1은 한 문자를 나타내지 않는다. 그러나 10은 a를 나타낸다. 그 다음 1은 한 문자를 나타내지 않는다. 그러나 11은 t를 나타낸다. 마지막 비트 0은 e를 나타낸다.

정의 5.12

접두어 코드(prefix code)란 그 집합에 있는 어떠한 스트링들의 열도 다른 열의 접두어(prefix)가 아닌 코드를 말한다.

[예제 5.18] a=01, b=010, c=111, d=011 일 때 다음물음에 답하시오.

(1)a는 b의 접두어인가?

(2)a는 c의 접두어인가?

(3)a는 d의 접두어인가?

(4)b는 c의 접두어인가?

풀이 (1) 접두어이다.
(2) 접두어가 아니다.
(3) 접두어이다.
(4) 접두어가 아니다.

[예제 5.19] {110, 111, 101, 11}은 접두어 코드인가?

풀이 11이 110과 111의 접두어가 되기 때문에 접두어 코드가 아니다.

[예제 5.20] 다음 코드가 접두어 코드인지 판별하시오.

(1) {110, 111, 101}

(2) {110, 111, 101, 01}

(3) {000, 001, 010, 011, 100}

(4) {000, 11, 01, 001, 10}

풀이 (1) {110, 111, 101}은 접두어 코드이다.
(2) {110, 111, 101, 01}은 접두어 코드이다.
(3) {000, 001, 010, 011, 100}은 접두어 코드이다.
(4) {000, 11, 01, 001, 10}은 접두어 코드이다.

접두어 코드는 이진트리를 사용하여 표현할 수 있다. 여기서 문자들은 트리의 잎을 이용하여 나타낸다. 트리에서 왼쪽 자식으로 가는 연결선은 0으로 오른쪽 자식으로 가는 연결선은 1로 할당한다. 한 문자를 코드화하는데 사용되는 비트 스트링은 뿌리에서부터 잎으로 가는 경로상의 연결선을 나타낸다.

[예제 5.21] 다음 이진트리에 대하여 물음에 답하시오.

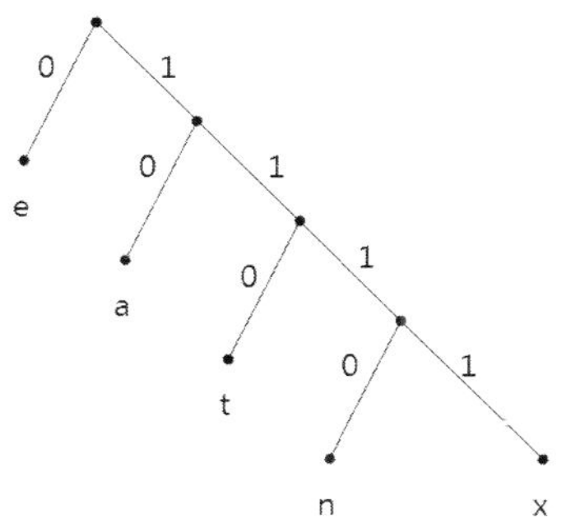

[그림 5.21] 코드화된 이진트리

(1) 문자 e를 비트 스트링으로 나타내시오.

(2) 문자 a를 비트 스트링으로 나타내시오.

(3) 문자 t를 비트 스트링으로 나타내시오.

(4) 문자 n를 비트 스트링으로 나타내시오.

(5) 문자 x를 비트 스트링으로 나타내시오.

(6) 비트 스트링 101100 을 코드화된 문자로 나타내시오.

풀이 (1) 0 (2) 10 (3) 110

(4) 1110 (5) 1111 (6) ate

[예제 5.22] 코드1과 코드2의 이진트리가 다음과 같을 때 물음에 답하시오.

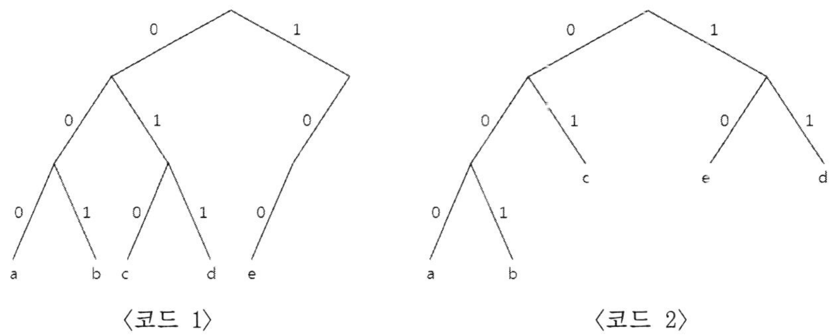

[그림 5.22] 접두어 코드인 이진트리

(1) 코드 1에서 문자 a를 비트 스트링으로 나타내시오.

(2) 코드 2에서 문자 a를 비트 스트링으로 나타내시오.

(3) 코드 1에서 문자 c를 비트 스트링으로 나타내시오.
(4) 코드 2에서 문자 c를 비트 스트링으로 나타내시오.
(5) 코드 1에서 문자 e를 비트 스트링으로 나타내시오.
(6) 코드 2에서 문자 e를 비트 스트링으로 나타내시오.
(7) 코드 1에서 문자 cd를 코드로 나타내시오.
(8) 코드 2에서 문자 cd를 코드로 나타내시오.

풀이 (1) 000　(2) 000　(3) 010
(4) 01　(5) 100　(6) 10
(7) 010011　(8) 0111

5.6.2 허프만코드

메시지는 알파벳의 열(sequence)로 이루어졌으며, 각 메시지의 영문자는 각각 독립적이고 위치에 관계없이 정해진 확률로 나타난다고 가정하자.

[예제 5.23] 5개의 영문자 a, b, c, d, e가 나타날 확률은 각각 0.12, 0.4, 0.15, 0.08, 0.25 이다. 이 영문자를 각각 0과 1의 열로서 코드화할 때, 두 개의 접두어코드 코드1과 코드2를 만드시오.

풀이

영문자	a	b	c	d	e
확률	0.12	0.4	0.15	0.08	0.25
코드1	000	001	010	011	100
코드2	000	11	01	001	10

[그림 5.23] 두 개의 이진 코드

코드1과 코드2에서 모든 문자는 모두 접두어가 아니므로 접두어 코드이다.

[예제 5.24] 〈그림 5.23〉에 나타난 이진코드의 코드1과 코드2를 사용하여 문자 bce를 코드로 나타내시오.

풀이 문자 bce를 코드1과 코드2로 나타내면 다음과 같다.

문자	코드1	코드2
bce	001010100	110110

[그림 5.24] 두 개의 이진 코드

어떤 문자열과 그들이 나타날 확률이 주어졌을 때 접두어코드이면서 코드의 평균 길이가 최소화되는 코드를 찾는 것은 매우 중요하다. 왜냐하면 문자를 나타내는 코드의 길이를 최소화함으로써 전체 메시지의 길이를 줄일 수 있기 때문이다.

[예제 5.25] 〈그림 5.23〉에 나타난 코드1과 코드2의 평균길이를 구하시오.

풀이 코드1과 코드2의 평균길이는 다음과 같다.

코드	평균길이
코드 1	3×0.12+3×0.40+3×0.15+3×0.08+3×0.25
코드 2	3×0.12+2×0.40+2×0.15+3×0.08+2×0.25

[그림 5.25] 두 코드의 평균길이

따라서 코드1의 평균길이는 3.0이고, 코드2의 평균길이는 2.2이다.

코드1과 코드2는 〈예제 5.23〉에서 모두 접두어코드이지만, 코드2가 코드1의 평균길이보다 작다. 우리는 다음과 같은 생각을 할 수 있다.

코드2의 평균길이보다 더 짧은 코드는 존재하는가? 만약 존재한다면 어떤 방법으로 구할 수 있을까? 물음에 대한 답은 존재하며, 이와 같은 코드를 허프만 코드라 정의한다. 허프만 코드는 최소의 접두어코드이며, 허프만 알고리즘(Huffman algorithm)에 의하여 구할 수 있다. 다음은 허프만 코드를 만들기 위해 필요한 허프만 알고리즘이다.

[허프만 알고리즘]

① 모든 정점들의 확률을 오름차순으로 나열한다.
② 가장 낮은 확률을 가진 두 문자 a, b를 선택하여 가상의 다른 문자 x로 대치한다. x가 나타날 확률은 a와 b의 확률을 합한 것이다.
③ 위의 과정을 반복하여 최종 확률이 1이 될 때까지 계속한다.
④ 최종적인 트리가 완성되면 각 서브트리의 왼쪽에는 0을 부여하고 오른쪽에서 1을 각각 부여하여 각 문자의 코드를 결정한다.

정의 5.13

허프만 코드(Huffman code)란 허프만 알고리즘에 의해 만들어지는 코드이다.

허프만 알고리즘에 의해 생성된 허프만 코드를 사용하면 문자를 나타내는 코드의 길이를 최소화하여 전체 메시지의 길이를 줄일 수 있다. 따라서 허프만 코드는 애매함이 없이 정확히 표현되는 최소화된 코드이다.

[예제 5.26] 〈그림 5.23〉에 나타난 코드2는 허프만 코드인가?

풀이 코드2가 허프만 코드임을 보이기 위하여 〈예제 5.23〉의 허프만 코드를 구해보자. 우선 정점들을 오름차순으로 나열한다.

(a)

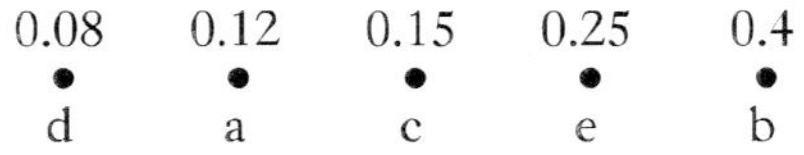

다음은 가장 확률이 낮은 두 문자 d, a 을 선택하여 두문자의 확률을 합한다.

(b)

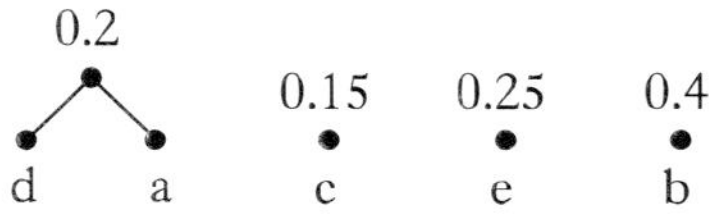

합쳐진 두문자 d, a 와 c 을 선택하여 두문자의 확률을 합하면 다음과 같다.

(c)

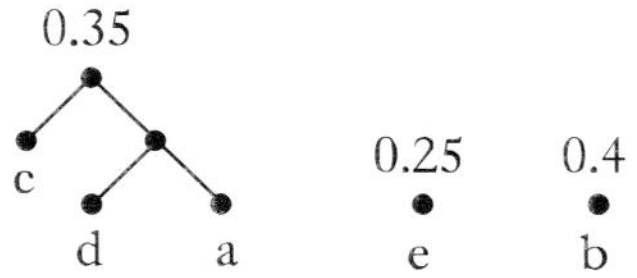

위의 합쳐진 문자와 e 을 선택하여 확률을 합하면 다음과 같다.

(d)

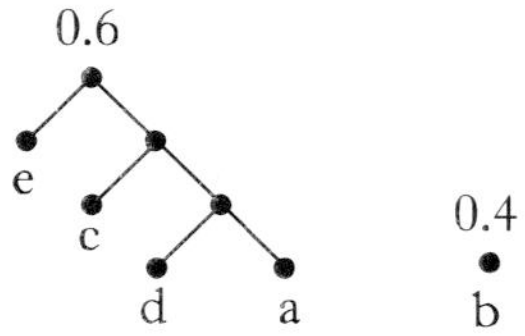

마지막 남은 정점 b을 선택 후 확률을 합하면 다음과 같다.

(e)

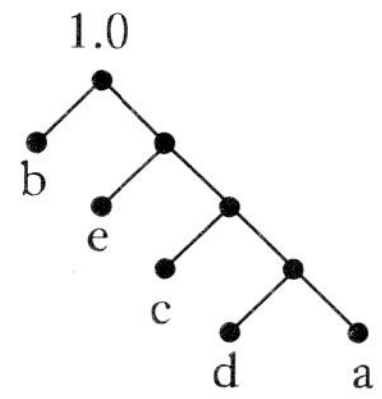

따라서 허프만 코드는 다음과 같다.

a는 1111, b는 0, c는 110, d는 1110, e는 10 을 각각 코드로 가진다.

이 허프만 코드의 평균길이는 $4\times0.12+1\times0.40+3\times0.15+4\times0.08+2\times0.25$이므로 2.15이다. 따라서 〈그림 5.23〉에 나타난 코드2는 허프만 코드가 아니다.

연습문제

01. 다음 그래프 중 트리는 어느 것인가?

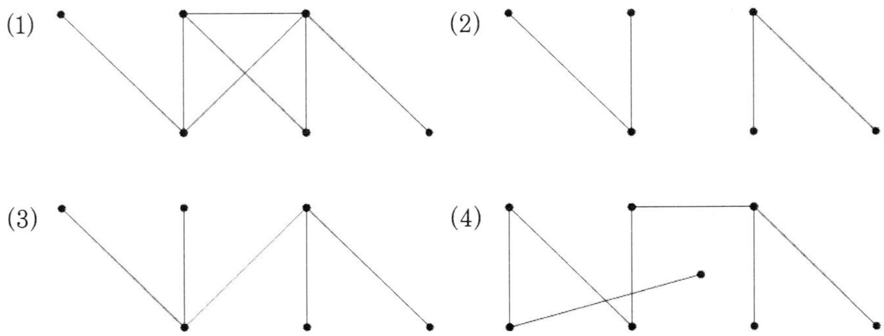

02. 본문에 주어진 〈그림 5.3〉의 트리에 대하여 물음에 답하시오.

(1) 이 트리의 뿌리는?
(2) 정점 2의 차수는?
(3) 이 트리의 높이(혹은 깊이)는?
(4) 이 트리의 잎(leaf)는?
(5) 정점 2의 자식(child)은?
(6) 정점 14의 부모는?
(7) 정점 9의 형제는?
(8) 정점 17의 조상(ancestor)은?
(9) 정점 3의 자손(descendant)은?

03. 다음의 트리를 4를 뿌리로 하는 뿌리 트리로 변환하라.

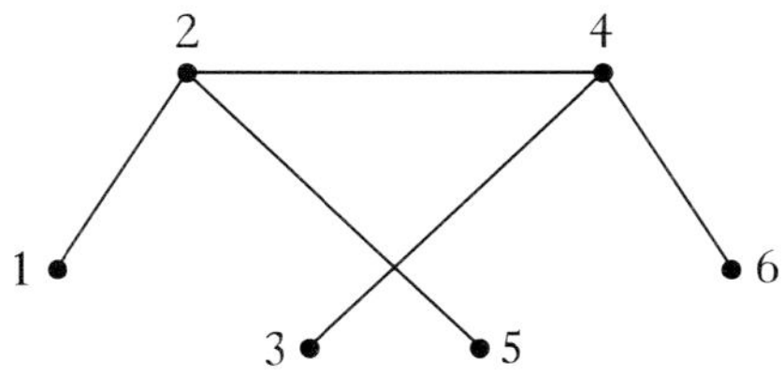

04. 다음의 트리에 대한 물음에 답하시오.

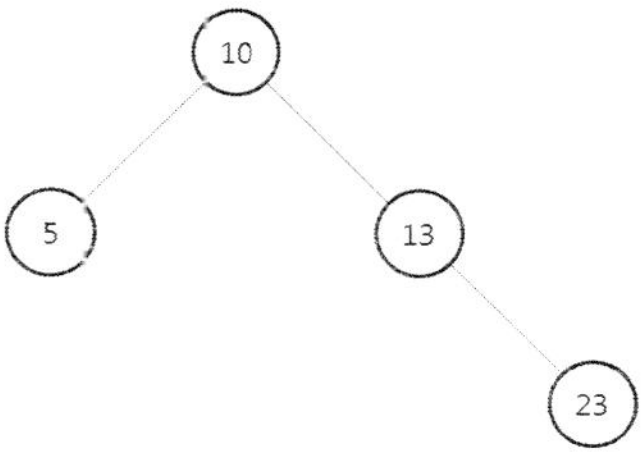

(1) 이 트리를 이중 연결 리스트로 표현하라.

(2) 이 트리를 배열로 표현하라.

(3) 이 트리를 단순 연결 리스트로 표현하라.

05. 주파수를 갖는 기호들이 다음과 같을 때 물음에 답하시오.

a=0.08, b=0.10, c=0.12, d=0.15 e=0.20, f=0.35

(1) 한 문자를 코드화하는데 사용되는 평균길이를 구하시오.

(2) 허프만 트리를 만드시오.

(3) 최적의 허프만 코드를 구하시오.

06. 다음의 이진트리를 전위 순회, 중위 순회, 후위 순회로 방문하시오.

(1)

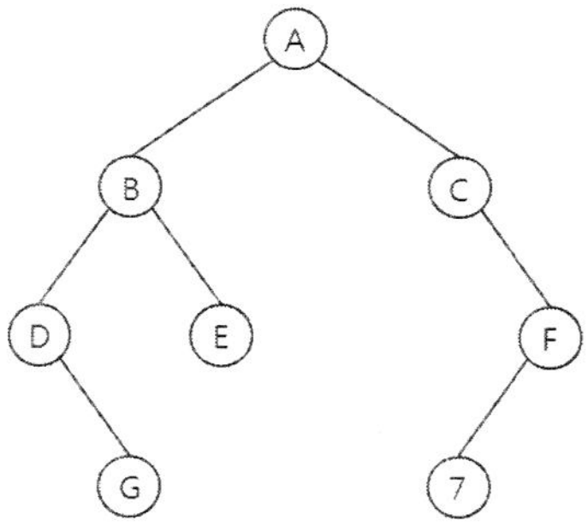

(2)

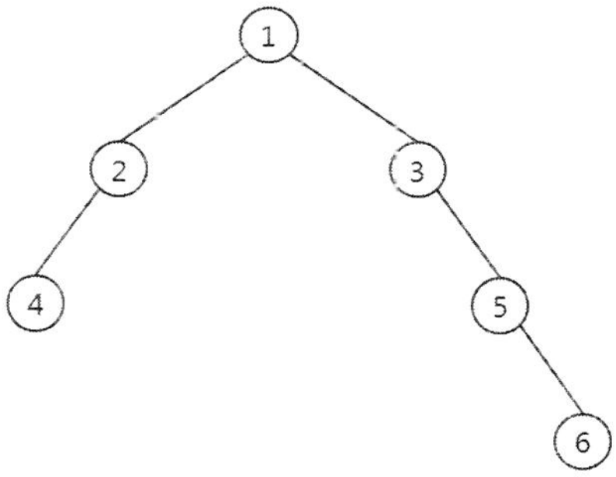

07. 다음의 그래프와 같이 각 연결선에 가중치가 있을 때 이 그래프의 최소 신장 트리를 Prim 알고리즘과 Kruskal 알고리즘으로 각각 구하시오.

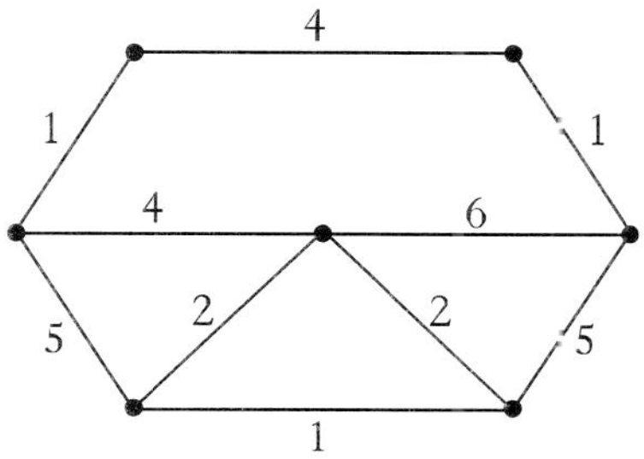

CHAPTER 6

행렬 및 행렬식

행렬은 숫자나 문자를 가로(행)와 세로(열)로 배열하여 직사각형 형태로 표시되며 복잡한 방정식이나 선형변환에 사용된다. 또한 행렬은 컴퓨터 분야에서 자료의 저장에 사용되는 배열에 응용되며, 두 벡터의 사이각을 구할 때 사용된다. 이 뿐만 아니라 직육면체의 체적을 구하는 방법도 행렬을 이용할 수 있다.

6.1 행렬의 기본 개념

6.1.1 행렬의 정의

행렬(matrix)이란 수, 변수 또는 함수 등을 직사각형 모양으로 배열하여 놓은 것을 말한다. 행렬에서 가로로 배열된 것을 행(row)이라 하고, 세로로 배열된 것을 열(column)이라 한다. 다음은 행렬에 대한 예이다.

$$A = \begin{pmatrix} a_{11} & a_{12} & \cdots & a_{1n} \\ a_{21} & a_{22} & \cdots & a_{2n} \\ \vdots & \vdots & & \vdots \\ a_{m1} & a_{m2} & \cdots & a_{mn} \end{pmatrix}$$

행렬 A을 구성하는 직사각형 안에 위치한 a_{11}, a_{12}, ... , a_{mn} 등을 원소(element) 또는

성분이라 한다. 위의 행렬 A에서 i행의 원소는 a_{i1}, a_{i2}, ... , a_{in} 이고, j열의 원소는 a_{1j}, a_{1j}, ... , a_{mj}이므로 i행과 j열의 원소는 a_{ij}이다. 위의 행렬 A을 $m \times n$행렬 또는 (m, n)행렬이라 하며, $A = (a_{ij})_{m \times n}$로 표시한다.

다음은 행렬 $A = (a_{ij})_{3 \times 3}$이며 이 행렬은 3행과 3열로 구성된 행렬이다.

$$A = \begin{pmatrix} a_{11} & a_{12} & a_{13} \\ a_{21} & a_{22} & a_{23} \\ a_{31} & a_{32} & a_{33} \end{pmatrix} \begin{matrix} 1\text{행} \\ 2\text{행} \\ 3\text{행} \end{matrix}$$

1열 2열 3열

행렬의 원소를 표시할 때에는 행을 먼저 쓰고 열을 나중에 쓴다. 즉, 위의 행렬에서 3행 2열의 원소는 a_{32}로 표시한다.

1×1행렬은 (7)=7, (a)=a 그리고 (-7)=-7로 약속한다.

6.1.2 행렬의 종류

일반적으로 사용되는 행렬의 종류는 다음과 같다.

① **정방행렬** : m개의 행과 n개의 열로 이루어진 행렬을 $m \times n$행렬이라고 하며 $A = (a_{ij})_{m \times n}$으로 표시한다. 이 때 $m = n$인 행렬을 정방행렬이라 하고 $A = (a_{ij})_{m \times m}$로 표시하며 행(열)의 수를 그 행렬의 차수(order)라 한다.

② **행행렬** : 단 하나의 행만을 갖는 행렬을 행행렬이라 한다.

③ **열행렬** : 단 하나의 열만을 갖는 행렬을 열행렬이라 한다.

④ **대각행렬** : 정방행렬에서 대각원소($i = j$)만 있고 나머지원소($i \neq j$)는 모두 0인 행렬을 대각행렬이라 한다.

⑤ **단위행렬** : 대각행렬의 모든 대각원소가 1일 때를 단위행렬(unit matrix)이라 하며 I로 표시한다.

⑥ **영행렬** : 모든 원소가 0인 행렬을 영행렬이라 하며, 0으로 표시한다.

⑦ **전치행렬** : 행렬 A에서 행과 열을 바꾸어 놓은 행렬을 전치행렬(transpose)이라 하며 A^t로 표시한다.

[예제 6.1] 다음 두 행렬 A와 B에 대하여 물음에 답하시오.

$$A=\begin{pmatrix}2&1\\3&2\\6&4\end{pmatrix} \qquad B=\begin{pmatrix}2&1&5\\3&2&4\end{pmatrix}$$

(1) 행렬 A의 두 번째 열행렬을 구하시오.

(2) 행렬 B의 두 번째 행행렬을 구하시오.

(3) 행렬 B에서 원소 b_{12}와 b_{21}의 값을 구하시오.

(4) 행렬 A의 전치행렬 A^t을 구하시오.

풀이

(1) $\begin{pmatrix}1\\2\\4\end{pmatrix}$

(2) $(3\ 2\ 4)$

(3) 행렬 B에서 b_{12}(1행 2열의 원소)=1 이고, b_{21}(2행 1열의 원소)=3 이다.

(4) $A^t=\begin{pmatrix}2&3&6\\1&2&4\end{pmatrix}$

[예제 6.2] 다음 행렬들에 대하여 물음에 답하시오.

$$A=\begin{pmatrix}1&3\\2&1\end{pmatrix},\ B=\begin{pmatrix}0&0\\0&0\end{pmatrix},\ C=\begin{pmatrix}2&1&5\\3&2&4\end{pmatrix},\ D=\begin{pmatrix}1&0&7\\9&4&1\\5&2&2\end{pmatrix},$$

$$F=\begin{pmatrix}1&0&0\\0&3&0\\0&0&2\end{pmatrix},\ G=\begin{pmatrix}1&0&0\\0&1&0\\0&0&1\end{pmatrix}\ H=\begin{pmatrix}0&0&1\\0&3&0\\5&0&0\end{pmatrix}.\ I=\begin{pmatrix}1&2&4&4\\0&1&0&2\\2&1&1&1\\2&5&7&1\end{pmatrix}$$

(1) 정방행렬을 구하시오.

(2) 대각행렬을 구하시오.

(3) 단위행렬을 구하시오.

(4) 영행렬을 구하시오.

풀이 (1) A, B, D, F, G, H, I

(2) F, G

(3) G

(4) B

6.1.3 행렬의 상등

두 행렬 $A=(a_{ij})$, $B=(b_{ij})$가 서로 상등이 되는 필요충분조건은 행렬 A와 B가 같은 수의 행과 열이고 대응하는 원소가 각각 같을 때이다. 즉, 모든 i, j에 대하여 $a_{ij}=b_{ij}$가 성립할 때 두 행렬 A와 B를 상등이라 하며, $A=B$라고 쓴다.

[예제 6.3] 두 행렬 $A=\begin{pmatrix} a & b \\ c & d \end{pmatrix}, B=\begin{pmatrix} 1 & 2 \\ 3 & 4 \end{pmatrix}$에서 $A=B$일 때 a, b, c, d의 값은?

풀이 $a=1,\ b=2,\ c=3,\ d=4$

6.2 행렬의 연산

6.2.1 행렬의 덧셈, 뺄셈

행렬의 덧셈과 뺄셈은 행과 열의 수가 같은 행렬에서만 정의할 수 있다.

정의 6.1

행렬의 덧셈

두 개의 $(m\times n)$ 행렬 $A=(a_{ij})_{m\times n}$, $B=(b_{ij})_{m\times n}$가 있을 때, 두 행렬의 덧셈은 $A+B=C$인 행렬 $C=(c_{ij})_{m\times n}$로 정의하며 다음과 같다.

$$c_{ij}=a_{ij}+b_{ij}\quad (i=1,\cdots,\ m,\ j=1,\ \cdots,\ n)$$

행렬의 뺄셈

두 개의 $(m\times n)$ 행렬 $A=(a_{ij})_{m\times n}$, $B=(b_{ij})_{m\times n}$가 있을 때, 두 행렬의 뺄셈은 $A-B=C$인 행렬 $C=(c_{ij})_{m\times n}$로 정의하며 다음과 같다.

$$c_{ij}=a_{ij}-b_{ij}\quad (i=1,\cdots,\ m,\ j=1,\ \cdots,\ n)$$

$A+B=C$ 인 행렬 $C=(c_{ij})$는 A와 B에 대응하는 각각의 원소를 서로 합하여 얻어진다는 것을 알 수 있다. 행렬의 뺄셈 $A-B$는 $A+(-B)$와 같이 나타낼 수 있으며, A의 원소에서 그에 대응하는 B의 각각의 원소를 빼 줌으로써 얻어진다.

[예제 6.4] $A=\begin{pmatrix} 2 & 3 & 1 \\ 1 & 3 & 4 \end{pmatrix}$, $B=\begin{pmatrix} 1 & 3 & 1 \\ 2 & 1 & 2 \end{pmatrix}$ **일 때** $A+B$**을 계산하시오.**

풀이 $A+B=\begin{pmatrix} 3 & 6 & 2 \\ 3 & 4 & 6 \end{pmatrix}$

[예제 6.5] 다음 행렬을 계산하시오.

① $\begin{pmatrix} 1 & -2 & 3 \\ 4 & 5 & -6 \\ -3 & 2 & 1 \end{pmatrix}+\begin{pmatrix} 0 & -1 & -4 \\ 4 & -2 & 5 \\ 2 & 3 & -1 \end{pmatrix}$ ② $2\begin{pmatrix} -1 & 2 \\ -2 & 1 \end{pmatrix}-2\begin{pmatrix} 2 & 1 \\ 1 & 4 \end{pmatrix}$

③ $\begin{pmatrix} 1 & 0 & 2 \\ 3 & 2 & 1 \\ 0 & 0 & 0 \end{pmatrix}+\begin{pmatrix} 2 & 0 & 0 \\ -1 & 2 & 0 \\ 3 & 2 & 0 \end{pmatrix}$

풀이

① $\begin{pmatrix} 1 & -2 & 3 \\ 4 & 5 & -6 \\ -3 & 2 & 1 \end{pmatrix}+\begin{pmatrix} 0 & -1 & -4 \\ 4 & -2 & 5 \\ 2 & 3 & -1 \end{pmatrix}=\begin{pmatrix} 1 & -3 & -1 \\ 8 & 3 & -1 \\ -1 & 5 & 0 \end{pmatrix}$

② $2\begin{pmatrix} -1 & 2 \\ -2 & 1 \end{pmatrix}+2\begin{pmatrix} 2 & 1 \\ 1 & 4 \end{pmatrix}=\begin{pmatrix} -2 & 4 \\ -4 & 2 \end{pmatrix}+\begin{pmatrix} 4 & 2 \\ 2 & 8 \end{pmatrix}=\begin{pmatrix} 2 & 6 \\ -2 & 10 \end{pmatrix}$

③ $\begin{pmatrix} 1 & 0 & 2 \\ 3 & 2 & 1 \\ 0 & 0 & 0 \end{pmatrix}+\begin{pmatrix} 2 & 0 & 0 \\ -1 & 2 & 0 \\ 3 & 2 & 0 \end{pmatrix}=\begin{pmatrix} 3 & 0 & 2 \\ 2 & 4 & 1 \\ 3 & 2 & 0 \end{pmatrix}$

[예제 6.6] 다음 행렬을 계산하시오.

$$\begin{pmatrix} 1 & -2 & 3 \\ 2 & 5 & -6 \\ -3 & -10 & 1 \end{pmatrix}-\begin{pmatrix} 0 & -1 & -4 \\ 4 & -2 & 5 \\ 2 & 3 & -1 \end{pmatrix}$$

풀이 $\begin{pmatrix} 1 & -2 & 3 \\ 2 & 5 & -6 \\ -3 & -10 & 1 \end{pmatrix}-\begin{pmatrix} 0 & -1 & -4 \\ 4 & -2 & 5 \\ 2 & 3 & -1 \end{pmatrix}=\begin{pmatrix} -1 & -1 & 7 \\ -2 & 7 & -11 \\ -5 & -13 & 2 \end{pmatrix}$

정리 6.2

행렬의 덧셈, 뺄셈에 대한 성질은 다음과 같다.

㉠ $A+B=B+A$ 〔교환법칙〕
㉡ $(A+B)+C=A+(B+C)$
㉢ $A+0=A$
㉣ $A+(-A)=0$
㉤ $A-B=A+(-B)$

한편 행렬 A가 있을 때 $-A$는 A의 각 원소에 (-)부호를 붙인 것과 같다.

즉, $A=\begin{pmatrix} a & b \\ c & d \end{pmatrix}$일 때 $-A=\begin{pmatrix} -a & -b \\ -c & -d \end{pmatrix}$이다.

[예제 6.7] 행렬 A가 다음과 같을 때 $-A$를 구하시오.

① $\begin{pmatrix} 2 & 3 & 1 \\ 1 & 3 & 4 \end{pmatrix}$　　② $\begin{pmatrix} 1 & 3 & 1 \\ 2 & 1 & 2 \end{pmatrix}$

풀이 ①$-A=\begin{pmatrix} -2 & -3 & -1 \\ -1 & -3 & -4 \end{pmatrix}$　　②$-A=\begin{pmatrix} -1 & -3 & -1 \\ -2 & -1 & -2 \end{pmatrix}$

6.2.2 행렬의 곱셈

$(m \times n)$ 행렬 A에 임의 상수 k를 곱한 것을 kA 또는 Ak로 표시하며, A의 모든 원소에 k를 곱하여 얻어진 $(m \times n)$ 행렬이다. 즉

$$kA = Ak = \begin{pmatrix} ka_{11} & ka_{12} & \cdots\cdots & ka_{1n} \\ ka_{21} & ka_{22} & \cdots\cdots & ka_{2n} \\ \cdots & \cdots & \cdots\cdots & \cdots \\ \cdots & \cdots & \cdots\cdots & \cdots \\ ka_{m1} & ka_{m2} & \cdots\cdots & ka_{mn} \end{pmatrix}$$

[예제 6.8] 행렬 $A=\begin{pmatrix} 1 & 2 \\ 3 & 0 \end{pmatrix}$ 일 때 $2A$는 얼마인가?

풀이 $2A=2\begin{pmatrix} 1 & 2 \\ 3 & 0 \end{pmatrix}=\begin{pmatrix} 2 & 4 \\ 6 & 0 \end{pmatrix}$

$A=(a_{ij})$를 $(m\times n)$행렬, $B=(b_{ij})$를 $(r\times p)$행렬이라 하면, 두 행렬의 곱셈 AB는 $n=r$일 때만 정의되고, 그 원소는

$$c_{ij}=a_{i1}b_{1j}+a_{i2}b_{2j}+\cdots\cdots+a_{in}b_{nj}=\sum_{k=1}^{n}a_{ik}b_{kj}$$

로 주어지는 $(m\times p)$ 행렬 $C=(c_{ij})$ 이다.

즉, 행렬의 곱셈 AB는 A행렬의 열의 수(n)와 B행렬의 행의 수(r)가 같을 때에만 정의되며 A행렬의 행의 원소와 B행렬의 열의 원소를 순서대로 곱하여 합한 것이 그 행 그 열의 원소가 된다.

[예제 6.9] 두 행렬 A와 B가 다음과 같을 때 두 행렬의 곱셈행렬을 구하시오.

$$A=\begin{pmatrix}a_{11} & a_{12}\\ a_{21} & a_{22}\end{pmatrix},\quad B=\begin{pmatrix}b_{11} & b_{12}\\ b_{21} & b_{22}\end{pmatrix}$$

풀이 두 행렬 A와 B를 곱셈한 행렬 AB는 다음과 같다.

$$AB=\begin{pmatrix}a_{11} & a_{12}\\ a_{21} & a_{22}\end{pmatrix}\begin{pmatrix}b_{11} & b_{12}\\ b_{21} & b_{22}\end{pmatrix}=\begin{pmatrix}a_{11}b_{11}+a_{12}b_{21} & a_{11}b_{12}+a_{12}b_{22}\\ a_{21}b_{11}+a_{22}b_{21} & a_{21}b_{12}+a_{22}b_{22}\end{pmatrix}$$ 이다.

즉, A행렬의 1행과 B행렬의 1열을 차례대로 곱하여 더한 것이 AB행렬의 1행 1열이 되며 나머지 행과 열은 순서에 따라 곱하여 더하면 된다.

[예제 6.10] 두 행렬 A와 B가 다음과 같을 때 두 행렬의 곱셈 AB을 구하시오.

$$A=\begin{pmatrix}2 & 3 & 1\\ 1 & 3 & 4\end{pmatrix}\qquad B=\begin{pmatrix}1 & 2\\ 3 & 1\\ -1 & 0\end{pmatrix}$$

풀이

$$\begin{aligned}AB&=\begin{pmatrix}2 & 3 & 1\\ 1 & 3 & 4\end{pmatrix}\begin{pmatrix}1 & 2\\ 3 & 1\\ -1 & 0\end{pmatrix}\\ &=\begin{pmatrix}2\times1+3\times3+1\times(-1) & 2\times2+3\times1+1\times0\\ 1\times1+3\times3+4\times(-1) & 1\times2+3\times1+4\times0\end{pmatrix}\\ &=\begin{pmatrix}10 & 7\\ 6 & 5\end{pmatrix}\end{aligned}$$

[예제 6.11] 다음 행렬에 대한 곱셈을 구하시오.

① $\begin{pmatrix}1&2\\3&4\end{pmatrix}\begin{pmatrix}4&3\\2&1\end{pmatrix}$ ② $\begin{pmatrix}1\\2\\3\end{pmatrix}(1\ 2\ 3)$ ③ $(1\ 2\ 3)\begin{pmatrix}2\\3\\4\end{pmatrix}$

④ $\begin{pmatrix}1&2\\3&4\end{pmatrix}\begin{pmatrix}1&0\\0&1\end{pmatrix}$ ⑤ $\begin{pmatrix}1&0\\0&2\end{pmatrix}\begin{pmatrix}1&2\\3&4\end{pmatrix}$ ⑥ $\begin{pmatrix}1&2\\3&4\end{pmatrix}\begin{pmatrix}1&0\\0&2\end{pmatrix}$

풀이

① $\begin{pmatrix}1&2\\3&4\end{pmatrix}\begin{pmatrix}4&3\\2&1\end{pmatrix}=\begin{pmatrix}1\times4+2\times2 & 1\times3+2\times1\\3\times4+4\times2 & 3\times3+4\times1\end{pmatrix}=\begin{pmatrix}8&5\\20&13\end{pmatrix}$

② $\begin{pmatrix}1\\2\\3\end{pmatrix}(1\ 2\ 3)=\begin{pmatrix}1&2&3\\2&4&6\\3&6&9\end{pmatrix}$

③ $(1\ 2\ 3)\begin{pmatrix}2\\3\\4\end{pmatrix}=20$

④ $\begin{pmatrix}1&2\\3&4\end{pmatrix}\begin{pmatrix}1&0\\0&1\end{pmatrix}=\begin{pmatrix}1&2\\3&4\end{pmatrix}$

⑤ $\begin{pmatrix}1&0\\0&2\end{pmatrix}\begin{pmatrix}1&2\\3&4\end{pmatrix}=\begin{pmatrix}1&2\\6&8\end{pmatrix}$

⑥ $\begin{pmatrix}1&2\\3&4\end{pmatrix}\begin{pmatrix}1&0\\0&2\end{pmatrix}=\begin{pmatrix}1&4\\3&8\end{pmatrix}$

행렬에서 곱셈은 교환법칙이 성립하지 않는다. 즉 $AB\neq BA$이고 그에 대한 예는 위의 예제와 같다.

$$\begin{pmatrix}1&0\\0&2\end{pmatrix}\begin{pmatrix}1&2\\3&4\end{pmatrix}\neq\begin{pmatrix}1&2\\3&4\end{pmatrix}\begin{pmatrix}1&0\\0&2\end{pmatrix}$$

다음은 전치행렬에 대한 성질을 나타낸다.

정리 6.3

전치행렬에 대해서 다음식이 성립한다.

① $(A+B)^t=A^t+B^t$

② $(A^t)^t=A$

③ $(kA)^t=k\bullet A^t$

④ $(AB)^t=B^tA^t$, 단 k는 상수

[예제 6.12] 다음 두 행렬 A와 B에 대하여 물음에 답하시오.

$$A=\begin{pmatrix}2&1&1\\-1&0&-2\\-1&4&1\end{pmatrix},\qquad B=\begin{pmatrix}0&1&0\\3&0&2\\1&2&-1\end{pmatrix}$$

(1) 행렬 A의 전치행렬 A^t을 구하시오.

(2) 행렬 B의 전치행렬 B^t을 구하시오.

(3) 행렬 $A+B$의 전치행렬 $(A+B)^t$을 구하시오.

(4) 행렬 A에 대하여 $(A^t)^t$을 구하시오.

(5) 행렬 AB의 전치행렬 $(AB)^t$을 구하시오.

(6) 행렬 B^tA^t을 구하시오.

(7) 행렬 A^tB^t을 구하시오.

풀이

(1) $A^t=\begin{pmatrix}2&-1&-1\\1&0&4\\1&-2&1\end{pmatrix}$

(2) $B^t=\begin{pmatrix}0&3&1\\1&0&2\\0&2&-1\end{pmatrix}$

(3) $A+B=\begin{pmatrix}2&1&1\\-1&0&-2\\-1&4&1\end{pmatrix}+\begin{pmatrix}0&1&0\\3&0&2\\1&2&-1\end{pmatrix}=\begin{pmatrix}2&2&1\\2&0&0\\0&6&0\end{pmatrix}$ 이므로

$(A+B)^t=\begin{pmatrix}2&2&0\\2&0&6\\1&0&0\end{pmatrix}$

(4) $A^t=\begin{pmatrix}2&-1&-1\\1&0&4\\1&-2&1\end{pmatrix}$이므로 $(A^t)^t=\begin{pmatrix}2&1&1\\-1&0&-2\\-1&4&1\end{pmatrix}$이다.

(5) $AB=\begin{pmatrix}4&4&1\\-2&-5&2\\13&1&7\end{pmatrix}$이므로 $(AB)^t=\begin{pmatrix}4&-2&13\\4&-5&1\\1&2&7\end{pmatrix}$이다.

(6) $B^tA^t=\begin{pmatrix}0&3&1\\1&0&2\\0&2&-1\end{pmatrix}\begin{pmatrix}2&-1&-1\\1&0&4\\1&-2&1\end{pmatrix}=\begin{pmatrix}4&-2&13\\4&-5&1\\1&2&7\end{pmatrix}$이다.

(7) $A^tB^t=\begin{pmatrix}2&-1&-1\\1&0&4\\1&-2&1\end{pmatrix}\begin{pmatrix}0&3&1\\1&0&2\\0&2&-1\end{pmatrix}=\begin{pmatrix}-1&4&1\\0&11&-3\\-2&5&-4\end{pmatrix}$이다.

6.3 행렬식(Determinant)

행렬식이란 행렬의 값을 수치로 나타낸 것으로 $|A|$, $\det A$로 표현한다.

정의 6.4

(1) 자연수 1, 2, $\cdots$, n을 일렬로 늘어놓았을 때 그 성분이 크기순으로 되지 않으면 전도(inverse)가 일어났다고 한다.
(2) $\mu(\sigma)$: σ에 대한 전도의 개수
(3) σ의 부호를 $sgn(\sigma) = (-1)^{\mu(\sigma)}$라 정의한다.
(4) $\mu(\sigma)$가 짝수일 때 σ를 우순열이라 하고, $\mu(\sigma)$가 홀수일 때 σ를 기순열이라 한다.

순열 σ가 우순열일 경우 $sgn(\sigma)$=1이고, σ가 기순열일 경우 $sgn(\sigma)$=-1 이다.

[예제 6.13] 순열 σ가 σ : 4, 1, 3, 5, 2 일 때 순열의 종류를 구하시오.

풀이 전도가 일어난 순서쌍은 (4, 1), (4, 3), (4, 2), (3, 2), (5, 2)이다.
따라서 $\mu(\sigma) = 5$이고 $sgn(\sigma) = (-1)^5 = -1$이므로, σ는 기순열이다.

[예제 6.14] 순열 σ가 σ : 4, 1, 3, 2 일 때 순열의 종류를 구하시오.

풀이 전도가 일어난 순서쌍은 (4, 1), (4, 3), (4, 2), (3, 2)이다.
따라서 $\mu(\sigma) = 4$이고 $sgn(\sigma) = (-1)^4 = 1$이므로, σ는 우순열이다.

[예제 6.15] 순열 σ가 다음과 같을 때 순열의 종류를 구하시오.

풀이

순열 σ	$\mu(\sigma)$	순열의 종류	순열 σ	$\mu(\sigma)$	순열의 종류
1, 2, 3	0	우순열	2, 3, 1	2	우순열
1, 3, 2	1	기순열	3, 1, 2	2	우순열
2, 1, 3	1	기순열	3, 2, 1	3	기순열

6.3.1 행렬식의 정의

정의 6.5

행렬 A가 $\begin{pmatrix} a_{11} & a_{12} & \cdots & a_{1n} \\ a_{21} & a_{22} & \cdots & a_{2n} \\ \vdots \\ a_{n1} & a_{n2} & \cdots & a_{nn} \end{pmatrix}$로 주어졌을 때, 행렬식 $|A|$는 다음과 같다.

$$\det A = |A| = \begin{vmatrix} a_{11} & a_{12} & \cdots & a_{1n} \\ a_{21} & a_{22} & \cdots & a_{2n} \\ \vdots \\ a_{n1} & a_{n2} & \cdots & a_{nn} \end{vmatrix} = \sum_{\sigma_j}(sgn\ \sigma_j)a_{1j_1}a_{2j_2}\cdots a_{nj_n}$$

여기서, σ_j : 1, 2, ⋯, n에 대하여 열성분 j_1, j_2, ⋯, j_n을 나열한 순열이다.

$$sgn\ \sigma_j = (-1)^{\mu(\sigma_j)}$$

$a_{1j_1}a_{2j_2}\cdots a_{nj_n}$: 제 1행, 제 2행, ⋯, 제 n행에서 원소를 한 개씩 택하며 각 열에서도 한 개씩만 나오도록 택한 후 이들을 곱한 것이다.

먼저 간단한 2×2 행렬을 예로 들어보자.

행렬 $A = \begin{pmatrix} a_{11} & a_{12} \\ a_{21} & a_{22} \end{pmatrix}$에 대한 행렬식을 구하면 다음과 같다.

$$\begin{vmatrix} a_{11} & a_{12} \\ a_{21} & a_{22} \end{vmatrix} = \sum_{\sigma_j} sgn\,\sigma_j\ (a_{11}a_{22} + a_{12}a_{21})$$

$$= (sgn\,\sigma_1)(a_{11}a_{12}) + (sgn\,\sigma_2)(a_{12}a_{21})$$

$$= a_{11}a_{22} - a_{12}a_{21}$$

여기서, $\sigma_1 : 1,\ 2$이므로 σ_1은 전도가 일어나지 않았으므로 $sgn\,\sigma_1 = (-1)^0 = 1$이고, $\sigma_2 : 2,\ 1$이므로 σ_2에 대한 전도의 수 $\mu(\sigma) = 1$ 이므로 $sgn\,\sigma_2 = (-1)^1 = -1$이다.

다음은 3×3 행렬식에 대하여 살펴보자.

행렬 $A=\begin{pmatrix} a_{11} & a_{12} & a_{13} \\ a_{21} & a_{22} & a_{23} \\ a_{31} & a_{32} & a_{33} \end{pmatrix}$에 대한 행렬식은 다음과 같다.

$$|A|=\begin{vmatrix} a_{11} & a_{12} & a_{13} \\ a_{21} & a_{22} & a_{23} \\ a_{31} & a_{32} & a_{33} \end{vmatrix} \begin{aligned} &(sng\,\sigma_1)a_{11}a_{22}a_{33}+(sng\,\sigma_2)a_{11}a_{23}a_{32} \\ =&+(sng\,\sigma_3)a_{12}a_{21}a_{33}+(sng\,\sigma_4)a_{12}a_{23}a_{31} \\ &+(sng\,\sigma_5)a_{13}a_{22}a_{31}+(sng\,\sigma_6)a_{13}a_{21}a_{32} \end{aligned}$$

$$=a_{11}a_{22}a_{33}-a_{11}a_{23}a_{32}-a_{12}a_{21}a_{33}+a_{12}a_{23}a_{31}-a_{13}a_{22}a_{33}+a_{13}a_{21}a_{32}$$

$$=a_{11}a_{22}a_{33}+a_{12}a_{23}a_{31}+a_{13}a_{21}a_{32}-a_{11}a_{23}a_{32}-a_{12}a_{21}a_{33}-a_{13}a_{22}a_{33}$$

여기서 순열들과 이들에 대한 부호 $sgn\,\sigma_j$는 다음과 같다.

σ_1 : 1, 2, 3 이고 $\mu(\sigma_1)=0$ 이므로 $sgn\,\sigma_1=1$ 이다.

σ_2 : 1, 3, 2 이고 $\mu(\sigma_2)=1$ 이므로 $sgn\,\sigma_2=-1$ 이다.

σ_3 : 2, 1, 3 이고 $\mu(\sigma_3)=1$ 이므로 $sgn\,\sigma_3=-1$ 이다.

σ_4 : 2, 3, 1 이고 $\mu(\sigma_4)=2$ 이므로 $sgn\,\sigma_4=1$ 이다.

σ_5 : 3, 2, 1 이고 $\mu(\sigma_5)=3$ 이므로 $sgn\,\sigma_5=-1$ 이다.

σ_6 : 3, 1, 2 이고 $\mu(\sigma_6)=2$ 이므로 $sgn\,\sigma_6=1$ 이다.

[예제 6.16] 다음 행렬 A, B에 대한 행렬식을 구하시오.

(1) $A=\begin{pmatrix} 0 & a_{12} & 0 & 0 \\ 0 & 0 & a_{23} & 0 \\ 0 & 0 & 0 & a_{34} \\ a_{41} & 0 & 0 & 0 \end{pmatrix}$ (2) $B=\begin{pmatrix} 0&2&0&0 \\ 0&0&4&0 \\ 0&0&0&5 \\ 3&0&0&0 \end{pmatrix}$

풀이 (1) 행렬 A에 대한 행렬식 $|A|$는 다음과 같다.

$$|A|=\begin{vmatrix} 0 & a_{12} & 0 & 0 \\ 0 & 0 & a_{23} & 0 \\ 0 & 0 & 0 & a_{34} \\ a_{41} & 0 & 0 & 0 \end{vmatrix}=(sgn\,\sigma)a_{12}a_{23}a_{34}a_{41}=-a_{12}a_{23}a_{34}a_{41}$$

여기서, 순열 $\sigma : 2, 3, 4, 1$ 에 대한 전도의 개수 $\mu(\sigma)=3$이며, $sgn\,\sigma=(-1)^3=-1$이다.

(2) 행렬 B에 대한 행렬식 $|B|$는 다음과 같다.

$$|B| = \begin{vmatrix} 0 & 2 & 0 & 0 \\ 0 & 0 & 4 & 0 \\ 0 & 0 & 0 & 5 \\ 3 & 0 & 0 & 0 \end{vmatrix} = -2 \times 4 \times 5 \times 3 = -120$$

6.3.2 Laplace 전개 방법

행렬식을 계산하는 다른 방법은 Laplace 전개방법이며, 이 방법은 소행렬식(minor determinant)과 여인자를 사용한다. 소행렬식은 $n \times n$ 행렬식이 있을 때 이 행렬식의 i번째 행과 k번째 열을 제거함으로써 얻는 $(n-1)$차 행렬식이며, 이것을 원소 a_{ik}의 소행렬식이라 하고 M_{ik}로 나타낸다. a_{ik}의 여인자는 소행렬식 M_{ik}에 $(-1)^{i+k}$를 곱한 것으로 C_{ik}로 나타내며 다음과 같다.

$$C_{ik} = (-1)^{i+k} M_{ik}$$

예를 들어 3차 행렬 A에 대한 여인자 C_{11}와 C_{32}는 다음과 같다.

$$|A| = \begin{vmatrix} a_{11} & a_{12} & a_{13} \\ a_{21} & a_{22} & a_{23} \\ a_{31} & a_{32} & a_{33} \end{vmatrix}$$

$$C_{11} = M_{11} = \begin{vmatrix} a_{22} & a_{23} \\ a_{32} & a_{33} \end{vmatrix}, \quad C_{32} = -M_{32} = -\begin{vmatrix} a_{11} & a_{13} \\ a_{21} & a_{23} \end{vmatrix}$$

이다.

행렬식을 계산하기 위한 Laplace 전개방법은 다음과 같이 여인자를 이용한다.

정리 6.6

행렬 A가 $\begin{pmatrix} a_{11} & a_{12} & \cdots & a_{1n} \\ a_{21} & a_{22} & \cdots & a_{2n} \\ \vdots & & & \\ a_{n1} & a_{n2} & \cdots & a_{nn} \end{pmatrix}$로 주어졌을 때, 행렬식의 Laplace 전개방법은 다음과 같다.

(a) $|A| = \begin{vmatrix} a_{11} & a_{12} & \cdots & \cdots & a_{1n} \\ a_{21} & a_{22} & \cdots & \cdots & a_{2n} \\ \cdots & \cdots & \cdots & \cdots & \cdots \\ \cdots & \cdots & \cdots & \cdots & \cdots \\ a_{n1} & a_{n2} & \cdots & \cdots & a_{nn} \end{vmatrix} = a_{i1}C_{i1} + a_{i2}C_{i2} + \cdots\cdots + a_{in}C_{in} = \sum_{k=1}^{n} a_{ik}C_{ik}$

여기서, $(i = 1,\ 2,\ \cdots,\ n)$이다.

(b) $|A| = \begin{vmatrix} a_{11} & a_{12} & \cdots & \cdots & a_{1n} \\ a_{21} & a_{22} & \cdots & \cdots & a_{2n} \\ \cdots & \cdots & \cdots & \cdots & \cdots \\ \cdots & \cdots & \cdots & \cdots & \cdots \\ a_{n1} & a_{n2} & \cdots & \cdots & a_{nn} \end{vmatrix} = a_{1k}C_{1k} + a_{2k}C_{2k} + \cdots\cdots + a_{nk}C_{nk} = \sum_{i=1}^{n} a_{ik}C_{ik}$

여기서, $(k = 1,\ 2,\ \cdots,\ n)$이다.

행렬 A의 행렬식을 소행렬식으로 표현하면 다음과 같다.

$$|A| = \begin{vmatrix} a_{11} & a_{12} & \cdots & \cdots & a_{1n} \\ a_{21} & a_{22} & \cdots & \cdots & a_{2n} \\ \cdots & \cdots & \cdots & \cdots & \cdots \\ \cdots & \cdots & \cdots & \cdots & \cdots \\ a_{n1} & a_{n2} & \cdots & \cdots & a_{nn} \end{vmatrix} = \sum_{k=1}^{n} (-1)^{i+k} a_{ik} M_{ik} \qquad (i = 1,\ 2,\ \cdots\cdots,\ n)$$

[예제 6.17] 3차 행렬 $A = \begin{pmatrix} a_{11} & a_{12} & a_{13} \\ a_{21} & a_{22} & a_{23} \\ a_{31} & a_{32} & a_{33} \end{pmatrix}$을 Laplace 전개방법을 이용하여 행렬식 $|A|$을 구하시오.

풀이 Laplace 전개방법을 1행에 적용하면 다음과 같다.

$$\begin{aligned} |A| &= \sum_{k=1}^{3} a_{1k}C_{1k} \\ &= \sum_{k=1}^{3} (-1)^{1+k} a_{1k} M_{1k} \\ &= (-1)^{1+1} a_{11}M_{11} + (-1)^{1+2} a_{12}M_{12} + (-1)^{1+3} a_{13}M_{13} \\ &= a_{11}M_{11} - a_{12}M_{12} + a_{13}M_{13} \end{aligned}$$

$$= a_{11}\begin{vmatrix} a_{22} & a_{23} \\ a_{32} & a_{33} \end{vmatrix} - a_{12}\begin{vmatrix} a_{21} & a_{23} \\ a_{31} & a_{33} \end{vmatrix} + a_{13}\begin{vmatrix} a_{21} & a_{22} \\ a_{31} & a_{32} \end{vmatrix}$$

$$= a_{11}(a_{22}a_{33} - {}_{23}a_{32}) - a_{12}(a_{21}a_{33} - a_{23}a_{31}) + a_{13}(a_{21}a_{32} - a_{22}a_{31})$$

$$= a_{11}a_{22}a_{33} - a_{11}a_{23}a_{32} - a_{12}a_{21}a_{33} + a_{12}a_{23}a_{31} + a_{13}a_{21}a_{32} - a_{13}a_{22}a_{33}$$

$$= a_{11}a_{22}a_{33} + a_{12}a_{23}a_{31} + a_{13}a_{21}a_{32} - a_{11}a_{23}a_{32} - a_{12}a_{21}a_{33} - a_{13}a_{22}a_{33}$$

[예제 6.18] 다음 행렬식의 값을 계산하시오.

① $\begin{vmatrix} 2 & -3 \\ 4 & 5 \end{vmatrix}$　　　② $\begin{vmatrix} 1 & 0 & -1 \\ 2 & -1 & 1 \\ 0 & -1 & 1 \end{vmatrix}$

풀이 ① $\begin{vmatrix} 2 & -3 \\ 4 & 5 \end{vmatrix} = 2|5| - (-3)|4| = 10 - (-12) = 22$

② $\begin{vmatrix} 1 & 0 & -1 \\ 2 & -1 & 1 \\ 0 & -1 & 1 \end{vmatrix} = 1\begin{vmatrix} -1 & 1 \\ -1 & 1 \end{vmatrix} - 0\begin{vmatrix} 2 & 1 \\ 0 & 1 \end{vmatrix} + (-1)\begin{vmatrix} 2 & -1 \\ 0 & -1 \end{vmatrix}$

$= 1(-1+1)-0(2-0)-1(-2+0)=0-0+2=2$

6.3.3 행렬식의 성질

Laplace 전개방법을 이용하거나 정의를 이용하여 행렬식을 구할 수 있지만 다음과 같은 행렬식의 성질을 이용하면 행렬식을 보다 쉽게 구할 수 있다.

정리 6.7

행렬 $A = (a_{ij})_{n \times n}$에 대하여 다음이 성립한다.

(1) $\det A = \det A^T$
(2) 행렬 A의 서로 다른 두 행(열)을 바꾼 행렬을 B라하면 $\det B = -\det A$
(3) 행렬 A의 서로 다른 두 행(열)의 성분이 일치하면 $\det A = 0$
(4) 행렬 A의 한행(한열)을 k배하여 얻은 행렬을 B라 하면 $\det B = k \det A$

[예제 6.19] 다음 행렬에 대하여 행렬식의 성질을 이용하여 행렬식을 구하시오.

1) $\begin{vmatrix}1&2\\3&4\end{vmatrix}$ 2) $\begin{vmatrix}2&1\\4&3\end{vmatrix}$ 3) $\begin{vmatrix}1&3\\2&4\end{vmatrix}$ 4) $\begin{vmatrix}2&4\\1&3\end{vmatrix}$

5) $\begin{vmatrix}1&2\\1&2\end{vmatrix}$ 6) $\begin{vmatrix}11&21\\11&21\end{vmatrix}$ 7) $2\begin{vmatrix}1&2\\3&4\end{vmatrix}$ 8) $\begin{vmatrix}2&4\\6&8\end{vmatrix}$

풀이

1) $\begin{vmatrix}1&2\\3&4\end{vmatrix}=1|4|-3|2|=4-6=-2$

2) $\begin{vmatrix}2&1\\4&3\end{vmatrix}=-\begin{vmatrix}1&2\\3&4\end{vmatrix}=-(-2)=2$

3) $\begin{vmatrix}1&3\\2&4\end{vmatrix}=1|4|-2|3|=4-6=-2$

4) $\begin{vmatrix}2&4\\1&3\end{vmatrix}=-\begin{vmatrix}1&3\\2&4\end{vmatrix}=-(-2)=2$

5) $\begin{vmatrix}1&2\\1&2\end{vmatrix}=2-2=0$

6) $\begin{vmatrix}11&21\\11&21\end{vmatrix}=0$

7) $2\begin{vmatrix}1&2\\3&4\end{vmatrix}=2(-2)=-4$

8) $\begin{vmatrix}2&4\\6&8\end{vmatrix}=(2\times 2)\begin{vmatrix}1&2\\3&4\end{vmatrix}=4(-2)=-8$

정리 6.8

행렬 $A=(a_{ij})_{n\times n}$의 제 r행(제 r열)의 성분이 $b_{r1}+c_{r1}, b_{r2}+c_{r2}, \cdots, b_{rn}+c_{rn}$ 각각 $b_{r1}, b_{r2}, \cdots, b_{rn}$; $c_{r1}, c_{r2}, \cdots, c_{rn}$으로 바꾸어 놓은 행렬을 B, C라 하면 $\det A=\det B+\det C$ 이다. 즉,

$$\begin{vmatrix}a_{11}&a_{12}&\cdots&a_{1n}\\ \vdots&\vdots&&\vdots\\ b_{r1}+c_{r1}&\cdots&&b_{rn}+c_{rn}\\ \vdots&\vdots&&\vdots\\ a_{n1}&a_{n2}&\cdots&a_{nn}\end{vmatrix}=\begin{vmatrix}a_{11}&a_{12}&\cdots&a_{1n}\\ \vdots&\vdots&&\vdots\\ b_{r1}&b_{r2}&\cdots&b_{rn}\\ \vdots&\vdots&&\vdots\\ a_{n1}&a_{n2}&\cdots&a_{nn}\end{vmatrix}+\begin{vmatrix}a_{11}&a_{12}&\cdots&a_{1n}\\ \vdots&\vdots&&\vdots\\ c_{r1}&c_{r2}&\cdots&c_{rn}\\ \vdots&\vdots&&\vdots\\ a_{n1}&a_{n2}&\cdots&a_{nn}\end{vmatrix}$$

[예제 6.20] 다음 행렬에 대하여 행렬식의 성질을 이용하여 행렬식을 구하시오.

1) $\begin{vmatrix}1&2\\4&5\end{vmatrix}$ 2) $\begin{vmatrix}1&2\\3&4\end{vmatrix}$

3) $\begin{vmatrix}1&2\\4+3&5+4\end{vmatrix}$ 4) $\begin{vmatrix}1&2\\7&9\end{vmatrix}$

풀이 1) $\begin{vmatrix} 1 & 2 \\ 4 & 5 \end{vmatrix} = 5-8=-3$

2) $\begin{vmatrix} 1 & 2 \\ 3 & 4 \end{vmatrix} = 4-6=-2$

3) $\begin{vmatrix} 1 & 2 \\ 4+3 & 5+4 \end{vmatrix} = \begin{vmatrix} 1 & 2 \\ 4 & 5 \end{vmatrix} + \begin{vmatrix} 1 & 2 \\ 3 & 4 \end{vmatrix} = -3+(-2)=-5$

4) $\begin{vmatrix} 1 & 2 \\ 7 & 9 \end{vmatrix} = 9-14=-5$

하지만 다음은 성립하지 않는다.

$$\begin{vmatrix} 1 & 2 \\ 4 & 5 \end{vmatrix} + \begin{vmatrix} 1 & 2 \\ 3 & 4 \end{vmatrix} \neq \begin{vmatrix} 2 & 4 \\ 7 & 9 \end{vmatrix}$$

정리 6.9

행렬 $A=[a_{ij}]_{n\times n}$에 대하여 다음이 성립한다.

(1) A의 서로 다른 두 행(두열)의 성분이 비례하거나 일치하면 $\det A = 0$

(2) A의 한행(한열)의 성분이 모두 0이면 $\det A = 0$

(3) A의 한행에 다른 행의 k배(한열에 다른 열의 k배)하여 얻은 행렬을 B라 하면 $\det A = \det B$ 이다.

[예제 6.21] 다음 행렬에 대하여 행렬식의 성질을 이용하여 행렬식을 구하시오.

1) $\begin{vmatrix} 2 & 4 \\ 6 & 12 \end{vmatrix}$ 2) $\begin{vmatrix} 1 & 2 \\ 4 & 3 \end{vmatrix}$

3) $\begin{vmatrix} 4 & 5 & 6 & 7 \\ 8 & 9 & 10 & 11 \\ 12 & 13 & 14 & 15 \\ 0 & 0 & 0 & 0 \end{vmatrix}$

풀이 1) 1행과 2행은 서로 비례하므로 $\begin{vmatrix} 2 & 4 \\ 6 & 12 \end{vmatrix} = \begin{vmatrix} 2 & 4 \\ 2\times 3 & 4\times 3 \end{vmatrix} = 0$

2) 1행에 (−4)배하여 2행에 더하면 다음과 같다.

$$\begin{vmatrix} 1 & 2 \\ 4 & 3 \end{vmatrix} = \begin{vmatrix} 1 & 2 \\ 0 & -5 \end{vmatrix} = 1|-5|-0|2| = -5$$

3) 3행의 성분이 모두 0이므로 $\begin{vmatrix} 4 & 5 & 6 & 7 \\ 8 & 9 & 10 & 11 \\ 12 & 13 & 14 & 15 \\ 0 & 0 & 0 & 0 \end{vmatrix} = 0$ 이다.

정리 6.10

행렬 $A=[a_{ij}]_{n\times n}$이 삼각행렬이면, $\det A = a_{11}\,a_{22}\cdots\,a_{nn}$이다.

$$\begin{vmatrix} a_{11} & a_{12} & \cdots & a_{17} \\ 0 & a_{22} & & a_{27} \\ 0 & 0 & \ddots & \\ \vdots & & & \\ 0 & \cdots & \cdots\ 0 & a_{nn} \end{vmatrix} = a_{11}\,a_{22}\cdots a_{nn}$$

[예제 6.22] 다음 행렬에 대하여 행렬식의 성질을 이용하여 행렬식을 구하시오.

1) $\begin{vmatrix} 2 & 8 & 7 \\ 1 & 1 & 2 \\ -3 & 5 & 1 \end{vmatrix}$ 2) $\begin{vmatrix} 1 & 1 & 1 \\ a & b & c \\ a^2 & b^2 & c^2 \end{vmatrix}$

풀이

1) $\begin{vmatrix} 2 & 8 & 7 \\ 1 & 1 & 2 \\ -3 & 5 & 1 \end{vmatrix} = -\begin{vmatrix} 1 & 1 & 2 \\ 2 & 8 & 7 \\ -3 & 5 & 1 \end{vmatrix} = -\begin{vmatrix} 1 & 1 & 2 \\ 0 & 6 & 3 \\ 0 & 8 & 7 \end{vmatrix} = -3\begin{vmatrix} 1 & 1 & 2 \\ 0 & 2 & 1 \\ 0 & 8 & 7 \end{vmatrix} = -3\begin{vmatrix} 1 & 1 & 2 \\ 0 & 2 & 1 \\ 0 & 0 & 3 \end{vmatrix}$

$= -3\times 1\times 2\times 3 = -18$

2) $\begin{vmatrix} 1 & 1 & 1 \\ a & b & c \\ a^2 & b^2 & c^2 \end{vmatrix} = \begin{vmatrix} 1 & 1 & 1 \\ 0 & b-a & c-a \\ 0 & b^2-a^2 & c^2-a^2 \end{vmatrix} = \begin{vmatrix} 1 & 1 & 1 \\ 0 & b-a & c-a \\ 0 & (b-a)(b+a) & (c-a)(c+a) \end{vmatrix}$

$= \begin{vmatrix} 1 & 1 & 1 \\ 0 & b-a & c-a \\ 0 & 0 & -(b+a)(c-a)+(c-a)(c+a) \end{vmatrix}$

$= \begin{vmatrix} 1 & 1 & 1 \\ 0 & b-a & c-a \\ 0 & 0 & (c-a)(-b-a+c+a) \end{vmatrix}$

$= \begin{vmatrix} 1 & 1 & 1 \\ 0 & b-a & c-a \\ 0 & 0 & (c-a)(c-b) \end{vmatrix}$

$= (b-a)(c-a)(c-b)$

$= +(a-b)(b-c)(c-a)$

정리 6.11

행렬 $A=[a_{ij}]_{n\times n}$에 대하여 다음이 성립한다.

$$|AB|=|A||B|$$

[예제 6.23] 다음 행렬 A, B에 대하여 행렬식의 성질을 이용하여 행렬식을 구하시오.

$$A=\begin{pmatrix}1&2\\3&4\end{pmatrix},\qquad B=\begin{pmatrix}2&1\\0&1\end{pmatrix}$$

(1) $|AB|$　(2) $|A|$　(3) $|B|$　(4) $|A||B|$

풀이 (1) $AB=\begin{pmatrix}1&2\\3&4\end{pmatrix}\begin{pmatrix}2&1\\0&1\end{pmatrix}=\begin{pmatrix}2&3\\6&7\end{pmatrix}$ 이므로 $|AB|=14-18=-4$이다.

(2) $|A|=4-6=-2$이다.

(3) $|B|=2$

(4) $|A||B|=-2\times 2=-4$ 이다.

6.4 역행렬

역행렬을 정의하기 위해서 다음 정리는 필요하다.

정리 6.12

임의로 주어진 n차의 정방행렬 A에 대해서 $AX=XA=A$를 만족시키는 n차의 정방행렬 X는 단위행렬 I뿐이다.

주어진 n차의 정방행렬 A에 대해서 $XA=AX=I$를 만족하는 n차의 정방행렬 X가 존재할 때, X을 A의 역행렬(inverse matrix)이라 하고 $X=A^{-1}$로 표시한다.

이때 역행렬을 갖는 정방행렬 A을 정칙행렬(non singular matrix)이라 한다.

Chapter 06

정리 6.13

n차 정방행렬 A에 대해서 역행렬 A^{-1}가 존재할 필요충분조건은 $|A| \neq 0$이다.

[예제 6.24] 다음 행렬은 정칙행렬인지 조사하시오.

① $A = \begin{pmatrix} 1 & 2 \\ 3 & 6 \end{pmatrix}$ ② $B = \begin{pmatrix} 1 & -1 & 2 \\ 2 & 1 & 0 \\ -1 & 2 & -1 \end{pmatrix}$

풀이 ①$|A| = \begin{vmatrix} 1 & 2 \\ 3 & 6 \end{vmatrix} = 6 - 6 = 0$ 이므로 역행렬은 존재하지 않는다.

②$|B| = \begin{vmatrix} 1 & -1 & 2 \\ 2 & 1 & 0 \\ -1 & 2 & -1 \end{vmatrix} = 1 \times \begin{vmatrix} 1 & 0 \\ 2 & -1 \end{vmatrix} - (-1) \times \begin{vmatrix} 2 & 0 \\ -1 & -1 \end{vmatrix} + 2 \times \begin{pmatrix} 2 & 1 \\ -1 & 2 \end{pmatrix}$

$= 1(-1-0)+(-2+0)+2(4+1) = -1-2+10 = 7$

이므로 역행렬은 존재한다. 따라서 행렬 B는 정칙행렬이다.

다음은 역행렬을 구하는 방법에 대해서 알아보자.

행렬식 $|A|$의 여인자 C_{ik}를 다음과 같이 나열한 행렬을 A의 여인자 행렬(adjoint matrix)이라 하고 이것을 $adjA$로 표시한다.

$$adjA = \begin{pmatrix} C_{11} & C_{21} & \cdots\cdots & C_{n1} \\ C_{12} & C_{22} & \cdots\cdots & C_{n2} \\ \vdots & \vdots & & \vdots \\ C_{1n} & C_{2n} & \cdots\cdots & C_{nn} \end{pmatrix}$$

행렬 A의 역행렬 A^{-1}은 다음과 같이 정의된다.

정리 6.14

n차 정칙행렬 A에 대해서 역행렬 A^{-1}은 다음과 같다.

$$A^{-1} = \frac{adjA}{|A|}$$

여기서, $|A|$는 행렬 A의 행렬식을 나타낸다.

[예제 6.25] 다음 행렬의 역행렬이 존재한다면 구하시오.

① $A=\begin{pmatrix}1&3\\2&5\end{pmatrix}$ ② $B=\begin{pmatrix}1&-2&1\\-2&5&-4\\1&-4&6\end{pmatrix}$

풀이 ① $|A|=5-6=-1$이므로 역행렬이 존재한다.

여인자을 구하면 $C_{11}=5, C_{21}=-3, C_{12}=-2, C_{22}=1$이므로

여인자 행렬은 $adjA=\begin{pmatrix}5&-3\\-2&1\end{pmatrix}$이다.

따라서 역행렬은 $A^{-1}=\dfrac{adjA}{|A|}=\dfrac{\begin{pmatrix}5&-3\\-2&1\end{pmatrix}}{-1}=\begin{pmatrix}-5&3\\2&-1\end{pmatrix}$ 이다.

② $|B|=\begin{vmatrix}1&-2&1\\-2&5&-4\\1&-4&6\end{vmatrix}=1$ 이므로 역행렬이 존재한다.

여인자를 구하면 다음과 같다.

$C_{11}=\begin{vmatrix}5&-4\\-4&6\end{vmatrix}=14,\ C_{12}=-\begin{vmatrix}-2&-4\\1&6\end{vmatrix}=8,\ C_{13}=\begin{vmatrix}-2&5\\1&-4\end{vmatrix}=3$

$C_{21}=\begin{vmatrix}-2&1\\-4&6\end{vmatrix}=8,\ C_{22}=\begin{vmatrix}1&1\\1&6\end{vmatrix}=5,\ C_{23}=-\begin{vmatrix}1&-2\\1&-4\end{vmatrix}=2$

$C_{31}=\begin{vmatrix}-2&1\\5&-4\end{vmatrix}=3,\ C_{32}=-\begin{vmatrix}1&1\\-2&-4\end{vmatrix}=2,\ C_{33}=\begin{vmatrix}1&-2\\-2&5\end{vmatrix}=1$

따라서 여인자 행렬 $adjB$는 다음과 같다.

$$adjB=\begin{pmatrix}C_{11}&C_{21}&C_{31}\\C_{12}&C_{22}&C_{32}\\C_{13}&C_{23}&C_{33}\end{pmatrix}=\begin{pmatrix}14&8&3\\8&5&2\\3&2&1\end{pmatrix}$$

그러므로 행렬 B의 역행렬 B^{-1}은 다음과 같다.

$$B^{-1}=\frac{adjB}{|B|}=\begin{pmatrix}14&8&3\\8&5&2\\3&2&1\end{pmatrix}$$

6.5 연립1차방정식과 행렬

행렬을 이용하여 연립방정식의 해를 구하는 방법에 대하여 알아보자.

n개의 미지수 $x_1,\ x_2,\cdots,x_n$을 갖는 연립 방정식

$$\begin{cases} a_{11}x_1 + a_{12}x_2 + \cdots + a_{1n}x_n = b_1 \\ a_{21}x_1 + a_{22}x_2 + \cdots + a_{2n}x_n = b_2 \\ \vdots \\ a_{n1}x_1 + a_{n2}x_2 + \cdots + a_{nn}x_n = b_n \end{cases}$$

이 주어졌을 때, 이 방정식을 행렬로 나타내면 $AX = B$ 이다.

여기에서 A는 $n \times n$행렬이고 B는 $n \times 1$행렬이다. 즉

$$A = \begin{pmatrix} a_{11} & a_{12} & \cdots & a_{1n} \\ a_{21} & a_{22} & \cdots & a_{2n} \\ & \vdots & & \\ a_{n1} & a_{n2} & \cdots & a_{nn} \end{pmatrix}, \quad B = \begin{pmatrix} b_1 \\ b_2 \\ \vdots \\ b_n \end{pmatrix}$$

이다. 이때, $|A| \neq 0$이면 n개의 미지수 $x_1,\ x_2,\cdots,x_n$의 유일한 해를 구할 수 있다. n개의 미지수에 대한 해는 다음과 같이 구할 수 있다.

$$x_j = \frac{|A_j|}{|A|} = \frac{1}{|A|}\begin{vmatrix} a_{11} & a_{12} & \cdots & b_1 & \cdots & a_{1n} \\ a_{21} & a_{22} & & b_2 & & a_{2n} \\ \vdots & \vdots & & \vdots & & \vdots \\ a_{n1} & a_{n2} & & b_n & & a_{nn} \end{vmatrix}, \quad (j = 1,\ 2,\ \cdots,\ n)$$

여기서 A_j는 행렬 A에서 j번째 열에 상수행렬 B를 대치하여 얻는 행렬

$$A_j = \begin{pmatrix} a_{11} & a_{12} & \cdots & b_1 & \cdots & a_{1n} \\ a_{21} & a_{22} & & b_2 & & a_{2n} \\ \vdots & \vdots & & \vdots & & \vdots \\ a_{n1} & a_{n2} & & b_n & & a_{nn} \end{pmatrix}$$

이다.

이와 같은 방법으로 해를 구하는 것을 **Cramer의 법칙**이라 한다.

Cramer의 법칙을 이용하여 두 개의 미지수 $x_1,\ x_2$을 갖는 연립 방정식

$$a_{11}x_1 + a_{12}x_2 = b_1$$
$$a_{21}x_1 + a_{22}x_2 = b_2$$

의 해를 구하려면, 이 방정식을 행렬 $AX = B$로 변형한다. 즉,

$$A = \begin{pmatrix} a_{11} & a_{12} \\ a_{21} & a_{22} \end{pmatrix} \qquad X = \begin{pmatrix} x_1 \\ x_2 \end{pmatrix} \qquad B = \begin{pmatrix} b_1 \\ b_2 \end{pmatrix}$$

이때, $|A| = \begin{vmatrix} a_{11} & a_{12} \\ a_{21} & a_{22} \end{vmatrix} = a_{11}a_{22} - a_{12}a_{21}$이고, $|A| \neq 0$인 경우에만 미지수 x_1, x_2의 값을 다음과 같이 구할 수 있다.

$$x_1 = \frac{|A_1|}{|A|}, \qquad x_2 = \frac{|A_2|}{|A|}$$

여기서, $A_1 = \begin{pmatrix} b_1 & a_{12} \\ b_2 & a_{22} \end{pmatrix}$, $A_2 = \begin{pmatrix} a_{11} & b_1 \\ a_{21} & b_2 \end{pmatrix}$이다.

따라서 구하는 해는 다음과 같다.

$$x_1 = \frac{a_{22}b_1 - a_{12}b_2}{a_{11}a_{22} - a_{12}a_{21}}$$

$$x_2 = \frac{a_{11}b_2 - a_{21}b_1}{a_{11}a_{22} - a_{12}a_{21}}$$

Cramer법칙은 3개 이상을 미지수로 갖는 행렬에 대해서도 똑같이 적용되어 해를 구할 수 있다.

[예제 6.26] 다음 연립방정식의 해를 Cramer 법칙을 이용하여 구하시오.

① $\begin{cases} 2x - y = 1 \\ x + 2y = 3 \end{cases}$ ② $\begin{cases} x - y + z = 1 \\ 2x + y - 2z = 0 \\ -x + 3y - z = 3 \end{cases}$

풀이 ① 연립방정식을 행렬로 나타내면 다음과 같다.

$$\begin{pmatrix} 2 & -1 \\ 1 & 2 \end{pmatrix}\begin{pmatrix} x \\ y \end{pmatrix} = \begin{pmatrix} 1 \\ 3 \end{pmatrix}, \quad A = \begin{pmatrix} 2 & -1 \\ 1 & 2 \end{pmatrix}, \quad X = \begin{pmatrix} x \\ y \end{pmatrix}, \quad B = \begin{pmatrix} 1 \\ 3 \end{pmatrix}$$

이때 $|A| = \begin{vmatrix} 2 & -1 \\ 1 & 2 \end{vmatrix} = 4 - (-1) = 5$이고, $|A| \neq 0$ 이므로 x, y값이 존재한다. 따라서

$$x = \frac{|A_1|}{|A|} = \frac{\begin{vmatrix} 1 & -1 \\ 3 & 2 \end{vmatrix}}{5} = \frac{2 - (-3)}{5} = 1$$

$$y = \frac{|A_2|}{|A|} = \frac{\begin{vmatrix} 2 & 1 \\ 1 & 3 \end{vmatrix}}{5} = \frac{6-1}{5} = 1$$

이므로 $x=1$, $y=1$ 이다.

② 연립방정식을 행렬로 나타내면 다음과 같다.

$$\begin{pmatrix} 1 & -1 & 1 \\ 2 & 1 & -2 \\ -1 & 3 & -1 \end{pmatrix}\begin{pmatrix} x \\ y \\ z \end{pmatrix} = \begin{pmatrix} 1 \\ 0 \\ 3 \end{pmatrix},\ A = \begin{pmatrix} 1 & -1 & 1 \\ 2 & 1 & -2 \\ -1 & 3 & -1 \end{pmatrix},\ X = \begin{pmatrix} x \\ y \\ z \end{pmatrix},\ B = \begin{pmatrix} 1 \\ 0 \\ 3 \end{pmatrix}$$

이때 $|A| = \begin{vmatrix} 1 & -1 & 1 \\ 2 & 1 & -2 \\ -1 & 3 & -1 \end{vmatrix} = 1\begin{vmatrix} 1 & -2 \\ 3 & -1 \end{vmatrix} - (-1)\begin{vmatrix} 2 & -2 \\ -1 & -1 \end{vmatrix} + 1\begin{vmatrix} 2 & 1 \\ -1 & 3 \end{vmatrix} = 8$이고

$|A| \neq 0$이므로 x, y, z의 값이 존재한다. 이때

$$|A_1| = \begin{vmatrix} 1 & -1 & 1 \\ 0 & 1 & -2 \\ 3 & 3 & -1 \end{vmatrix} = 8,\quad |A_2| = \begin{vmatrix} 1 & 1 & 1 \\ 2 & 0 & -2 \\ -1 & 3 & -1 \end{vmatrix} = 16,$$
$$|A_3| = \begin{vmatrix} 1 & -1 & 1 \\ 2 & 1 & 0 \\ -1 & 3 & 3 \end{vmatrix} = 16$$

이므로

$$x = \frac{|A_1|}{|A|} = \frac{8}{8} = 1 \quad y = \frac{|A_2|}{|A|} = \frac{16}{8} = 2 \quad z = \frac{|A_3|}{|A|} = \frac{16}{8} = 2$$

이다. 따라서 $x=1$, $y=2$, $z=2$ 이다.

n개의 미지수 x_1, $x_2, \cdots, x_n$을 갖는 연립 방정식

$$\begin{cases} a_{11}x_1 + a_{12}x_2 + \cdots + a_{1n}x_n = 0 \\ a_{21}x_1 + a_{22}x_2 + \cdots + a_{2n}x_n = 0 \\ \vdots \\ a_{n1}x_1 + a_{n2}x_2 + \cdots + a_{nn}x_n = 0 \end{cases}$$

이 주어졌을 때, 이 방정식을 행렬로 나타내면 $AX=0$이다.
따라서 $|A| \neq 0$이면 위의 연립방정식은 단 하나의 해를 가지며, 그 해는 $(0, 0, \cdots, 0)$이다.
$|A| = 0$이면 위의 연립방정식은 $(0, 0, \cdots, 0)$ 이외의 해를 가진다.

[예제 6.27] 연립방정식 $\begin{cases} x-2y=ax \\ -x+2y=ay \end{cases}$ 가 $x=y=0$ 이외의 해를 가지도록 다음 물음에 답하시오.

(1) 미지수 a값을 구하시오.

(2) a값에 의한 x와 y값을 구하시오.

풀이 (1) 연립방정식은 아래와 같다.

$$\begin{cases} (1-a)x \; - \; 2y \quad = 0 \\ \quad -x \; + (2-a)y = 0 \end{cases}$$

이때 연립방정식을 행렬로 표시하면 다음과 같다.

$$\begin{pmatrix} (1-a) & -2 \\ -1 & (2-a) \end{pmatrix}\begin{pmatrix} x \\ y \end{pmatrix} = \begin{pmatrix} 0 \\ 0 \end{pmatrix}, \; A = \begin{pmatrix} 1-a & -2 \\ -1 & 2-a \end{pmatrix}$$

그리고 $|A| = \begin{vmatrix} 1-a & -2 \\ -1 & 2-a \end{vmatrix} = 0$ 일 때 $x=y=0$ 이외의 해가 존재하므로

$$(1-a)(2-a)-2=0$$
$$a^2-3a=0$$

이며, 구하고자 하는 a=0, a=3 이다.

(2) $a=0$일 때 $x-2y=0$ 이므로 $\begin{pmatrix} x \\ y \end{pmatrix} = \begin{pmatrix} 2 \\ 1 \end{pmatrix}k$ 이고, $a=3$일 때 $x+y=0$ 이므로 $\begin{matrix} x \\ y \end{matrix} = \begin{pmatrix} 1 \\ -1 \end{pmatrix}k$ 이다. 여기서 k는 임의의 실수이다.

[예제 6.28] 다음 등식이 성립하도록 k값을 구하시오.

$$\begin{vmatrix} 5 & 0 & 1 \\ 1 & 3 & -1 \\ 2k & 2k+3 & -1 \end{vmatrix} = 0$$

풀이 $5\begin{vmatrix} 3 & -1 \\ 2k+3 & -1 \end{vmatrix} + 1\begin{vmatrix} 1 & 3 \\ 2k & 2k+3 \end{vmatrix} = 0$ 이므로 $5(-3+2k+3)+2k+3-6k=0$ 이다. 따라서

$6k+3=0$ 이고 $k=-\frac{1}{2}$이다.

연습문제

01. $\begin{pmatrix} x & x+y \\ x-y & y \end{pmatrix} = \begin{pmatrix} 1 & 3 \\ -1 & 2 \end{pmatrix}$ 을 만족시키는 x, y을 구하시오.

02. 행렬의 상등을 이용하여 다음 식을 만족시키는 a, b, x, y를 구하시오.

$$\begin{pmatrix} ax+by & -1 \\ 2ax-3by & 1 \end{pmatrix} = \begin{pmatrix} -7 & 2a-5b \\ 1 & -a+3b \end{pmatrix}$$

03. 다음 행렬의 곱셈을 구하시오

① $(3\ 4\ 2)\begin{pmatrix} 1 \\ 3 \\ 5 \end{pmatrix}$

② $\begin{pmatrix} 3 & 2 & -1 \\ 0 & 4 & 6 \end{pmatrix}\begin{pmatrix} 1 & 0 & 2 \\ 5 & 3 & 1 \\ 6 & 4 & 2 \end{pmatrix}$

③ $\begin{pmatrix} 2 & 1 \\ 3 & 4 \end{pmatrix}\begin{pmatrix} 1 & -2 \\ 5 & 3 \end{pmatrix}$

④ $\begin{pmatrix} 1 & 2 \\ 3 & 4 \end{pmatrix}\begin{pmatrix} -5 & 6 \\ 7 & -8 \end{pmatrix}$

04. 다음 역행렬을 구하시오.

① $\begin{pmatrix} 1 & 2 \\ 3 & 4 \end{pmatrix}^{-1}$

② $\begin{pmatrix} 1 & 2 & 1 \\ 3 & 5 & 2 \\ 2 & 2 & 1 \end{pmatrix}^{-1}$

③ $\begin{pmatrix} 3 & 2 \\ 7 & 5 \end{pmatrix}^{-1}$

④ $\begin{pmatrix} 1 & 0 & 2 \\ 5 & 3 & 2 \\ 2 & 1 & 4 \end{pmatrix}^{-1}$

05. 다음 행렬식의 값을 구하시오.

① $\begin{vmatrix} 2 & 1 \\ 3 & 2 \end{vmatrix}$

② $\begin{vmatrix} 1 & 3 & 0 \\ 2 & 6 & 4 \\ -1 & 0 & 2 \end{vmatrix}$

③ $\begin{vmatrix} 3 & 2 & -4 \\ 1 & 0 & -2 \\ -2 & 3 & 3 \end{vmatrix}$

④ $\begin{vmatrix} 2 & 1 & 0 \\ 0 & 3 & 2 \\ 1 & 0 & -2 \end{vmatrix}$

⑤ $\begin{vmatrix} \sin\theta & \cos\theta \\ -\cos\theta & \sin\theta \end{vmatrix}$

⑥ $\begin{vmatrix} a & -a \\ -a & a \end{vmatrix}$

06. 다음 연립방정식의 해를 Cramer의 법칙을 이용하여 구하시오.

① $\begin{cases} 2x+3y+4z=16 \\ 5x-8y+2z=1 \\ 3x-y-2z=5 \end{cases}$ ② $\begin{cases} x-2y+3z=2 \\ 2x-3z=3 \\ x+y+z=6 \end{cases}$

③ $\begin{cases} x+y+z=1 \\ 2x+y-2z=6 \\ -x+3y-z=-1 \end{cases}$

07. 연립방정식이 다음과 같이 주어질 때 물음에 답하시오.

$$\begin{cases} 4x+2y=ax \\ -x+y=ay \end{cases}$$

(1) 연립방정식이 $x=y=0$ 이외의 해를 가지도록 a값을 구하시오.

(2) a값에 따라 x와 y을 구하시오.

연습문제 풀이

[CHAPTER 1]

1. p:한국의 첨도 q:중국의 첨도 r:강에 관한 정보

   $p \wedge r,\ q \wedge r$

2.

(1) $p \wedge q$　　(2) $\neg p \wedge q$　　(3) $p \wedge \neg q$

3.

(1) $\neg(\neg p)$

p	$\neg p$	$\neg(\neg p)$
T	F	T
F	T	F

(2) $(p \vee \neg q) \wedge r$

$p\ q\ r$	$\neg q$	$(p \vee \neg q)$	$(p \vee \neg q) \wedge r$
$T\ T\ T$	F	T	T
$T\ T\ F$	F	T	F
$T\ F\ T$	T	T	T
$T\ F\ F$	T	T	F
$F\ T\ T$	F	F	F
$F\ T\ F$	F	F	F
$F\ F\ T$	T	T	T
$F\ F\ F$	T	T	F

(3) $\neg(p \vee \neg q)$

p q	$\neg q$	$p \wedge \neg q$	$\neg(p \vee \neg q)$
T T	F	F	T
T F	T	T	F
F T	F	F	T
F F	T	F	T

(4) $p \rightarrow (p \wedge \neg q)$

p q	$\neg q$	$p \wedge \neg q$	$p \rightarrow (p \wedge \neg q)$
T T	F	F	F
T F	T	T	T
F T	F	F	T
F F	T	F	T

(5) $(p \rightarrow q) \vee (q \rightarrow r)$

p q r	$p \rightarrow q$	$q \rightarrow r$	$(p \rightarrow q) \vee (q \rightarrow r)$
T T T	T	T	T
T T F	T	F	T
T F T	F	T	T
T F F	F	T	T
F T T	T	T	T
F T F	T	F	T
F F T	T	T	T
F F F	T	T	T

(6) $(p \oplus q) \wedge (\neg q \rightarrow p)$

p q	$(p \oplus q)$	$\neg p$	$\neg q \rightarrow p$	$(p \oplus q) \wedge (\neg q \rightarrow p)$
T T	F	F	T	F
T F	T	T	T	T
F T	T	F	T	T
F F	F	T	F	F

4.

(1) $p \vee q \equiv \neg(\neg(p \vee q)) \equiv \neg(\neg p \vee \neg q)$

(2) $p \wedge q \equiv \neg(\neg(p \wedge q)) \equiv \neg(\neg p \vee \neg q)$

5.

(1) $p \overline{\wedge} p \equiv \neg p$

p	$p \wedge p$	$p \overline{\wedge} p$	$\neg q$
T	T	F	F
F	F	T	T

(2) $(p \overline{\wedge} p) \overline{\wedge} (q \overline{\wedge} q) \equiv p \vee q$

$p\ \ q$	$p \overline{\wedge} p$	$q \overline{\wedge} q$	$(p \overline{\wedge} p) \overline{\wedge} (q \overline{\wedge} q)$	$p \vee q$
$T\ \ T$	F	F	T	T
$T\ \ F$	F	T	T	T
$F\ \ T$	T	F	T	T
$F\ \ F$	T	T	F	F

(3)$p \wedge q \equiv (p \overline{\wedge} q) \overline{\wedge} (p \overline{\wedge} q)$

$p\ \ q$	$p \overline{\wedge} q$	$(p \overline{\wedge} q) \overline{\wedge} (p \overline{\wedge} q)$	$p \wedge q$
$T\ \ T$	F	T	T
$T\ \ F$	T	F	F
$F\ \ T$	T	F	T
$F\ \ F$	T	F	F

6.

(1) $\neg(\neg p \wedge \neg q) \equiv p \vee q$

(2) $\neg(p \rightarrow \neg q) \equiv \neg(\neg p \vee \neg q) \equiv p \wedge q$

(3) $\neg(\neg p \vee (p \rightarrow \neg q)) \equiv \neg(p \vee (\neg p \vee \neg q)) \equiv \neg(\neg p \vee \neg q) \equiv p \wedge q$

(4) $(p \rightarrow q) \wedge (p \rightarrow \neg q) \equiv (\neg p \vee q) \wedge (\neg p \vee \neg q) \equiv \neg p \vee (q \wedge \neg q) \equiv \neg p$

(5) $p \wedge (p \vee \neg q) \equiv (p \vee F) \wedge (p \vee q) \equiv p \vee [(F \wedge p) \vee (F \wedge \neg q)] \equiv p \vee [F \vee F]$
$\equiv p \vee F \equiv p$

(6) $(p \wedge q \wedge r) \vee (q \wedge r) \equiv q \wedge r$

7.

(1) $\forall_x P(x)$

(2) $\exists_x \sim P(x)$

(3) $\neg(\exists_x P(x)) \equiv \forall_x P(x)$

(4) $\forall_x \neg P(x)$

8.

(1) $\neg p \wedge q,\ q \vdash \neg p$:유효추론

p	q	$\neg p \wedge q$	$\neg p$
T	T	F	F
T	F	F	F
F	T	T	T
F	F	F	T

(2) $\neg p \rightarrow q,\ q \vdash \neg p$:허위추론

p	q	$\neg p \rightarrow q$	$\neg p$
T	T	T	F
T	F	T	F
F	T	T	T
F	F	F	T

(3) $p \rightarrow \neg q,\ \neg r \rightarrow p \vdash q \rightarrow \neg r$:허위추론

p	q	r	$p \rightarrow \neg q$	$\neg r \rightarrow q$	$q \rightarrow \neg r$
T	T	T	F	T	F
T	T	F	F	T	T
T	F	T	T	T	T
T	F	F	T	T	T
F	T	T	T	T	T
F	T	F	T	F	T
F	F	T	T	T	T
F	F	F	T	F	T

(4) $p \rightarrow q,\ r \rightarrow \neg q \vdash \neg p \vee r$:허위추론

p	q	r	$p \rightarrow q$	$r \rightarrow \neg q$	$\neg P \rightarrow r$
T	T	T	T	F	T
T	T	F	F	T	T
T	F	T	T	T	T
T	F	F	T	T	T
F	T	T	T	T	T
F	T	F	T	F	F
F	F	T	T	T	T
F	F	F	T	F	F

9.

(1) 허위추론

(2) 허위추론

10.

(1) $A \cup B = \{a,\ b,\ c,\ d,\ e,\ f,\ g,\ m\}$

(2) $A \cap B = \{g,\ m\}$

(3) $A - C = \{c,\ e,\ g,\ m\}$

(4) $B \times C = \{(b,a),(b,b),(d,a),(d,b),(f,a),(f,b),(g,a),(g,b),(m,a),(m,b)\}$

(5) $A \cup (B \cup C) = \{a,\ b,\ c,\ d,\ e,\ f,\ g,\ m\}$

(6) $(A \cup B) \cap (A \cup B) = \{a,\ b,\ c,\ e,\ g,\ m\}$

11.

(1) $A \cap B \cap C$ (2) $\overline{A} \cup B \cup C$

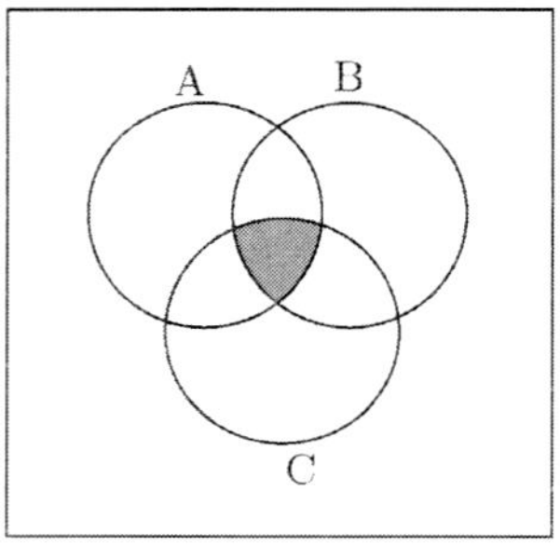

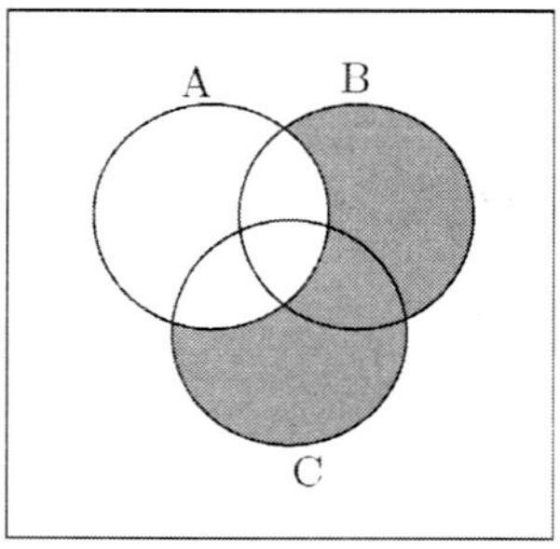

(3) $A \cup (B \cap C)$ (4) $A - (B \cup C)$

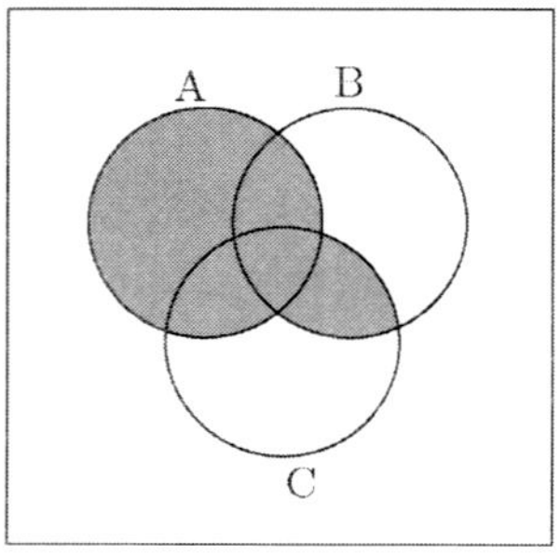

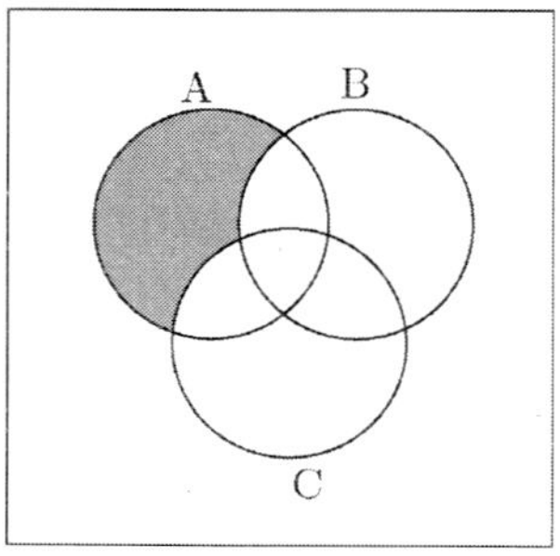

(5) $(A \cap B) - C$ (6) $\overline{A} \cap \overline{B} \cap C$

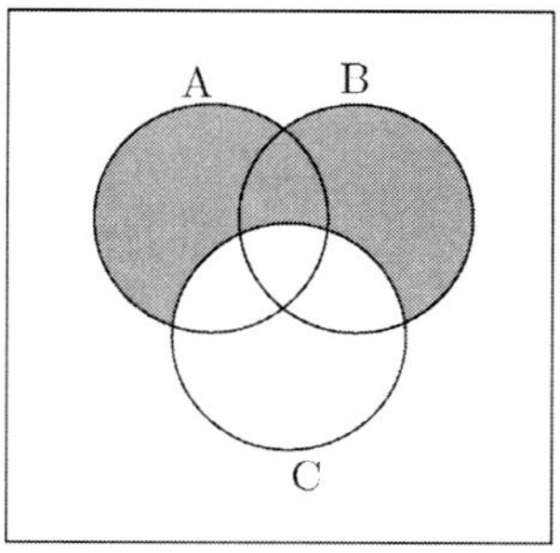

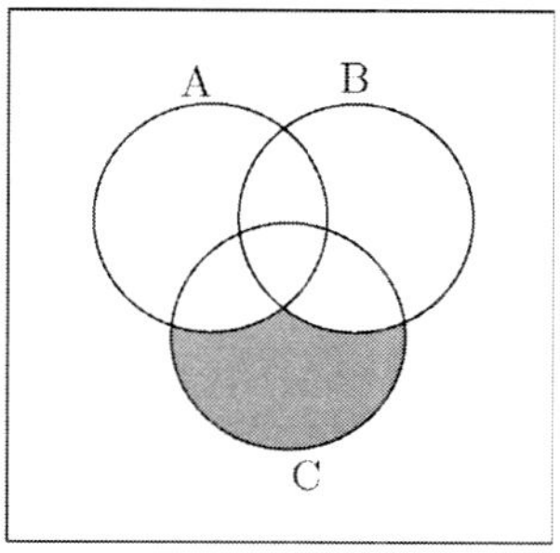

(7) $\overline{A} \cap (B \cup C)$ (8) $(\overline{A} \cap B) - C$

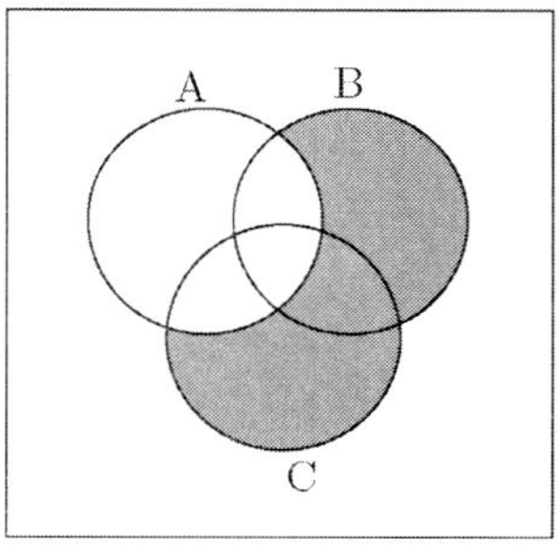

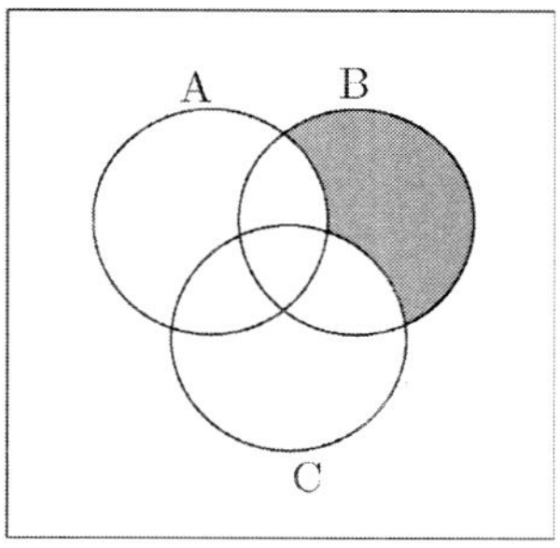

12.

(1) F (2) T (3) F (4) T (5) T (6) T (7) F (8) F

[CHAPTER 2]

1. $A \times B \times C = \left\{ \begin{matrix} (1,a,r), (1,a,s), (1,b,r), (1,b,s), (1,c,r), (1,c,s), \\ (2,a,r), (2,a,s), (2,b,r), (2,b,s), (2,c,r), (2,c,s) \end{matrix} \right\}$

2.

(1) $R = \{(2,1), (3,2), (4,3)\}$ (2) $M_R = \begin{pmatrix} 0\,0\,0\,0 \\ 1\,0\,0\,0 \\ 0\,1\,0\,0 \\ 0\,0\,1\,0 \end{pmatrix}$

3.

(1) $R \cdot R = \{(1,3), (1,4), (2,1), (3,3), (1,1)\}$

(2) $R \cdot S^{-1} = \{(3,1), (4,1), (1,2), (3,3), (1,1)\}$
(3) $R \cdot R = \{(1,1), (1,2), (1,4), (3,4)\}$

4.
(1) R = {(영자,정민), (영자,상우), (영자,상옥), (정수,정민), (정수,상우), (정수,상옥)}
(2) S = {(영자,성만), (영자,지수), (정수,명진), (정수,명우), (정수,명수), (지수,정민), (지수,상우), (지수,상옥)}

5.
(1) S (2) R, T (3) 없다 (4) 없다 (5) R, S, T

6.
(1) 반사 (2) 비반사 (3) 추이 (4) 대칭

7.
(1) $R = \{(a,a), (a,b), (b,b), (c,a), (c,c)\}$ (2) $R = \{(a,a), (a,b), (b,b), (c,a), (a,c)\}$
(3) $R = \{(a,a), (a,b), (b,b), (a,c), (c,b)\}$

[CHAPTER 3]

1.
(1) 1 (2) 1 (3) 1 (4) 0

2.
(1) $x' + y' + z'$

$x\ y\ z$	x'	z'	$x'+y'+z'$
0 0 0	1	1	1
0 0 1	1	0	1
0 1 0	1	1	1
0 1 1	1	0	1
1 0 0	0	1	1
1 0 1	0	0	0
1 1 0	0	1	1
1 1 1	0	0	1

(2) $xy' + x'y'$

x y	x'	y'	xy'	$x'y'$	$xy' + x'y'$
0 0	1	1	0	1	1
0 1	1	0	0	0	0
1 0	0	1	1	0	1
1 1	0	0	0	0	0

(3) $xy' + (z+y)'$

x y z	y'	xy'	$z+y$	$(z+y)'$	$xy' + (z+y)'$
0 0 0	1	0	0	1	1
0 0 1	1	0	1	0	0
0 1 0	0	0	1	0	0
0 1 1	0	0	1	0	0
1 0 0	1	1	0	1	1
1 0 1	1	1	1	0	1
1 1 0	0	0	1	0	0
1 1 1	0	0	1	0	0

3.

(1) $f(x, y) = x'y' + x'y + xy' + xy$

(2) $f(x, y, z) = x'yz + xy'z' + xy'z + xyz$

(3) $f(x, y, z, w) = x'y'z'w + x'y'zw + x'yzw' + xy'z'w + xy'zw + xyz'w + xyzw$

4.

(1) $f(x, y, z) = x'y'z + xy'z + xy'z' = xy' + y'z$

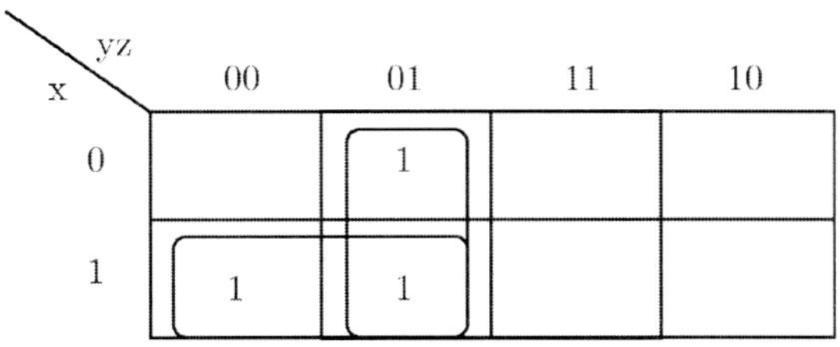

(2) $f(x,\ y,\ z) = xyz + x'yz + x'yz' + xy'z' + xy'z + xyz' = x + y$

x \ yz	00	01	11	10
0			1	1
1	1	1	1	1

(3) $f(x,\ y,\ z) = x'y'z + x'yz + xyz + xyz' = x'z + xy$

x \ yz	00	01	11	10
0		1	1	
1			1	1

5.

(1) $f(x,\ y,\ z,\ w) = x'y'z'w' + x'y'z'w + x'y'zw + xy'z'w' + xy'z'w + xy'zw$

(2)

xy \ zw	00	01	11	10
00	1	1	1	
01				
11				
10	1	1	1	

$f(x,\ y,\ z,\ w) = y'z' + y'w =$

(3)

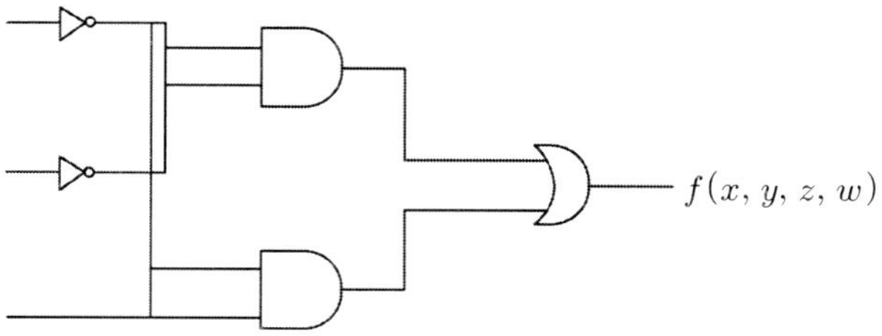

[CHAPTER 4]

1.

(1) 오일러 경로이다

$b \to a \to d \to b \to c \to e \to a \to c \to d \to e \to b$

(2) 오일러 순회이다

$b \to a \to d \to b \to c \to e \to a \to c \to d \to e \to b$

(3) 가중그래프이다

(4) 해밀턴 경로이다

$a \to c \to e \to d \to b$

(5) 해밀턴 순회이다

$a \to e \to c \to b \to d \to a$

(6) 평면 그래프가 아니다

(7)

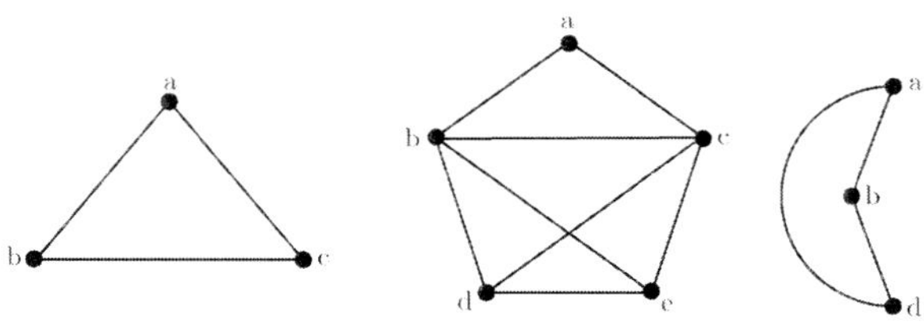

2.

① $a \to b \to c \to f$　　② $a \to b \to e \to f$　　③ $a \to f$

④ $a \to e \to f$　　⑤ $a \to e \to g \to f$　　⑥ $a \to e \to f$

⑦ $a \to g \to e \to f$ ⑧ $a \to d \to e \to f$ ⑨ $a \to d \to g \to e \to f$
⑩ $a \to d \to g \to f$

3.

(1)

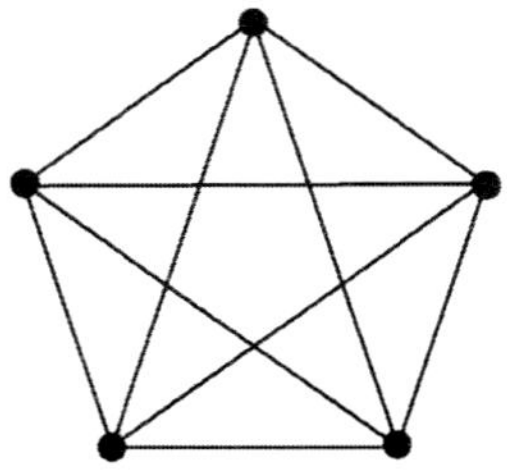

(2)

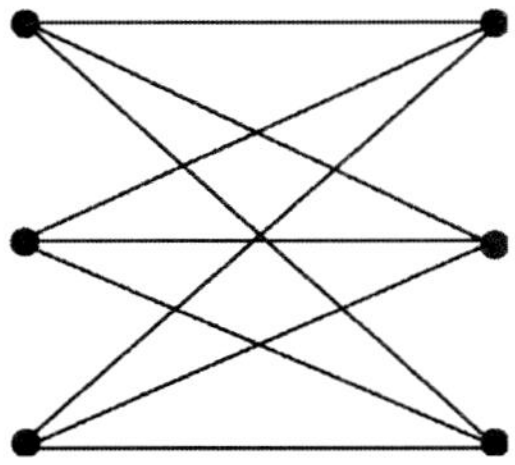

4.
(1) (b, c, a, g) (2) 16

5.
(1) (1, 2, 4, 8, 5, 6, 3, 7) (2) (1, 2, 3, 4, 5, 6, 7, 8)

[CHAPTER 5]

1.
(1) 순환을 가지므로 트리가 아니다
(2) 모든 정점의 싸이 연결되어 있지 않으므로 트리가 아니다
(3) 트리이다
(4) 트리이다

2.
(1) 1 (2) 2
(3) 5 (4) 6, 8, 9, 12, 13, 14 15, 16, 17, 18
(5) 5, 6 (6) 10
(7) 8, 10 (8) 11, 5, 2, 1
(9) 7, 12, 13

3.

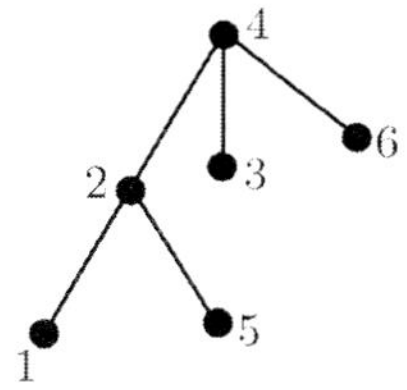

4.

(1)

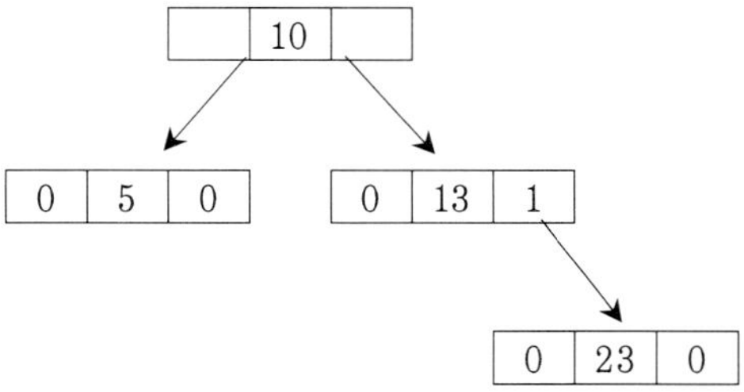

(2)

정점	왼쪽자식	오른쪽자식
10	5	13
5	0	0
13	0	23
23	0	0

1	2	╳	0
2	3	10	4
3	0	5	0
4	0	13	5
5	0	23	0

(3)

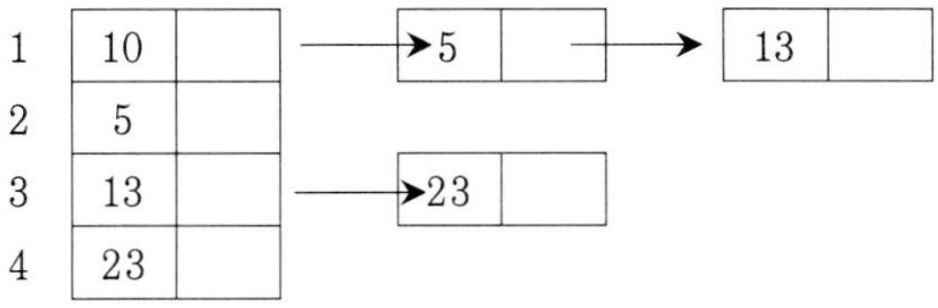

5.

$a=0.08$, $b=0.10$, $c=0.12$, $d=0.15$, $e=0.20$, $f=0.35$

(1) a는 000, b는 001, c는 100, d는 101, e는 01, f는 11을 각각 코드로 가진다. 이 허프만 코드의 평균길이는 $3\times0.08+3\times0.10+3\times0.12+3\times0.15+2\times0.20-2\times0.35=2.45$이다

(2)

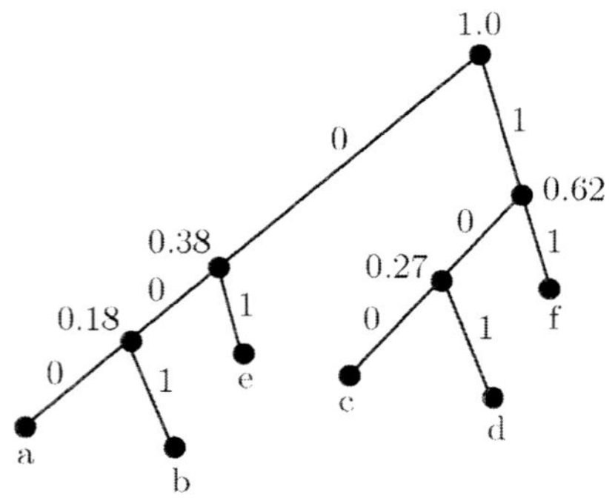

(3) a는 000, b는 001, c는 100, d는 101, e는 01, f는 11이다.

6.

(1) 전위순회 : $A\,B\,D\,G\,E\,C\,F\,H$
중위순회 : $D\,G\,B\,E\,A\,C\,H\,F$
후위순위 : $G\,D\,E\,B\,H\,F\,C\,A$

(2) 전위순회 : 1 2 4 3 5 6
중위순회 : 4 2 1 3 5 6
후위순위 : 4 2 6 5 3 1

7.

⟨prim 알고리즘⟩

$(C, D), (C, G), (B, G), (A, B), (A, F), (F, E)$

⟨kruskal 알고리즘⟩

$(C, D), (A, C), (E, F), (C, G), (B, G), (A, F)$

[CHAPTER 6]

1.

$x=1, y=2$

2.

$a=2, b=1, x=-2, y=-3$

3.

(1) $(3\ 4\ 2)\begin{pmatrix}1\\3\\5\end{pmatrix}=(25)$

(2) $\begin{pmatrix}3&2&-1\\0&4&6\end{pmatrix}\begin{pmatrix}1&0&2\\5&3&1\\6&4&2\end{pmatrix}=\begin{pmatrix}7&2&6\\56&36&16\end{pmatrix}$

(3) $\begin{pmatrix}2&1\\3&4\end{pmatrix}\begin{pmatrix}1&-2\\5&3\end{pmatrix}=\begin{pmatrix}7&-1\\23&6\end{pmatrix}$

(4) $\begin{pmatrix}1&2\\3&4\end{pmatrix}\begin{pmatrix}-5&6\\7&-8\end{pmatrix}=\begin{pmatrix}9&-10\\13&14\end{pmatrix}$

4.

(1) $\begin{pmatrix}1&2\\3&4\end{pmatrix}^{-1}$의 역행렬은 $\begin{pmatrix}-2&1\\\frac{3}{2}&-\frac{1}{2}\end{pmatrix}$

(2) $\begin{pmatrix}1&2&1\\3&5&2\\2&2&1\end{pmatrix}^{-1}$의 역행렬은 $\begin{pmatrix}-1&0&1\\-1&1&-1\\4&-2&1\end{pmatrix}$

(3) $\begin{pmatrix}3&2\\7&5\end{pmatrix}^{-1}$의 역행렬은 $\begin{pmatrix}5&-2\\-7&3\end{pmatrix}$

(4) $\begin{pmatrix}1&0&2\\5&3&2\\2&1&4\end{pmatrix}^{-1}$의 역행렬은 $\begin{pmatrix}\frac{5}{4}&\frac{1}{4}&-\frac{3}{4}\\-2&0&1\\-\frac{1}{8}&-\frac{1}{8}&\frac{3}{8}\end{pmatrix}$

5.

(1) $\begin{vmatrix}2&1\\3&2\end{vmatrix}=1$

(2) $\begin{vmatrix}1&3&0\\2&6&4\\-1&0&2\end{vmatrix}=-12$

(3) $\begin{vmatrix}3&2&-4\\1&0&2\\-2&3&3\end{vmatrix}=8$

(4) $\begin{vmatrix}2&1&0\\0&3&2\\1&0&-2\end{vmatrix}=1$

(5) $\begin{vmatrix}\sin\theta&\cos\theta\\-\cos\theta&\sin\theta\end{vmatrix}=1$

(6) $\begin{vmatrix}a&-a\\-a&a\end{vmatrix}=0$

6.

(1) $\begin{cases}2x+3y+4z=16\\5x-8y+2z=1\\3x-y-2z=5\end{cases}$
$\therefore x=3,\ y=2,\ z=1$

(2) $\begin{cases}x-2y+3z=2\\2x-3z=3\\x+y=6\end{cases}$
$\therefore x=3,\ y=2,\ z=1$

(3) $\begin{cases}x+y+z=1\\2x+y-2z=6\\-x+3y-z=-1\end{cases}$
$\therefore x=2,\ y=0,\ z=-1$

7.

(1) $a=2$ 또는 $a=3$

(2) $a=2$ 일때
$\begin{pmatrix}x\\y\end{pmatrix}=\begin{pmatrix}1\\2\end{pmatrix}k$

$a=3$ 일때
$\begin{pmatrix}x\\y\end{pmatrix}=\begin{pmatrix}2\\-1\end{pmatrix}k$

참고문헌

유동선, 알기쉬운 이산수학, 홍릉과학출판사, 2007
김대수/장재건, 전산수학, 생능출판사, 1997
유원희, 이산수학, 경문사, 1992
황대훈, 이산수학, 생능출판사, 2006
공은배외 5인, 이산수학, 인터비젼, 2007
남영란/변혜란, 이산수학, 사이텍미디어, 1996
황석근/이재돈/김익표, 이산수학, (주)블랙박스, 2001
Leon S. Levy, *Discrete Structures of Computer science*, John Wiley & Sons, 1980.
C. L. Liu, *Elements of Discrete Mathematics*, McGraw-Hill Book Company, 1985.
R. L. Graham, D.E. Knuth, O. Patashnik, *Concrete Mathematics*, Addison-Wesley, 1989.
A. Tucker, *Applied Combinatorics*, John Wiley & Sons, 1995.
D. Gries, *Compiler Construction for Digital Computers*, New York : Wiley, 1971.
S. L. Pfleeger and W. S. David, *Introduction to Discrete Structures*, New York : Wiley, 1985.
D. A. Cohen, *Introduction to Computer Theory*, New York : Wiley, 1986.
B. Kolman and C. B. Robert, *Discrete Mathematical Structures for Computer science*, Prentice-Hill, 1984.

찾아보기

[ㅅ]

[ㅇ]

[ㅈ]

• 저자소개 •

김선옥
서강대학교 이학박사
현재 한라대학교 정보통신방송공학부 교수

서재성
전북대학교 공학박사
현재 한라대학교 정보통신방송공학부 교수

홍석미
경희대학교 공학박사
현재 상지대학교, 한라대학교 시간강사

컴퓨터 활용을 위한 이산수학

2014년 2월 20일 초판 인쇄
2014년 2월 25일 초판 발행

저 자 / 김선옥 · 서재성 · 홍석미
발행자 / 오판근
발행처 / 교우사

주 소 / 서울특별시 동대문구 약령시로 8 교우빌딩 2층
전 화 / 925-2861~2, 편집부 / 925-2825
팩 스 / 925-2860
E-mail / kyowoo@kyowoo.co.kr
http://www.kyowoo.co.kr

등록 / 1994. 3. 24 제6-0256호

ISBN 979-11-251-0015-7 (93410)

값 14,000 원